혼돈의 시대,

박영범 외 24인 공저

명 쾌 한
이코노믹스

박영사

책을 내면서

　4차 산업혁명, 플랫폼 경제의 비약적 성장, 미중의 경제 패권 전쟁 등으로 세계 경제 질서의 근본 틀이 변화하는 과정에서 나타난 코로나 19라는 돌발 변수로 세계 경제가 흔들리고 있다.

　새로운 바이러스 변종 출현이 계속되면서 경제봉쇄, 거리두기 강화와 완화가 반복되고 있고 과다한 유동성, 글로벌 공급망 재편, 비대면 일상화 등에 대해 대부분 나라의 정부는 적절하고 일관된 정책 방향을 잡지 못하고 있다. 특히 우리나라는 문재인 정부 5년간 폭등한 부동산 가격과 고용참사에다가 2022년 3월의 대선이라는 변수가 더해지면서 혼란이 더 크다. 경제 현안들이 시장이 아니라 정치의 영역에서 논의되고 설익은 대안들이 제시되어 실험되고 있다.

　『혼돈의 시대, 명쾌한 이코노믹스』는 2019년부터 중앙일보의 <이코노믹스> 섹션에 장기 연재된 글 중 66편을 엄선하여 엮은 책이다. 25명의 전문가들이 자본주의 시장경제의 다양한 이슈를 진단하고 합리적인 대안을 제시하여 경제에 대한 올바른 관점을 제시하고 있다. 추상적인 이론에 그치지 않고 시의성이 높은 현안을 구체적으로 해결하는 나침반을 제공하고 있다, 경제 전문가들이 일반 독자를 위해 현안을 쉽게 풀어 쓰고 정책 대안을 제시하고 있다.

필자들은 경제를 바라보는 올바른 관점이 널리 공유되고 『혼돈의 시대, 명쾌한 이코노믹스』가 우리 사회의 귀중한 경제 지식 플랫폼으로 발전되어 시장경제 발전에 기여하였으면 한다.

2022. 3

필자들을 대표하여 박영범

차례

CHAPTER

01

들어가며

들어가며

경제는 살아 있는 생물이다. 조금만 수요가 넘쳐도 값이 뛴다. 주식과 부동산이 대표적이다. 아무리 경제가 침체해도 블루칩은 하락을 모른다. 4차 산업혁명의 소용돌이가 몰아치는 시대는 그 쏠림 현상이 더욱 극심하다. 테슬라가 단번에 세계 최대의 자동차회사 가치를 갖게 된 게 전형적이다.

<혼돈의 시대, 명쾌한 이코노믹스>는 2019년부터 2022년 초까지 거의 모든 경제 이슈를 담았다. 마침 코로나19 펜데믹이 엄습하면서 글로벌 경제가 근본적 변화를 겪는 시기였다. 경제가 어디로 가는지, 경제주체들은 무슨 생각을 하고 있는지 사진처럼 찍어냈다. 내로라하는 경제 전문가들이 예리한 분석과 통찰을 담았다.

그동안 경제는 전문가들의 영역으로 치부돼왔다. 경제 성장률이나 재정과 통상은 거시적 관점에서 바라보기 때문에 일반인은 관심 밖이었다. 하지만 <혼돈의 시대, 명쾌한 이코노믹스>는 그 통념을 깨뜨렸다. 세계 10위권의 경제대국이자 세계 5위권의 기술대국이 된 한국 경제는 세계 경제의 중심부에 진입한 지 오래다.

한국은 글로벌 경제의 중심부

마치 아마존에서 나비 한 마리가 날갯짓하면 기상 변화의 시작을 알리듯 지구 곳곳에서 일어나는 글로벌 경제 동향은 한국 경제와 직결된다. 밤새 미국 뉴욕증권거래소와 나스닥이 오름세를 보였다면 한국 코스피와 코스닥도 그 흐름을 이어받는다. 그 반대라면 한국 증시는 파란불 일색이 된다.

그야말로 한국은 글로벌 경제의 중심부에 서 있다. 미·중 경제 패권 다툼과 글로벌 밸류체인(GVC)에 우리가 관심을 가져야 하는 이유도 여기에 있다. 삼성전자가 미국 텍사스에 대규모 공장을 신설하고, LG와 SK가 배터리를 앞세워 미국 자동차 회사들과 파트너를 맺는 것도 한국 경제의 위상을 반영한다.

금리는 또 어떤가. 금리는 모든 경제의 심장 역할을 한다. 그 파워 역시 미국이 쥐고 있다. 달러 패권을 쥐고 있는 미국의 중앙은행, 연방준비제도(Fed)가 금리를 올리거나 내리면 세계 경제가 요동친다. 한국 기업의 수출입은 물론이고 주식과 부동산 등 자산시장의 부침에도 직접적 영향을 미치게 된다.

'반도체 전쟁'의 핵심 키를 쥔 한국

반도체 전쟁은 아예 한국이 핵심 당사국이다. 4차 산업혁명으로 반도체 수요가 급증하고 코로나 팬데믹이 겹치면서 비대면 기술의 폭발적 성장으로 반도체는 전략물자로 떠오르게 됐다. 여기에 미·중 기술전쟁까지 겹치면서 반도체를 둘러싼 주요국의 암투와 쟁탈전이 격렬해지고 있다.

<혼돈의 시대, 명쾌한 이코노믹스>는 이같이 뜨거운 이슈들을 예리하고 생생하게 담아냈다. 국내 최고의 경제 전문가들이 대거 참여해 최신 경제이론과 산업 현장의 생생한 뒷얘기를 버무려 손에 잡히는 경제 이야기를 풀어냈기 때문이다.

국내 경제야말로 이 책을 보면 입체적으로 이해할 수 있게 된다. 마침 이 책의 대부분 내용은 2021, 2022년 초 문재인 정부의 임기 후반기와 겹친다. 이 기간 정부는 유난히 우리나라가 한 번도 가보지 않은 길을 갔다. 급격한 부동산 공시가격 인상부터 최저임금 고속 인상, 공공부문 비정규직 제로 정책, 주 52시간제 도입, 탈원전은 역대 정부에서 시도하지 않았던 정책실험들이었다.

안타깝게도 결과가 좋지 않았다. 선의로 출발했다는 점까지 부정해서는 안 되지만, 처음부터 예정된 실패가 줄을 이었다. 모두 시장 흐름을 역행하거나 가로막는 시도들이었기 때문이다. 이 책에서는 필자들이 구체적인 사례와 적합한 경제 이론과 모형을 통해 실패의 원인을 짚어내고 대안을 제시했다.

케인스 정책의 두 얼굴 날카롭게 분석

예컨대 케인스 정책의 의미를 어떻게 해석하고 현 상황에서 어디까지 반영되어야 할지를 자연스럽게 이해할 수 있다. 결국 큰 정부론과 맞닿는다. 한국은 1997년 외환위기에 직면해 국제통화기금(IMF)에서 195억 달러의 구제금융을 받고 벼랑 끝에서 구사일생으로 국가부도 위기를 모면했다.

그 원동력은 다름 아닌 재정의 힘이었다. 당시 국내총생산(GDP) 대비 국가채무는 12.3%에 그쳤다. 문재인 정부 출범 직전 36%에 머물렀던 국가채무 비율은 사실상 눈 깜짝할 사이에 40%를 돌파하더니 임기 종료 직전에는 50%에 육박했다. 나아가 2025년에는 60%를 바라보게 되었다.

여기서 포퓰리즘 논쟁이 빠질 수 없다. 이 책에서는 정치권의 과도한 선심성 현금 복지 확대가 국가채무를 악화시켰다고 진단하고 있다. 1981년 그리스 총리에 취임한 안드레아스 파판드레우는 "국민이 원하는 건 다 주라"고 했다. 그는 최저임금 인상, 공무원 증원, 전 계층 무상의료, 연금 지급액 인상 등 포퓰리즘 정책으로 11년간 장기 집권했다. 그 여파로 그리스는 2010년 사실상 국가부도의 구렁텅이로 떨어졌다. IMF와 유럽연합(EU) 회원국의 도움이 없었다면 포퓰리즘으로 나라가 거덜난 베네수엘라처럼 재기 불능의 국가로 전락했을지도 모른다.

점점 커지는 포퓰리즘의 경고음

국가채무에 정통한 여러 필자들은 한목소리로 국가의 과도한 재정 확대는 어려운 사람을 더 어렵게 한다고 진단하고 있다. 매우 놀라운 경고가 아닐 수 없다. 재정을 남발하면 결국 세수 확대가 필요하고 기업이 세금을 더 내게 되면 투자와 고용이 위축되면서 소비가 줄어들 수밖에 없다는 설명이다.

표면적으로는 재정 확대를 통해 당장 민간에 돈이 풀리는 것처럼 보이지만 과도하면 오히려 경제를 왜곡시킨다는 불변의 경제 법칙이다. 최저임금 역시 마찬가지다. 생활이 가능한 수준으로 임금을 올려주자는 취지였다. 하지만 영세 자영업자는 그럴 만한 지불 능력이 없다.

통계로 그 결과가 입증되고 있다. 고용원이 있는 자영업자가 2018년 12월부터 36개월째 감소했다. 코로나 팬데믹 여파도 있었지만 그 전부터 추세적으로 나타난 현상이다. 급격히 최저임금을 올리자 임금 부담 때문에 알바부터 내보내거나 알바 없이 '나홀로 자영업'을 하는 사람이 늘었다는 얘기다.

부동산은 말해 무엇하랴. 2021년까지 26차례나 거듭된 부동산 대책은 분양과 매매 규제를 강화하고 세금을 올리고, 공급을 축소해 거래 자체를 틀어막는 정책으로 일관했다. 그 결과 서울에서 시작된 집값 상승은 전국으로 번졌다. 공급이 위축되자 가격이 뛰는 것은 시장경제를 굳이 언급할 필요가 없는 자연의 이치이기 때문이다. 비가 오지 않으면 가뭄이 드는 것과 같다.

　이 책에서 필자들은 부동산 해법으로 다각적인 진단과 대안을 제시하고 있다. 부동산 가격 통제의 근거 이론으로 제시되는 미국의 언론인 출신 경제학자 조리 헨리는 토지 외에는 그 무엇에 대해서도 규제를 주문하지 않았다. 오히려 가격 상승을 초래하고 싶으면 공급을 줄이고 세금을 올리라고 했다.

　임대차 3법의 무리수에 대해서는 이 책의 여러 필자들이 문제점을 짚어냈다. 전세는 세계에서 유래가 없는 한국의 고유한 발명품이다. 자산 증식의 지렛대로 전세만 한 게 없다는 분석도 제시되었다. 집주인도 타인의 돈으로 자산을 마련하고 집값 상승으로 중산층의 지위를 누릴 수 있다. 한국이 최빈국에서 선진국에 올라서는 데 결정적인 기여를 했다고 평가할 수 있다.

　양극화는 이 책의 핵심 화두로 꼽힌다. 결국 그 해법은 성장에 있다는 게 필자들의 중론이다. 왜 그럴 수밖에 없는지는 일본이 단적인 전례를 보여준다. 일본은 1990년 이후 거품경제가 붕괴되면서 '잃어버린 30년'을 겪고 있다. GDP는 사실상 제자리걸음을 하고 있다. 중국에 2010년 GDP가 추월당한 것은 일본인에게 던진 충격의 서곡에 불과했다.

2027년 일본 경제 추월의 조건

일본은 1층 아래 지하실이 있는 것처럼 깊은 디플레이션의 늪에서 빠져나오지 못하고 있다. 2021년 글로벌 경제가 미국을 중심으로 급격한 인플레이션 위기에 직면해 있지만 일본은 여전히 무풍지대로 남아 있다. 성장률은 해마다 0~1% 사이에 머물러 있다. 무엇보다 일본은 임금이 제자리걸음 중이다. 일본경제연구센터는 2027년 한국의 1인당 명목 GDP가 일본을 추월할 것이라는 전망을 내놓았다. 한국인이 일본인보다 잘 살게 된다는 의미다.

이런 상황이 무엇을 의미할까. 성장하지 못하면 결국 전 국민이 가난해진다는 뜻이다. 그 돌파구는 기업의 활력을 높이는 것이라고 필자들은 입을 모았다. 다행스러운 것은 한국은 미국, 일본, 독일, 중국과 함께 제조업 5대 강국이라는 사실이다. 코로나 팬데믹을 계기로 자국에서 전략물자를 생산하는 필요성이 커지면서 한국은 경쟁우위를 확보하고 있다. 제조업이 강하기 때문이다.

안타깝게도 4차 산업혁명에서는 발목이 잡혀 있다. 기업 규제가 과도한 탓에 한국에서는 안 되는 사업이 많기 때문이다. LG가 개발한 전자마스크는 한국에서는 의약외품으로 허가를 받지 못해 해외에서 먼저 상용화되었다. 한국만의 갈라파고스 규제가 얼마나 심각한지 단적으로 드러나는 사례다.

이 책의 필자들은 4차 산업혁명 시대에 빅테크와 플랫폼의 혁신 방안을 제시하고 있다. 이를 위해서는 무엇보다 노동시장 개혁이 필수적이다. 사회안정망을 강화하되 고용과 임금의 유연성을 높여야 급격한 산업 변화에 노동력이 원활하게 재편될 수 있기 때문이다. 투쟁 일변도의 노동관행으로 청년 일자리가 나올 수도 없고, 4차 산업혁명의 변화에 적응할 수도 없다.

저출산·고령화 대비와 여성 인력 활용도 필자들의 지대한 관심사로 꼽힌다. 고령화와 관련해서는 연금개혁이 불가피하다는 게 필자들의 중론이다. 인구가 감소하면 은퇴 인구를 부양하는 생산가능 인구가 급격히 감소하기 때문이다. 인구 감소를 보완하려면 여성 인력의 활용도 더 본격화할 필요가 있다.

주식·부동산 등 경제 현안 망라

이 책은 모두 10개 장을 통해 우리 경제의 핵심 이슈를 전반적으로 짚었다. 1장은 총론을 짚었다. 2장은 미·중 무역전쟁과 글로벌 경제, 3장은 재정, 복지 그리고 국가채무, 4장은 빅테크와 플랫폼, 4차 산업혁명을 다루고, 5장은 일자리와 고용을 짚었다. 6장은 부동산과 주택 공급, 7장은 금리와 주식, 자산시장을 분석했다. 8장은 물가와 성장, 경기 순환을 다뤘고, 9장은 연금과 고령화, 10장은 기후환경, 탈원전과 탄소 중립의 가능성을 전망했다.

이 책은 무엇보다 자본주의 시장경제의 다양한 이슈를 진단하고 합리적인 대안을 제시하여 경제에 대한 올바른 관점을 담고 있다. 경제를 바라보는 올바른 관점을 널리 공유해 시장경제 발전에 기여할 수 있다.

추상적인 이론에 그치지 않고 시의성이 높아 현안을 해결하는 나침반을 제공하고, 국회와 정부에 균형 잡힌 관점을 제공할 수 있다. 경제 전문가들에게도 논의의 구심점이 되면서 건전한 시장경제 논의의 플랫폼이 될 수 있다. 나아가 경제를 공부하는 대학생을 비롯한 차세대 교육에 기여할 수 있다.

부동산과 주식 등 현안을 모두 다루고 있어서 일반 대중이 쉽게 접근할 수 있다는 점도 이 책의 장점이다. 인기리에 언론에 장기연재되면서 내용이 엄선되고 독자들이 읽기 쉽게 작성돼 있다. 현안을 쉽게 풀어 썼기 때문에 고급 경제 지식에 목마른 일반인에겐 경제 읽기의 나침반이 될 수 있다.

무엇보다 지금도 진행 중인 현안에 대해 문제의 원인과 배경을 분석하고 정책 대안을 제시했다는 점에서 가치가 높다. 우리 사회의 귀중한 경제 지식 플랫폼으로 발전할 수 있을 것으로 기대할 수 있다.

CHAPTER

02

미·중 무역전쟁과 글로벌 경제

01 산업·통상·안보 연계된 민주주의·기술동맹 눈앞에[1]

세계 공급망 재편 나선 바이든

2021년 2월, 미국무역위원회(ITC)가 LG의 손을 들어주면서 SK가 추진하던 미국 조지아주 전기차 배터리 공장이 좌초위기에 처하자 바이든 대통령과 그의 참모들은 마음이 급해지기 시작했다. 차세대 자동차의 미래인 전기차의 핵심요소인 배터리 공급에서 LG만 남는다는 것은 공급망의 안전성과 탄력성에 문제가 있다는 것이 그들의 판단이었다. 아니면 중국산 배터리에 주도권을 넘겨줄 판이었다. ITC의 결정을 뒤집고 바이든이 거부권을 행사할 수도 있었지만, 그역시 정치적 부담이 만만치 않았다. LG와 SK 간의 합의를 끌어내는 것만이 유일한 대안이었다. 막판까지 치열한 협상 끝에 거부권 행사

---

1 [최병일] 중앙일보_산업·통상·안보 연계된 민주주의·기술동맹 눈앞에_2021 0601.

시한 직전, 극적인 타협이 이루어졌다. LG는 거액의 합의금을 받았고, SK는 미국 내 생산기지를 확보했다. 바이든 행정부의 압박이 없었다면 이런 '윈 – 윈'(win – win) 합의는 쉽지 않았을 수 있다.

바이든은 왜 합의를 압박했을까? 키워드는 조지아와 중국이다. 조지아주가 바이든 민주당 행정부에서 차지하는 비중은 상상 그 이상이다. 공화당에서 밀리던 상원에서 민주당이 역전할 수 있었던 것은 조지아주 2명의 상원 의석을 모두 민주당이 가져왔기 때문이다. 덕분에 민주당은 백악관과 의회를 모두 장악하게 되었다. 집권 초기 정국 주도권을 장악하는 결정적인 계기를 만들어 냈다.

중국은 왜 문제가 되나? 2021년 2월 24일, 바이든 대통령은 반도체 · (전기차) 배터리 · 희토류 · 의약품 4개 분야의 공급망(supply chain)을 검토하라는 행정명령을 내렸다. 이 4개 분야는 중국산의 비중이 큰 분야다. 취임 후 한 달이 막 지난 시점에서 내려진 이 지시는 전격적인 듯하지만, 이미 준비된 수순이었다. 시계를 잠시 뒤로 돌려보자.

2020년 대선 유세과정에서 바이든은 중국의 시진핑 주석을 맹비난했다. 홍콩 민주화 시위 무력진압, 신장 위구르 인권 탄압을 거론하면서 '폭력배'라고 거칠게 몰아세웠다. 바이든은 모든 국제관계를 돈으로 환산하던 트럼프보다 훨씬 더 원칙적이다. 그는 트럼프가 쓰레기통에 던졌던 가치(value)를 복원시키고 있다. 트럼프가 한 번도 제대로 사용하지 않았던 '인권'이란 단어를 바이든은 대통령 취임 후 시진핑과의 최초 만남 – 2시간을 훌쩍 넘긴 전화통화 – 에서 주저 없이 꺼냈다.

여기에 그치지 않는다. 바이든은 같은 가치를 추구하는 국가들과 연합을 적극적으로 모색하고 있다. 미국에 무역수지 적자를 안겨주는 국가를 싸잡아 맹공하던 트럼프 시절에는 상상조차 하기 어려웠던 일이다. 바이든의 이런 행보는 예외적인 것이 아니다. 2차대전 후 미국과 소련 간의 냉전이 본격화되면서, 가치를 앞세워 동맹을 결속하던 미국 외교의 정공법으로 다시 돌아간 것이다.

동맹과 연합 없이 미국의 힘만 믿고 일방적으로 중국 때리기에 골몰하던 트럼프가 중국은 벌써 그립다. 미국의 최대 동맹이던 유럽은 트럼프의 저열한 거래적 외교에 경악했고 환멸을 느꼈다. 굳건하다고 믿었던 대서양 동맹은 흔들렸다. 중국은 그 틈을 파고들었다. 중국은 트럼프에게 최소한의 양보를 조금씩, 천천히 하면서 시간을 보낼 수 있었다. "깊게 참호를 파고, 참고 기다리자. 그 사이에 세상은 싸고, 품질마저 나쁘지 않은 중국산 첨단기술의 매력에 도취해 있을 것이리라. 시간은 중국 편이다." 중국의 게임 플랜이었다.

정공법을 꺼내 든 바이든이지만, 신병기 없이는 정공법이 효과를 낼 수 없다는 것을 잘 알고 있다. 그의 신병기는 무엇일까? 중국산에 중독된 세계 공급망을 그대로 두고 패권경쟁을 할 수는 없다는 것이 바이든과 핵심참모들의 생각이다.

중국이 세계의 공장으로 부상한 비결은 기술 때문이 아니다. 압도적인 인구의 압박과 저개발 경제의 이중주가 만들어 내는 저임금 때문이다. 원천기술을 가진 외국기업은 자국에서 생산하는 경우와 비교하면 믿을 수 없는 비용만 지불하면 제품이 생산된다는 사실을 발견하곤 경악했다. 비현실적으로 싼 임금으로 생산 규모를 순식간에 확장할 수 있다는 또 다른 발견에 쾌재를 불렀다. 중국으로의 생산설비 이전과 확장은 세계화가 기술을 가진 선진국 기업에 내린 축복이었다. 축복의 과실은 중국도 나눠 가져갔다. 역사상 일찍이 경험하지 못했던 규모의 빈곤탈출! 21세기 초반 중국은 세계 2위의 경제대국으로 부상했다. 미국을 추월할 기세다.

여전히 압도적인 미국의 기술 패권

양은 질을 바꾼다고 했던가? 중국경제의 성장, 팽창은 중국에 다른 꿈을 꾸게 하였다. 선진국 기술에 의존해서 조립하는 경제에서 스스로 기술을 확보하겠다는 꿈. 중국 자본은 미국의 실리콘 밸리로 몰려갔다. 다른 경쟁투자자의 세 배를 주겠다는데 버틸 장사가 있을까. 그렇게 중국은 기술을 끌어모았고, 기술자를 확보했고, 브랜드를 쓸어 담았다. 중국의 본격적인 기술 굴기가 시작되었다. 생산기반에다 기술까지 가진 중국. 미국은 그런 중국을 상대할 수 있을까.

바이든의 핵심분야 공급망 검토 보고서는 며칠 후(2021년 6월), 그의 백악관 집무실 책상 위에 놓일 것이다. "미국의 가치를 공유하지 않는 국가에 의존해서는 안 된다"는 행정명령 서명식 때 바이든의 공언은 이미 보고서의 방향을 예견하게 한다.

바이든은 무역·산업·안보 연계 정책을 들고나올 것이다. 20세기 후반을 풍미하던 산업정책과 닮은 듯하지만 다르다. 기존의 산업정책은 외국산을 배제하고 국산을 육성하기 위한 방어적 보호주의라면, 바이든의 산업정책은 외국산을 끌어들여 국내 생산기반을 확충

한다는 것이다.

[그림 2-1] 여전히 압도적인 미국의 기술 패권

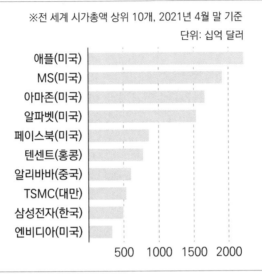

※전 세계 시가총액 상위 10개, 2021년 4월 말 기준

단위: 십억 달러

자료: FT, 레피니티브

　기존 산업정책은 가격이 높더라도, 품질이 조악하더라도 국산에 기회를 주는 것이다. 무수한 개도국 정치인들은 자국산 제조기업을 가진다는 것을 자신의 정치적 상징으로 밀어붙였다. 결과는 참혹했다. 폭우처럼 내리는 보조금과 외국산 금지로 국산은 시장에 넘쳐났지만, 세계와의 격차는 메꿀 수 없었다. 조악한 국산을 계속 안고 가야 하는 비용은 눈덩이처럼 부풀어갔다. 이렇게 탄생한 국산기업은 노동자·자본·공급체·지역사회의 클러스터를 형성하면서 기득권화돼 갔다. 일본과 한국의 경우는 예외적인 사례일 뿐이다. 그 성공비

결은 산업정책으로 확보한 국내생산의 기회를 더 큰 세계시장에서의 경쟁으로 연결했기 때문이다. 정책이 초기여건을 만들어 주었다면, 그 후의 성공은 결국 기업가 정신의 산물이었다.

바이든 산업정책의 본질은 미국의 생산능력 확보를 통해 미·중 패권경쟁에서 흔들리지 않는 전략적 우위 확보다. 바이든의 산업정책 목표는 미국기업 보호·육성이 아닌 미국 내 생산기반 구축이다. 국산기업에 대한 보조금과 수입금지가 아닌, 미국 내 투자유치가 핵심수단이다. 모든 투자가 환영받는 것은 아니다. 외국 돈의 색깔을 차별한다. 푸른 돈만 환영하고 붉은 돈은 배제한다. 색깔의 구분은 가치와 동맹이다. 2021년 여름, 세계는 산업-통상-안보가 연계된 기술동맹의 탄생을 보게 될 것이다.

미국·유럽 기업, 생산 자립화 본격화

반도체와 전기차 배터리는 한국·대만·일본·중국이 주요 공급기지 역할을 하고 있다. 반도체의 경우, 이들은 세계 반도체 생산의 80%를 차지한다. 원천기술을 미국이 가지고 있다 해도 생산을 외국에 의존하는 한, 예상하지 못한 자연재해, 보건위기 상황이 발생하면 경제활동에 심각한 차질이 생긴다는 것은 최근의 코로나 팬데믹 사태, 텍사스 한파를 겪으면서 분명해졌다.

전 세계로 거미줄처럼 연결된 글로벌 공급망의 효율성을 종교적 신앙처럼 떠받들던 미국 기업들의 저항도 한풀 꺾였다. 중국의 진격 속도와 미국을 추월하려는 야심이 그들을 미국 깃발 아래 뭉치게 하고 있다. 기술만 믿고 생산기지를 해외에 이전하던 미국 기업들은 그들의 유전자에는 없었던 '자립화'란 단어를 이식하기 바쁘다. 기술의 아이콘 인텔이 파운드리(반도체 위탁생산) 사업에 다시 진출한다는 것은 상징적이다.

디지털 혁명에서 비켜 있던 유럽도 자립화 카드를 꺼내 들었다. 유럽연합(EU) 집행위원회는 세계 반도체 시장에서 유럽산의 점유율을 2030년까지 20%로 끌어올리겠다는 계획을 발표했다. 자립화의 새로운 물결은 반도체를 넘어 전기차로 이어진다. 전기차 보급이 확대되면서 EU는 배터리의 해외 의존도를 낮추기 위해 골몰하고 있다. 폭스바겐은 2023년부터 전기차 배터리를 아예 자체 생산하겠다고 기염을 토한다. 2030년에는 그들 전기차의 80%에 자체 배터리를 적용하겠다는 그림을 그렸다. 배터리 공장을 유럽 내에 건설하겠다는 것은 큰 그림의 일부다.

02   비용 최소화는 옛말, 부품·소재 공급망부터 넓혀야[2]

코로나 이후 세계 무역질서의 '뉴 노멀'

중국의 수출 제한으로 불거진 '요소수 품귀 사태'는 무엇을 남겼나.

디젤차에서 나오는 질소산화물을 줄여주는 촉매제인 요소수는 버스·트럭 등 디젤차의 운행에 필수적이다. 이들 디젤차에 장착된 배출가스 저감장치에 요소수를 주기적으로 넣어야 한다. 요소수가 부족해지면 경고등이 켜지고 시동이 걸리지 않게 된다. 이렇게 치명적으로 중요한 요소수를 만드는 원료인 요소의 대부분을 중국에서 수입해 왔다. 중국산 요소는 국내 요소 수입량의 3분의 2, 요소수의 원료가 되는 산업용 요소의 97.6%를 차지하는 것으로 알려져 있다.

---

2 [최병일] 중앙일보_비용 최소화는 옛말, 부품·소재 공급망부터 넓혀야_20211123.

그동안 별도의 수출심사 없이 수출되던 요소에 대해 중국이 검역을 강화하면서 그 파장은 한국으로 미쳐 요소수 품귀로 연결됐다. 왜 중국은 별안간 검역을 강화했을까. 요소 가격이 급등하면서 중국 내 수급조절이 그 이유이다. 요소 가격이 급등한 이유는 요소생산의 원료인 석탄이 주요 수입국인 호주로부터 제대로 수입되지 않고 있기 때문이다. 코로나19 팬데믹 발생에 따른 중국 책임을 국제적으로 조사해야 한다고 주장한 호주를 겨냥한 경제보복 조치가 부메랑으로 다가와 중국의 발등을 찍은 셈이다.

중국의 경제 민족주의 드세져

중국의 수출 제한으로 불거진 '요소수 품귀 사태'는 세 가지 정책 과제를 남겼다. 첫째, 특정국에 집중된 과도한 수입 의존의 다각화. 둘째, 국내 생산기반 확보. 셋째, 미·중 패권경쟁 가속화에 따른 불똥이 한국경제의 어느 곳에 튈지에 대한 분석의 중요성. 주목할 것은 이 세 가지 과제가 별개 사안이 아닌 서로 연계돼 있다는 점이다.

예컨대 중국이 호주를 상대로 무역 보복을 하지 않았다면 요소수 사태는 발생하지 않았을 것이고, 따라서 중국이 별안간 요소 수출을 통제하지도 않았을 것이다. 국내 생산기반이 없더라도 아무런 문제가 되지 않았을 터다. 중국의 호주에 대한 무역보복은 미·중 패권경쟁이 가속되면서 미국 중심 동맹축으로 확연하게 무게중심을 이동한 호주에 대한 중국의 대응조치다. 이번 요소수 품귀 사태를 만들어낸 구조가 일시적인 것이 아니고 구조적이라는 점이 핵심이다.

갈수록 드세지는 중국의 경제 민족주의와 기존 자유경제 질서에 대한 도전, 여기에 가치를 공유하는 동맹국들과의 연합전선으로 중국을 길들이려는 미국. 그래서 미·중 경쟁은 '나 홀로 중국 때리기'에 열중하던 트럼프 1막을 지나, '민주주의 기술동맹'을 기치로 내건 바이든 2막으로 이어지고 있다. 지금은 요소수 품귀 현상이었지만, 다음엔 중국 의존도가 높은 다른 어떤 것의 공급혼란으로 이어질지 모른다.

높은 중국산 의존도를 당장 다른 국가로 다변화하는 것은 말처럼 쉬운 일은 아니다. 그래서 국내 생산기반이 중요하다. 비록, 당장 국내 생산 비용이 터무니없이 높다 하더라도 피해서는 안 된다. 요소의 경우, 한때 국내생산업체가 있었지만 2010년대 초반에 문을 닫았다. 수입품과의 가격경쟁력에서 살아남지 못했다. 자체 요소 공급 시스템을 갖춘 유럽연합(EU)은 마치 이런 사태를 예견하고 준비한 듯하다. 보조금을 기반으로 하는 국내생산기반 확보를 주장하는 산업정책을 시대착오적인 구상으로 치부했던 시대는 급속하게 막을 내리고 있다.

미국은 G20에서 동맹국 단합대회

　더 큰 그림을 보자. 2021년 10월 30~31일 로마에서 열린 G20 (주요 20개국) 정상회의에서 미국은 별도의 소규모 회의를 소집했다. 참석한 국가들의 면면을 보자. 영국·독일·스페인·이탈리아 등 유럽국가, 쿼드(Quad) 참여국인 일본·호주·인도, 그리고 한국·싱가포르·캐나다 등 미국의 동맹국들이었다. 코로나 팬데믹으로 인한 글로벌 물류 대란을 해결한다는 명분이었지만, 속내는 로마에 얼굴을 내밀지 않은 중국을 견제하기 위한 단합대회였다.

　이 자리에서 미국의 바이든 대통령은 글로벌 공급만을 특정 국가에서 의존하지 않고 다각화해야 한다고 주장했다. 그는 글로벌 공급망에서 "강제노동과 아동노동을 단절해야 한다"고 중국을 정조준했다. 논란의 대상이 중국 신장 지역의 강제노동·아동노동을 겨냥한 것이다.

　로마 G20 정상회의에서 미국은 EU와 전격적으로 철강·알루미늄 관세 분쟁을 타결한 직후였다. 외국산 철강과 알루미늄 수입이 미국의 국가안보를 위협한다며 세계무역기구(WTO)에서 약속한 것보다 더 높은 관세를 매긴 전임 트럼프 대통령이 걸었던 빗장을 풀었다. 한 동맹국의 철강·알루미늄 수입이 다른 동맹국의 국가안보를 위협한다는 정신분열적인 망상에 근거한 트럼프의 고관세는 바이든이 백악관의 주인이 되면서 원상회복되는 것은 순리이리라.

　바이든은 트럼프의 고관세를 모든 동맹국을 상대로 즉시 원상회복하지 않고 순차적으로, 그것도 협상을 통해 진행하고 있다. EU가 그 첫 번째 상대였다는 것은 중국 견제를 위한 글로벌 공급망 재편에서 그만큼 EU가 중요하다는 것을 의미한다.

한·미, 철강 쿼터제 협상 나설 듯

철강·알루미늄 관세 분쟁 타결 합의에서 바이든은 "중국과 같은 나라의 더러운(dirty) 철강이 미국시장에 수입되는 것을 제한할 것"이라고 말했다. 이 합의에 대해 제이크 설리번 백악관 국가안보보좌관은 "동맹국과 21세기 새로운 규칙을 작성할 기회를 갖게 됐다"고 했다. 경제보좌관이 아닌 안보보좌관이 경제를 안보의 논리로 다루고 있음을 눈여겨보라.

언론 보도에 따르면 미국은 일본·영국과 철강·알루미늄 관세 협상을 추진한다고 한다. 2018년 한·미 FTA 재협상 과정에서 철강 관세 25%를 면제받는 대신 철강 고관세 부과 전 3년간의 대(對)미국 철강 수출 평균 물량의 70%까지만 미국에 수출하는 쿼터제를 협상한 한국 역시 협상에 나설 것으로 예상한다.

글로벌 공급망은 비용 최소화 패러다임에서 안정성 패러다임으로 변화하고 있다. 그 변화를 이끄는 근본구조는 미·중 패권경쟁이고, 코로나 팬데믹이 이를 더 강화하고 있다. 코로나 팬데믹이 극복되더라도 별로 상상하고 싶지 않지만 이런 류의 전염성 강한 보건 충격이 생길 수 있고, 여기에 사전 대비를 해야 한다는 확신을 미국 정책당국자들은 가지고 있다.

비용 최소화라는 경제적 효율성을 지고 지선의 가치로 숭상하던 시대에 구축됐던 글로벌 공급망은 이제 변화를 요구받고 있다. 산업과 안보, 양쪽으로 사용되는 기술·소재일수록 그 요구는 더 강하다.

중국의 경제 패권, 한국 정부는 대응책 있나

중국이 야심을 노골화하기 전, 화평굴기(和平崛起) 시절에는 외국기업들이 중국에 공장을 세우는 것은 너무나 자연스러운 결정이었다. 중국에 최종 조립 공장을 세우고, 그에 필요한 부품과 소재는 외국에서 중국으로 들여오는 '중국 공장' 모델을 너나없이 따라 했다. 애플의 아이폰이 대표적인 사례다.

중국 공장 모델이 상업적으로 성공하려면 두 가지 전제가 충족돼야 한다. 첫째, 외국에서 중국으로 부품을 수입할 때 중국이 새로운 과도한 규제를 만들어 내지 않는 것이다. 둘째, 중국에서 생산된 완제품이 최대 시장인 미국으로 수출할 때 제약이 없는 것이다.

물론 새로운 규제가 생길 수 있지만, 그 규제가 과도하여 정상적인 경제활동에 장애를 유발한다면, 세계무역기구(WTO)에 분쟁을 제기할 수 있다. WTO 분쟁 해결은 최종 판정까지 2년 이상 소요된다. 그래도 세계무역의 최대 수혜자인 중국은 WTO 분쟁 자체를 가급적 회피할 것이기 때문에, 중국의 새로운 규제는 가급적 WTO 규범과 합치되는 쪽으로 만들어질 것이리라, 이런 생각이 지배하던 시절이었다.

중국에서 조립된 완제품을 미국이 수입을 제한하거나, 중국이 수출을 제한한다는 것 역시 상상 바깥의 영역이었다. 미국의 수입제한은 미국의 물가상승을, 중국의 수출제한은 일자리 감소를 가져오기 때문이다. 그런 경제적 합리성의 시대 역시 사라지고 있다. 패권을 이유로, 안보를 구실로, 효율성을 최전선에 내세우는 경제논리는 미국과 중국의 정책 담론에서 밀려나고 있다.

글로벌 공급망의 재편 움직임은 통상대국인 한국에 새로운 도전을 던지고 있다. 경제논리가 압도하던 시대에서 안보가 경제를 지배하는 시대로의 전환을 우리 정치인과 정책담당자는 제대로 꿰뚫고 있을까. 날로 드세지는 중국의 경제 민족주의 경향은 그간 중국에 핵심 제조역량을 구축한 한국 기업들에 성찰과 전략 재조정을 요구한다. 새로운 전략이 만들어질 때까지 과도기에서 발생하는 분쟁은 기업의 역량만으로는 감당할 수 없다. 정부는 마냥 "기업 일은 기업이 알아서 한다"는 말로 상황을 모면할 수 없다. 안보 논리가 경제 논리와 연계되는 시대를 침묵으로 일관하는 정부는 기업의 외국투자를 보호하지 못하고, 경제의 핵심역량을 보호하지도 못할 것이다.

03   불붙은 미·중 기술패권,
한국 산업경쟁력 도약대 삼자[3]

코로나19가 빚은 기술혁신 황금시대

코로나19 팬데믹은 세기적 재앙을 불러온 동시에 기술 혁신의 황금기를 가져오고 있다. 또다시 세상이 크게 변하는 형국이다. 뉴욕타임스가 2016년 "우리는 혁신 황금시대에 살고 있다"고 선언한(5월 15일자) 적이 있으나, 코로나 범유행을 계기로 현재 전개되고 있는 기술혁신은 너비와 깊이 측면에서 예전의 혁신과 차원이 다르다.

무엇보다 디지털 전환 속도가 놀랍다. 제약·반도체·인공지능, 전기자동차·자율자동차, 조선·원자력·3D(3차원)·블록체인 등 거의 전 산업에 걸쳐 융합과 복합을 통한 기술혁신이 진행되고 있다.

---

3 [김동원] 중앙일보_불붙은 미·중 기술패권, 한국 산업경쟁력 도약대 삼자_20210928.

중국이 '국가 기술주의' 촉발하고
전 세계적 산업 융·복합 가속 페달
현실·가상 경계 없는 세계 일상화
국가는 물론 개인의 미래 바꿔놔

백신 등 질병 치료기술 급진전

특히 중국의 동향이 주목된다. 중국이 촉발한 국가 기술주의 경쟁과 벤처 투자 급증 등으로 기술생태계 자체가 변화하고 있다. 가속적인 기술혁신의 토대가 구축되는 중이다. 이 기술혁신의 황금시대를 통해 미국과 중국의 기술패권과 한국·중국·일본의 산업 경쟁 및 글로벌 기업들의 경쟁이 판가름날 것으로 전망된다.

코로나바이러스를 예방하는 백신이 절실해짐에 따라 mRNA(메신저 리보핵산) 백신 기술이 상용화됐다. 나아가 파킨슨병·알츠하이머 등 기존의 만성질환에 대한 치료기술도 하루가 다르게 발전하고 있다. 미국 매켄지 연구소에 따르면, 코로나 팬데믹은 전 세계 인적 교류에서 디지털이 차지하는 비중을 3년 앞당겼으며, 상품과 서비스에서 디지털이 점유하는 비중 또한 7년 먼저 실현했다고 한다.

특히 비대면 위주의 경제활동은 클라우드 컴퓨팅·인공지능(AI)·반도체 수요를 급격하게 증가시켰다. 그 결과로 현재 세계 제조업이 반도체를 비롯하여 심각한 부품 부족 사태를 겪고 있다.

[그림 2-2] S&P 500 정보기술 산업지수 추이

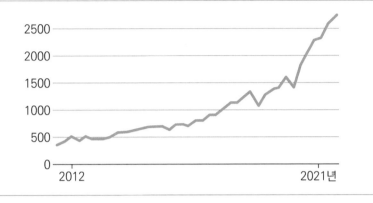

더욱이 코로나 방역을 위한 사회적 거리두기가 확대되면서 기업들은 기본적으로 노동력 부족 현상에 직면하고 있다. 이에 기업들은 인력을 기술로 대체하는 혁신으로 대응하고 있다. 또 사회적 거리두기가 개인의 일상 자체를 크게 제약하면서 스마트 가전에 대한 수요가 급증하고, 메타버스(meta-verse) 시대로의 전환이 활발해지고 있다.

메타버스는 AR(가상현실)·VR(증강현실)·XR(확장 현실)·MR(혼합현실) 등의 신기술로 우리 생활을 현실과 가상 간의 경계가 없는 3차원 가상세계로 인도할 것으로 전망된다. 페이스북 최고경영자(CEO) 저커버그는 "페이스북은 5년 안으로 메타버스 기업으로 탈바꿈할 것"을 선언했다. 엔비디아 CEO 젠슨 황도 "미래 20년은 메타버스 기술로 공상과학과 다를 바 없는 시대가 될 것"이라고 전망했다.

한편 지난 50년간 반도체 산업을 이끌어 왔던 '무어의 법칙'(반도체 집적도가 2년마다 배로 증가)이 한계에 이르면서, 이를 극복하기 위한 차세대 기술 개발 경쟁이 치열하게 벌어지고 있다. 반도체 1개에 집적되는 트랜지스터 수로 성능을 평가하면, 7나노미터 반도체는 200억 개, 5나노미터 반도체는 300억 개, 2나노미터 반도체는 500억 개를 담을 수 있다. 즉 2나노 반도체를 먼저 양산할 경우, 5나노 반도체보다 성능이 1.7배 높은 반도체를 공급할 수 있다.

차세대 반도체 · 배터리 개발 점화

이같이 반도체 성능이 고도화함에 따라 동시다발적 연산 · 데이터를 이용한 자율학습 · 비정형 추론 등이 가능한 신경망 반도체(NPU)가 속속 선보여지고 있다. '내 손안에 AI(On Device AI)' 시대가 성큼 다가오고 있는 것이다. 특히 '스마트 카'(자율주행 전기자동차)는 반도체 · 인공지능 · 5G(5세대) · 2차 전지 차세대 기술의 총합체로, 이를 둘러싼 자동차 메이커들과 애플 · 구글 · 아마존 등의 경쟁이 한창 뜨거운 시점이다.

그뿐만이 아니다. 심각한 이상기후 현상에 따라 세계적으로 탄소배출 규제가 강화되고 있고, 이에 따라 2차 전지 · 수소 에너지 산업에 대한 투자가 급증하고 있다. 2차 전지의 경우, 한국 · 일본 · 중국이 차세대 배터리 개발에 몰두하고 있다.

조선 산업도 예외가 아니다. 국제해사기구(IMO)의 선박 환경 규제 강화로 연료전지 등 친환경 선박기술이 부상하고 있다. 원자로는 소형 원자로 개발이 주목된다. 이외에도 양자컴퓨터 · 로봇 · 3D · 사이버 보안 등의 기술혁신이 급속하게 펼쳐지고 있으며, 금융과 지불·결제시스템의 블록체인 기술도 날로 정교해지고 있다.

[그림 2-3] 세계 기업공개 전 유니콘 기업 수 추이

(단위: 개)

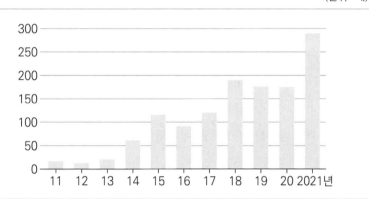

자료: Crunchbase.

전 산업에 걸쳐 동시다발적이자 융·복합적인 기술혁신이 일어나게 된 배경에는 기술 생태계의 급격한 호전이 자리 잡고 있다. 실제로 미국 S&P500 정보기술 산업지수는 2019년 말 대비 2021년 8월 말 71% 상승했다. 특히 벤처기술 기업들의 자금조달은 사상 최대를 기록했다. 2021년 상반기 글로벌 벤처기업들은 공모전 출자방식으로 2,880억 달러를 조달했으며, 이는 2020년 하반기 1,790억 달러 대비 61%, 2020년 상반기 1,480억 달러에 대비하여 95% 증가한 규모다.

빅 테크 투자로 기술생태계 변화

나아가 2021년 상반기에 250개의 신생 '유니콘'이 탄생했다. 2020년 161개에 비해 55%나 증가한 수치다. 기업공개 전 벤처기업들에 쏟아진 자금의 주된 공급처가 구글 벤처(GV)를 비롯한 기업 벤처 투자사들이라는 점도 주목된다. 풍부한 시장 유동성과 장기 저금리 및 주가 상승 등 금융 여건이 좋아지면서 세계적 '기술 공룡들(Big Tech)'이 대규모 연구개발 투자와 신기술 기업 인수 합병(M&A) 등에 적극적으로 뛰어드는 모양새다. 특히 글로벌 기술 패권과 안보를 배경으로 하는 국가 기술주의 경쟁이 뜨겁다. 세계 각국은 조세 감면과 재정지원 등으로 투자위험을 낮추면서 개별 기업들의 동참을 유도하고 있다. 중국의 '중국제조 2025'에서 시작된 국가 기술주의는 미·중 간의 전략적 경쟁을 부추겼다. 미국의 '혁신 경쟁법(USICA)', 유럽의 '디지털 주권', 일본의 '경제산업정책의 신기축', 한국의 'K반도체 전략'과 'K배터리 전략'으로 확산됐다.

기술혁신의 황금시대는 국가와 기업과 개인에게 각각 무엇을 의미할까. 미국과 중국은 이 시기를 통해 기술패권의 승패를 결정할 것이며, 한·중·일 3국 간의 산업 경쟁력 우위 경쟁 또한 판가름날 것으로 보인다.

미국 월스트리트의 '족집게'라는 바이런 빈의 보고서(블랙스톤 인사이트)에 따르면, 많은 전문가는 지난 30년의 기술혁신보다 앞으로

30년의 파괴적 혁신이 더 클 것으로 예상한다. 현재 기술기업 가운데 규모는 작지만 이 중 10여 개는 앞으로 15년 후 페이스북·아마존·구글과 같은 거대 기업으로 성장할 것이라고 한다.

한마디로 기술혁신의 황금기는 향후 세계경제 판도를 결정하는 전략적 전환점에 해당한다. 기술혁신이 가져올 노동시장과 자산시장의 급격한 변화에 따라 개인의 미래도 크나큰 영향을 받을 것이 확실하다. 우리 사회 전반의 면밀한 준비와 대책이 필수불가결한 상황이다.

국가혁신의 출발점은 교육·노동개혁

최근 삼성그룹은 향후 3년간 240조 원(약 2,200억 달러), 대만의 TSMC는 3년간 1,000억 달러, 인텔은 235억 달러 투자계획을 발표했다. 현재 글로벌 기업들은 경쟁력을 계속 높이기 위해 막대한 투자 위험을 감수하든가, 아니면 기술경쟁을 포기하고 시장을 잃는 일종의 '치킨 게임'에 직면해 있다. 미국에서 태동하여 일본을 거쳐 한국과 대만으로 중심을 이동해 온 세계 반도체 산업의 역사는 바로 이 '치킨 게임'의 결과를 보여준다.

한국 기업들은 반도체·2차 전지·조선·가전 등의 산업에서 세계 기술 패권을 경쟁하고 있는 만큼 적극적인 투자에 나서고 있다. 상장기업 시설투자 규모는 2020년 상반기 33건 2조 7,000억 원에서 2021년 상반기 74건 6조 9,000억 원으로 급증했으며, 신규 벤처 투자 규모는 2021년 상반기 3조 원을 넘어섰다.

　하지만 기업 투자와 감세만으로는 글로벌 기술 경쟁에서 승리할 수 없다. 정부는 'K반도체', 'K배터리' 전략을 발표했으나 교육 개혁과 노동 개혁 없이는 공염불에 그칠 수도 있다. 가장 큰 요인은 인력난이다. 고용인원 3,000명 이상 신설 제조업체 수가 2013년 41개에서 2018년 1개, 2019년 5개로 격감한 이유를 주목할 필요가 있다.

　산업 전반 차원에서는 유기적이고 효율적인 공급사슬과 역동성을 가진 산업 생태계 구축이 절실하다. 도전적인 기업가 정신과 조직문화를 격려하는 사회 분위기를 만들어야 한다. 한국경제의 미래와 글로벌 기술경쟁의 성공 여부는 그 무엇보다 국가혁신에 달려있다.

04 공급사슬 세계화 퇴조하고 지역 블록화 진행된다[4]

───── 미·중 디커플링의 현황과 전망

2021년 3월 18~19일 앵커리지에서 열린 미·중 고위급 회담에서 양측이 벌인 험악한 설전은 미·중 관계의 현주소를 보여준다. 미국은 중국의 행동이 규칙에 기반한 국제질서를 무너뜨리고 있다고 포문을 열었다. 중국은 미국이 오히려 국가안보 개념을 남용해 국제무역의 미래를 위협하고 있다고 맞받아쳤다. 미국이 신장·티베트·홍콩 등 민감한 문제를 거론하자 중국은 내정간섭이라며 격렬히 반발했다. 두 나라의 디커플링(탈동조화)이 전방위로 확산되고 있다.

미·중 디커플링은 2010년대 중반 중국 정부가 공세적 산업정책과 외교·안보 정책을 펼치기 시작하면서 본격화됐다. 트럼프 대통령은 2017년 12월 발표한 '국가안보전략' 보고서에서 중국을 미국의

───────

4 [김두식] 중앙일보_공급사슬 세계화 퇴조하고 지역 블록화 진행된다_20210406.

안보와 세계질서를 위협하는 경쟁자로 보겠다고 공식 선언했다. 이후 중국 기업에 대한 각종 제재 조치가 취해졌고 양국 관계는 급속도로 균열되기 시작했다.

2021년 1월 취임한 바이든 대통령도 예비 국가안보전략 안내서에서 중국과의 경쟁에서 이기는 것이 미국 안보전략의 핵심임을 분명히 했다. 중국을 견제하기 위한 미국의 전략도 정교해졌다. 바이든 행정부는 중국과의 경쟁을 민주주의적 가치와 사회주의적 가치의 경쟁으로 규정하고, 민주적 가치를 공유하는 동맹국들이 중국에 공동 대응할 것을 촉구하고 있다. 바야흐로 미국 디커플링이 새로운 국면을 맞고 있다.

중국, 자주적 혁신으로 세계 최고 도전

미·중 디커플링은 미국의 공격에 중국이 반격하면서 확대되는 양상이다. 원인은 중국이 제공했다. 2006년 중국이 발표한 '중장기 과학기술 개발계획'이 디커플링의 시발점이었다. 이는 과학기술의 '자주적 혁신'을 통해 2020년까지 중국 경제를 기술 강국으로 만들고 2050년에는 세계를 리드하는 사회주의 최강국으로 올라선다는 야심 찬 계획이었다.

그런데 여기서 소위 '자주적 혁신'이란 외국기술을 모방하거나 흡수하거나 개선해 이를 중국기술로 만드는 것을 의미했다. 기업활동에 중국 정부가 적극 관여할 것임을 예고한 것이다. 이후 중국 정부가 자주적 혁신을 지원하기 위해 특허제도, 제품검사 및 승인제도, 공정거래심사, 정부조달, 기술표준을 불공정하게 운용하고, 외국인 투자 시 중국기업으로의 기술이전을 강요한다는 비판이 제기되었다.

2015년에는 '중국제조 2025'가 공표됐다. 2025년까지 차세대 통신기술 등 10개 전략 분야를 적극 육성해 중국산업이 세계 최고로 올라서도록 한다는 공격적인 계획이었다. 전략산업 육성을 위해 국가의 모든 자원을 쏟아붓겠다는 의지가 담긴 계획이었다.

이러한 중국 정부의 공격적 정책과 관행에 대해 미국은 미국 중심의 공급사슬에서 중국 기업을 배제하는 조치로 맞섰다. ZTE · 화웨이 등에 미국 반도체 공급을 중단시켰고, 틱톡과 위챗 앱의 미국 내 사용을 금지했다. 트럼프 전 대통령은 임기종료를 몇 주 앞둔 2020년 12월 중순, 중국 최대 반도체 제조기업 SMIC와 세계최대 드론업체 DJI 등 60개 중국기업을 블랙리스트에 올려 미국 기업들과의 거래를 차단했다.

바이든, 공급사슬 재편 작업으로 견제

바이든 대통령은 공급사슬 재편작업을 좀 더 정교하게 진행하고 있다. 2021년 2월 향후 100일간 반도체 · 배터리 · 희토류 같은 희귀광물과 의약품 등에 대한 미국의 공급사슬 현황을 검토해 보고하도록 연방 기관들에 명령했다. 또한 국방 · 공중보건 · 정보통신기술 · 에너지 · 운송 · 농업 식품 등 6개 산업에 대한 공급사슬 현황을 1년간 조사, 보고토록 했다. 아울러 미국과 가치를 공유하는 동맹국 및 파트너들과 새로운 공급망 구축을 위해 협력할 것임을 분명히 했다.

이러한 미국의 디커플링 조치에 대해 중국은 반격을 준비하고 있다. 우선 '국내외 쌍순환'을 중국의 새로운 발전전략으로 채택했

[그림 2-4] 중국 영향력 줄이기에 나선 미국

(단위: %)

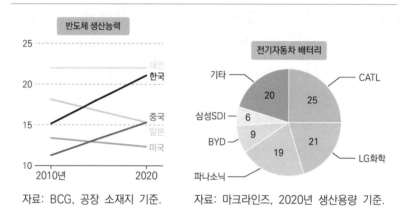

자료: BCG, 공장 소재지 기준.

자료: 마크라인즈, 2020년 생산용량 기준.

자료: FDA, 2020년 5월.

다. 미국과의 디커플링 등 외부환경 변화에 맞서, 중국의 거대한 내수시장을 기반으로 국내경제의 대순환 구조를 구축하고 이를 바탕으로 국내외 이중순환을 상호 촉진한다는 전략이다.

중국의 또 다른 반격은 미국의 중국기업 제재에 동조하는 제3국 기업을 제재하겠다는 것이다. 중국 상무부가 2020년 9월 공포한 '불신기관 목록' 규정은 중국기업과의 정상적인 거래를 중단하는 외국 기업에 대해 중국과의 수출입, 중국 내 투자, 관련자들의 중국 입국을 금지하고 벌금을 부과할 수 있도록 했다. 2021년 1월에는 제3국 기업이 중국기업에 대한 미국의 제재에 따라 중국기업과 거래를 중단하면 그 제3국 기업에 대해 손해배상을 청구할 수 있도록 하는 규정을 공포했다.

이런 중국의 대응조치들은 한마디로 미국과 중국이 충돌하는 경우, 제3국 기업들은 중국 편에 서든지 아니면 미국 편에 서든지 선택을 하라고 요구하는 것이다.

미·중 디커플링은 어디까지 확대될까

우선 대상 분야 측면에서 볼 때, 중국이 '중국제조 2025'에서 10대 전략 분야로 지정한 산업들과 바이든 대통령이 공급사슬 현황 검토를 명령한 다른 산업들로 미·중 디커플링은 확대될 것으로 예상된다.

미국이 의도하는 대로 미·중 디커플링이 민주주의 진영과 사회주의 진영 간의 대립으로 발전할지는 미지수다. 일본·호주·인도 등 쿼드 참가국들이 미국 진영에 서게 될 가능성이 크고, 유럽연합(EU)도 큰 틀에서 미국에 동조할 가능성이 크다. 중국은 중국대로 우군을 확보하려 할 것이다. 그러나 국가별 또는 산업별로 처한 여건과 이해관계가 다르기 때문에 국가와 기업들 간에 다양한 대립 또는 협력구조가 형성될 것으로 예상된다.

확산되는 미·중 디커플링을 저지할 국제법적 장치는 없는가? 미국과 중국은 서로 상대가 세계무역기구(WTO) 등 국제규범을 위반하고 있다고 비난하고 있다. 그렇지만 막상 WTO 규범으로 양국의 디커플링을 통제하기는 쉽지 않다. 그 이유는 불완전한 WTO 통상규범과 미비한 분쟁해결 절차 때문이다.

미국과 중국은 각자 탈동조화 조처를 하는 명분으로 '국가안보'를 내세우고 있다. 2021년 3월 발표한 예비 국가안보전략에서 미국은 "오늘날의 세계에서는 경제적 안보(economic security)가 곧 국가안보"라고 선언했다. 국가안보 개념이 크게 확장되고 있다. 문제는 국가안보가 무엇인지에 대한 합의된 국제법적 룰이 없다는 점이다.

국가안보를 이유로 한 무역제한 조치가 WTO 분쟁의 대상이 될수 있는지도 논란의 대상이다. 관세 및 무역에 관한 일반협정(GATT) 제21조는 안보상 조치를 WTO 규범의 예외로 인정하고 있다. 미국은 당사국이 스스로 국가안보를 위한 조치라고 판단해 안보 예외를 선언하기만 하면 그런 조치는 아예 WTO 분쟁해결 절차의 심리대상이 되지 않는다는 입장을 취하고 있다.

중국도 자국의 디커플링 대응조치를 국가안보를 위한 조치로 정당화하고 있다. 따라서 중국은 미국이 국가안보 개념을 남용하고 있다고 비난하지만, 막상 자국의 조치가 WTO에 제소되면 미국처럼 안보 예외를 주장할 것이다.

한국, 전략적 선택 시점 다가와

미·중 디커플링으로 인해 공급사슬의 세계화가 퇴조하고 지역화 블록화가 진행되고 있다. 우리 기업은 미국이 재구축하고 있는 공급사슬에 참여할 것을 요구받을 수 있다. 중국도 똑같은 요구를 할 것이다. 이런 상황에서 우리가 전략적 선택을 해야 할 시점이 다가오고 있다.

당장 미·중 디커플링이 기업의 영업활동에 미치는 영향은 업종에 따라 차이가 있을 수 있다. 그러나 어느 기업이든 전반적으로 불확실한 경영 환경에 노출되는 상황은 피할 수 없을 것이다. 국가안보를 이유로 한 미국과 중국의 제재와 보복 조치에 기업이 직·간접적으로 휘말릴 가능성이 커지고 있다.

이런 디커플링 위험에 대응하기 위해서는 무엇보다 미국·중국 등 주요국들의 수출통제조치, 미국의 세컨더리 제재와 같은 개별기업 제재, 공급사슬 재편과 관련된 조치들을 면밀히 추적, 관찰하고 규범 준수 체계를 구축할 필요가 있다.

또한 각국의 디커플링 조치들이 기업 및 공급자들에 미치는 현재적·잠재적 영향을 경영 및 투자전략에 반영해야 함은 물론이다.

전체적으로 투자와 무역 측면에서 과도한 중국의존도를 분산시켜 나갈 필요가 있다.

그러나 국가 간 디커플링으로 경제가 정치화되는 상황에서 기업의 노력만으로 대응하기는 역부족일 것이다. 정부와 기업 간 정보 공유와 총체적 대응이 절실히 필요하다고 본다.

05 중국 잡으려는 보조금 규제,
한국에 부메랑 되나[5]

요동치는 국제 통상질서

정부 보조금이 규제를 받기 시작한 것은 1880년대부터다. 당시 유럽 국가들은 국내에서 생산한 설탕 수출을 독려하기 위해 보상금을 지급하고 외국에서 수입하는 설탕에 대해 고율의 관세를 매겼다. 이 때문에 국제 설탕 가격은 폭락했다. 미국은 1890년 통상법을 개정해 외국에서 설탕 수출에 지급하는 보상금에 대해 상계관세를 부과하기 시작했다. 그 후 미국 상계관세 대상이 확대됐다. 설탕 외의 다른 상품의 수입에 대해서도 상계관세가 적용되기 시작했다.

제2차 세계대전 직후인 1947년 23개국이 체결한 관세 및 무역에 관한 일반협정(GATT)에 상계관세 규정이 포함되면서 보조금에 대한 다자간 규범이 형성되기 시작했다. 1979년 도쿄라운드 보조금

---

5 [김두식] 중앙일보_중국 잡으려는 보조금 규제, 한국에 부메랑 되나_20211214.

협정을 거쳐 1994년 세계무역기구(WTO) 보조금협정이 체결되면서 현재의 글로벌 보조금 규범이 완성됐다. WTO 협정은 수출이나 수입대체를 조건으로 하는 보조금은 원천적으로 금지한다. 그 외 보조금은 다른 나라에 피해를 줄 때만 규제를 받는다. 인프라 건설이나 일반 국민에 대한 지원금처럼 특정 기업이나 산업에 제공되지 않는 지원은 보조금으로 보지 않는다.

> 중, 10대 전략산업에 보조금 집중
> 미·EU, 새 상계관세로 중국에 맞불
> 한국 경제에도 심각한 위험 요소
> 달라질 환경에 우리 목소리 내야

미·중 패권경쟁의 또 다른 얼굴

그런데 지금 글로벌 보조금 질서가 변화를 맞고 있다. 이런 변화의 배경에 미국과 중국의 대립이 자리 잡고 있다. 세계 경제패권을 노리는 중국은 2015년 '중국제조 2025' 정책을 채택하고 10대 전략산업 분야에 막대한 보조금을 지급해 왔다. 미국과 유럽연합(EU)은 중국의 산업보조금을 불공정한 비시장경제(non-market economy) 관행이라고 비난하고 있다. 미·중 경쟁이 보조금 경쟁으로 발전하고, 힘 있는 국가들은 노골적으로 보조금 룰을 무시하고 있는데 WTO 규칙은 별다른 역할을 하지 못하는 실정이다.

미국과 EU는 중국의 보조금을 잡기 위해 상계관세 절차를 공격적으로 운용하고 있다. 1995년부터 2020년까지 전 세계에서 발동된 344건의 상계관세 조치 중 미국의 상계관세가 173건, EU가 45건으로 전체의 63%를 차지한다. 미국 상계관세 조치의 절반은 중국을 상대로 한 것이다.

미국과 EU는 중국 보조금을 겨냥한 새로운 상계관세 룰도 도입하고 있다. 2021년 5월 미 상무부는 논란이 많은 환율보조금 규정을 만들었다. 정부가 환율에 개입하여 저평가된 환율도 수출기업에 혜택을 주는 보조금으로 보아 상계관세를 부과하기 시작한 것이다. EU는 제3국 우회 보조금 개념을 적극적으로 활용하기 시작했다. 중국 정부가 일대일로(一帶一路) 정책에 따라 이집트 특별경제구역 내에 설립된 기업에 보조금을 지급했다는 이유로 그 이집트 기업이 EU로 수출한 제품에 상계관세를 부과했다.

그러나 상계관세만으로 중국 정부의 보조금 지급을 막는 데는 근본적인 한계가 있다. 더욱이 중국에 대한 상계관세 조치는 WTO의 엄격한 심사기준을 통과하지 못했다. 미국은 중국 정부가 경제 전반을 통제하고 있는 상황에서 중국의 국영기업들은 모두 보조금을 주는 '공공기관'에 해당한다고 주장했다. 또한 중국 내 가격은 시장 가격이 아니므로 중국 보조금이 주는 혜택을 계산할 때 중국 내 가격이 아니라 제3국 가격과 비교해야 한다고 주장했다. 그러나 WTO 상소 기구는 미국의 주장을 배척해 미국에 좌절감을 안겨줬다.

투자제한·자산매각 조치 부과

이에 미국은 보조금 룰 자체를 바꾸려 하고 있다. 중국의 비시장경제 관행에 대응하기 위해 같은 생각을 가진(like-minded) 국가들이 연대하여 새로운 국제통상 질서를 만들자고 요구하고 있다. 2017년 미국·EU·일본의 통상장관들은 보조금과 기술이전 강요 등 시장 왜곡적인 정부 개입을 제거하기 위해 서로 협조하기로 했다는 공동선언을 발표했고, 2020년에는 이보다 진전된 상세한 보조금 규제 강화방안을 제시하는 공동선언을 발표했다.

이 공동선언에서 3국 통상장관들은 상대국에 대한 피해 여부와 관계없이 무조건 금지되는 '금지보조금'을 확대해야 한다고 주장했다. 예컨대 한도나 기한의 제한 없는 지급보증, 부실기업 및 설비 과잉 산업에 대한 보조금, 부채탕감 등을 새로운 '금지보조금' 목록에 넣자는 것이다. 이 밖의 보조금에 대해서는 보조금을 지급하는 국가가 상대국에 부정적 효과가 없음을 스스로 입증하도록 하고, 중국에 대한 상계관세 조치를 무력화시킨 WTO 상소 기구의 잘못된 판단을 바로잡기 위해 WTO 협정을 개정할 것을 제안했다.

EU는 이와 같은 보조금 규제 강화방안을 일방적으로 실행하기 위해, 2021년 6월 외국 보조금법안을 공표했다. 이 법안에 따르면, 외국 보조금을 받은 기업이 EU 시장을 왜곡하는 경우 보조금을 반환하도록 하거나 투자제한, 자산매각 등의 조치를 부과할 수 있도록 했다.

또 최근 3년간 일정 금액 이상의 외국 보조금을 받은 기업에 대

[그림 2-5] 중국의 산업 보조금 추이

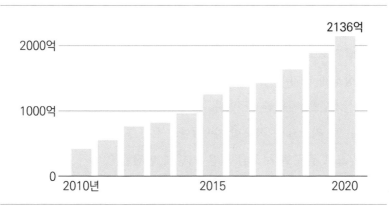

(단위: 위안)

자료: 니혼게이자이신문.

해서는 EU 기업의 인수합병을 제한하고 EU 역내 공공조달에 참여
할 수 없도록 했다. 보조금의 범위도 크게 확대됐다. 상품 제조업뿐
아니라 금융 등 서비스업에 대한 보조금도 규제 대상에 포함되었고,
EU 기업에 현실적 피해를 주지 않고 잠재적 영향을 주는 보조금도
제재할 수 있게 했다. 게다가 이 법이 시행되기 10년 전까지 제공된
외국 보조금도 소급하여 이 법의 적용을 받게 하고 있다.

───── WTO의 협상기능 작동 못 해

문제는 이 법안이 중국만을 타깃으로 한 것이 아니라는 것이다.
이 법안은 보조금을 받지 않고는 사업을 계속할 수 없는 부실기업에 대해 장기적 생존 가능성과 해당 기업 자체의 자구 노력이 포함된 회생계획이 없이 지급하는 보조금, 혹은 기업 인수합병을 위한 보조금, 유리한 조건으로 입찰해 수주할 수 있도록 하는 보조금 등을 사실상 금지보조금으로 규정하고 있다. 이런 보조금들은 중국뿐 아니라 시장경제 국가에서도 제공될 수 있는 것들이다. 한국도 경제위기 시 부실기업을 지원한 바 있다. 따라서 이 법이 통과되면 우리 기업들에도 큰 리스크로 작용할 수 있다.

앞으로 글로벌 보조금 룰은 어떻게 발전할 것인가. 중견 경제국인 한국으로서는 새로운 보조금 규범도 WTO라는 다자간 체제에서 논의되는 것이 바람직하다. 하지만, 사실상 협상 기능을 상실한 WTO에서 미국·EU·일본이 주창하는 보조금협정 개정이 이뤄질 가능성은 크지 않다고 본다. 결국 EU의 외국 보조금법안에서 보는 바와 같이, 일방적 제재를 가할 수 있는 경제적 파워를 가진 주요국들이 국내법으로 새로운 보조금 룰을 도입하거나, 미국이 말하는 '생각이 같은' 국가 간의 지역협정을 통해 강화된 보조금 규범이 도입되는 방향으로 발전할 가능성이 크다고 본다.

최근 미국 정부는 중국이 가입을 신청한 포괄적·점진적 환태평양경제동반자협정(CPTPP)에 가입하지 않을 것을 분명히 했다. 그 대신 2022년에 보다 견실한(robust) 인도-태평양지역 경제협력체 도입을 추진하겠다고 밝힌 바 있다. 이와 같은 미국의 새로운 경제협력체 구상에 중국을 견제할 강화된 보조금 규칙이 포함될지 주목된다.

한국 기업의 이익, 어떻게 지킬 것인가

우리는 어떻게 대응할 것인가. 무엇보다 어떤 형태로든 보조금에 관한 규범 협상이 진행되는 경우 이에 적극적으로 참여해 우리의 권리와 이익이 부당하게 제한받지 않도록 해야 한다. 특히 EU가 공표한 외국 보조금법안과 같은 일방적인 보조금 규제조치는 국제규범을 통해 적절히 제한할 필요가 있다. 변화된 글로벌 경제환경에 비추어 2000년 폐지된 허용보조금의 부활에 대해서도 논의할 필요가 있다. 특히 미국 등 주요국이 경쟁적으로 제공하는 연구개발 보조금을 어떻게 통제할 것인지, 기후변화에 대응하기 위한 보조금 등을 허용할 것인지가 관심사다.

그러나 당장 통일적인 국제규범이 마련되기 어려운 상황이다. 이럴 때, 우리 기업들은 미국·EU 등 우리의 주요 수출시장에서 보조금 관련 규제 동향을 면밀히 모니터링해 미리 위험을 회피하는 노력을 해야 한다. 특히 EU의 외국 보조금법안이나 미국의 환율보조금, EU의 제3국 우회 보조금 등은 우리 기업의 해외투자 전략에 영향을 미칠 수 있다는 점에 유의해야 한다.

일례로 2021년 6월 미국의 베트남산 타이어 상계관세 사건에서 미 상무부는 베트남 정부의 관리환율제도가 보조금에 해당한다고 하면서 우리 기업이 투자한 베트남 현지법인의 대미 수출품에 상계관세를 부과했다. 중국 보조금을 잡겠다고 만든 환율보조금 규정에 우리 기업이 부메랑을 맞은 사례다. 중국을 때리려다 우리가 피해를 보는 '콜래터럴 데미지'(collateral damage·무고한 피해)는 없어야겠다.

06 미국이 희토류 채굴 재개하면 중국의 시도 성공 못 해[6]

중국의 희토류 무기화, 성공할까?

2020년 3월 18일(현지시간) 미국 알래스카 앵커리지에서 바이든 행정부 출범 후 미국과 중국의 첫 번째 고위급 회담이 열렸다. 앵커리지로 날아오기 전, 미국 측은 동맹국인 일본과 한국을 차례로 방문해 중국의 인권 문제를 공개적으로 거론하면서 날을 세웠다. 미국의 근육질 힘만 믿고 나 홀로 중국 때리기에 열중했던 트럼프 행정부와 달리 동맹과의 협력, 자유와 민주라는 가치를 전면에 내세우는 바이든 행정부의 전략을 읽을 수 있는 대목이다. 앵커리지 회동 분위기는 회담장 바깥의 겨울 날씨만큼이나 싸늘했다. 미국이 신장 위구르 인권 탄압을 꺼내자 중국 측은 미국 내 흑인 인권문제로 맞섰

---

6 [최병일] 중앙일보_미국이 희토류 채굴 재개하면 중국의 시도 성공 못 해_20210330.

다.

미·중 전략경쟁이 트럼프 1막을 지나 바이든 2막을 열고 있다. 미·중 관계가 트럼프 이전으로 돌아가리라는 기대는 애당초 어설픈 기대였다. 미·중 충돌은 더는 '블랙스완'(black swan, 가능성이 희박한 사건)이 아닌, '회색 코뿔소'(눈에 보이는 무시할 수 없는 위협)가 되었다. 흥미로운 것은 앵커리지 회동 직전 희토류 관련주가 급등하고 있다는 뉴스였다. 무슨 일이 벌어지고 있나?

세계 최대의 희토류 생산국인 중국이 희토류 수출을 통제하지 않을까 하는 시장의 우려가 반영된 것이다. 미·중 앵커리지 회동 직전 희토류 관련주인 유니온은 전날보다 1,230원(14.2%) 상승한 9,890원에 거래되고 있었다. 대원화성·유니온머티리얼 등도 5~6% 상승세를 보였다. 쎄노텍·티플랙스·노바텍 등 관련주들도 오르고 있다.

중국은 희토류 수출을 통제할 것인가? 트럼프가 관세 폭탄을 쏘아 올리며 중국을 압박할 때, 중국은 희토류 무기화 카드를 만지작거렸다. 트럼프가 중국을 상대로 무역 전쟁을 시작하자, 중국은 당황했다. 기세에 눌리면 안 된다고 판단한 중국은 미국의 관세 폭탄과 같은 크기의 관세 폭탄으로 응수했지만, 중국의 대응에는 한계가 있었다. 미국의 중국산 수입액(약 5,000억 달러)이 중국의 미국산 수입액(약 1,500억 달러)을 압도하는 상황에서, 중국이 미국의 관세 폭탄을 따라가기는 불가능했다. 비대칭적인 무역 전쟁의 국면을 전환하기 위해 중국은 묘수를 찾기 시작했다. 이때 등장한 카드가 희토류였다. 시진핑은 장시(江西) 성의 희토류 생산지를 방문하면서 결의를 내비쳤다.

희토류는 반도체·LED 등 전자산업과 전기차 배터리, 하이브리드 자동차, 신재생에너지 부품 등 신성장산업의 핵심소재다. 2019년 기준 중국의 생산량이 세계에서 80% 이상을 차지하고 있다. 죽의 장막이던 중국을 개혁개방으로 이끈 덩샤오핑이 "중동에는 석유가 있다면, 중국엔 희토류가 있다"고 말할 정도였다. 중국이 희토류 수출을 중단한다면, 세계 경제는 대혼란에 빠져들 수 있음을 암시하는 대목이다.

'희소하다'는 의미와 달리 세계 도처에 묻혀

2021년 3월 전국인민대표회의에서 중국은 희토류 무기화에 대한 의지를 공개적으로 다졌다. 바이든 대통령은 이미 2월 말, 반도체·전기차 배터리·희토류·의약품에 중국을 배제한 공급망 재편을 검토하라는 행정명령을 발동한 터였다. 전운이 감돌고 있다. 중국은 희토류를 무기화할 수 있을까?

결론부터 이야기하면, 무기화의 효과는 단기에 그치리라는 것이다. '희소하다'는 의미의 이름과는 달리 희토류는 세계 곳곳에 묻혀 있다. 중국이 희토류 생산·수출에서 압도적인 1위를 차지하는 이유는 미국 등 선진국들이 환경문제를 이유로 채굴에 소극적이기 때문이다. 뒤집어 이야기하면, 중국의 엄격하지 않은 환경규제 덕분에 중국은 계속 희토류를 대량 채굴하고 있다. 상당한 희토류 매장량을 가진 호주의 경우, 채굴은 호주에서 이루어지지만, 최종 분리공정은 말레이시아에서 이루어진다. 환경규제 때문이다. 중국이 세계 최대의 희토류 생산국가인 것은 선진국과 중국 간에 존재하는 거대한 환경규제 수준의 차이를 반영한다.

[그림 2-6] 미국의 주요 희토류 수입처

(단위: %)

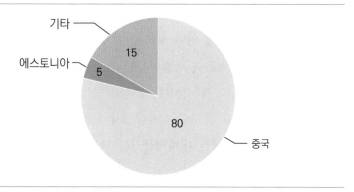

자료: 니혼게이자이.

[그림 2-7] 희토류 주요 생산국

(단위: 만 톤)

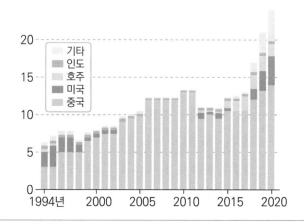

자료: 니혼게이자이.

중국이 희토류를 무기화한다면, 세계는 다른 지역으로 희토류 수입처를 바꿀 수 있다. 유력 후보지는 세계 최고 품질의 희토류 매장지로 알려진 미국 캘리포니아―네바다 접경지역 소재 마운틴 패스(Mountain Pass)다. 지금은 실질적인 폐광상태로 전락했지만, 한때 희토류의 핵심 공급처였다. 미·중 전략경쟁이 본격화되면서 미국 정치권은 본격 재가동을 위한 보조금 지급 등 관련 입법 조치를 준비하고 있다. 환경단체들의 반발이 예상되지만, 미국 내 초당적 반중 정서는 이를 쉽게 넘어설 것이다. 중국이 희토류 수출통제를 본격화하는 경우, 주요 수입국은 중국 바깥에서 희토류 생산을 모색하면서 동시에 덜 환경 파괴적인 대체재를 찾으려는 노력을 본격화할 것이다.

중국이 실제로 희토류를 무기화한 적이 있을까? 2010년 9월, 일본과 영토분쟁 중인 센카쿠 열도(중국명: 댜오위다오)에서 중국인 선장이 일본 해경에 체포되자, 중국은 희토류 수출을 통제했다. 전자산업, 의료산업 대국인 일본의 중국 희토류 수입의존도는 절대적이었다. 그 결과는 어땠을까?

일본은 세 가지로 대응했다. 국제법적 대응, 산업적 대응, 경제적 대응. 세계무역기구(WTO) 분쟁절차에 중국을 제소했고(미국·EU와 공동 제소), 중국 아닌 다른 희토류 수입처를 찾기 시작했다. 동시에, 대체재 개발을 본격화했다. 놀랍게도 이 세 가지 모두 성과를 거두었다. 중국은 WTO 분쟁에서 패소했다. 호주가 새로운 수입처로 떠올랐다. 희토류를 사용하지 않는 산업용 모터가 개발되었다. 분쟁 발생 당시 90%에 달하던 희토류 중국의존도는 2012년 40%대로 내려갔다. 결국, 중국은 희토류 수출 통제를 거둘 수밖에 없었다.

희토류 무기화는 현실성 높지 않은 위협

지금은 그때와 다를까? 10여 년 전 그때와 달리 WTO 분쟁해결 절차는 식물화되었다. WTO에서 1차 판정이 내려진다 한들, 그것을 집행할 구속력은 없다. 최종심 역할을 하는 상소심이 구성되지 못하고 있기 때문이다. 상소위원 3인으로 구성되는 상소심은 임기만료 상소위원들의 빈자리를 채우지 못해 2019년 말부터 작동하지 않고 있다. 그래서 중국의 희토류 수출통제를 막을 국제법적인 압박은 느슨해졌다. 그러나 세계는 그때 중국의 희토류 수출통제로 인해, 중국의 희토류 무기화 가능성에 대해 시뮬레이션을 해 보았다. 덕분에 이미 다양한 대응책이 마련되었다.

중국의 희토류 무기화는 현실성 높지 않은 위협에 불과하다. 단기적인 시장교란 충격은 오겠지만, 오래 가지 못할 것이다. 오히려 중국에 부메랑으로 돌아올 수 있다. 장기적인 관점에서 보면, 세계가 중국에 희토류 공급을 의존하는 것 자체가 지속 가능하지 않다. 지금처럼 환경오염을 초래하는 희토류 생산방식은 변해야 마땅하다. 당장은 산업논리가 환경논리를 압도하지만, 중국도 자신의 환경 목적을 위해 희토류 생산을 축소해야 할 순간이 올 것이다. 정작 세계가 고민해야 할 것은 중국의 희토류 무기화가 아닌, 환경 깡패인 지금의 희토류의 대체재를 발견하는 일이다.

미국은 한때 희토류 주요 생산국이었다

중국이 희토류 생산 절대 강국으로 우뚝 서기 전, 미국은 주요 희토류 생산국이었다. 그 시기는 중국이 개혁개방으로 선회하여 본격적으로 '세계의 공장'으로 자리매김하는 1980년대 후반까지였다. 2018년 미국 지질학 서베이에 따르면, 중국은 전 세계 희토류 생산의 71%를 차지한다. 중국산 희토류 수입국은 일본·미국·네덜란드 순서였다. 중국 전체 희토류 수출의 54%(가격으로 평가한 점유율)가 일본으로, 14%가 미국으로 수출됐다. 한국도 상위 수입국에 속한다.

중국의 희토류 무기화 가능성이 대두하면서 새삼 주목받고 있는 미국의 마운틴 패스 광산은 그간 주인이 몇 차례 바뀌었다. 광산에서 유출된 방사능 폐수로 인한 환경문제 때문에 광산은 2002년 폐쇄되었고, 2008년 몰리코프가 광산을 인수했다. 일본과 중국 간의 영토분쟁에서 희토류가 무기화되면서 희토류 값이 폭등하자, 몰리코프는 공격적인 대규모 투자를 단행했다. 결과적으로 무리한 과잉투자였다. 유동성 부족으로 몰리코프는 파산하고, 탄광은 2017년 다른 주인을 맞게 된다. 미국의 전략은 희토류 정련시설을 자국 내에 확보하는 것이다. 중국이 희토류 수출을 통제하더라도 최종 가공시설을 확보하면 중국의 공격을 막아낼 수 있다는 계산이다.

07 미, EU · 인도 등과 손잡고 중국 압박 가속 페달[7]

미 · 중 무역전쟁 2라운드

중국 우한에서 시작된 폐렴이 코로나19라는 이름으로 세상에 등장하기 직전, 중국은 미국과의 무역전쟁을 휴전하는 협정을 체결했다. 2년 전 이맘때(2020년 1월 15일)다. '1단계 무역협정'으로 불리는 이 휴전협정의 핵심은 중국이 향후 2년간 일상적 무역거래 이외에 미국산 2,000억 달러를 추가 구매하는 약속이다. 그 2년의 시간이 지나갔다.

중국은 약속을 지켰을까. 공식자료는 아직 없지만, 2021년 11월까지의 미국 통계(피터슨 연구소)에 따르면 중국의 구매 물량은 약속 물량의 60%를 조금 넘는다. 그로부터 2021년 12월 말까지 한 달 사이에 중국이 전광석화처럼 수입 물량을 증대했다는 보도는 없다. 결

---

7 [최병일] 중앙일보_미, EU · 인도 등과 손잡고 중국 압박 가속 페달_20220118.

국 중국은 약속 이행에 실패했다. 중국의 변명은 코로나19로 인한 천재지변 때문이라는 것. 그러나 코로나19의 진원지이면서도 다른 국가에 비해 비교적 단기간에 경제 반등에 성공했다고 주장하는 중국이 아니던가.

🏛 2년 전의 무역협정 안 지킨 중국
미국 제품 추가구매 60%만 이행
바이든, 2단계 협상 진행 안 할 것
반도체 · 배터리 등 전략품목 강화
11월 중간선거 등 시간 많지 않아
'더 강한 미국' 인프라 확대 나설듯

게다가 농산물·에너지·공산품·서비스 등 각 분야에 할당된 구매 물량은 애초부터 시장 수요와는 무관한 인위적인 것이었다. 중국 정부의 구매 약속과 무역전쟁 휴전을 맞바꾼 것이었다. 구매 약속으로 중국이 벌어 둔 2년간의 휴전은 끝났다. 협정이행에 실패한 중국을 미국은 어떻게 다룰 것인가.

미·중 무역전쟁은 결국 체제전쟁

미국 통상협상의 역사에 정통한 사람이라면, 미국이 협정 이행을 얼마나 심각하게 다루는지 무수한 사례를 나열할 수 있다. 협정

불이행을 구실로 상대국에 고강도 시장개방을 압박해 온 미국이다. 중국은 그런 미국에 딱 걸려들었다. 미국은 무엇을 할 수 있을까. 고관세 부과? 경제 제재? 2022년 벽두부터 미국과 중국은 또다시 무역전쟁을 시작할 것인가.

구매 약속 이행을 지키기 위해 중국에 기간을 연장해 주는 완화정책도 가능하다. 유화정책은 미국 내 거센 반발에 직면할 것이다. 민주당과 공화당의 극단적인 파쟁에도 불구하고 '중국 때리기'는 초당적인 합의가 있는 유일한 부분이다. 압도적 다수의 유권자가 중국에 대해 싸늘한 반응을 보인다. 이런 정치지형에서 중국에 대한 유화적인 제스처는 상상하기 어렵다. 동시에, 중국의 약속 불이행은 미국의 결기를 시험해 보는 것일 수도 있다.

[그림 2-8] 목표 이행 못 한 중국의 대미 수입

(단위: 달러)

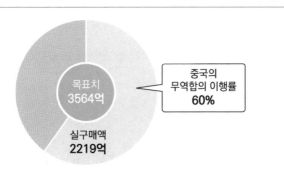

목표치
3564억

중국의
무역합의 이행률
60%

실구매액
2219억

※ 2021년 11월 기준

자료: 피터슨연구소.

그래서 중국에 대한 압박이 더 거세질 가능성이 크다. 고관세 부과를 위협하면서 미구매 물량의 조속 구매 압박을 할 수도 있다. 1단계 합의에도 불구하고, 미국은 중국 수입품의 3분의 2에 대해서 여전히 고관세를 유지하고 있다. 중국제품에 대한 고관세가 자신의 지지 기반인 서민층의 장바구니 물가를 올려 지갑을 얄팍하게 한다고 트럼프를 비난하던 바이든은 백악관의 주인이 된 이후, 트럼프의 고관세가 쌓아 둔 고관세 장벽을 그대로 두고 있음에 주목할 필요가 있다.

2년 전 미·중 합의는 1단계 합의였다. 설령 중국이 구매 약속을 제대로 이행했더라도, 미·중 간 갈등의 근본 불씨는 꺼지지 않았다. 두 나라가 무역전쟁을 벌이는 근본 이유는 공산당 주도 비시장 경제 때문이다. 덩치 큰 국영기업들이 경제 인프라를 독차지하고 외국기업에 대한 차별적 규제로 인해 중국기업에 편파적으로 유리해졌다. 이 기울어진 운동장 덕분에 디지털 대전환기에 중국 빅테크 기업은 급성장할 수 있었다. 21세기 석유로 불리는 빅데이터를 무궁무진하게 가진 중국은 인공지능(AI)·안면인식·5세대(5G) 이동통신 기술을 안보 분야로 연결하고 있다.

미·중, 2단계 협상 나설 명분 없어

미·중 무역전쟁은 기술전쟁과 군사전쟁에 이어 결국에는 체제전쟁으로 이어진다. 미·중 패권경쟁의 복합구도다. 무역합의 후 지난 2년간 중국공산당의 경제통제권은 더욱 강화됐다. 사이버 공간을 장악하는 중국 빅테크 기업의 자율권은 극도로 약화됐다. 체제 안정성이라는 지상 목표 아래 이견은 용납되지 않는다. 디지털 시대에 걸맞지 않은 중국 규제 시스템의 낙후성을 지적한 알리바바 마윈의 처지가 상징적이다.

〈표 2-1〉 탈냉전 시기 미·중관계의 변화 추이

기간	미·중관계	미 지도자	중 지도자	주요 사건
2012년 1~2월	• 잠재적 경쟁 개념 강화 • 미국 새 대중전략 모색	오바마	후진타오	• 미국의 신안보전략 채택 • 대중 억제전략의 가동과 갈등의 재점화
2013년 1월 ~2016년	중국 신형 대국관계 제안과 미국 재균형 전략 추진	오바마	시진핑	미·중 간 새로운 강대국 관계의 모색
2017년 1월 ~2019년	전략적 경쟁 전환기	트럼프	시진핑	• 전면적인 무역전쟁 • 새로운 냉전의 시작?
2020년	신냉전 초입기	트럼프	시진핑	• 체제와 이념 경쟁으로 확대 • 상대를 '적'개념으로 인식
2021년 1월~	본격 전략적 경쟁기	바이든	시진핑	장기적인 전략경쟁 추진

자료: 대외경제정책연구원.

미국은 협상을 통해 중국과의 무역갈등을 해소할 수 있을까. 기세등등한 트럼프를 향해서도 "숫자는 가능하지만, 시스템은 협상 대상이 아니다"고 단호하게 선을 그었던 중국이다. 1단계 합의라는 표현은 그래서 동상이몽이었다. 2020년 11월, 코앞에 닥친 선거를 의식해서 자신의 지지계층에게 "나만이 중국을 굴복시킬 수 있었다"고 기염을 토하고 싶었던 트럼프. 미국의 높아지는 고관세 장벽을 피하고 싶은 시진핑. 이 둘 간의 이해타산이 절묘하게 맞아떨어진 것이 바로 1단계 합의였다.

서구체제와의 격돌을 선언한 시진핑에겐 중국 시스템을 협상 테이블에 올리는 2단계 협상은 있을 수 없다. 트럼프는 자신의 지지자에게 1편보다 더 흥미진진한 2편의 개봉박두를 예고하고 싶어 안달이었다. 그 트럼프는 퇴장했다. 바이든이 중국을 다루는 방식은 다르다.

미 중산층 일자리 창출도 급선무

바이든은 중국과 2단계 협상을 진행할 생각은 없다. 그렇다고 식물화된 세계무역기구(WTO) 다자체제를 복원해 중국의 구조적·행태적 문제를 다룰 생각은 더더구나 없다. 그러기엔 바이든에게 부여된 시간은 턱없이 짧다. 트럼프가 시종일관 미국의 근육질 힘에 의존하면서 미국 홀로 중국을 몰아세우기에 열중했지만, 바이든은 가치동맹을 깃발을 내걸고 반(反)중국 연합전선을 구성하려고 한다. 반중국 연합이 중국을 협상장으로 끌어들이기 위한 전략일 수 있지만, 중국은 이런 방식의 협상에 나설 자신만의 명분을 찾지 못할 것이다.

집권 첫해, 반도체·배터리 등 핵심소재의 중국 의존적 글로벌 공급망 재편에 착수한 바이든. 그는 집권 2년 차에는 미국 중심 공급망에 참가할 연합국가들을 물색하고, 연계를 본격화할 구상이다. 유럽연합(EU)과 연계하는 무역기술위원회(TTC), 인도-태평양 경제협의체가 구체화할 전망이다. 미국 의회에서 협상 권한을 받아야 하고, 협상타결 후 의회 표결 절차를 거쳐야 하는 기존의 통상협상 방식으로는 디지털 패권경쟁과 코로나 팬데믹이 동시에 진행되는 상황에서 중국을 제대로 견제할 수 없다는 것이 바이든의 판단이다.

EU 및 인도·태평양 동맹국들과 반도체·배터리 등 전략품목 공급망을 구축할 때 중국을 배제하는 중국 포위 전략만으로는 부족하다. 미국의 자체 역량 강화는 바이든이 더 공을 들이고 있는 분야이다. 'BBB(Build Back Better)'로 명명된 미국의 인프라·인적자산에 대한 투자 확대 구상이 바로 그것이다. "미국을 더 강하게 건설하자"로 풀이되는 BBB는 미국의 혁신역량 강화와 중산층의 일자리 창출을 동시에 겨냥한 바이든의 회심의 카드다.

2022년 미국과 중국 모두 중요한 국내정치 일정을 앞두고 있다. 중국은 가을에 시진핑 주석의 3연임 여부를 확정하게 된다. 11월에는 미국 의회 선거(중간선거)가 있다. 하원 전부, 상원 3분의 1이 선출 대상이다. 중간선거 결과에 상관없이 미국의 중국 압박은 계속될 것이다.

흔들리는 세계화 시대, 한국의 선택은?

　냉전 종식 후 30년간 계속된 '국경 없는 세계화'가 흔들리고 있다. 원천기술 개발―핵심소재―조립의 전 과정에 걸쳐 비용 최소화의 원리가 지배하는 글로벌 공급망에 균열이 생기고 있다. 이른바 패권경쟁 시대다. 경제운영에서 효율성이 지고지선인 시대에서 안정성이 더 중요해진 시대로 옮겨가고 있다.

　코로나 팬데믹으로 가장 중요하게 떠오른 것은 주권국가가 통제 가능 영역 내에 생산기반을 확보하는 것이다. 체제가 다른 국가들이 기술―안보 연계가 높은 품목의 글로벌 공급망을 공유하던 시대에 종언을 고하고 있다. 그 분열의 단층선 위에 한국이 서 있다.

　아예 경제학 교과서를 새로 써야 할 판이다. 효율성만이 경제운영의 궁극적인 잣대였던 탈냉전 시대의 관념과 경험으로는 미·중 신냉전 시대에 생존과 번영을 모색할 수 없다. 효율성의 논리에 따라 세계로 펼쳐졌던 핵심부품의 공급망 재편을 미룰 수 있다고 생각하면 착각이다. 효율성에서 안전성으로 경제운영의 패러다임이 변화하면서 국가의 정책역량과 상상력이 시험대에 서게 되었다.

　외생적인 충격은 피할 수 없지만, 얼마나 빨리 회복할 수 있을지는 국가의 실력에 달려 있다. 너무나 분명한 혼돈의 시대에 협력과 공존을 외치는 것은 다가올 충격이 오지 않는다고 믿는 것처럼 어리석다. 연말에 본 영화 '돈룩업(Don't Look Up)'의 끔찍한 결말은 영화로만 존재하길 바란다.

CHAPTER

03

재정, 복지 그리고
국가채무

01 한국, 2025년 OECD 비기축통화국 중 3위 부채대국 된다[1]

7대 팩트체크로 풀어본 국가부채

요즘 잠재적 대권 후보자마다 코로나19로 인해 경제적 피해를 입은 계층에 대한 지원책을 쏟아내고 있다. 그런데 서로 간에 지원 방식에 따른 논쟁을 하다 느닷없이 기획재정부가 돈을 안 쓴다고 거칠게 몰아붙이고 있다. 기재부가 수행하는 여러 기능 중 하나가 곳간지기다. 곳간지기더러 곳간 지킨다고 심하게 꾸짖으니 아무리 정치가 '갑'이고 행정이 '을'이라 해도 세상에 이런 갑질이 없다.

기재부는 재정에서는 최고 전문가들의 집단이다. 한 해 예산 558조 원이 어떻게 쓰이는지 손바닥 보듯 하는 사람들이다. 더군다나 요즘 공무원은 벽창호도 아니고 정무적 감각이 떨어지지도 않는

---

1 [안동현] 중앙일보_한국, 2025년 OECD 비기축통화국 중 3위 부채대국 된다_
  20210216.

다. 이들이 대규모 재정확장에 우려를 표하는 데는 그만한 이유가 있어서일 것이다. 대부분의 경제학자 역시 마찬가지다. 국민에게 상세히 설명하고 싶은 마음이 굴뚝 같을 것이다. 아쉽게도 재정은 용어가 생소한 데다 금세 이해하기 어려워 충분히 설명할 기회가 마땅치 않다. 여기서는 국민이 국가부채에 대해 알아둬야 할 최소한의 기본 사실관계만이라도 정리한다. 천문학적인 규모라서 내 일이 아니라고 여길 수 있지만, 재정은 결국 우리의 세금이기 때문이다.

가채무(D1)냐 일반정부 부채(D2)냐?

일부 정치권 인사들의 토론을 보면 우리나라 국가부채는 2020년 말 기준 44.2%로 경제협력개발기구(OECD) 평균의 3분의 1에 불과하다고 주장한다. 사실일까? 그때 말한 44.2%는 국가채무, D1을 말한다. D1은 중앙정부와 지방정부 채무를 더한 값이다. 반면 OECD나 IMF(국제통화기금)에서 국가 간 건전성 비교를 위해 활용하는 기준(GFS−PDS)은 D1에 비영리 공공기관 부채를 더한 일반정부 부채로 이를 D2라고 한다. 즉 다른 나라와 비교를 할 때는 D1이 아닌 D2 기준으로 비교해야 한다. 2020년 말 기준으로 D2 추정값은 48.41%다. 이 수치와 OECD 평균을 비교해야 한다.

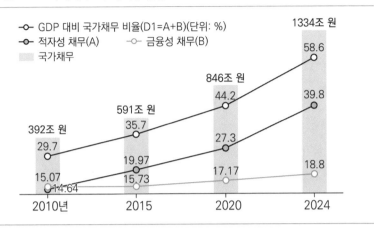

[그림 3-1] 국가채무 추이 및 전망

- GDP 대비 국가채무 비율(D1=A+B)(단위: %)
- 적자성 채무(A)
- 금융성 채무(B)
- 국가채무

	2010년	2015	2020	2024
국가채무	392조 원	591조 원	846조 원	1334조 원
D1	29.7	35.7	44.2	58.6
A	15.07	19.97	27.3	39.8
B	14.64	15.73	17.17	18.8

단순평균이냐, 가중평균이냐, 중간값이냐?

과연 우리나라 국가부채가 OECD 평균의 3분의 1 수준인가? 우리나라 국가부채 비율이 낮다고 할 때 비교하는 수치로 OECD 평균 부채비율 130%를 얘기한다. 그런데 이는 각국의 일반정부 부채(D2)를 GDP에 따라 가중평균한 값이다. OECD 국가 중 경제 규모가 가장 큰 미국이나 일본의 국가부채 비율이 각각 131.18%와 266.18%로 가장 높은 편이다 보니 가중평균이 높을 수밖에 없다. 국가 간 단순평균은 79.69%로 훨씬 낮다. 사실 단순평균마저도 적확한 척도로 쓰기에는 문제가 있다. 37개국의 국가부채 분포는 정규분포가 아니라 오른쪽으로 꼬리가 긴 카이자승분포(chi-square distribution)에 가깝다. 이런 경우 중심값의 척도로는 중간값을 써야 하는데 이 값은

63.68%다. 이 중간값과 우리나라 일반정부 부채 비율과의 차이는 15.27%에 불과하다.

기축통화국이냐? 비(非)기축통화국이냐?

〈표 3-1〉 국가채무, 일반정부 부채, 공공부문 부채 비교

유형	포괄 범위	산출 기준	활용
국가채무(D1)	중앙 및 지방정부의 회계 및 기금	국가재정법, 현금주의	국가재정 운용계획
일반정부 부채(D2)	D1+비영리공공기관	국제 지침, 발생주의	국제 비교
공공부문 부채(D3)	D2+비금융공기업	국제 지침, 발생주의	공공부문 재정건전성 관리

우리나라 국가부채를 얘기할 때 논쟁거리 중 하나가 기축통화국과 수평 비교를 할 수 있느냐는 것이다. 외환시장에서 인정받는 기축통화는 미 달러화, 유로화, 일본 엔화, 영국 파운드화, 캐나다 달러화, 스위스 프랑화, 호주 달러화, 뉴질랜드 달러화 등 8개 통화다.

OECD 37개국 중 기축통화를 사용하는 국가는 23개국으로 전체 회원국의 62%가 이에 해당한다. 단순평균을 비교하면 기축통화국의 부채비율은 95.77%지만, 비기축통화국은 53.27%에 불과하다. 비기축통화국들이 국가부채를 훨씬 더 보수적으로 관리한다는 점을 알 수 있다. 비기축통화국 평균과 우리나라 부채 비율(48.41%)의 격차는 불과 4.86%에 불과하다.

부채 규모보다 증가 속도가 문제

기재부나 학계에서 가장 우려하는 것이 부채 증가 속도가 너무 빠르다는 것이다. 어느 정도일까? 2015년부터 2020년까지 부채비율의 증가 폭을 보면 한국은 7.63%포인트로 OECD 평균 9.87%포인트에 비해 낮다. 문제는 2020년부터 2025년까지 향후 증가 폭의 경우 한국은 16.55%포인트로 OECD 국가 중 두 번째로 높은 증가율을 보일 것으로 예상한다는 점이다. 이에 따라 2025년엔 한국의 국가부채(D2)는 64.96%로 비기축통화국 중에서는 이스라엘과 핀란드 다음으로 국가부채 비율이 높은 국가가 된다.

장기전망은 더 암울하다. 기재부는 국가재정법 7조에 따라 5년마다 향후 40년간 장기재정 전망을 국회에 제출하게 되어 있다. 지난해에 제출된 전망을 보면 20년 후면 국가채무 비율이 90%를 상회하게 된다. 일반정부 부채 기준(D2)으로는 100%를 넘어설 것이다.

적자성 채무냐? 금융성 채무냐?

국가채무(D1)는 적자성 채무와 금융성 채무로 나눈다. 적자성 채무는 채무를 상환할 때 세금을 재원으로 갚아야 하는 채무를 말한다. 반면 금융성 채무는 대응 자산이 있어 별도의 재원 조성 없이 자체적으로 갚을 수 있는 채무다.

국가부채가 높아도 별문제가 아니라는 쪽의 주장 중 하나가 금융성 부채가 많으니 문제가 되지 않는다는 것이다. 사실일까? 2012

년까지만 해도 적자성 채무보다 금융성 채무가 많았다. 그러다 2012
년부터 적자성 채무의 비중이 금융성 채무보다 높아져 2020년에는
그 비중이 60%를 뛰어넘었다. 정부가 제출한 2020~2024년 국가재
정운용계획 평가에 따르면 적자성 채무는 빠르게 증가해 2024년이
면 그 비중이 68%에 달하고 GDP 대비로도 40%에 달한다. 즉 향후
세금을 걷어 갚아야 할 채무가 급격히 높아진다는 것이다. 앞으로
채무비율도 높아지지만, 채무의 질도 급격히 악화하는 것이다.

충당부채까지 포함하면 더 심각

공무원·군인연금 충당부채는 향후 정부가 지급해야 할 미래 연
금의 현재가치다. 재무제표상 부채이지만 국가채무를 계산할 때는
제외된다. 이를 충당하기 위한 기금이 형성되어 있기 때문이다. 문제
는 이들의 재정이 악화되는 점이다. 더구나 정부는 국민연금도 실질
적으로 최종 책임을 져야 한다. 예를 들어 국민연금의 경우 2050년
중반 이후 기금은 고갈되고 이후에는 부과식으로 전환해 당해 걷어
당해 지급해야 한다.

인구 규모 및 분포가 일정하다면 독일에서 보듯 문제가 되진 않
지만, 우리나라의 경우 인구감소로 인해 이대로 가면 보험료가 현행
9%에서 30% 선으로 치솟게 된다. 따라서 연금개혁이 시급하지만 아
무도 고양이 목에 방울을 달지 못하고 있다. 이런 식으로 시간만 흘
러가면 결국 후세대들의 조세 부담 능력만 훼손되고 다른 국가채무
상환도 그만큼 어려움에 봉착하게 된다.

구체적인 상환 계획이 없다

　재정은 위기 때 풀고 호황 때 줄이는, 즉 경기에 반대로 대응해야 한다. 따라서 현재와 같이 경기침체 상황에서 재정을 확장하는 것에 반대하는 경제학자는 없을 것이다. 문제는 이를 어떻게 상환할 것인지에 대한 구체적 논의가 빠져 있다는 점이다.

　최근 독일의 앙겔라 메르켈 총리는 2020년 적자 예산이 불가피했다는 점과 2023년부터 빚을 갚아 나가겠다는 상환계획을 솔직히 설명하고 이해를 구했다. 코로나 이전 59.53%에 불과하던 독일의 부채비율은 2020년 73.28%로 급증했다. 메르켈 총리는 2025년까지 이 수치를 59.52%로 돌려놓겠다는 구체적인 상환계획을 밝히면서 연방정부와 지방정부 모두 뼈를 깎는 노력을 해야 할 것이라고 실토했다. 이런 것이 참다운 지도자의 모습 아니겠나.

　지금까지 우리나라 국가부채에 대해 몇 가지 중요한 팩트를 체크했다. 이런 사정을 두루 고려하면 우리나라 국가부채 상황은 결코 안심할 수 없는 상황이다.

🎛️ **키워드: IMF 재정 기준**

'GFS-PDS'로 불리며 정부재정 통계(Government Finance Statistics)와 공공부문 부채(Public Sector Debt Statistics)를 의미한다. 주요 선진국은 이 방식에 따라 중앙정부·지방정부는 물론 비영리 공공기관을 모두 포함한 기준으로 국가부채를 비교한다. 한국이 주로 비교 기준으로 삼는 기준에는 비영리 공공기관이 빠져 있다.

02 선심 쓰듯 나랏돈 풀지만 피해는 서민·중산층에 돌아가[2]

공공의 실패가 두려운 이유

시장경제 체제에서는 독과점의 폐해나 경제적 불평등 같은 시장실패가 문제다. 그러나 정부의 비중이 커질수록 공공부문의 비효율과 정책실패로 경제위기를 초래하는 공공의 실패가 도사린다. 루디거 돈부시 MIT대 교수와 세바스티안 에드워즈 캘리포니아주립대(UCLA) 교수는 "이러한 공공의 실패는 선심성 재정정책으로 대변되는 경제적 포퓰리즘과 동반된다"고 봤다. 이 같은 경제적 포퓰리즘은 결국 선심성 재정정책과 임금인상을 통해 인플레이션과 실업 증가를 야기한다. 결국 빈민층과 중산층에 피해를 주게 된다는 의미다. 부유층은 어떤 상황에서도 버티기 마련이다.

---

2 [김정식] 중앙일보_선심 쓰듯 나랏돈 풀지만 피해는 서민·중산층에 돌아가_20210525.

실제로 큰 정부를 포함한 공공부문의 확대와 경제적 포퓰리즘은 상호 밀접한 관계를 가지고 있다. 큰 정부를 유지하고 공공부문을 확대하기 위해서는 재정지출을 늘려야 하며 이를 위해서는 국민의 지지가 필요하다. 그동안 한국경제에서 공공부문 비중은 지속해서 비대해졌고 경제적 포퓰리즘 또한 확대되고 있다. 공공부문의 실패가 늘어나고 경제적 포퓰리즘의 비용이 현실화할 경우 한국경제는 위기를 겪을 수 있다는 점에서 대응책 마련이 시급하다.

공공부문도 적극적으로 사익 추구

먼저 한국경제에서 공공부문의 비중이 증가하는 배경을 보면, 이는 공공부문 종사자는 공익을 추구한다는 전제와 밀접한 연관이 있다. 경제현상을 분석하고 정책대안을 제시하기 위해 경제학에서는 가계·기업·정부, 이들 세 경제주체의 행동을 분석한다. 이들 중 가계와 기업은 자기 이익, 즉 사익을 추구한다. 정부 관료와 공공기관 종사자, 국회의원은 국민과 공익을 위해 행동한다고 가정해 왔다. 이 때문에 사회주의 경향을 가진 국가들은 기업을 비롯한 민간부문보다는 공공부문을 더 선호하고 공공부문의 비중을 확대하려고 노력한다.

그러나 민간만 사익을 추구하고 공공은 공익을 추구한다는 전제는 비합리적이다. 공공선택이론을 창시하고 노벨경제학상을 받은 제임스 뷰캐넌은 정통경제학의 잘못된 가정을 바로잡아 가계나 기업뿐만 아니라 정부 관료나 국회의원 등 공공부문도 자기 이익을 추구하는 집단이라고 가정해 공공경제학의 토대를 마련했다. 그리고 정부와 공공의 실패 비용이 많이 든다는 것을 강조했다. 이는 자본주의 시장경제는 물론 사회주의 체제하에서도 공공부문에서 자신이나 가족의 이익에 대한 선호가 높다는 것을 봐도 잘 알 수 있으며, 최근 공기업 종사자들이 내부정보나 공적 지위를 이용해 사익을 추구한 행동에서도 잘 나타나고 있다. 공공부문을 확대한다고 공익이 반드시 커지는 것은 아니며 오히려 공공의 실패가 늘어날 수 있다.

[그림 3-2] GDP 대비 공공부문의 비중 추이

(단위: %)

※공공부문은 일반정부와 비금융 및 금융공기업을 합한 것임.

자료: 한국은행, 경제통계시스템.

정부개입과 공공부문의 비중이 증가하는 또 다른 배경으로는 경기침체로 실업자가 늘어나고 있는 점을 들 수 있다. 일자리가 줄어들면서 국민의 실업수당과 공공부문 일자리 창출에 대한 수요가 늘고 있다. 여기에 고령화는 급속히 진전되고 있지만, 연금체제가 충분히 구축되지 않은 상태에서 노후소득이 미흡해지면서 고령층의 정부지원 선호도 높아지고 있다.

경제적 불평등이 심화하는 것 또한 정부 개입이 요구되는 원인이다. 시장경제 체제에서 소득의 불평등을 완화하기 위해 정책당국은 최저임금이나 소득세율 인상을 통해 소득분배 효과를 높이며 일자리를 창출하고 복지를 확충해 시장실패를 보완해왔다. 부(富)의 불평등 역시 부동산가격 안정이나 조세제도를 통해 그 격차를 줄여왔다. 그러나 최근 코로나 19 사태로 일자리가 줄어들고 저금리로 시중 유동성이 늘어 주택가격이 큰 폭으로 오르면서 경제적 불평등이 심화되고 있다.

공공부문 실패는 위기로 이어져

지금과 같이 비대해진 공공부문이 실패하고 또한 경제적 포퓰리즘이 지속되면 한국경제는 위기에 직면할 가능성이 높다. 과도한 재정지출은 통화량을 증가시켜 결국 인플레이션과 자산가격 상승을 초래하기 때문이다. 실제로 2020년 협의의 통화량(M1)은 26% 증가했으며 긴급재난지원금 등으로 앞으로 재정지출이 더 늘어날 경우 시중 유동성은 더욱 증가할 수 있다. 인플레이션은 산업경쟁력 약화로 이어져 수출의존도가 높은 한국경제에 충격을 주고, 부의 불평등을 더욱 심화할 것으로 우려된다. 여기에 재정적자와 국가부채가 급격히 늘어나 재정 건전성이 악화되면서 자본유출로 외환위기가 초래될 수 있다. 이미 2021년 재정적자는 국내총생산(GDP)의 6% 이상이다. 국가채무는 GDP의 48%를 넘어서 2년 뒤인 2024년에는 위험 수준인 60%에 달할 것이 예상된다.

[그림 3-3] GDP 대비 관리재정수지적자의 비중 추이

(단위: %)

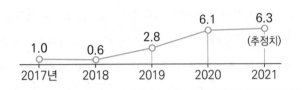

자료: 기획재정부, 월간 재정동향.

　한국경제가 공공의 실패에서 벗어나기 위해서는 어떠한 대책을 세워야 하는가. 먼저 비효율적인 공공부문에 대한 강도 높은 감독과 구조조정이 필요하다. 그동안 공기업의 방만한 경영으로 적자가 누적되자 정부는 공기업에 대해 해외투자와 같은 수익사업을 강조하면서 매년 경영평가를 통해 성과급을 차등 지급하는 제도를 실시하고 있다. 그러나 이러한 제도는 원래의 공기업의 목적인 공공서비스보다 민간기업과 같이 수익창출에 주력하게 하는 부작용을 발생시킨다. 정책당국은 필요한 공공부문에 대해서는 감독을 강화해 공익을 추구하는 공기업의 정체성을 유지하도록 하고 불필요한 부문에 대해서는 과감한 구조조정을 통해 비대해진 공공부문을 줄이도록 해야 한다.
　민간기업 투자를 유치해서 일자리를 만들고 경기를 부양해야 한다. 정부가 강조하는 공공부문 투자만으로 경기를 부양시키고 일자리를 창출하기에는 역부족이다. 정부규제를 완화해 기업투자가 늘어나도록 해서 실업을 줄이고 과도한 공공부문 확대도 막아야 한다. 기업 또한 기업윤리를 강화해 정부규제가 줄어들 수 있도록 해야 한

다. 과거의 기업가치는 단기이윤에 의해서만 결정됐다. 그러나 지금과 같은 사회관계망서비스(SNS) 시대의 기업가치는 기업윤리에 의해 크게 영향을 받는다. 탈세와 부정직한 방법으로 이윤을 남기는 기업은 반기업 정서를 증가시키는 요인이며 정부는 국민의 반기업 정서를 반영해 규제를 강화한다. 이는 최근 선진국에서 강조되고 있는 ESG(환경·사회적 책임·투명경영) 경영전략을 봐도 잘 알 수 있다. 이에 맞춰 정부의 기업규제 또한 완화되고 있다.

부동산가격과 인플레이션 기대를 안정시키는 것도 중요하다. 지금은 비록 지표물가가 안정돼 있지만, 포스트 코로나 시기에는 그동안 억눌렸던 수요 폭발로 임금과 국제원자재 가격이 오를 수 있다. 이 같은 인플레이션은 다시 임금을 올리고 부동산가격을 상승시킬 수 있다. 정책당국은 시중 유동성을 점진적으로 흡수해 부동산가격과 인플레이션을 안정시켜 경제적 불평등 심화를 막아야 한다.

경기 침체할수록 공공부문 사익추구 심해져

공공의 실패 예방을 위해 꼭 필요한 것이 재정준칙이다. 과거와 달리 정치권은 통화정책보다 재정정책을 통해 경기를 부양시키고 복지지출을 늘리고 있다. 미국·일본과 달리 국제통화를 가지고 있지 않은 한국은 재정 건전성을 유지하는 것이 중요하다. GDP의 3% 이하 재정적자와 60% 이하의 국가부채 비중 같은 재정준칙을 지킬 필요가 있다. 혹여 추경을 더 하게 되면 올해 국가채무는 50%를 상회할 가능성이 있다. 고령화와 저성장 국면이 지속할수록 재정적자와 국가부채는 급속히 증가할 가능성이 크다. 재정준칙은 이 같은 공공의 실패를 막는 최소한의 장치가 된다.

국제통화기금(IMF) 수석부총재를 역임한 앤 크루거는 경제 주체들이 공익보다도 자신과 자신이 속한 집단의 이익을 추구하는 행위를 지대추구사회(rent seeking society)라고 본다. 이러한 지대추구 행위는 경기가 침체하고 노후가 준비돼 있지 않을수록 더욱 격화되고 여기에서는 공공부문도 예외가 아니다. 한국경제는 공공부문이 구조적으로 확대되면서 동시에 공공의 실패가 발생할 가능성도 높은 여건이 되고 있다. 한국경제가 공공부문을 효율화시키고 경제적 포퓰리즘을 극복하기 위해서는 공익을 위한 감독을 강화하는 동시에 정부개입과 경제적 포퓰리즘이 선호되는 원인을 해소해야 한다. 사회주의 경향에서 벗어나 시장경제 체제를 유지할 수 있으며 지금의 저성장, 양극화의 함정에서도 벗어날 수 있다.

인도 중앙은행 총재를 역임한 시카고대 경영대학원의 라구람 라잔 교수는 자본주의를 구하기 위해서는 일자리를 늘리고 경제적 불평등을 해소해 과도한 정부개입을 막아야 한다고 주장한다. 한국경제를 구하기 위해서는 공공의 실패를 극복할 수 있는 전략적인 정책선택이 필요하다.

03 선의로 포장된 포퓰리즘이
한국을 덮치고 있다[3]

───── 전 세계 휩쓰는 대중영합주의

포퓰리즘(대중영합주의)이 전 세계를 휩쓸고 있다. 먹을 것과 마실 물을 찾아 끝없는 엑소더스가 일어나고 있는 베네수엘라만의 일이 아니다. 이 괴물이 어디서부터 자라난 것일까. 그 출발을 보려면 시계를 30년 전으로 돌려야 한다.

1989년 베를린 장벽 붕괴로 촉발된 냉전 종식 후 세계는 자본주의 독주체제로 30년을 지내왔다. 세계 금융위기로 인한 대불황도 10년이 훌쩍 지났다. 그 결과 가장 주목되는 정치적 변화는 포퓰리즘의 확산이라고 할 수 있다. 2016년 영국의 브렉시트(Brexit · 영국의 유럽연합 탈퇴) 선택, 2017년 독일 대안당의 약진, 오스트리아 자유당의 연정 참여, 2018년 이탈리아 '오성운동'의 정권 장악, 스웨덴 민주

───────────

3 [김동원] 중앙일보_선의로 포장된 포퓰리즘이 한국을 덮치고 있다_20190410.

[그림 3-4] 유럽에서도 근로 빈곤층 늘어나고

(단위: %, 국민 평균소득 60% 미만 가계의 근로자 비중)

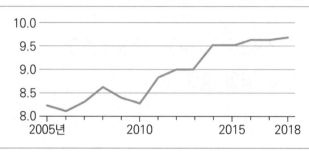

자료: EU.

당과 벨기에 '플랑드르 이해'의 약진, 프랑스의 '노란 조끼'가 줄지어 일어났다. 더구나 미국에서는 2016년 대중 영합에 능한 도널드 트럼프가 대통령에 당선됨으로써 포퓰리즘은 미국과 유럽 정치의 지배적 흐름으로 떠올라 세계 정치를 주도하고 있다.

포퓰리즘 정당들이 대중의 지지를 얻게 된 이유는 세 가지를 들 수 있다. 첫째, 1990년 소련의 붕괴 이후 새로운 세계경제 질서로 등장한 세계주의(Globalism)는 선진국과 신흥국을 막론하고 심각한 양극화를 가져왔다. 대부분의 경제협력개발기구(OECD) 국가들에서 일자리와 소득을 잃은 패자(loser)가 양산됐으며, 소득 불균등 정도는 지난 30년 이래 최고로 악화됐다.

대표적으로 유럽연합(EU)의 실업률은 2007년 7.5%에서 2013년 11.4%까지 상승했으며, 2017년 8.1%로 개선됐으나 여전히 2007년 이전 수준으로 돌아가지 못하고 있다.

둘째, 전통적으로 노동자들의 사회적 의지처 역할을 해 왔던 노조와 교회가 크게 위축된 한편 기득 정치권의 무관심으로 노동자 계

[그림 3-5] 갈수록 위세 떨치는 포퓰리스트 정당

(단위: %, 유럽 31개국 정당 득표율)

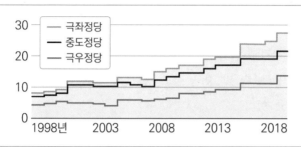

자료: 가디언.

층들 간에는 정치와 사회로부터 '버려졌다'는 상실감과 불만이 팽배
했다. 셋째, 기술적으로 사회연결망 플랫폼의 발달로 개인이 쉽고 빠
르게 다수 대중과 견해를 공유하고 함께 행동하는 것이 가능해졌다.

포퓰리즘은 흔히 '대중들의 인기에 영합해 표를 얻으려는 정치
행태'로 받아들여져 저질 정치 행태로 폄하되는 경향이 있다. 그러나
현실적으로는 정치 엘리트들로부터 대중들이 외면받았다고 느끼는
민심의 이반과 신뢰 상실에 따른 대중의 자구적 선택이라는 점을 주
목할 필요가 있다.

따라서 포퓰리즘의 주류는 반(反)엘리트주의로 기득 정치체제의
정당성을 강하게 거부한다. 더구나 유럽 통합과 세계화가 양극화를
초래함으로써 대중들의 삶을 피폐하게 했기 때문에 포퓰리즘은 반
(反)개방주의다. 이민자들의 대량 유입이 그들의 문화적 정체성을 위
협한다고 느끼기 때문이다. 이와 함께 포퓰리즘은 다양한 배경을 가
진 대중들의 집합체로 복잡한 논리를 거부하고 단순한 목표를 추구
하는 특성을 갖고 있다.

가디언(Gardian)에 따르면, 포퓰리스트가 내각에 참여한 유럽 국가는 1998년 스위스·슬로바키아 두 나라에 불과했으나 2018년엔 11개국으로 늘어났다. 포퓰리즘을 표방하는 정당의 득표율은 7%에서 25%로 증가했다. 그 결과 2차 대전 후 유럽 각국의 정치를 이끌어 왔던 중도 보수 및 중도 진보 정당들은 대중의 신뢰를 잃고 기반이 흔들리고 있다.

그렇다면 포퓰리즘 정당들이 기존 중도 보수·중도 진보 정당의 대안이 될 수 있을까. 영국의 브렉시트 운동은 대중의 분노를 자극함으로써 국민투표에서 승리를 거뒀다. 그러나 영국 정치가 극도의 혼란에 빠짐으로써 포퓰리즘 정치의 '민낯'을 보여주고 있다. 또 2015년 메르켈 독일 총리의 시리아 난민 수용 결정은 기민당의 지지 약화와 독일 대안당(AfD)의 약진을 가져오는 결정적 계기가 됐다. 그 결과 메르켈의 집권 기반도 흔들리고 있다. 이제 세계주의와 다문화주의를 지향하는 우아한 정책은 유럽에서 설 자리를 잃었다.

유럽의회 선거에서는 현재 다수를 차지하고 있는 중도 우파 정당이나 중도 좌파 정당들이 극우와 극좌 정당에 의석을 더 빼앗길 것이라는 예상이 지배적이다. 더구나 상실감에 빠진 대중에 대한 사회경제적 압박은 더욱 가중될 것이다. 그럴수록 포퓰리즘이 더 득세하고, 유럽연합에 대한 회의론은 높아질 것으로 전망되고 있다.

포퓰리즘 정당의 공약이나 경제정책은 대중의 요구를 즉각 수용한 결과, 정책의 타당성과 적합성이 부족해 지속 가능성이 낮다. 대표적으로 대중은 '낮은 조세 부담에다 높은 임금과 복지 수준'을 원한다.

그러나 재정적자의 누적이란 부작용 없이 이런 요구를 충족할 수 있는 정부는 없다. 따라서 정책의 일관성을 확보하기 어렵게 된다. 결국 정책의 불확실성이 커지고, 시장의 신뢰가 저하되면서 기업의 투자 의욕이 손상됨으로써 성장잠재력이 낮아진다. 또 포퓰리즘 정부는 자국 이기주의를 우선한다. 그래서 국제적 정책 공조가 어렵고, 세계 가치사슬과 세계 무역을 위축시킨다. 시장에서 성장과 효율의 엔진을 움직이는 동력을 유지하기도 어려워질 수밖에 없다.

역사는 독일 나치와 이탈리아 파시즘이 포퓰리즘의 산물이었음을 일깨워준다. 포퓰리즘이 득세하면서 유럽의 장래에 대한 우려도 커지고 있다. 세계주의의 후퇴는 관용성과 다양성 등 인류 보편적 가치의 퇴조로 촉발됐다. 특히 반이민과 인종차별 경향은 더욱 부정적이며, 세계 무역과 개방을 기피하는 포퓰리즘 정책은 유럽 경제의 장래를 어둡게 한다.

지난 30년을 이어온 글로벌리즘 시대는 다수 대중의 고통과 분노로 끝나가고 있다. 그 반작용으로 대중은 포퓰리즘에서 위안을 찾고 자본주의를 공격하고 있다. 다음 패러다임은 무엇인가. 그 해답을 찾기까지 우리는 혼란의 시대를 인내해야 할 것으로 보인다.

소득분배 구조 악화시키는 한국의 포퓰리즘

문재인 정부는 포퓰리즘 정부인가. 2,300개 시민·노동단체와 연인원 1,700만 명이 참가한 촛불 혁명의 결과로 탄생했다는 점에서 포퓰리즘 정부임이 분명하다. 평화적인 시민운동을 배경으로 탄생한 정부라는 특별한 명예를 갖고 있다.

하지만 문재인 정부 역시 다른 나라들 처럼 포퓰리즘 정부가 태생적으로 내포하고 있는 '포퓰리즘 정책의 함정'을 조금도 벗어나지 못하고 있다.

문재인 정부의 탈원전 정책, 최저임금 인상, 부동산 시장 안정화 정책들은 정책 의도가 '착하고 바르다'는 점에서 포퓰리즘 정책의 성격을 띠고 있다. 문제는 국민에게 약속한 목표만 저격하는 식의 포퓰리즘식 정책 추진은 시장 메커니즘을 왜곡하고 시정의 신뢰를 상실함으로써 '나쁜 결과'를 가져온다는 데 있다. 최저임금은 인상됐으나, 일자리의 감소로 근로자의 소득은 오히려 감소해 소득분배 구조를 악화시키는 결과를 낳는 게 대표 사례다.

특히 한국 경제의 가장 절실한 과제는 식어 가는 성장동력을 회복하는 것이다. 그러기 위해서는 구조개혁과 시장 친화적인 투자촉진정책이 필요하다. 그러나 이 구조개혁은 고통을 수반한다는 점에서, 투자촉진정책은 재벌개혁과 상충한다는 점에서 포퓰리즘 정부가 추진하기 어렵다. 이 난제를 어떻게 풀어갈 것인가. 유럽의 포퓰리즘 확산이 유럽 경제의 미래를 어둡게 한다는 경고를 문재인 정부는 귀기울일 필요가 있다. 지옥으로 가는 길은 선의로 포장돼 있다.

04 복지 지출 늘리지 않아도 곧 선진국 수준으로 간다[4]

'정부 예산 500조 시대' 국가 재정의 진실

문재인 정부의 2020년 예산이 사상 처음으로 500조 원을 넘어선다. 복지 확대와 경기부양을 위한 확장적 재정이다. 보수 진영에선 재정 건전성에 대한 우려가 커지고 있다. 반면에 좌파적 진보진영의 입장은 다르다. 정부 역할의 축소를 외치는 우파적 보수진영과 달리 정부 역할의 확대를 주장한다. 어떤 신념이 현실의 정책 효과를 더 높일 수 있을까. 역사적 경험에 비춰보면 재정 여력에 따라 성과는 달라진다. 재정 여력이 충분할 때는 진보진영이, 반대로 재정이 한계에 도달했을 때는 보수진영이 현실적 성과를 얻어낸다.

현재 우리 사회는 좌우 이념 대립 속에서 동일한 경제협력개발

---

4 [옥동석] 중앙일보_복지 지출 늘리지 않아도 곧 선진국 수준으로 간다_20190
416.

기구(OECD) 통계를 기반으로 하면서도, 한쪽은 지금보다 더 확장적 재정 정책을 요구하고, 또 다른 한쪽은 긴축적 재정정책을 주문한다. 왜 이러한 인식 차이가 나타날까. 이 의문을 풀지 않고선 우리 내부의 경제적 이념 차이를 쉽게 극복할 수 없다. 국가 재정에 대한 진단과 인식이 통일되지 않고서는 정부 정책에 대한 사회적 합의를 끌어낼 수 없기 때문이다. 국민적 인식이 수렴하도록 하기 위해서는 재정에 대한 관점의 차이부터 이해할 필요가 있다.

진보진영의 정책적 신념을 뒷받침하는 재정에 대한 인식은 크게 세 가지가 있다. 첫째, 한국의 재정 건전성은 OECD 국가 최고 수준이기에 경기부양을 위한 재정 여력이 충분하다는 인식이다. 둘째, 한국의 국내총생산(GDP) 대비 복지지출 비율은 OECD 평균보다 약 10%포인트 낮기에 복지 지출을 계속 늘려야 한다는 관점이다. 셋째, 한국의 GDP 대비 정부 규모는 OECD 평균보다 상당히 낮기에 정부와 공공부문을 적극적으로 확대해야 한다는 주장이다. 진보 진영의 이런 인식에 대해 반론의 논거들을 차례로 제기한다.

우선 한국의 재정 건전성은 과연 세계 최고 수준인가. 재정 건전성의 국제 비교에서 최근 널리 사용되는 지표는 GDP 대비 정부채무(일반정부 총채무) 비율이다. 2017년 OECD 평균은 80.9%이고 한국은 44.5%로 36개 OECD 국가 중 아홉 번째로 양호하다. 그런데 우리가 간과하는 중요한 사실이 있다. 재정 여력을 뒷받침하는 것은 정부의 조세권과 발권력인데, 기축통화가 아닌 국가의 발권력에는 한계가 있다는 점이다. 만약 달러화·유로화·파운드화·엔화 등 기축통화 국가들을 제외한다면 OECD 정부채무 비율의 평균은 54.5%

에 불과하다. 비기축통화 국가인 스웨덴·뉴질랜드·스위스·호주 등은 한국과 비슷하다는 사실을 직시해야 한다.

두 번째 의문은 '한국의 현행 복지 지출 규모가 과연 적은가'이다. 2018년 GDP 대비 복지 지출 규모는 OECD 평균이 21.5%인데 한국은 11.1%에 불과하다. 그러나 여기에도 유의해야 할 중요한 포인트가 있다. OECD 선진국들은 이미 1950년대부터 인구 고령화를 겪으며 복지국가의 경험이 우리보다 2~3세대 앞선다. 따라서 우리는 OECD 국가의 현재 상황보다는 이전의 경험과 통계를 비교하는 것이 훨씬 더 중요하다. 2018년 한국의 노인부양률(경제활동인구 대비 노인 비율)은 19.6%인데, OECD 국가들이 이 비율에 도달했던 시기에 복지지출 비율이 얼마였는지 살펴볼 필요가 있다. 스위스(1980)·일본(1993)·그리스(1980)·포르투갈(1989)은 모두 1980~1990년대 초반에 이 비율(19.6%)에 도달했다.

복지 지출에 대해서는 이처럼 시간의 흐름에 따른 변화가 중요하다. 복지정책을 수립할 때는 OECD 국가의 과거뿐만 아니라 우리의 미래 전망도 반드시 고려해야 하는 이유다. 한국은 인구 고령화가 급속하게 진행돼 2060년에는 노인부양률이 82.6%까지 치솟아 전 세계 그 어느 국가도 경험하지 않은 비율에 진입한다. 이에 따라 복지 지출 규모는 2060년 27.8%로 급격히 증가한다. 새로운 복지정책을 더는 도입하지 않고 인구구조 변화만을 반영하더라도, 복지 지출 비중은 2060년 스웨덴 등 북유럽 국가들처럼 세계 최고 수준에 도달한다는 뜻이다. 국회예산정책처는 이는 필연적으로 2060년의 정부채무 비율을 200% 수준으로 증가시킬 것이라고 내다봤다.

이제 세 번째 의문, '한국은 정부와 공공부문을 적극적으로 확대해야 하는가'로 넘어가 보자. 2018년 한국의 GDP 대비 정부 규모는 33.3%에 불과해 OECD 평균치 42.8%에 약 10%포인트 작은 것으로 평가된다. 그런데 우리의 정부 규모가 작은 이유는 복지 지출의 규모가 작기 때문이다. 만약 정부 규모에서 복지 지출을 제외한다면, 2018년 한국은 22.2%로 OECD 평균 21.4%보다 0.8%포인트 높다. 복지재정을 제외할 때 정부 규모는 일본(17.0)·호주(18.5)·독일(18.8)·미국(19.1)·영국(19.4)보다 더 크다. 더구나 여타 어느 나라보다 거대한 공기업 비중을 고려하면 정부 규모는 훨씬 더 커진다.

지금까지 우리는 OECD 통계를 단순 비교하며 세 가지 의문을 분석했다. 복잡한 학술 분석은 더 복잡한 논의를 불러일으키겠지만, 단순한 분석의 이 같은 결론에서 크게 벗어나기 어렵다. 이제 우리는 국가재정의 진실을 직시해야 한다. 이 세 가지 의문을 중심으로 관련 자료와 통계를 모두 공론의 장에 올려놓아야 한다.

국가재정에 대한 진단은 우리의 미래 운명을 좌우하기 때문에 반드시 진영을 불문하고 우리가 모두 공동의 인식을 가져야 한다. 재정위기를 슬기롭게 극복한 OECD 국가들의 오랜 경험에서 볼 때, 국민 신뢰를 얻을 수 있는 정치 중립적 공론의 장은 재정 건전성의 유지에 대단히 중요하다. 정말 정치이념의 유불리를 따질 때가 아니다.

재정 포퓰리즘에 대한 궁극적 해법

타인과 함께 공유하는 자원은 내가 많이 쓸수록 이득이다. 다른 사람의 희생으로 나의 이익을 챙길 수 있다는 얘기다. 국민 세금으로 운영하는 국가 재정이 대표적이다. 재정사업의 혜택은 소수에게 집중되지만, 그 부담은 국민 전체로 분산되기 때문이다. 정치인들은 이를 잘 알기에 선거구의 표밭 관리를 비롯해 당장의 현실에 영합하며 미래를 약탈하는 포퓰리즘(대중영합주의)에 빠져든다. 국민의 투표로 권력이 유지되는 국민주권에서는 이런 포퓰리즘이 본질에서 내재해 있다.

'완전고용을 위한 경기부양을 위해서라면 재정적자는 언제든 용인돼야 한다'는 케인스주의(Keynesian)의 주장은 재정 포퓰리즘에 대한 현란한 가면이다. OECD 국가들은 1970년대 두 차례의 오일쇼크와 2008년 글로벌 금융위기를 겪으며 재정 건전성의 중요성을 절감했다. 일부 국가들은 재정을 슬기롭고 안정적으로 관리하고 있지만, 또 다른 일부 국가들은 재정위기에 노출되고 있다.

재정 건전성을 유지하기 위해서는 무엇보다 재정 총량(재정적자, 정부부채, 정부지출 등)에 대한 엄격한 준칙이 필요하다. 일시적 재정적자는 용인되지만, 3~5년 단위로 수지균형은 반드시 달성돼야 한다. 이를 위해 정치인들의 포퓰리즘 본색이 정치 중립적 공론의 장에서 낱낱이 드러날 수 있어야 한다. OECD 국가들이 오랜 경험에서 엄격한 재정준칙과 이를 감시하는 정치 중립적 재정기구를 함께 운영하는 이유도 여기에 있다.

05 개인 삶을 국가가 책임지면 정부는 거대 괴물이 된다[5]

─────── 국가재정을 어떻게 인식할 것인가

2020년 국가 예산은 513조 5,000억 원에 달한다. 초(超)슈퍼예산이다. 그만큼 국가채무는 눈덩이처럼 불어난다. 2020년 국가채무는 805조 5,000억 원으로 국내총생산(GDP)의 39.8%를 차지할 것으로 전망된다. 나아가 2023년에는 GDP의 46.4%까지 치솟으며 국가채무 1,000조 원 시대에 들어간다. 국가 예산은 먼저 쓰는 사람이 임자라는 '공유지의 비극'이 극심해지고 있다는 얘기다. 그 후유증은 걷잡을 수 없이 커지고 있다.

이 시점에서 우리는 국가재정을 어떻게 인식해야 할지 짚고 넘어가야 한다. 국민의 재정에 대한 요구는 국민의 국가에 대한 인식

───────
5 [옥동석] 중앙일보_개인 삶을 국가가 책임지면 정부는 거대 괴물이 된다_2019 0914.

방법에 좌우된다. 19세기 초 자유 방임의 최소정부(least government)가 종말을 고한 뒤 국가의 재정모형은 시대에 따라 변천해왔다. 노벨경제학상 수상자 제임스 뷰캐넌의 통찰에 따르면 재정모형은 '자비로운 국가'에서 출발해 '시장의 교정' '공공선택'을 거쳐 최근 '한정된 국가'로까지 진화하고 있다.

절대왕정의 시대가 저문 20세기 초반까지도 국민의 재정에 대한 인식은 여전히 절대주의에 기초했다. '국민의 삶, 국가가 책임진다'는 구호로 표현되는, 이 '자비로운 국가'의 재정모형은 국가를 개인과 무관한 유기체적 실체로 간주했다. 그러나 이를 실현하기 위해서는 너무도 많은 강제력이 동원돼야 했다. 하지만 국가는 개인의 사정을 죄다 파악할 만큼 전지전능하지 않기에 결코 자비로울 수 없었다.

이후 절대주의를 벗어나 민주주의가 보편적 가치로 자리 잡을 때 두 번째의 재정모형이 등장했다. 시장은 사적 교환의 과정이고, 국가는 공적 교환을 위한 실체로 간주했다. 이기심이 지배하는 사적 교환과 달리, 공적 교환을 지배하는 국가 의지는 사회 후생 또는 공익을 극대화하는 것이어야 한다. 이기심을 추구하는 시장이 실패할 때 국가는 공익을 앞세우며 적극적으로 교정해야 한다는 시각이다.

세 번째 재정모형은 20세기 후반 등장했다. 여기서는 국가라는 실체를 거부한다. 공공선택(public choice)으로 불리는 이 이론은 이기심을 추구하는 개인과 공익성을 추구하는 국가의 이분법적 사고가 환상에 불과하다고 지적한다. 국가를 위해 일한다는 정치인과 관료 역시 이기적 동기에 따라 움직이는 개인에 불과하기 때문이다. 이들은 정의와 공익이 아니라 권력과 예산을 위해 행동할 뿐이다.

국가 역할 커질수록 개인 자유 줄어

[그림 3-6] 500조 처음 돌파한 2020년 예산안

(단위: 조 원)

※본 예산 총지출 기준

자료: 기획재정부.

    공공선택 이론에서는 정치인·관료·이익집단의 삼각관계가 어떻게 기득권을 형성하는지, 정치인의 투표거래가 일반 국민의 장기적 이익을 어떻게 훼손하는지, 나아가 다수결하에서 국가 의지가 얼마나 변덕스러운지를 명확하게 설명하고 있다. 이러한 공공선택 이론은 자연스럽게 네 번째 모형으로서 '한정된 국가'를 제안한다. 정치인과 관료들의 나쁜 행동을 제약하고 올바른 행동을 유도할 수 있도록 재정준칙(fiscal rules)을 설정해야 한다는 주장이다.

    현재 한국에서는 여러 재정모형이 복합적으로 뒤섞여 있다. 국가라는 실체가 무엇인지 분석하지 않으면서 국가의 책임만을 요구하기도 하고, 시장의 실패에 열을 올리면서도 정부의 실패에는 관대한

경우도 많다. 정치인의 목표는 오직 당선에 있다는 것을 잘 알면서도 전문가의 견해를 소홀히 한다. 짧은 기간에 근대화와 산업화·민주화를 이룩한 탓인지 서구에서 시대별로 진화했던 재정모형들이 한국에서는 동시에 분출하고 있다.

우리의 재정모형은 역대 정권의 재정운용 성과를 조명할 때 더 분명하게 드러난다. 전두환·노태우·김영삼 정부에 이르는 기간은 최소정부에 가까운 작은 정부를 지향했다. 이 기간 정치인들은 엘리트 관료의 '작은 정부, 큰 시장' 논리를 수용하며 건전한 재정운용으로 물가안정을 달성하고 높은 경제성장을 구가했다. 특히 GDP 대비 국가채무 비율을 11%까지 하락시킨 것은 가히 경이로운 일이라 할 수 있다.

이런 재정모형은 1997년 외환위기와 2008년 글로벌 금융위기와 함께 급변했다. 경제성장을 위해 정부 역할은 독점자본가에서 시장 실패 교정자로 바뀌었고, 사회안전망에서는 자비로운 국가책임이 강조되고 있다. 이 같은 인식의 전환은 재정 규모의 급격한 증가를 초래했다. 김대중·노무현·이명박 정부를 거치며 낮은 수준이었던 재정 규모는 급속히 증가했다. 개인의 삶을 국가가 책임져야 한다는 절대주의적 인식, 그리고 달성 불가능한 유토피아적 기준을 근거로 한 시장교정의 정부 역할이 브레이크 없이 성장 일변도로 치달아 온 결과다.

운용 원칙 세워야 공유지 비극 막아

물론 이 기간에 미래를 대비하는 변화도 있었다. 연금재정의 지속가능성을 제고하기 위한 노력이다. 노무현 정부는 국민연금의 기금소진 시점을 2047년에서 2060년으로 지연하는 개혁을 단행했고, 이명박 정부와 박근혜 정부도 공무원 연금적자의 미래부담을 각각 40%씩 감축했다. 더구나 박근혜 정부는 급성장하던 재정 규모를 감소의 방향으로 틀었으며, 특히 공기업 부채증가라는 이전 정부의 악순환을 끊어버렸다.

이제 우리는 어떤 재정모형을 인식의 기반으로 할 것인가. 서구의 역사적 경험을 고려할 때 절대주의적 모형과 시장교정형 모형은 우리의 해법이 될 수 없다. 공공 선택적 관점에서 재정·정치의 본질을 직시해야 한다. 우리는 1948년 이후 지금까지 실질적 재정준칙도 없이 재정을 운영해 온 매우 후진적 국가였다. 오직 관행과 여야 간의 정치적 흥정에 따라 재정을 임기응변적으로 운용해 왔다.

우리는 정치인과 관료들의 행태를 직시하며 헌법적 수준의 재정준칙을 수립해야 한다. 과세권한의 과도한 확대를 억제하고 조세수입은 정치인과 관료들의 선호가 아니라 국민에게 편익을 제공하도록 적절한 장치가 필요하다는 얘기다. 이런 제약이 있을 때 비로소 유권자는 재정이란 공유지에서 자신이 이득을 얻으려 할 때 다른 사람들이 피해를 본다는 사실을 직시할 수 있다. 만약 이런 제약이 없다면 정치인과 이익집단의 자연적 성향 때문에 재정 규모는 끝없이 커질 수밖에 없다.

재정운용의 방향은 진보와 보수, 좌와 우의 정치적 대립이 매우 첨예한 분야 중 하나다. 한쪽에서는 소득주도 성장과 경기부양을 한결같이 내세우고, 또 다른 쪽에서는 경제성장과 재정 건전성을 제고해야 한다고 강조한다. 이 주장들에 대해 서구에서는 이미 많은 이론과 실증적 발견이 이루어졌다. 자신에게 유리한 논거만을 일방적으로 내세울 것이 아니라, 양측 모두의 주장을 한 자리에 녹여낼 수 있는 재정운용의 기본 틀을 우리는 합의해야만 한다. 우리가 '한정된 국가'의 선진 모형을 맴돌고 있을 때, 리바이어던(Leviathan)이라 불리는 거대한 괴물이 우리의 자유를 압도하게 된다.

국민이 꼭 알아야 할 5대 재정준칙

재정준칙은 국가채무·재정수지·재정수입·재정지출 등 정량적 한도뿐만 아니라 이들을 점검하고 제재하는 정성적 절차를 포함한다. 경제협력개발기구(OECD) 국가들의 경험을 보면 여기엔 네 가지 중요 이슈가 있다.

첫째, 준칙과 재량의 적절한 조화가 필요하다. 준칙은 일반 국민과 정치인이 이해할 수 있도록 단순해야 하지만, 신축성을 위해서는 복잡한 조건과 예외가 규정될 수밖에 없다. 경기변동과 같은 예측 가능한 사건과 금융위기와 같은 예측불가능한 사건을 모두 대비해야 한다. 둘째, 준칙은 세대 간 공평성을 보장해야 한다. 모든 세대는 이전 세대를 부양하고 다음 세대로부터 부양을 받는다. 예상수명 증가와 출산율 감소가 초래한 새로운 인구구조는 이제 '뉴노멀'로 자리 잡고 있다. 연착륙을 위해 '자기 세대 자기 부담'의 원칙을 고수해 중간에 낀 세대의 부담을 덜어야 한다. 셋째, 이익집단의 포획(capture)을 방지해야 한다. 정부기능의 분야·부문 등 수평적 체계뿐만 아니라 중앙정부와 지방자치단체, 공공기관과 공기업 등 위계적 체계로 준칙이 마련돼야 한다. 이때 비로소 외부의 간섭을 배제한 자율적 거버넌스(운용 구조)가 작동할 수 있다. 넷째, 정치 중립적 재정기구가 재정준칙의 미비점을 보완해야 한다. 독립성이 보장되는 재정기구가 재정준칙을 감시하고 점검해야 한다. 끝으로 정권별로 5년 임기 전체 기간의 재정수지가 균형을 이루도록 재정성과를 점검해야 한다.

06 북유럽처럼 강력한 구조조정하면서
복지지출 늘려야[6]

───── 재정역량과 기본소득

문재인 대통령은 '전시재정'을 언급하면서 "재정역량을 총동원
하자"고 촉구했다. 전시재정은 전쟁의 승리와 함께 전후의 번영까지
대비해야 의미가 있다. 만약 재정의 지속가능성을 잃어버리면 코로
나 전쟁에서 승리하고도 우리는 모든 것을 잃게 된다. 재정 당국은
한국전쟁에서도 국방비 이외에는 뼈를 깎는 각오로 재정 긴축을 강
행해 흑자재정을 달성하기도 했다는 사실을 명심해야 한다.

결국 전시 재정의 절반은 정부지출 구조조정에서 나와야 한다.
더구나 정부지출 구조조정은 그 자체가 경기부양을 위한 수단이 된
다. 전통적인 케인스학파는 정부지출의 증감이 총수요에 미치는 직
접적 영향만을 고려했다. 그런데 1990년대 이후에는 재정 긴축이 재

───────────

6 [옥동석] 중앙일보_북유럽처럼 강력한 구조조정하면서 복지지출 늘려야_2020
0609.

정 건전성에 대한 기대를 상승시켜 총수요를 증가시킨다는 간접적 효과가 주목을 받았다. 이른바 '경기 부양적 재정 긴축'이다.

정부지출 구조조정은 능률과 실용적 성과를 구하는 과정이다. 형평성과 공공성은 모호하기에 이념 지향적일 가능성이 매우 높다. 근대적 정의론의 주창자, 존 롤스(J. Rawls) 역시 정의의 원칙을 명확하게 규명하는 노력을 통해 이념의 탈을 걷어내라고 주장했다. 복지지출은 기본적 인권과 보편적 보호에 초점을 맞추고, 비(非)복지 재정지출은 경제성장을 위한 창의와 혁신의 길을 열어주어야 한다.

그 모범은 북유럽 모델에서 찾을 수 있다. 핀란드·스웨덴·노르웨이·덴마크 등 북유럽 노르딕 국가를 비롯해 서구의 복지 국가들도 초기에는 복지정책의 목표를 완전고용과 소득분배 개선에 두고 경제성장을 위한 구조조정에 큰 관심을 두지 않았다. 당시 개인들은 완전고용과 소득재분배를 위한 적대적인 투쟁에 주력했다. 그러나 여러 번의 경제위기 속에서 적대적 투쟁이 공동체 전체의 파멸을 가져온다는 인식을 하게 되면서 복지정책에 대해 보다 세련된 원칙과 개념을 발전시켰다. 개인은 공동체의 일원으로 상호 신뢰와 합의 속에서 공동체의 지속가능성에 대한 책임을 분담해야 한다는 것이다.

고령화 속도 빨라 복지지출 급증

경제성장과 소득분배에 대한 이분법적 접근은 강력한 복지정책과 강력한 구조조정의 병행이라는 복지국가의 비전을 만들어냈다.

한편으로 복지정책을 추진하며 다른 한편으로는 시장 지향적 구조조정을 적극적으로 추진하는 것이다. 복지국가의 전형으로 알려진 북유럽 노르딕 국가들에서도 복지정책의 목표는 강력한 시장 지향적 구조조정을 수용하게 하는 것이라는 사실을 거리낌 없이 천명하고 있다. 어떤 국가가 복지국가의 비전을 얼마나 현실성 있게 추진하는가를 파악하기 위해서는 복지재정의 규모뿐만 아니라 규제개혁과 정부재정의 구조조정이 얼마나 강력한가를 평가해야 한다. 특히 비복지 재정 분야에서 얼마나 긴축하고 있는가는 곧 복지국가의 실질적 가늠자가 될 수 있다. 최근 떠오르고 있는 기본소득 논의에서 간과해서는 안 될 부분이다.

잘 알려진 대로 우리나라는 국내총생산(GDP) 대비 복지지출 비중이 10.9%에 불과하다. 이는 경제협력개발기구(OECD) 회원국 평균치 21.8%보다 약 11%포인트 낮지만, 고령화의 정도에 따른 차이일 뿐이다. 더 분명한 사실은 한국의 비복지 재정 비중이 주요 선진국들보다 높다는 점이다. 고령화와 무관한 비복지 재정은 한국이 21.4%로서 OECD 평균치 20.4%보다 1%포인트 높다. 더구나 아일랜드 11.5%, 일본 15.1%, 독일 17.5%, 영국 18.2%, 스위스 18.4%, 호주 19.0%에 비하면 우리는 너무 높다. 이는 한국의 재정지출 구조, 즉 사회 전반에 대한 정부개입 범위와 형태에 상당한 구조조정이 있어야 한다는 사실을 의미한다. 더구나 한국은 OECD 중에서도 일반정부가 아닌 공기업에 의한 정책사업이 과도하다는 사실을 고려한다면 이 문제는 절대 가볍지 않다.

한국은 지출 조정 제도적 장치 없어

[그림 3-7] GDP 대비 일반정부 지출 비중

(단위: %, 2017년 기준, 한국은 2016년 기준)

비복지지출		복지지출
17.5	독일	26.5
18.5	스페인	22.5
24.1	프랑스	32.3
18.2	영국	22.6
21.0	이탈리아	27.7
15.1	일본	23.8
21.4	한국	10.9
21.0	미국	16.9
20.4	OECD	21.8
21.6	노르딕	29.5

※비복지지출은 국방,경제사업, 교육, 일반 공공 행정 등 포함.
※노르딕 국가는 핀란드, 스웨덴, 노르웨이, 덴마크 4개국

자료: OECD.

더 심각한 문제는 한국에서 재정지출의 구조조정이 이루어질 수 있는 제도적 틀이 구축돼 있지 않다는 것이다. 국가재정은 기본적으로 '공유지의 비극'이 발생하는 대표적인 분야이다. 모든 사람이 국가재정에서 더 많이 취하기 위해 '만인의 만인에 대한 투쟁'에 열을 올리고 있다. 이러한 투쟁을 질서 있게 제어하는 제도적 장치가 없다면 우리의 공동체는 결국 파멸할 수밖에 없다. 그런데 한국은 선진국에서 이미 검증된 합리적 재정제도조차 구비하지 못한 채 여

전히 후진적인 재정운용에 안주하고 있다.

재정지출의 구조조정은 중앙의 강력한 명령과 통제에 의해서도 이루어질 수 있다. 지금까지 한국은 청와대와 중앙 예산 당국의 강력한 지시에 의해서만 재정지출의 구조조정이 이루어져 왔을 뿐이다. 보다 민주적이고 개인의 합리성에 부합하는 자발적 구조조정을 유도하는 제도적 장치가 전혀 마련돼 있지 않다. 그 장치는 노무현 정부에서 제시된 4대 재정개혁의 핵심적 내용 중 하나인 총액배분 자율편성이다. 이 개혁이 지지부진하게 된 근본적 이유는 여럿 있겠지만, 핵심적인 문제는 국회 예산제도의 부실에 있다. 민주화 이후 국회의 예산 권한은 지속해서 확대됐지만, 국회의 합리적 예산심사를 유도하는 국회 예산제도는 여전히 지지부진하다.

총액배분 국회 예산제도는 행정부의 예산편성 이전에 재정 총량과 주요 분야별 지출 한도를 결정하고 엄격하게 준수하는 것이다. 국회의 개별 상임위는 주어진 지출 한도 내에서 예산을 심사하여야 하고, 국회 예산결산특별위원회는 재정 총량 규모와 분야별 한도금액을 준수하는 데 주력해야 한다. 분야별 한도가 있을 때 특정 사업의 지출증가는 필연적으로 다른 사업의 지출감소를 수반할 수밖에 없다. 이러한 대체의 과정에서 국회의원들은 국가재정이 한정된 공유자원임을 깨닫게 될 것이다. 그리고 복지 분야에서는 목표집단을 정확하게 조준하는 정책수단을 선택해야 하고, 비복지 분야에서는 소득 분배적 요소를 과감하게 들어내야 한다는 사실에 비로소 공감할 수 있을 것이다.

재정지출 조정해야 기본소득 도입도 가능

경제정책은 사회가 추구해야 할 궁극적 목표를 경제성장과 소득분배로 양분한다. 경제성장은 거의 모든 사람이 합의하는 사회적 목표로서 분명하고도 객관적인 접근이 가능하다. 반면 소득분배의 형평성에 대해서는 그 정의조차 사람마다 서로 달라 과학적 접근이 어렵다. 이 때문에 경제학은 경제성장에 집중하는 것처럼 보이지만 소득분배를 무시하고 있는 것은 아니다.

정책목표를 경제성장과 소득분배로 구분하는 접근은 정책수단의 선택에도 많은 영향을 끼쳤다. 1960~1970년대 서구 선진국에서 복지지출이 증가하며 소득분배 기능이 강화되자 경제성장 정책의 필요성이 보완적으로 제기됐다. 재정지출의 구조조정과 각종 규제개혁을 통해 시장 메커니즘을 강화하는 노력이 1980년대부터 적극 추진됐다. 선진국은 복지지출 증가를 용인하면서 다른 한편으로 정부재정과 산업정책에서 소득 분배적 요소들을 과감하게 들어내기 시작했다. 소득분배와 경제성장이라는 정책목표는 가급적 분리돼 있어야 한다는 이유에서다. 하나의 정책수단에 여러 정책목표가 혼재돼 있다면 최적의 정책조합을 끌어낼 수 없다는 신념이다.

이런 신념은 정부의 개인에 대한 보호가 시장과 산업에 대한 규제와 간섭이 아니라 복지라는 직접적 수단에 의해 이루어져야 한다는 정책 방향을 형성했다. 어떤 나라든지 자본주의 발전 초기에는 정부가 특정한 산업과 기업을 육성하고 또 특정한 직종과 지역을 보호하는 선별적 정책을 취한다. 그러나 사회 전반에 시장기능이 보편적으로 완성되고 수용된다면, 정부는 특정 부문에 대한 선별적 정책이 아니라 개인을 직접적이고도 보편적으로 보호하는 정책으로 점차 전환한다. 최근의 기본소득 논의도 이런 배경에서 등장한 것이다. 따라서 복지정책은 개인의 자기 책임성을 강화하고 개방과 경쟁을 통한 구조조정을 적극 수용할 수 있도록 만드는 일종의 보험사업인 것이다. 앞으로 기본소득 논의는 이런 복지체계의 입체적인 구조를 바탕으로 이루어져야 한다.

07 돈 찍어 풀면 좋을 것 같지만 결국 베네수엘라 꼴 난다[7]

헬리콥터 머니, 축복인가? 재앙인가?

'헬리콥터에서 돈을 뿌린다'는 미국 할리우드 영화에서 나올 법한 장면은 정부가 국민에게 직접 화폐를 주는 재정정책을 직설적으로 표현한 것이다. 학계에서 통용되는 엄밀한 정의의 '헬리콥터 머니'는 정부가 중앙은행이 화폐를 발행해 조달한 재원으로 가계와 기업에 직접 화폐를 주는 재정정책을 말한다.

일반적으로 정부의 경기진작을 위한 확대 재정정책은 공공사업의 집행을 통해 총수요를 확대하는 경로로 집행된다. 이 전통적인 경로를 통한 재정정책은 가계의 소득과 소비를 증대시키기까지 상당한 시간이 걸릴 뿐 아니라 가계의 소득과 소비를 증대시키는 효과가

---

7 [김동원] 중앙일보_돈 찍어 풀면 좋을 것 같지만 결국 베네수엘라 꼴 난다_20 200818.

불확실하다는 문제가 있다. 따라서 코로나 사태와 같이 국민의 생존이 위협받는 긴급하고 충격이 심각한 상황에서 재정지원의 시차를 단축하고 효과를 극대화하는 방안은 정부가 직접 가계와 개인에게 화폐나 신용으로 구매력을 전달하는 것이다.

코로나 사태 발생 이후 홍콩 정부는 2020년 2월 26일 18세 이상 홍콩 주민에게 1인당 1만 홍콩달러를 지급하기로 했다. 미국은 2020년 6월까지 1억 5,900만 명에게 성인은 1,200달러, 아동은 500달러씩 총 2,670억 달러를 지급했으며, 현재 미국 정부는 2차 지급 여부를 의회와 협의하고 있다. 문제는 재원이다. 예상하지 못한 대규모 긴급재난지원금의 재원은 재정적자의 급증을 초래할 수밖에 없고, 재정적자는 국채 발행을 통해 충당된다. 즉 전통적인 재정정책의 틀에서 긴급재난지원금은 재정적자와 재정 건전성 악화를 초래하기 때문에 헬리콥터로 계속 뿌릴 돈을 조달하는 데 한계가 있다.

현대화폐이론(MMT) 허점투성이

이같이 코로나 위기로 국민의 건강 보전과 민생 안정을 위한 정부의 역할 극대화가 절박한 상황에서 각국 정부와 정치인에게 천금같이 반가운 소리가 등장했다. 대표적으로 파이낸셜타임스(FT)는 '돈을 찍어내는 것은 코로나 위기에 타당한 대응이다'는 사설(2020년 4월 7일자)을 게재했다. 바로 전통적 거시경제이론이 금기시해 왔던 중앙은행의 발권력을 통한 재정지출의 재원 충당을 주저할 필요가 없다는 소위 '현대화폐론(Modern Monetary Theory, 이하 MMT)'이 세상의 귀를 잡기 시작한 것이다. 미국에서도 좌파 성향의 민주당 정치인 버니 샌더스를 비롯해 각국 정치인과 정부가 MMT를 환영하면서 세계적 경제 석학들이 MMT의 타당성을 놓고 뜨거운 논쟁을 벌이고 있다. 1930년대 대공황 이후 불황을 극복하기 위해 주류 경제학자들이 "우리 모두 확대 재정정책을 지지하는 케인지안(We are all Keynesian)"이라고 했듯이, 지금은 코로나 위기 대응을 위해 이론적 타당성의 여부를 떠나서 많은 정부가 사실상 MMT가 권고하는 정책을 추진하고 있다.

급격히 늘어나는 재정 적자

MMT의 핵심 주장은 이렇다. 정부는 고용보장 프로그램을 통해 완전고용을 유지할 수 있으며, 그 재원은 중앙은행의 화폐발행으로 충당하면 된다. 정부가 화폐발행의 독립성을 가지고 있다면, 인플레이션이 일어나지 않는 한 재정적자와 무역적자를 화폐발행으로 충당하는 것을 기피할 이유가 없다. 중앙은행의 독립성은 고민할 필요도 없다. 요약하면 MMT는 정부가 발권력을 통해 재정 문제와 완전고용을 달성할 수 있으며, 다만 인플레이션만 제약조건이 된다는 것이다. MMT는 헬리콥터 머니를 처음 거론한 밀턴 프리드먼의 화폐수량설(1969년)과도 구분된다. 화폐수량설은 화폐공급량의 증감이 물가수준의 등락을 정비례적으로 변화시킨다고 하는 경제이론이다. 이 주장

[그림 3-8] 관리재정수지 추이

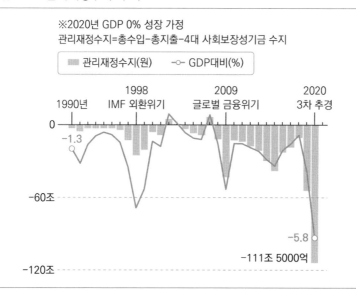

※2020년 GDP 0% 성장 가정
관리재정수지=총수입-총지출-4대 사회보장성기금 수지

은 거슬러 올라가면 고전 경제학이 막 태동하던 16세기경부터 나타 났다.

　MMT의 정책제안에 대해 주류 거시경제학자들은 1980년대 미 국 레이건 대통령 시대에 조세율을 낮추면 경제활동이 활성화되어 재정수입이 증대한다는 주장으로 유행했던 '공급 중시 경제학'의 사 례와 같이 듣기에 달콤하지만, 타당성이 약하다고 비판하고 있다. 더 구나 심각하게 나쁜 결과를 초래할 수 있는 위험한 발상이라는 혹평 까지 받는다. 대표적으로 파월 미국 연방준비제도(Fed) 의장은 '화폐 발행으로 재정적자를 충당하는 것이 문제가 없다는 생각은 틀렸다' 고 언급한 바 있다. 우선 화폐발행은 실질잔고 수요에 의해 제약되 기 때문에 만약 투자자들이 정부의 국채를 보유하는 데 주저한다면,

CHAPTER 03 재정, 복지 그리고 국가채무　111

그들은 화폐를 보유하는 것도 두려워할 것이기 때문이다. 이 경우 정부가 시장에 돈을 쏟아붓는다면, 인플레이션은 불가피하고, 환율도 폭등할 가능성이 크다.

따라서 미국 정부도 화폐발행의 완전한 독립성을 가지고 있다고 할 수 없다. 또한 통화팽창과 저금리의 장기화가 초래하는 금융시장의 초과공급 상태는 불안정성 문제와 인플레이션의 잠재적 위험을 안고 있다. 또한 MMT는 통화팽창이 자산시장의 거품을 조성하고, 그 결과로 부(富)의 분배를 악화시키는 영향을 간과하고 있다.

돈 풀기 유혹 크지만 견뎌내야

그런데도 MMT의 주장이 타당성을 갖는 이유는 각국 정부가 직면하고 있는 정책 대응의 현실적 절박성 외에도 현재 전 세계적으로 달러 수요가 무한 탄력적인 유동성 함정 상태에 있어 금리가 거의 0 내지 마이너스에 가깝고, 사회적 거리 두기로 인한 경기침체가 깊어 인플레이션 위험이 거의 없기 때문이다.

주목해야 할 사실은 진보 내지는 포퓰리스트 정권일수록 MMT 정책에 매력을 느낀다는 점이다. 그 이유는 MMT는 정부가 완전고용을 보장하고, 화폐발행으로 재원 문제를 해결할 수 있기 때문이다. 이미 칠레(1970~73)·아르헨티나(2003~2015)·페루(1985~1990)·베네수엘라(1999~현재)·브라질(최근) 등 남미 포퓰리스트 정부들이 화폐발행으로 재정지출을 충당하는 정책을 추진해왔다. 그 결과 인플레

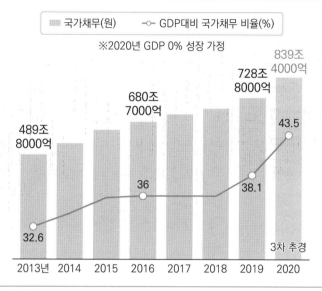

[그림 3-9] 눈덩이처럼 불어나는 국가채무

자료: 기획재정부.

이션·평가절하·실질임금의 추락 등 경제적 재앙을 초래했다.

그렇다면 헬리콥터 머니는 대공황 이래 최대의 충격이라는 코로나 위기로부터 세계 경제를 구하는 복음이 될 것인가. 아니면 남미의 전례와 같은 경제적 재앙의 시작인가. 분명한 점은 헬리콥터 머니는 단기적으로는 복음과 같은 정책이지만, 반복해서 사용할 경우 장기적으로 위험한 결과를 초래할 수 있다는 점이다. 더 심각한 문제는 만약 가을과 겨울에 더 강력한 코로나 충격이 일어난다면, 각국 정부는 어떻게 대응할 것인가 하는 점이다. 더 큰 규모의 헬리콥터로 더 많은 돈을 뿌릴 것인가. 아니면 헬리콥터 머니의 유혹을 극복할 수 있을 것인가. 어느 경우든 코로나 충격에 더하여 세계 경제는 지금 MMT 정책의 불확실성이라는 또 다른 먹구름으로 들어가고 있다.

한국의 '헬리콥터 머니'는 미국과 다르다

정부는 2020년 5~6월 국민에게 14조 3,000억 원의 긴급재난지원금을 지급했다. 정부가 국민 개개인에게 직접 현금을 지급했다는 점에서는 '헬리콥터 머니'에 해당한다. 그러나 한국은행의 발권력으로 조달한 것은 아니기 때문에 엄밀한 의미에서는 '헬리콥터 머니'가 아니다.

MMT의 핵심 전제는 화폐발행의 주권이다. 과연 정부는 화폐발행의 독립성을 가지고 있는가. 외국 투자자들은 주식시장 시가총액의 31%인 533조 원, 채권 잔액의 7.5%인 135조 원을 보유하고 있다. 만약 인플레이션으로 원화 자산의 가치가 계속 하락할 것이 예상된다면, 외국인들은 보유 주식과 채권을 매각할 것이며, 이에 따라 환율은 상승할 것이다. 따라서 우리나라는 화폐발행의 독립성이 상대적으로 낮은 나라다. 한편 정부는 2025년까지 총 160조 원을 투자해 일자리 190만 개를 창출한다는 '한국판 뉴딜' 정책을 발표했다. 문제는 '뉴딜' 추진이 재정 건전성을 얼마나 해칠 것인지다.

한편 서울 아파트 가격의 상승은 물론 주식시장 활황이 보여주는 바와 같이 우리나라는 이미 심각한 자산 인플레이션을 겪고 있다. 더구나 시중 유동성이 급증세를 보여 기대 인플레이션 압력이 높아지고 있다. 따라서 정부가 헬리콥터 머니로 코로나 위기에 대응하고자 한다면, 그것은 매우 위험한 정책 발상이다. 한국은 경제여건이 미국과 다르다는 점을 간과해선 안 된다.

08 고령화와 재정 형편 고려, 취약계층에 집중 지원해야[8]

재난지원금과 기본소득의 경제학

한국의 재정은 정말 건실한가? 코로나 팬데믹의 경제 충격이 너무 치명적이다 보니 이를 상대하기 위한 대책들도 과거에 볼 수 없을 정도로 파격적이다. 특히 대책으로서 재정의 활용이 압권이다. 이전 같으면 상상하기조차 어려웠던 재난지원금이 네 차례나 집행되고 그것도 모자라 전 국민 재난지원금을 또 지급하자는 주장이 나올 정도로 파격적인 지원을 요구하는 목소리가 끊이지 않는다.

이처럼 재정이 위기극복의 핵심 수단으로 활용되는 것을 두고 논란이 많다. 거시적 측면에서는 재정 건전성 논란이고, 미시적 측면에서는 누구에게 어떤 방식으로 지원하는 것이 바람직한가에 대한

---

8 [권순우] 중앙일보_고령화와 재정 형편 고려, 취약계층에 집중 지원해야_2021 0713.

논란이다. 여러 의견과 방안이 있을 수 있지만, 다음의 두 가지 원칙을 지키는 것이 바람직하다.

첫째 원칙은 적극재정이다. 여기서 적극재정이란 정부가 주도적으로 나서 재정을 활용해 위기를 극복하고 불평등 문제를 풀어나가야 한다는 것을 의미한다. 재정의 적극적인 활용은 현실적으로나 논리적으로나 타당하다. 현실적인 측면에서 보면 코로나 팬데믹으로 인한 피해 규모가 워낙 크고 광범위해서 재정의 적극적 개입 없이 문제를 해결하는 것이 불가능하다. 논리적인 측면에서도 코로나 팬데믹 확산 방지를 위한 사회적 거리 두기 조치 등 공공의 이익을 위한 정부 차원의 규제로 인해 민간에 피해가 발생했기 때문에 정부가 적극적으로 나서서 이 피해를 보전하는 것이 옳다.

고령화가 재정 건전성의 아킬레스건

둘째 원칙은 선택적 재정이다. 한국은 재정과 관련해 다른 나라에는 없는 큰 약점이 있다. 바로 급격한 인구 고령화다. 대한민국의 고령화 속도는 엄청나다. 예측을 계속 갈아치워야 할 정도로 가속도가 붙고 있다. 고령화는 곧 복지비 지출의 증가를 의미한다.

일본의 사례를 들어보자. 일본의 국가부채비율은 1990년 60%에서 2019년 230%로 대폭 증가했는데 국가부채 급증의 가장 큰 요인은 바로 고령화로 인한 사회복지비 지출 급증에 있다. 이 기간에 일반회계 세출에서 차지하는 사회복지비 비중은 16.6%에서 33.0%로

[그림 3-10] 일본의 고령화와 세출입 규모 및 사회복지비 지출 비중

자료: 일본 회계검사원.

두 배로 높아졌다[그림 3-10]. 같은 기간 중 일본의 고령화율은 12%에서 28%로 크게 높아졌다. 한국도 지금 과거 일본이 겪었던 고령화 과정을 그대로 답습하고 있다. 아니 속도 면에서는 일본보다 더 빠르다. 당연히 복지비 지출도 급격하게 증가할 것이고 국가부채비율 역시 크게 상승할 수밖에 없다. 한국의 국가부채비율이 낮아 재정이 건전하다는 주장은 현시점에서 보는 단견적 생각이다. 지금과 같은 고령화 추세에 극적인 변화가 없다면 국가부채비율은 필연적으로 높아질 것이다.

정리하면 적극재정이 필요한 상황이지만 고령화 속도를 고려하면 적극재정을 펴는 데 한계가 있는 것도 분명하다. 재정의 역할 확대와 재정 건전성 유지라는 두 가지 목표를 동시에 달성하기 위해서

는 적극재정을 펴되 필요한 곳에 효과적으로 사용하는 선택적 재정이 필수적이다. 적극재정의 전제 조건이 선택재정인 셈이다.

──── '선택적 적극재정' 운용이 답이다

연장 선상에서 재정과 관련된 다음의 두 가지 논쟁에 대한 답 또한 자명하다.

첫째, 코로나19 재난지원금 논쟁이다. 전 국민 보편지원이 옳으냐, 피해계층 선별지원이 옳으냐 하는 이슈다. 당연히 재난지원금도 재정 여력을 고려할 때 피해계층에 집중적으로 지원하는 선별지원이 옳다. 특히 재난지원금이 선별지원이어야 하는 또 다른 이유는 정부의 코로나19 확산 억제 대책으로 득과 실을 보는 부문이 명확히 갈렸기 때문이다. 코로나19 확산 억제 대책으로 가장 큰 타격을 입은 곳은 자영업을 중심으로 한 생활서비스업 부문이다. 반면 자영업 부문의 희생 위에 경제의 다른 부문은 상대적으로 충격을 덜 받을 수 있었다.

이런 현실은 바로 소득 양극화 확대에서 확인된다. 코로나 팬데믹 이후 자영업자와 무직자 등을 포함한 비임금 노동자 가구의 사업소득은 큰 폭으로 감소했지만 임금노동자 가구(2인 이상)의 임금소득은 오히려 증가세를 유지했다. 그렇지 않아도 심각했던 임금 노동자와 비임금 노동자 간의 소득 격차가 더욱 크게 벌어졌다.

그렇다면 득을 보는 부문에서 실이 생긴 부문으로 소득 이전이 이루어지는 것이 합리적이다. 민간에서 직접 이런 이전이 이루어지는 것은 어려우니 정부가 그 역할을 하는 것이 바람직하다. 즉 재정을 통한 선별적 소득 보전이다. 선별의 과정이 행정적·정치적으로 부담이 된다고 해서 선별을 포기하고 피해가는 것은 직무유기 아니면 무능함을 자인하는 것에 불과하다.

기본소득 도입하면 취약계층 혜택 줄어

둘째, 기본소득 논쟁이다. 충분히 의미 있는 수준의 전 국민 기본소득이 지급되기 위해서는 재정 여건상 기존의 선별적 복지혜택을 줄여야 한다. 그러면 취약계층이 받던 복지혜택은 축소될 수밖에 없다. 기존의 복지체계를 유지하면서 의미 있는 수준의 기본소득을 지급할 수 있다는 주장은 잘못된 진단이다. 앞서 논의한 대로 지금의 복지체계를 유지하는 것만으로도 고령화 열차에 탄 한국의 국가부채 비율은 지속해서 높아질 것이다. 지금 국가부채 비율이 낮은 것은 복지 수준이 낮아서라기보다 고령화의 영향이 온전히 나타나지 않았기 때문이다.

근래의 기본소득 논의는 4차 산업혁명의 성숙으로 인공지능(AI)이 사람의 일자리를 대체하는 상황을 상정해서 확산된 측면이 있다. AI가 사람의 노동을 대체해 충분한 부가가치를 창출한다는 전제하에 노동의 기회가 사라진 사람에게 기본소득을 주어야 한다는 논리다.

하지만 이런 상황은 시간이 걸리는 훗날의 얘기다. 지금 기본소득 논의가 가능한 곳은 석유 등 부존자원 수입이 인구에 비해 엄청나게 많거나 그동안 쌓아놓은 부가 상당한 나라들에 국한된다. 한국이 그 어느 경우에도 속하지 않는다는 것은 자명하다.

재정의 이런 현실을 고려하지 않은 무분별한 재정논쟁들을 보며 20~30대 MZ 세대들은 무슨 생각을 할까? 앞으로 정작 비용을 대야 할 사람은 자신들인데 퍼다 쓸 궁리들만 하고 있다고 불안해하지 않을까? 이런 불안이 정치에 대한 관심을 높이고 자신들의 이해관계를 대변해 줄 정치세력을 찾는 것으로 표출되고 있는 것은 아닐까? 젊은 세대의 정치 관심 증가가 갈피를 잡지 못하고 우왕좌왕하고 있는 재정 운용의 원칙을 제대로 정립하는 데 자극제가 되기를 기대해 본다.

기존 복지 체계 유지도 버거운 게 현실

자영업자와 임금노동자 간의 소득 양극화가 가속되고 있다. 임금노동자 가구의 임금소득은 최저임금 급등 등의 영향으로 지난 몇 년간 많이 증가했다. 심지어 코로나 팬데믹의 충격이 거셌던 2020년 조차도 임금소득은 증가세를 유지하는 하방 경직성을 보였다.

반면에 자영업자와 무직자를 포함한 비임금 노동자 가구의 사업소득은 최저임금 급등과 코로나 팬데믹의 충격이 연이어지면서 큰 폭으로 감소했다. 그렇지 않아도 차이가 큰 임금노동자와 비임금 노동자 간의 소득 격차는 더욱 크게 벌어졌다. 임금노동자 가구의 임금소득 대비 비임금노동자 가구 사업소득은 2017년 56.7%에서 2020년에는 43.1%로 더욱 크게 떨어졌다. 금액으로 따지면 월평균 소득 격차가 2017년 190만 원에서 2020년 283만 원으로 93만 원이나 더 벌어졌다. 소득 양극화가 심각한 지경에 이르고 있다. 지금 시급하고도 중요한 것은 기본소득 논쟁이 아니라 이렇게 더 벌어진 격차를 어떻게 원상으로 회복시키느냐는 점이다. 현 상황을 방치하고서는 기본소득을 준다 한들 그 격차를 좁히지 못한다.

[그림 3-11] 임금노동자 · 임금노동자외 가구 월평균소득 비교

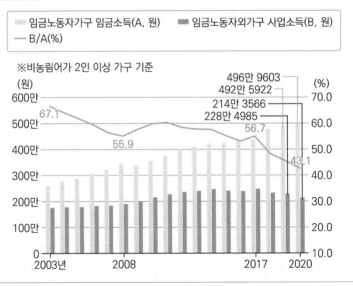

자료: 통계청.

소득 양극화를 완화하고 고령화에 대응하는 것만으로도 한국의 재정은 벅차다. 일본의 사례를 다시 들어보자. 1990년 대비 2019년 일반회계 세출 규모는 32조 엔 증가했다. 그런데 이렇게 늘어난 세출 규모의 69%에 달하는 22조 엔이 사회복지비 지출 증가분이었다. 여타 부문에 쓰이기 위해 늘어난 금액은 2조 엔에 불과하다. 고령화에 대응한 복지비 지출 증가만으로도 재정 여력이 완전히 소진된 것이다. 고령화 정도와 속도를 고려하면 한국이라고 다르지 않다. 기본소득은 언감생심이고 기존의 복지체계를 충실히 유지하는 것만도 버거운 것이 한국 재정의 현실이다.

09 커지는 사회주의 유혹, 양극화 해소로 차단해야[9]

―――― **자본주의 구하기와 양극화의 해법**

국가 경제가 발전하려면 성장과 분배가 조화를 이뤄야 한다. 소득과 부(富)의 불평등이 심화하면 그 나라는 지속적 성장을 할 수 없다. 분배만 강조하면 성장이 정체되면서 옛 소련처럼 붕괴할 수 있다. 1930년대 대공황 당시 세계는 경기침체와 양극화로 어려움을 겪었으나 케인스의 긴급 처방으로 일자리를 만들고 소득과 부의 불평등을 완화하는 수정 자본주의를 통해 시장경제를 근간으로 하는 자본주의 체제가 발전할 수 있었다.

그러나 2008년 미국발 글로벌 금융위기 이후 정부개입을 늘리는 사회주의 정책 선호가 갈수록 높아지고 있다. 여론조사기관인 갤럽에 의하면 미국의 18~29세 사이의 젊은 층인 밀레니얼 세대

―――――――――――――

9 [김정식] 중앙일보_커지는 사회주의 유혹, 양극화 해소로 차단해야_20190730.

(millennials)의 51%가 사회주의에 호감을 가진 것으로 나타났다. 사회주의는 미국의 정계에서도 인기를 얻고 있다. 미국 민주당의 대선 예비후보였던 버니 샌더스 상원의원은 자신을 민주사회주의자라고 자칭한다. 사회주의 정책을 주장하는 민주당의 오카시오-코르테스 하원의원 역시 대중으로부터 높은 지지를 받고 있다. 이런 추세는 호주와 영국에서도 찾아볼 수 있다. 사회주의 선호도가 높아지는 배경은 글로벌 금융위기 이후 경기침체가 지속하면서 양극화가 심화하고 있기 때문이다. 젊은이들이 시장경제를 중심으로 하면서 승자독식으로 흐르기 쉬운 자본주의에 실망하고 있다는 얘기다.

미 부자들 적극적 대책 제시

이 같은 사회주의 경향은 주류경제학의 신자유주의 사상에 대한 반작용이라고도 할 수 있다. 시장을 신봉하면서 정부개입을 반대하는 합리적 기대학파가 지배하는 주류경제학은 글로벌 금융위기로 경기침체가 지속하고 양극화가 심화하는 데도 불구하고 마땅한 정책대안을 내놓지 못하고 있다. 포스트 케인스주의 같은 비주류 경제학이 임금주도성장이나 현대화폐이론(MMT)에 근거한 확대 재정정책으로 경기침체와 양극화를 해소할 수 있다고 주장하고 있으나 이론적 기반이 취약하고 내수시장이 큰 기축통화국을 대상으로 하고 있어 대안이 되기에는 역부족이다.

이렇게 되자 1991년 소련이 붕괴한 지 30년이 다 돼가는 지금

사회주의의 부활과 반시장 정서를 우려하는 미국의 재계가 양극화 해소를 위해 적극적이면서 전략적인 대책을 내놓고 있다. 최근 JP 모건의 제이미 다이먼 회장과 버크셔 해서웨이의 워런 버핏 회장 등은 복지 확충, 인프라 투자를 통한 경기부양에다 부유세 신설과 재산의 사회환원을 주장하면서 미국의 사회주의 유혹 확산을 경계하고 있다. 이런 우려는 글로벌 금융위기 직후 기업인들의 모임인 다보스 포럼에서 양극화 해소를 가장 중요한 과제로 선정한 데서도 잘 나타나고 있다.

양극화가 심화할 경우 사회주의가 부상할 수 있다는 전망은 과거에도 있었다. '창조적 파괴'로 유명한 경제학자 조지프 슘페터는 1942년 펴낸 『자본주의, 사회주의, 민주주의』에서 자본주의가 창조적 혁신을 불러오는 가장 좋은 제도이기는 하지만 양극화 때문에 결국은 사회주의로 가게 된다고 예언했다. 마르크스와 달리 그는 혁신으로 일자리를 잃은 지식계층은 정부개입이 필요하게 되면서 사회주의를 선호하게 된다고 주장한다.

인도 중앙은행 총재를 역임한 라구람 라잔 시카고대 교수 역시 저서 『자본가로부터 자본주의 구하기』에서 일부 자본가들이 독과점이나 정치권과의 유착을 통해 과도한 이윤을 추구할 경우 양극화가 심화되면서 반시장 정서와 정부개입이 늘어날 수 있음을 경고하고 있다. 그는 자본주의를 구하기 위해서는 정치권과 유착하는 이익집단을 정부가 강력히 규제하고 빈곤층을 위해 복지를 확충해야 한다고 강조한다. 사회주의 망령은 부활할 것인가, 자본주의를 구할 수 있는 양극화의 해법은 무엇인가. 4차 산업혁명으로 혁신이 늘어나고

[그림 3-12] 경제성장률, 실업률 및 서울아파트 매매가격 등락률 추이

(단위: %)

자료: 한국은행, 경제통계시스템.

경기침체로 양극화가 심화하고 있는 지금 슘페터와 라잔의 예언은
많은 시사점을 준다.

성장률 둔화로 불평등 심화

　최근 한국경제 역시 양극화가 심화하면서 정부개입이 늘어나고 있다. 글로벌 금융위기 이후 성장률이 둔화하면서 청년실업이 늘어났고 부동산가격이 폭등하면서 부의 불평등이 심화하고 있어서다. 정부는 그동안 소득의 양극화를 해소하기 위해 최저임금 인상과 근로시간 단축에 주력해 왔다. 그러나 부동산 가격은 크게 올라 부의 불평등은 오히려 심화하고 있다. 특히 가계자산의 30% 정도를 부동산으로 보유하고 있는 미국이나 일본과 달리 한국은 거의 80%를 부동산으로 갖고 있어 부의 불평등을 심화시킨다. 소득의 불평등은 경기가 호전돼 일자리가 늘어나면 해소될 수 있지만, 부의 불평등은 그 금액 규모가 너무 커서 격차를 줄이기가 어렵다. 결국 근로의욕을 잃고 결혼이 늦어지면서 저성장과 사회불안 요인으로 작용한다는 점에서 우려하지 않을 수 없다.

　더 큰 문제는 앞으로 성장률이 둔화하면서 이런 양극화가 더욱 심화될 가능성이 높다는 점이다. 경제협력개발기구(OECD) 국가 중에서 최저를 기록하고 있는 출산율 때문에 잠재성장률은 점점 낮아지고 있다. 선진국과 달리 연금체계가 충분히 구축되지 않은 상태에서 고령화가 진전되면 노년층의 빈곤도 더욱 늘어날 것으로 전망된다. 더구나 중국의 추격으로 조선·철강·석유화학 등 주력산업의 경쟁력이 급격히 약화하면서 제조업 공동화가 우려되고 있다. 성장률이 둔화하고 일자리가 줄어들 경우 양극화는 더욱 심화될 수 있다.

한국 경제의 양극화 해법

이런 불균형을 해소하려면 먼저 부동산가격을 안정시켜 부의 양극화를 완화해야 한다. 이를 위해 정책당국은 서울 집값이 오르는 원인을 제대로 파악할 필요가 있다. 지방이나 수도권 집값은 오르지 않는데 유독 서울 집값만 크게 오르는 원인 중 하나는 1주택자에 대한 장기보유공제의 허점에 있다. 초고가 주택의 경우에도 1주택자라는 이유로 과도한 면세 혜택(10년 이상 보유하면 80% 공제)이 제공되면서 서울 특정지역의 주택 수요를 부추기는 배경이 되고 있다. 정책당국은 미국처럼 일정 금액까지만 장기보유공제 혜택을 주도록 조세제도를 개선해 부동산가격을 안정시켜야 한다.

또 지방이나 수도권 주택은 오르지 않는 데 서울 집값만 오르는 원인은 교통인프라에 있다. 정부는 그동안 수도권에 거듭 신도시를 만들면서도 교통인프라는 확충하지 않았다. 서울 진입 터널과 교통인프라를 확충해 도심 주택 수요를 줄여야 한다. 집값 상승 원인은 그대로 둔 채 다주택자에 대한 과세나 보유세 강화정책으로는 가격을 안정시킬 수 없으며 부의 양극화를 해소하기 어렵다.

더 근본적으로는 공급 중시 성장전략이 필요하다. 성장률이 둔화하는 원인은 내수부진과 같은 수요부족에도 있지만, 근본적으로는 주력산업의 경쟁력 약화와 같은 공급 측면에 있다. 조선·철강 등 주력산업의 경쟁력이 약화하면서 구조조정으로 일자리가 줄어들고 소득 및 소비의 감소로 이어지고 있다. 여기서 성장률을 높이려면 산업경쟁력을 높일 수 있는 신산업정책을 수립해야 한다. 특히 4차 산업혁명의 시대에는 신기술을 가진 전문인력을 육성하고 신기술을 개발하는 데 정부의 역할이 중요하다. 미국·독일·일본·중국은 정부 주도로 신산업정책을 수립해 전문인력 양성과 유치에 노력하고 있다. 5년 단임 대통령제 하에서 장기전략을 수립하기 어려운 점이 있지만, 산업경쟁력 강화를 위한 전략 수립을 소홀히 해선 안 된다. 기업인들 역시 단기적 이익추구보다 시장경제 체제 유지를 위한 전략적 사고가 필요하다.

요컨대 한국경제는 저성장과 양극화의 함정에 빠져 있다. 지금이라도 슘페터가 말한 대로 혁신을 가능하게 하는 가장 좋은 제도인 자본주의를 구축해야 한다. 나아가 한국경제를 되살리기 위해서는 부동산가격을 안정시키고 주택의 공급 중시 성장전략을 수립해 양극화를 해소해야 한다. 이렇게 해야만 저성장의 함정과 사회주의의 유혹에서 벗어날 수 있다.

CHAPTER

04

플랫폼과
4차 산업혁명

01 기업 경쟁력 말고는 기댈 것 없어진 한·중·일 3국 경제: 변곡점 접어든 동북아 경제삼국지[1]

갈 길 못 찾는 일본

일본에도 분배 바람이 불고 있다. 기시다 후미오(岸田文雄) 총리가 들고나온 '새로운 자본주의' 정책의 핵심 특징이다. '새로운'이란 1980년부터 지난 40년간 일본 경제를 관통한 신자유주의와 선을 긋겠다는 의미로 해석된다. 니혼게이자이(日本經濟)신문이 "자민당이 경제정책의 간판을 바꿔다는 것"이라고 했다. 그야말로 '탈(脫) 아베노믹스'라는 해석이다. 아베노믹스는 금융완화·재정확대·성장전략 등 세 개의 화살로 일본 기업의 경쟁력 회복과 함께 고용 증가·주가 상승 등 거시지표가 회복하는 성과를 거두었다.

---

1 [김동호] 중앙일보_기업 경쟁력 말고는 기댈 것 없어진 한·중·일 3국 경제_20211117.

하지만 일본 국민은 그 변화를 체감하지 못하고 있다. 오히려 코로나 팬데믹으로 양극화의 민낯이 드러나면서 대책 마련이 시급해졌다. 2021년 11월 10일 임기가 시작된 기시다 정권은 당장 40조 엔을 조달해 18세 이하 국민에게 10만 엔을 지원하는 방안을 내놓았다. 그러나 여론은 싸늘하다. 국민 67%가 "적절하지 않다"고 반응했다. 해외의 시각도 부정적이다. 파이낸셜타임스(FT)는 "기시다 정권은 장밋빛 구상을 실용적인 계획으로 구체화해야 한다"면서 "차라리 아베노믹스에서 성과로 나타난 부분에 더 집중하라"고 지적했다. 지난 8년간 실시된 아베노믹스가 국민이 체감할 정도로 성과를 내지 못했지만, 일본 경제에 어느 정도 활력을 불어넣었다는 것이다.

> 소득정체 빠진 일본, 분배 바람 불어
> 중국은 계획경제 한계 곳곳서 노출
> 한국, 스태그플레이션 충격 줄여야
> 결국 첨단 산업이 경제 주도권 결정

더구나 일본은 분배에 힘쓸 여력이 없다. 분배를 확대하려면 정부 곳간이 두둑해야 한다. 일본의 국가채무는 2021년 말 1,212조 엔(1경 2,525조 원)으로 국내총생산(GDP)의 217%에 달할 것으로 추산된다. 1990년 거품경제 붕괴 이후 줄곧 재정 지출을 극대화해 온 만큼 규모를 더 늘릴 형편이 못 된다. 2021년도 세입 예산에서 신규 국채발행은 43조 5,970억 엔에 달해 한 해 예산의 40.1%에 이르고, 세출 예산에서도 국채 상환 비용이 23조 7,588억 엔에 달했다.

자료: FT.

사정이 이런데도 분배 카드를 들고나온 것은 옛 향수 탓이 크다. 그 향수는 기시다 총리가 이끄는 일본 자민당 파벌 고치카이(宏池會·굉지회)의 정책 기조에 뿌리를 둔다. 고치카이는 1957년 이케다 하야토(池田勇人)가 독자적 정치 세력을 키우면서 창설한 것으로, 지금은 자민당 내 주요 파벌로 자리를 잡았다. 이케다는 대장성 관료 출신답게 1960년 총리가 된 뒤 소득배증계획에 착수해 대중적 지지를 얻으며 1960년부터 10년간 국민소득을 두 배로 늘렸다.

일본의 GDP는 이케다가 취임한 1960년 16조 엔에서, 소득배증계획이 꽃을 피우기 시작한 1970년에는 73조 3,449억 엔으로 5배 가까이 급증했다. 이 기간 미국 대비 1인당 GDP는 16%에서 39%로 뛰어올랐다. 이케다 재임 중 일본은 경제협력개발기구(OECD) 가입, 국제통화기금(IMF) 총회 개최, 도쿄올림픽 개최 등 경제 대국의 기틀을 마련했다. 일본의 전성기로 꼽히면서 일본 국민이 지금도 그리워하는 이른바 쇼와(昭和)시대의 발판을 마련한 것도 소득배증 시기였다.

하지만 그런 성공 신화는 옛 향수에 불과하다. FT 사설이 꼬집은 것처럼 일본은 아베노믹스를 통해 미흡하게나마 활력을 찾은 기업 경쟁력을 다시 강화하는 게 바람직해 보인다. 이케다 시대에 소득이 급증했던 것도 일본 기업의 경쟁력 향상 덕분이었다. 일본 기업이 미국 기업들을 제치고 세계 시장을 휩쓸면서 고도성장이 가능했고 일본 국민의 소득도 빠르게 늘어날 수 있었다.

과거로 회귀하는 중국

중국 경제는 거대한 전환점을 맞이하고 있다. 2021년 11월 11일 중국 공산당 100년 역사상 세 번째 역사결의를 통해 시진핑(習近平) 국가주석의 집권 체제가 강화하면서 국가 자본주의의 역동성에 변화 조짐이 보이면서다. 1978년 시작된 덩샤오핑(鄧小平)의 개혁개방 정책이 열매를 맺으며 고도성장에 들어선 중국은 시 주석 체제에 들어와 중국몽(中國夢)에 시동을 걸었다. 이는 곧 미국의 헤게모니에 도전하는 정책으로 드러났다. 미국의 본격적인 견제에 직면하게 된 중국은 최근 3년간 미국에 맞대응해 왔다.

미국의 공격에도 잘 버티는가 했던 중국은 의외의 지점에서 허점을 드러내고 있다. 그 허점은 미국 유수의 전략 보고서인 포린폴리시(FP)가 제시했다. "중국이 곧 정점을 찍고 쇠퇴기에 접어들 것"이라는 2021년 9월 보고서였다. 공교롭게도 이 시점을 전후해 중국

경제 곳곳에서 문제점이 터져 나왔다. 극심한 전력난과 함께 헝다 그룹의 부도 위기가 노출되면서다. FT·뉴욕타임스(NYT)·블룸버그 등 세계 언론은 이때부터 사실상 중국 경제의 취약성을 연일 생중계 하고 있다.

중국 경제에 대해 대체로 낙관적인 견해를 피력해왔던 폴 크루그먼 뉴욕시립대 교수조차 NYT 칼럼에서 "비관론자들이 늘 중국 경제를 걱정하는데, 이번에는 정말 그럴지도 모르겠다"고 했다. 중국 경제 위기론이 새로운 일은 아니지만, 성장률의 급격한 둔화와 헝다 사태로 볼 때 부동산 시장의 거품이 우려된다는 분석이다. 크루그만은 "소득 증가보다 과도한 주택가격이 더는 지속하기 어려워 보인다"고 지적했다. 그렇다고 너무 침소봉대할 건 아니라고 했다. 중국 경제의 거품이 꺼지더라도 그로 인해 세계 경제가 큰 충격을 받을 것 같지는 않다고 봤다.

미국의 투자 업계도 포린폴리시의 분석과는 결이 다른 진단을 내놓고 있다. 월가의 큰 손들인 블랙록·골드만삭스 등은 "지금은 여전히 중국에 투자할 시점"이라는 입장이다. 투자의 촉이 예민한 조지 소로스는 "미국의 이익을 해치고 투자 역시 쪽박을 찰 수 있다"고 경고했지만, 월가 큰 손들은 중국에 대한 입장을 바꾸지 않고 있다. 특히 세계 최대 헤지펀드를 운영하는 블랙록은 FT와의 인터뷰에서 "글로벌 포트폴리오 기준으로는 중국 경제가 여전히 과소 대표되고 있다"며 "불안 요소가 있긴 해도 중국 투자 비중을 2~3배 늘려야 할 시점"이라고 했다.

어느 쪽 관점이 맞을지는 아직 알 수 없다. 그러나 전력난과 헝다 위기보다 더 눈여겨봐야 할 것은 사회주의 현대화를 내세운 중국 공산당의 시장 통제 강화라고 볼 수 있다. 중국 공산당은 알리바바·텐센트 등 빅 테크를 비롯해 기업에 대한 통제력을 급격히 강화해왔다. FT는 "공산당의 통제는 결국 기업의 자율과 창의를 위축시켜 중국기업의 경쟁력 약화로 이어질 가능성이 크다"고 지적했다. 니혼게이자이는 "중국의 과거 회귀로 세계는 다시 사회주의와 자본주의 대치 국면에 들어가게 됐다"고 해석했다.

성장 동력 급격히 떨어진 한국

한국은 상황이 더 암울하다. 2018년 이후 재정 능력을 크게 초과해 정부 지출을 늘려왔지만 한국 경제의 활력은 회복될 조짐이 안 보인다. 경제 성장률이 2021년 1분기 1.7%였으나 2분기 0.8%로 떨어졌고, 3분기에는 또다시 0.3%로 쪼그라들었다. 성장 동력이 약화한 탓으로 이렇게 흘러가면 1인당 GDP 잠재성장률은 2030년 이후 0.8%에 그칠 것이란 전망이 경제협력개발기구(OECD)에서 나왔다. 국가채무 증가 속도는 주요국 1위로 꼽혀 지금처럼 재정을 계속 동원하기 어렵다는 점도 문제다. GDP 대비 가계부채는 주요국 중 처음으로 100%를 넘겼다.

결국 한국 경제가 솟아날 구멍은 기업 경쟁력 강화밖에 없다. 중국에서는 공산당이 기업의 자율과 창의를 옥죌 가능성이 있는 만큼 한국은 그만큼 시간을 벌게 된다. 여건은 만만치 않다. 유일한 버팀목이던 반도체 독점이 흔들리면서다. 미국은 자국 영토에 반도체 공장을 유치하는 것도 모자라 반도체 생산 자료를 내놓으라고 압박하고 있다. 전기차와 자율차의 게임체인저로 떠오른 배터리의 경우도 글로벌 기업들이 새로운 표준을 만들거나 직접 제조를 모색하고 있어 안심할 수 없게 됐다. 그야말로 기업을 앞세운 대리전쟁(proxy war)의 포연이 자욱하다.

들불처럼 번지는 인플레이션도 우리에겐 퍼펙트 스톰이 될 수 있다. 미국조차 세계 공급망 대란에 직면해 경제 활동에 타격을 받으면서 성장률이 기대치를 밑돌고 물가가 6%대로 치솟아 비상이 걸렸다. 미국에선 코로나 피로감 때문인지 근로자의 직장 복귀가 지연되면서 기업 간 임금인상 경쟁도 촉발되고 있다. NYT는 "유가와 원자잿값이 너무 올라 일부 브랜드는 서비스의 질이나 양을 줄이고 있다"며 "인플레이션이 지표상으로 드러나는 것보다 심각할 수 있다"고 경고했다. 자칫 스태그플레이션(경기침체 중 물가상승)이 전 세계로 전파될 수 있는 양상이다. 아슬아슬한 국면이 아닐 수 없다.

02 기업 혁신, 경제 성장 멈추는 순간 '재패니피케이션' 온다[2]

세계 경제가 코로나19 충격 와중에도 격변을 멈추지 않고 있다. 미·중 경제전쟁은 글로벌 공급망 재편으로 치닫는 가운데 힘의 균형추는 미국으로 기울어지는 모양새다. 2021년 6월 12일 영국에서 열린 주요 7개국(G7) 정상회의를 분기점으로 미국이 구심력을 회복하고 중국은 다소 고립되는 양상이다. 파이낸셜타임스(FT)의 칼럼니스트 기든 래크먼은 "그간 중국이 '서구 선진국은 쇠퇴할 수밖에 없다'고 퍼뜨려왔지만, 미국이 G7 및 아시아의 동료 민주주의 국가들과 뭉치면서 다시 글로벌 리더십을 회복하고 있다"고 분석했다. 일본의 저출산·고령화 파장과 글로벌 인플레이션 우려도 주목할 만한 경제 흐름으로 떠오르고 있다. 인플레이션 우려가 커지면서 독일 중앙은행은 유럽중앙은행(ECB)에 재정지출 축소를 요청했다. 이제는 풀린 돈을 거둬들일 때라는 얘기다.

---

2 [김동호] 중앙일보_기업 혁신, 경제 성장 멈추는 순간 '재패니피케이션' 온다_ 20210630.

역동성 떨어지는 일본

최근 니혼게이자이(日本經濟)신문은 '일본은 디지털 후진국'이라는 기획 기사를 썼다. 일본은 코로나19 대응에서 고전을 면치 못했다. 그 배경의 하나로 후진적 디지털 행정력이 거론된다. 1989년 소니의 창업자 모리타 아키오와 일본의 보수 정치인 이시하라 신타로가 미국을 겨냥해 『노(No) 할 수 있는 일본』이라는 책을 펴낼 정도로 기염을 토했던 일본이 왜 이렇게 됐을까.

일본 기업의 디지털 기술은 여전히 세계 정상급이다. 그러나 '일본이 최고'라는 자만심과 기존의 성공 방정식이 걸림돌이다. 1980년대 일본은 미국 경제를 삼킬 듯 팽창하면서 세계 최고로 떠올랐다. 한때 전 세계가 일본 기업의 경영방식까지 모방했다. 재고를 최소화하는 1970년대 도요타자동차의 '적시생산시스템(JIT)'이 1990년대 미국·유럽에서는 경영 전반으로 확대 적용된 린(Lean)시스템으로 발전하기도 했다. 그러나 FT는 사설에서 "반도체 칩 부족 사태는 이런 믿음을 일거에 무너뜨렸다"면서 "핵심 부품 조달은 안정적 공급망이 있어야 보장되는 시대가 됐다"고 지적했다.

심지어 일본은 독자적인 사회관계망서비스(SNS)조차 키워내지 못해서 한국산 SNS가 수혈되는 처지에 이르렀다. 세상의 변화와 달리 갈라파고스처럼 대면 접촉을 중시한 결과다. 결국 일본은 디지털 시대를 맞이하면서 네이버 라인(Line)에 의존하게 됐다. 일본으로선 쓸쓸한 현실이지만, 2011년 동일본 대지진 때는 물론 코로나19 대응에도 라인은 핵심적 비대면 소통수단이 됐다.

급기야 일본은 사상 처음으로 디지털청을 창설한다. 이를 위한 디지털 개혁 관련법이 2021년 9월 12일 국회를 통과했다. 국제경쟁력 강화, 국민의 편리성 향상, 저출산·고령화 과제의 해결에 기여하는 디지털 사회의 사령탑이 돼야 한다고 목표를 세웠다. 니혼게이자이는 "지난 20년은 디지털화에서 일본이 세계의 흐름에서 뒤처진 시대였다. 이제는 그 전철을 밟지 말아야 한다"고 주문했다. 한때 기술력으로 세계 경제를 쥐락펴락하던 일본의 얘기라고는 믿기지 않는 현실이다.

　　더구나 일본 언론에는 한국 기업 소식이 단골 뉴스로 다뤄진다. 삼성전자의 반도체 동향은 빠짐없이 전해진다. 오히려 일본 언론을 보면 한국 경제가 더 입체적으로 보일 때도 있다. 최근 물류센터 화재와 근로자 연쇄 사망 사고로 빛이 바랬지만, 쿠팡의 미국 증시 상장과 관련해 니혼게이자이는 '아시아 발(發) 유니콘의 진가'라는 기사의 대표 사례로 꼽았다. "오늘 주문하면 내일 새벽 배달되고, 현관에 내놓기만 하면 반품되는 서비스가 택배 사업의 상식을 뒤집었다"면서다. 한국에서는 구글·아마존에 맞서 크래프톤 등 유니콘이 속속 등장하는데 일본에서는 왜 이런 혁신이 안 되는지를 묻고 있다. 결국 기업 혁신과 경제 성장이 멈추면 재패니피케이션(만성적 경제 활력 둔화 현상)을 피할 수 없다는 얘기다. 그나마 한국이 더 나은 것은 첨단 제조업과 신생 기업의 혁신 능력 정도라고 할 수 있다.

저출산·고령화 쓰나미

일본은 저출산·고령화가 심각해지고 있다. 일본 국회는 최근 75세 이상 고령자의 의료비 본인 부담률을 올리는 법안을 통과시켰다. 제도가 시행되면 75세 이상 인구는 연금을 포함한 연간 소득이 200만 엔(2,000만 원) 이상일 때 의료비 본인 부담금이 현행 10%에서 20%로 늘어난다. 폐지나 깡통을 주어 생계를 유지하는 '빈곤 노인'이 넘치는 일본에서 상당수 고령자가 생계비를 쪼개 의료비를 감당해야 하는 상황이다.

이를 통해 절감하는 의료비는 고작 연간 830억 엔(약 8,300억 원)이다. 이렇게 마른 수건이라도 짜야 하는 이유는 인구감소 문제와 얽혀 있다. 저출산이 지속한 일본에서는 고령자의 의료비 부담을 늘리지 않으면 현역세대가 그 부담을 감당할 수 없게 됐다. 2020년 일본 인구가 0.7%(87만 명) 감소하면서 세계 인구 순위가 10위에서 11위로 밀려난 여파다. 일본은 2020년 신생아 수가 84만 명에 그쳤다. 한 해 120만 명 넘게 태어났던 1980년대 고도성장 시절의 3분의 2 토막이다. 출산율은 최근 5년 연속 낮아져 1.34를 기록했다. 4차 산업혁명과 인구 감소가 맞물리면서 젊은 층의 일자리는 계속 줄어들 수밖에 없다. 이미 잠재성장률이 1%로 추락한 일본으로선 아무리 애써도 저성장의 늪에서 빠져나올 수 없다는 현실에 직면했다.

이 모습은 조만간 현실화할 한국의 미래다. 700만 베이비부머(1955~1963년생)가 빠르게 고령화하고, 해마다 수십조 원을 투입했지만, 출산율은 0.8%대로 떨어졌다. 조만간 일본을 덮친 고령자 의료비 대란과 저출산에 따른 경제 역동성 저하의 악순환이 한국에도 쓰나미처럼 몰려올 것이란 점을 일본이 '프리뷰'처럼 보여주고 있는 셈이다.

[그림 4-2] 간추린 최근 세계경제 동향

인플레이션 가시화	미·중 경제전쟁 격화	일본의 침체 지속
2차 대전 이후 가장 강력한 경기회복세 (FT마틴울프)	중국 견제 위한 2500억 달러 규모의 혁신경쟁법 상원 통과	2017년 이후 구매력평가 (1인당 GDP)에서 줄곧 한국에 뒤져
Fed 2023년 말까지 기준금리 두 차례 인상 시사	삼성전자·TSMC 참여한 반도체 배터리 공급망 구축 본격화	75세 이상 고령자 의료비 개인부담율 10→20%로 상향
글로벌 최저 법인세	중국 경제 버블 끄기	한일 소·부·장 전쟁
조세피난처로의 도피 막기 위해 15%로 올리기로 G7합의	5월 도매물가 9% 상승 (2008년 이후 최고), 물가 압력 증폭	2년 지났지만, 일부 소재 독립에도 장비는 여전히 의존
구글·아마존 등 빅테크 기업은 매출 올리는 국가에 세금 납부	원자재 사재기 금지령 내리고 소비자물가 전이 방어에 총력	최근 대일 무역적자 되레 증가 추세(1~5월 전년 대비 34% 증가)

자료: NYT, FT, 블룸버그, 이코노미스트, 니혼게이자이.

중국 역시 비슷한 고민에 빠졌다. FT는 "2019년 중국은 과거 마오쩌둥 시절 파괴적 대약진운동으로 아사자가 속출한 뒤 50여 년 만에 처음으로 인구가 줄어들었다"고 보도했다. 중국이 한 자녀 원칙을 고집한 결과로 중국 경제에 심대한 영향을 미칠 것으로 전망했다. 경제의 역동성 저하는 물론이고 연금과 의료비 등 고령자 부양

부담이 늘면서 중국 경제에 무거운 짐이 될 것이기 때문이다. 중국 정부가 부랴부랴 3자녀 허용 방침을 내놓았지만, 중국 역시 2019년부터 국민소득 1만 달러 시대를 열면서 저출산 풍조가 확산하고 있어 결과를 낙관하기 어려워졌다.

글로벌 리더로 돌아온 미국

조 바이든 미국 대통령의 활약이 대단하다. 글로벌 최저 법인세율 15%를 도입하고, 빅테크 기업에 대해서는 매출이 발생한 나라에 세금을 내는 국제 협정을 주도하고 있다. 기존 조세체계의 빈틈이나 조세피난처를 활용해 세금 부과를 회피하려던 빅테크 기업들이 철퇴를 맞게 됐다. 주요 7개국(G7)은 물론 유럽연합(EU) 회원국 대다수가 이 방안에 찬성표를 던지고 있다. 각국의 법인세를 국제 규범으로 강제하려는 움직임은 이번이 처음이다.

이 모든 것을 바이든 대통령이 주도하면서 그야말로 미국이 '세계 질서의 축'으로 다시 돌아오고 있다. 제2차 대전 이후의 국제 금융 질서를 출발시킨 1944년 브레튼우즈 체제 출범과 1971년 리처드 닉슨 정부의 금 태환(금 보유량만큼 미 달러화와 교환하는 제도) 정지 선언에 따른 금본위제 와해, 1985년 일본 엔화 가치를 인위적으로 끌어올려 일본 경제 쇠락의 도화선이 됐던 프라자 합의에 견줄 만한 충격파가 예상된다.

최근 인플레이션 이슈의 진앙도 미국이다. 미국 경제가 빠르게 회복하면서 재닛 옐런 미 재무장관은 거듭 금리 인상 불가피설을 퍼뜨리고 있다. 뉴욕타임스(NYT)는 "단단히 준비해야 한다"고 연일 경고하고 있다. 미 연방준비제도(Fed)는 기준금리 인상 시기를 당초보다 앞당긴 2023년 말까지라고 못박았다. 한국은행도 연내 두 차례 금리 인상을 예고했다. 시장 금리는 벌써 뛰고 있다. 3년 만기 국채 금리는 19개월 만에 최고치로 치솟았다. 2008년처럼 글로벌 금융시장 발작이 언제든 나타날 수 있다. 누구든 신속히 빚을 덜어내 충격에 대비해야 한다. 정부가 추진하는 33조 원 규모의 추경도 재고할 필요가 커졌다.

미국의 금리 인상에 따라 미 달러화 강세로 돌아설 가능성이 커지고 있다. 최근 국내 외환시장에서 달러 환율은 벌써 1,130원대로 올라섰다.

03   21세기 편자의 못을 쥐고 있어야 대한민국이 생존한다[3]

───────── 반도체 패권경쟁

　미국과 중국 간의 무역마찰은 트럼프 행정부에서 미국의 만성적인 무역수지 적자와 일자리 문제로 시작해 자유시장 경제와 국가 자본주의 간의 체제 경쟁으로 발전했다. 이윽고 미국 바이든 행정부에 들어서는 국가 기술주의와 글로벌 산업 패권 경쟁으로 치닫고 있다. 이에 더해 유럽연합(EU)도 정부주도 반도체 산업육성 경쟁에 참여했다. 그야말로 글로벌 반도체 패권 경쟁이 시작되었다.

　2021년 2월 24일 바이든 대통령이 서명한 '미국의 공급사슬에 대한 대통령 명령'은 "튼튼한 공급사슬의 확보를 위해 미국 제조업을 재건하고 활성화하는 것을 최우선 과제로 추진할 것이며, 미국은

───────────────────

3   [김동원] 중앙일보_21세기 편자의 못을 쥐고 있어야 대한민국이 생존한다_20210427.

경제적 번영과 국가 안보를 보장하기 위해 튼튼하고 다양하며 안전한 공급사슬이 필요하다"는 대원칙을 설정했다. 제조업과 공급사슬 중에서도 100일 이내 긴급하게 상황 보고를 요구한 4개 품목 중에서도 핵심은 반도체 산업이다.

바이든 대통령은 서명 문서에서 반도체는 '21세기 편자의 못'으로 그 중요성을 설명하고, "이 반도체는 우표보다 작고 사람 머리카락보다 1만 배 얇은 트랜지스터 80억 개를 넘게 담고 있다. 이 칩은 자동차뿐만 아니라 스마트폰 · TV · 의료진단기구 등 현대 생활의 많은 부분을 가능케 하는 경이로운 혁신이자 미국에 큰 힘이 되는 근간"으로 정의했다. 이렇게 중요한 반도체 산업에서 어떻게 미국은 세계 반도체 시장의 45~50%를 차지해 왔음에도 불구하고 생산 비중은 1990년 37%에서 2019년 12%로 낮아졌으며 미국 스스로 반도체 위기를 거론하는 상황에 부닥치게 되었는가?

1990년대 이후 세계화가 진행됨에 따라 물류비용이 저하되고 직접투자를 통해 세계를 상대로 가능해진 비용 효율성이 높은 공급사슬의 구성에 그 배경이 있다. 이 구조를 토대로 미국의 다국적 기업은 지식재산권에 중심을 두게 되면서 어디에서 상품이 최종적으로 제조되는가는 중요하지 않게 됐다. 애플의 스마트폰이 대표적인 사례다. 특히 반도체의 집적도가 높아짐에 따라 제조공정이 고도화되고 투자 규모가 방대해짐에 따라 미국 반도체 산업은 설계중심으로 재편됐다. 미국에서는 설비와 소프트웨어 개발에 주력하고, 반도체 제조는 주문생산방식(파운드리)으로 전환함으로써 미국의 비중은 대폭 낮아지는 대신 동아시아의 비중이 높아졌다.

반도체 공급망 확보에 나선 미국

그러면 왜 이제 와서 세계 반도체 생산에서 동아시아 비중이 높다는 것이 문제가 되는가? 최근 미 상무장관은 미국이 반도체 부족으로 경제와 안보 양면에서 위기에 직면해 있다는 것은 결코 과장된 것이 아님을 강조한 바 있다. 미국과 중국의 동반관계에서는 미국의 선택에 따라 반도체 공급을 동아시아에 의존했으나, 신냉전의 대립관계로 전환함에 따라 미국의 반도체 공급사슬이 내포하고 있는 지정학적 위험이 주목받게 됐다.

2018년 7월 미국은 중국으로부터 수입되는 반도체에 25% 관세를 부과했으나, 중국은 반도체를 주로 한국과 대만으로부터 수입하기 때문에 관세 부과가 제재의 효과가 없었을 뿐만 아니라 역으로 중국 반도체를 사용하는 미국 기업들에 부담을 가중하는 결과를 가져 왔다. 트럼프 정부는 제재의 실효성을 확보하기 위해 화웨이에 대한 반도체와 장비 수출 금지조치를 단행해 반도체 수출 문제는 5세대(5G) 이동 통신 관련 안보문제로 비화했다.

반도체 공급사슬의 과도한 동아시아 의존문제는 미국 자동차 회사들이 반도체 부족으로 생산 감축에 들어감으로써 미국 경제의 당면 현안으로 떠올랐다. 그러나 자동차 반도체 부족사태를 초래한 원인은 일차적으로 자동차 업체들이 수요예측에 실패했기 때문이다. 이에 더해 미 정부가 중국의 자동차 반도체 생산업체인 SMIC를 수출금지 대상으로 제재함으로써 사태는 더욱 악화했다.

미국 정부는 자동차 반도체 부족 사태를 반도체 산업에 대한 정

부 지원 정책을 정당화하는 절호의 기회로 활용했다. 그러나 반도체
는 생산의 신축성이 미약한 특성을 가지고 있기 때문에 세계적인 반
도체 부족 문제는 장기간 갈 수밖에 없다. 반도체 시장은 수요와 공
급 양면이 과점구조를 형성하고 장기계약을 위주로 생산한다. 기술
적으로는 생산 품목을 바꾸기 위한 생산 시스템의 변경이 어렵다.
더구나 공장 구조물 건설에 12~24개월, 장비를 설치하고 생산 시스
템을 갖추는데 12~16개월, 시험 생산을 거쳐 양산 시스템에 이르기
까지 또 상당한 시간이 소요돼 최소한 4년 정도의 시간을 소모해야
제품이 시장에 나올 수 있다.

[그림 4-3] 각국의 반도체 산업 현황

(단위: %)

자료: 미국반도체산업협회(2019).

첨단 반도체는 한국·대만 양강 체제

반도체 부족은 주로 기술 수준이 낮은 반도체에서 발생하고 있다는 점도 주목할 필요가 있다. 7나노(1nm는 10억분의 1m) 이하의 첨단 반도체는 장기계약으로 수급이 안정돼 있기 때문에 공급 부족 현상이 없다. 자동차 반도체는 8인치 웨이퍼에 90나노 공정에서 주로 생산되기 때문에 우리나라에서는 거의 생산되지 않는다. 자동차 반도체 부족 문제가 심각하지만 투자 유인이 낮기 때문에 생산설비 증대를 기대하기 어렵다.

반도체 산업 패권 경쟁은 어떤 결과를 가져올 것인가? 우선 중국은 미국의 수출금지로 14나노 미만의 첨단 반도체 생산설비를 수

[그림 4-4] 반도체 종류별 국가 비중

(단위: %)

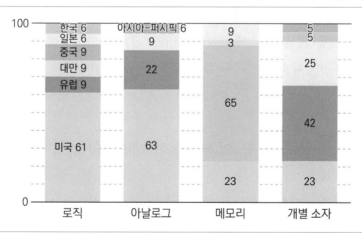

자료: 미국반도체산업협회.

입할 수 없게 됨에 따라 한국과 대만을 추격하기 어렵게 됐다. 한편 인텔은 200억 달러를 투자해 새로운 공장을 짓고 파운드리 사업 진출 계획을 발표했으나, 반도체 생산에서는 이미 삼성전자와 대만 TSMC를 따라잡기 어렵다. 최소한 앞으로 4년간은 삼성전자와 TSMC의 양강 구조가 유지될 것이라는 전망이 지배적이다. 7나노 이하의 첨단 반도체를 생산하는 기업은 삼성전자와 TSMC 둘밖에 없다. 두 기업은 3나노 이하에서 치열한 기술경쟁을 벌이고 있다.

미·중 간의 갈등에서 대만은 우리나라에 시사하는 바가 크다. 대만의 미국에 대한 안보 의존은 중국으로서는 참을 수 없는 일이다. 그런데도 대만에 대한 중국의 제재는 고작 파인애플과 육류의 수입금지에 그치고 있다. 왜냐하면 중국은 대만으로부터 반도체 수입이 절실하게 필요하기 때문이다. 미국과 중국 양국의 공급사슬에서 우리나라의 반도체 공급은 없어서는 안 될 구성요소다. 이런 구조를 토대로 우리나라는 경제적으로는 물론 안보에서도 독자적인 소리를 낼 공간을 확보할 수 있다. 따라서 글로벌 산업 패권 경쟁과 신냉전 갈등이 심화할수록 반도체 산업의 글로벌 경쟁력 확보는 대한민국의 버팀목으로서 더욱 중요해질 것으로 보인다.

한국, 중국 의존도 높아 대만과의 경쟁에서 불리

세계 반도체 산업에서 한국은 D램 생산의 69.5%, 낸드 플래시 생산의 44.5%, 파운드리의 17%를 차지하고 있는 만큼 세계 경제에서 반도체 공급사슬의 중요성이 높아짐에 따라 우리나라 반도체 산업은 기회를 맞고 있다. 그러나 기술 국가주의와 안보 대립으로 한국의 반도체 산업은 두 가지 큰 위험을 직면하고 있다.

첫째, 세계 반도체 장비시장의 50%, 반도체 지식재산권의 52%를 보유하고 있는 미국의 정부주도 추격은 우리나라에 심각한 위협이 아닐 수 없다. 둘째, 중국의 보복과 미국의 수출 금지 압력이다. 대만의 TSMC는 매출의 67%를 미국에서 일으키지만, 중국 시장 의존도는 6%에 불과하다. 반면 삼성전자는 반도체 수출(2020년 1~7월)에서 중국이 41%, 미국 7.7%를 차지하고 있어 중국 위험을 크게 안고 있다. 이 두 가지 위험에 대응하는 대책은 오직 한국 반도체 기업들의 기술 경쟁력이 글로벌 반도체 공급사슬에서 중요한 위치를 확보하는 것이다.

2020년 삼성전자 반도체 부문은 매출 72조 8,000억 원, 영업이익 18조 8,000억 원, 시설투자 32조 9,000억 원을 기록했다. 삼성전자의 매출액에서 반도체 부문이 차지하는 비중은 30.8%임에도 불구하고 총투자액에서 반도체 부문이 차지하는 비중은 85.4%다. 이같이 반도체 부문에 극도로 편중된 설비투자 구조는 가전·통신·반도체를 망라하는 상품구조를 가지고 있는 삼성전자가 반도체 부문의 육성에 사활을 걸고 있다는 것을 단적으로 보여준다. 삼성전자만 사활을 걸고 있는 것이 아니라 기술 패권주의와 신냉전 체제에서 대한민국의 미래도 함께 걸려 있다.

04 논 대신 공장에 물 대고 고속철 연결해준 대만 정부[4]

───── TSMC의 최종병기

2020년 4월 코로나 팬데믹이 유럽을 덮쳤을 때, 대만은 유럽연합(EU)에 700만 장의 마스크를 보냈다. 그러나 독일 총리실 대변인은 감사 인사에 'Taiwan'이란 호칭조차도 사용하지 않았다. 그런 독일 정부가 자동차 반도체 부족 문제가 심각해지자 2021년 1월 대만 정부에 '정중하게' TSMC에 자동차 반도체 공급을 주선해 달라고 요청했다. 한편 최근 미국 상무부는 연일 TSMC에 자동차 반도체 증산을 독려하고 있다는 보도가 있었다. 자동차 반도체 부족 사태를 계기로 대만은 반도체 패권 국가로 등장했으며, 대만의 반도체 위탁생산 기업인 TSMC는 일약 세계적 주목을 받고 있다.

───────────────

4 [김동원] 중앙일보 논 대신 공장에 물 대고 고속철 연결해준 대만 정부_20210
615.

세계 반도체 패권은 1970년대 중반 종주국인 미국에서 일본으로 넘어갔으며, 일본은 1990년대부터 쇠락해 2020년에는 세계 상위 10대 사에서 일본 기업의 이름이 사라졌다. 한편 미국은 시스템 반도체 개발에 주력해 2020년 세계 점유율 35.7%로 반도체 패권을 지키고 있다. 그렇다면 무엇이 반도체 패권을 결정하는가?

현재 세계 반도체 산업에는 세 가지 중요한 변화가 진행되고 있다. 첫째, 미국·중국·유럽·일본 등의 기술 국가주의(techno nationalism) 경쟁이다. 둘째, 반도체 산업의 주도권이 표준 소품종을 대량 생산하는 종합반도체 업체(IDM)에서 스마트 폰을 비롯한 전자기기용 반도체를 설계하는 기업들과 시스템 반도체 설계기업으로의 이동이다. 그 결과 이들이 요구하는 다양한 종류의 비모메리 반도체를 생산해낼 수 있는 반도체 위탁제조 기업(foundry)의 생산역량이 중요해졌다. 셋째, 반도체 제조기술은 지난 60년간 반도체 산업을 이끌어 왔던 '무어의 법칙(반도체의 성능이 2년마다 2배로 증가)'이 끝나고 차세대 공법으로 전환하고 있다.

신냉전의 핵심은 반도체

세계 반도체 생산에서 미국의 비중은 1990년대 35%에서 2020년 12%로 감소했다. 그러나 핵심 지식재산권의 74%, 시스템 반도체 설계의 67%, 반도체 제조 장비 시장의 41%를 차지하고 있는 반도체 패권국이다. 그런데도 바이든 정부가 반도체 산업의 육성에 나선 이유는 두 가지다.

첫째, 반도체로 신냉전의 주도권을 장악하기 위해서다. 2차 세계대전 이후부터 1980년대까지 미·소 냉전은 이념적·군사적 대립을 중심으로 전개되었던 반면에 현재의 미·중 신냉전은 경제 패권을 다투고 있다. 실질구매력으로 평가한 경제 규모로는 중국은 이미 2018년부터 미국을 능가했고, 명목 환율로는 2030년경 중국이 미국을 추월해 'G1'이 될 것이 확실하다. 따라서 미국은 경제 규모 대신에 첨단기술 주도권을 확보함으로써 경제패권의 지도력을 유지하는 전략을 추구하고 있다. 특히 반도체 산업 육성과 중국에 대한 수출 금지는 이 전략의 핵심이 되고 있다.

둘째, 바이든 정부는 지정학적 위험을 주목해 반도체 자급을 서두르고 있다. 반도체 부족이 초래한 미국 자동차 산업의 감산은 반도체 공급사슬의 지정학적 위험을 부각했다. 대만 해협을 둘러싸고 지정학적 위험이 고조되고 있는 동아시아 지역에 세계 반도체 생산의 78%가 집중돼 있다는 사실은 미국 경제에 큰 위협이 아닐 수 없다.

바이든 정부는 두 차례의 백악관 회의를 통해 2021년 5월 삼성전자와 TSMC로부터 미국에 최첨단 반도체 공장 건설 계획을 끌어냈다. 대만의 TSMC는 2021년 5월 미 애리조나주에 120억 달러를 투입해 첨단 5나노 반도체 생산공장을 2024년 가동목표로 건설에 착수했다. 향후 10~15년간 1,000억 달러를 투입해 공장 6개를 미국에 건설할 계획을 밝혔다. 한편 인텔은 200억 달러를 투자해 공장 2개를 건설할 예정이며, 삼성전자를 포함해 10개 내외의 반도체 공장이 미국에 건설될 예정이다.

2020년 중국의 반도체 자급률(15.9%)은 '중국제조 2025'의 목표 40%의 절반에도 미치지 못하고 있다. 더구나 외국 기업들의 생산 비중이 10%를 차지하고 있어 중국 기업에 의한 생산 비중은 5.9%에 불과하다. 중국의 반도체 산업은 현재 삼중고에 직면해 있다. 우선 2020년 9월 미국 정부가 중국 반도체 기업 SMIC를 수출금지 대상에 포함함으로써 반도체 제조 장비의 조달이 차단됐다. 그간 중국 정부는 반도체 관련 기업에 막대한 보조금을 지원했다. 지방정부 역시 대규모 투자를 추진했으나, 중국 반도체 산업은 기술개발 부진과 막대한 투자 손실로 심각한 부실화 위기를 맞고 있다.

반도체산업 조사기업 IC 인사이트는 2025년까지 중국의 반도체 자급률은 외국 기업체 생산을 포함해 19.4%에 그치고, 그중 외국업체 비중은 여전히 50%를 넘어설 것으로 전망했다. 한마디로 중국 정부가 추진하고 있는 반도체 굴기 정책은 난관에 직면해 있다.

반도체 부족 장기화될 듯

반도체 산업을 둘러싼 기술 국가주의 경쟁에도 불구하고 반도체 산업 내부 사정은 녹록하지 않다. 우선 당면한 반도체 부족 문제는 장기화하되라는 것이 지배적인 전망이다. 자동차 반도체 부족 문제는 6월을 고비로 호전될 것이나 전반적인 반도체 부족사태는 2023년까지 계속될 전망이다. 코로나 사태 이후 디지털 전환이 가속함으로써 반도체 수요가 급증했지만, 기업들이 신규 투자를 기피하

[그림 4-5] 반도체 산업 분야별 시장 점율 순위

※2020년 기준

	한국	미국	대만
메모리	1위	2위	4위
파운드리	2	3	1
AP (모바일중앙처리장치)	4	1	2
생산량 기준	2	5	1
매출 기준	2	1	4

자료: 한국반도체디스플레이기술학회.

는 저(低)기술 반도체의 공급 부족이 현저하기 때문이다.

기본적으로 반도체 제조공장을 건설하고 제품을 양산하는 단계에 이르기까지는 최소 4년이 걸린다. 반도체 산업은 공급사슬이 복잡하고 전문적으로 분업화돼 있어 어떤 충격이 가해지면, 반도체 수급의 균형상태를 회복하는 조정 기간이 오래 걸리는 구조를 가지고 있다.

한편 지난 60년간 반도체 산업을 이끌어 왔던 '무어의 법칙'이 7나노에서 끝남에 따라, 삼성전자와 TSMC는 차세대 기술 경쟁을 하고 있다. 5나노에서는 TSMC가 앞섰지만, 삼성전자는 차세대 공법으로 3나노(nm, 10억분의 1m)에서 추월을 시도하고 있다. 5나노 이하의 초미세 공정에는 대당 가격이 2,000억 원이 넘는 극자외선 노광 장비(EUV)의 사용이 필수적이다. 이에 따라 공장 건설비용이 20조 원을 초과하며, 양산기준을 충족하는 완제품 수율 확보는 더욱 어렵다. 따라서 반도체 산업은 더욱 고투자·고위험·고수익의 과점구조로 가는 것이 불가피하다.

기술인력 이동 위해 인프라 건설한 대만

세계 반도체 패권은 '연구개발과 장비', '제조'로 양분돼 있다. 전자는 미국이, 후자는 한국·대만이 주도한다. 삼성전자와 TSMC의 제조기술을 기준으로 할 때, 중국은 3년 이상 격차가 있으며, 미국의 인텔도 2년 이상 격차가 있는 것으로 분석된다. 이 격차를 뒤로 두고 TSMC와 삼성전자는 초미세공정에 천문학적 투자로 경쟁하고 있다. 결국 반도체 패권을 결정하는 것은 적기의 투자 및 제조 역량, 이를 뒷받침하는 양질의 인력과 산업생태계, 정부의 지원이다.

TSMC의 창업자 모리스 창은 2021년 4월 공개 강연에서 삼성전자는 '두려운 경쟁상대'를 넘어 '강력한 경쟁 상대'로 TSMC를 쫓아오고 있다고 밝혔다. 2021년 1분기 현재 세계 반도체업체 상위 15개사 매출은 인텔 18.3%, 삼성전자 16.8%, TSMC 12.7%였다. 파운드리 산업에서는 TSMC 54%, 삼성전자 18%였다.

모리스 창의 언급에서 주목되는 점이 있다. 삼성전자를 경쟁자로 꼽은 이유로 최선을 다하는 직원들의 자세 등 인적 요소를 들었고, TSMC의 성공 요인으로 대만 정부와 사회 전반의 지지를 들었다. 특히 대만 정부는 기술 인력이 당일로 원거리 이동이 가능하도록 고속철과 고속도로를 건설해주는 등 반도체 산업을 적극 지원했다. 가뭄이 극심하자 논에 물을 끊고 반도체 공장에 물을 댄다. 요컨대 대만 정부의 전폭적 지원이 TSMC의 최종병기라는 얘기다.

한편 삼성전자는 정부와 사회로부터 어떤 지원을 받았는가? 평택 공장 송전선 문제를 임시방편으로 해결하는 데 5년을 소비했고, 용인 반도체 클러스터 용수 확보에 1년을 넘게 소비했다. 기업의 사활을 걸어야 하는 고위험의 대규모 투자 결정 앞에서도 최고 결정권자의 공백과 재판 등 사법 리스크를 벗어나지 못하고 있다.

05 음식 · 숙박 · 유통 · 교통 플랫폼, 자영업 혁신 계기 돼야[5]

속도 빨라지는 플랫폼 경제

플랫폼 경제가 빠른 속도로 확산하고 있다. 그렇지 않아도 성장 엔진을 단 플랫폼 경제가 코로나19라는 예기치 않은 변수를 만나 더욱 탄력을 받는 모양새다. 코로나 팬데믹 억제를 위해 시행된 사회적 거리두기 방역 체계는 비대면적 특성을 갖는 플랫폼 경제에 날개를 달아준 격이 되었다. 코로나 팬데믹 이후 직접 마트에 가서 물건을 사는 대신 온라인에서 쇼핑하고, 음식점에 가는 대신 배달 앱을 통해 주문하는 게 갈수록 자연스러운 일상이 되고 있다.

비대면 소비가 급증하는 데 대응해 플랫폼 비즈니스의 성장세도 가히 폭발적이다. 온라인 쇼핑이 손쉽고 빠르게 이뤄지도록 하기

5 [권순우] 중앙일보_음식 · 숙박 · 유통 · 교통 플랫폼, 자영업 혁신 계기 돼야_20211130.

위한 플랫폼 사업자들의 속도 경쟁이 점입가경이다. 이제 플랫폼 서비스를 하루라도 이용하지 않고 살기 어려운 시대에 돌입하고 있다. 바야흐로 본격적인 플랫폼 경제 시대에 들어서고 있다. 그렇다면 플랫폼 경제의 확산이 한국경제에서 갖는 의미는 무엇일까. 우리 경제에 어떤 영향을 주며 그런 영향에 어떻게 대응해야 할까.

> 플랫폼 기반의 서비스 혁명 가속 중
> 코로나가 플랫폼 경제에 날개 달아
> 성장과 분배 문제 해결할 기회 온 것
> 자영업과 상생해야 지속 발전 가능

서비스업 생산성, OECD 최저권

플랫폼 경제는 지금 한국 경제가 직면한 가장 중요한 두 가지 문제, 즉 성장 및 분배 이슈와 밀접한 관련이 있다.

첫 번째는 경제성장 관점에서의 플랫폼 경제 이슈다. 지금은 4차 산업혁명 시대다. 4차 산업혁명은 곧 데이터 혁명이다. 대량의 데이터 정보를 아주 빠른 속도로 가공해 처리하고 이동시키는 것을 가능하게 해주는 것이 데이터 혁명이다. 그런 연유로 4차 산업혁명을 지탱하는 양대 축은 정보기술(IT) 기반의 생산 혁명과 플랫폼 기반의 서비스 혁명이다. 지금까지의 산업혁명이 제조업 중심이었다면 4차 산업혁명에선 서비스업도 중요한 한 축을 담당한다. 경제성장 측면

[그림 4-6] 제조업 생산성 대비 서비스업 생산성 비율

(단위: %)

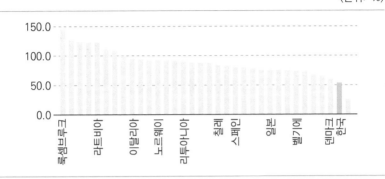

자료: OECD(2019년 기준).

에서 플랫폼 경제가 중요한 의미를 갖는 것은 이 때문이다.

우리나라 서비스업은 생산성이 극히 낮다. 제조업 생산성의 절
반 수준에 불과하다. 제조업 대비 서비스업 생산성 비율이 경제협력
개발기구(OECD) 국가 중 거의 꼴찌 수준이다. 이렇게 형편없는 서
비스업 생산성을 높일 수만 있다면 성장 여력이 고갈되고 있는 한국
경제에 새로운 성장 동력원으로서 충분한 역할을 할 수 있다.

과거 세 차례의 산업혁명 때를 봐도 산업혁명 대열에 먼저 올라
탄 국가는 고도성장을 구가하며 세계 경제의 주축 세력으로 부상했
다. 우리나라 사례도 이를 증명한다. 1, 2차 산업혁명 대열에서 낙오
돼 변방의 후진경제에 머물러 있던 한국경제는 3차 산업혁명에 주도
적으로 참여함으로써 세계경제 무대에 화려하게 등장했다. 정보통신
을 주축으로 하는 3차 산업혁명 대열에 일찌감치 동참한 덕분이다.

2차 산업혁명에 적극적으로 뛰어들어 세계 산업국가로 우뚝 섰
던 일본이 3차 산업혁명에 미온적으로 대응함으로써 경제 탄력을 잃

어간 것은 타산지석의 사례다. 4차 산업혁명이라고 다르지 않다. 4차 산업혁명의 한 축인 플랫폼 경제의 성장은 한국경제의 아킬레스건인 서비스업 생산성을 높여 성장동력을 회복할 수 있는 절호의 기회를 제공해 줄 수 있다.

자영업-비자영업 격차 좁혀야

플랫폼 경제가 한국경제에서 중요한 의미를 갖는 두 번째 이슈는 소득 불균형 문제다. 앞서 언급한 대로 플랫폼 경제는 곧 서비스 혁명이다. 서비스업 중에서도 특히 음식·숙박·유통·운수 등의 업종에서 플랫폼 서비스 혁신이 왕성하게 일어나고 있다.

그런데 이들 업종의 공통점은 모두 자영업 종사자들이 많은 전형적인 자영업 업종이라는 점이다. 플랫폼 경제가 자영업과 밀접히 연관된 것이다. 플랫폼 경제를 기반으로 한 서비스 혁신이 이들 업종의 생산성을 높일 수 있다면 업종 내에 있는 자영업 종사자 역시 소득 증가의 기회를 얻을 수 있다.

이는 결국 플랫폼 경제가 한국경제의 큰 숙제 중 하나인 소득 불균형 문제를 푸는 열쇠가 될 수 있다는 것을 의미한다. 자영업 부문 사업소득과 비자영업 부문 임금소득 간 커다란 소득 격차가 소득 양극화의 진원지이기 때문이다. 지금도 두 부문 간 소득 격차는 계속 벌어지고 있다.

플랫폼 독점 부작용 경계해야

플랫폼 경제가 한국 경제의 성장과 소득 불균형 완화에 기여할 잠재력을 가지고 있기는 하지만 그렇다고 그 잠재력이 당연히 발현되는 것은 아니다. 그러기 위해서는 플랫폼 경제가 효율적으로 작동하는 한편으로 플랫폼 경제 부작용을 최소화할 수 있는 제도적 환경이 전제돼야 한다. 그 제도적 환경 마련을 위해서는 다음과 같은 과제를 풀어내야 한다.

첫째, 플랫폼 비즈니스 발전을 촉진하면서도 독점화되지 않도록 하는 균형 잡힌 플랫폼 정책이 필요하다. 과거 기업정책과 공정거래법의 핵심 이슈가 재벌, 경제력 집중 등이었다면 앞으로는 플랫폼 경제 독점 이슈가 하나 더 추가될 것이다.

지금까지의 대기업집단 정책은 규제와 자율 간 절묘한 균형이 중요함을 일깨워 준다. 본질적으로 독점화 특성을 내포한 플랫폼 비즈니스를 방치하면 플랫폼 독점의 부작용이 커질 것이고 반대로 규제가 과도하면 플랫폼 경제의 발전을 막을 수 있다. 균형 잡힌 플랫

[그림 4-7] 자영업과 플랫폼사업자 간의 갈등관계

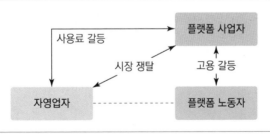

자료: 『자영업이 살아야 한국경제가 산다』(2020년).

폼 경제의 제도적 환경을 만들어 내야 하는 과제가 우리 앞에 놓여 있다.

둘째, 플랫폼 경제와 자영업이 상생할 수 있는 환경을 만들어 내야 한다. 플랫폼 경제는 자영업에 위기인 동시에 기회다. 플랫폼 경제에서 온라인 거래의 증가는 기본적으로 오프라인 자영업자의 위기다.

반면 플랫폼의 존재는 자영업자가 좁은 물리적 공간에서 벗어나 이론적으로는 전 세계를 고객으로 상대할 기회의 창을 제공해 주기도 한다. 플랫폼 경제가 자영업에 위기가 아닌 기회가 되기 위해서는 플랫폼 사업자가 자영업에 독점적 지위를 남용할 수 없도록 하는 한편으로 자영업계 스스로 플랫폼 경제의 등에 올라타 혁신할 수 있는 디지털 역량을 축적해야만 한다. 자영업도 이제 혁신산업이다. 혁신하는 자영업만이 플랫폼 경제가 주는 생산성 향상의 기회를 획득할 수 있다.

플랫폼 경제는 미래 한국경제의 조타수다. 이대로라면 한국경제는 일본의 잃어버린 30년을 답습할 가능성이 농후한데 이를 비껴갈 수 있는 비장의 무기 중 하나가 플랫폼 경제다. 플랫폼 경제가 잘 뿌리를 내릴 수만 있다면 한국경제는 또 한 번의 도약을 통해 선진경제에 한 걸음 더 다가갈 기회를 잡을 수 있을 것이다.

플랫폼 노동자 보호책 시급

플랫폼 경제의 또 하나 중요한 이슈는 플랫폼 노동자 문제다. 디지털 경제의 결과물인 플랫폼 노동자는 전에 볼 수 없던 노동계층이다. 자신이 원하는 곳에서 원하는 만큼 일할 수 있는 노동선택권을 누리지만 고용주로부터 고용을 보장받는 권리는 없다. 플랫폼 사업자로부터도 임금을 받는 것이 아니라 그때그때 서비스에 대한 대가를 받는다. 그런 의미에서 플랫폼 노동자는 자영업자다.

하지만 현실에서는 원하는 곳에서 원하는 만큼 일하는 노동선택권을 누리는 플랫폼 노동자는 흔치 않다. 노동 선택권이 없는 플랫폼노동자는 자영업자라기보다 플랫폼 사업자를 고용주로 하는 피고용자에 가깝다. 하지만 플랫폼노동자가 피고용자로 인정받는 경우는 찾아보기 어렵다. 노동 선택권은 없고 고용 불안만 남게 되는 것이다.

이런 불공정한 현실에 대응해 플랫폼 노동자를 피고용자로 대우해야 한다는 목소리가 높아지고 있다. 근래 들어 실제로 플랫폼 노동자의 근로자성을 인정하는 판례가 늘어나고 있기도 하다. 플랫폼 경제의 메카라 할 수 있는 미국 캘리포니아주는 플랫폼 노동자 보호를 위해 아예 '플랫폼 노동자가 실제로 노동선택권을 누리고 있다는 것을 플랫폼 사업자가 입증하지 못하면 피고용자로 간주한다'는 법(AB5 Act)을 만들어 시행하고 있기도 하다.

한국도 플랫폼 경제의 본격적 확산에 대응해 플랫폼 노동자의 특성을 반영한 별도의 안전망 체계를 설계할 필요가 있다. 첫 번째로는 캘리포니아주 사례처럼 플랫폼 노동자의 법적 지위를 명확히 규정하는 일이 필요하고, 두 번째로는 자영업자 지위에 머무는 플랫폼 노동자에게 필요한 안전망 체계를 구축하는 일이 필요하다. 플랫폼 경제 시대가 건강하게 정착되기 위해 반드시 해결해야 하는 과제다.

06   디지털 경제 누구나 공정하게 사용할 수 있어야[6]

인간과 온라인 플랫폼의 공존 조건

디지털 경제가 확대되고 있다. 글로벌 디지털 경제 규모는 2019년 기준 전 세계 총생산(GDP)의 4.5% 내지 15.5%에 달한다. 우리나라 전자상거래 비중은 이미 전체 거래의 30% 수준에 육박하고 있다. 나날이 발전하는 디지털 기술은 유통·서비스업은 물론, 교육·의료·금융·교통·환경·에너지 등 다양한 분야에서 혁신적인 변화를 일으키고 있다.

그러나 디지털 경제의 어두운 면도 드러나고 있다. 디지털 비즈니스 모델은 개인정보를 이용하도록 설계되어 있다. 그 결과 개인정보 침해도 늘고 있다. 2018년과 2019년에 유럽연합(EU)에서만 8만 9,000건의 개인정보 침해가 발생했다. 2019년 기준 EU 시민의 44%

---

6 [김두식] 중앙일보_디지털 경제 누구나 공정하게 사용할 수 있어야_20210622.

는 개인정보 침해 위험 때문에 개인 인터넷 사용을 줄였다고 응답했다. 같은 기간 미국 국민의 81%는 디지털 경제의 이익보다 개인정보 침해 위험이 크다고 믿고 있다고 한다.

인공지능(AI)이 본격적으로 활용되면서 개인정보 불법 사용, 서비스의 비윤리성 내지 반사회성 문제도 제기되고 있다. 2021년 1월 국내 최초로 출시된 인공지능 챗봇 '이루다'가 개인정보 불법수집, 희롱·혐오 발언 논란으로 서비스 시작 2주 만에 문을 닫은 것이 그런 예다. 해외에서는 2015년 아마존의 채용 전문 AI가 남성 선호 문제로, 구글의 AI 기반 포토 서비스는 흑인을 고릴라로 태깅하는 인종차별 논란으로, 2016년 마이크로소프트의 챗봇 '테이'는 욕설과 인종차별 논란으로 곤욕을 치렀다.

AI가 정치 영역에 손 뻗치기도

케임브리지아날리티카 스캔들은 인공지능이 정치의 영역에까지 손을 뻗친 사례다. 이 회사는 8,700만 건의 유권자 개인정보를 사용해 그들의 심리성향을 분석하고 이를 바탕으로 특정 후보의 지지를 유도했다. 2015년과 2016년에 미국 대통령 후보 선거와 2016년 영국 브렉시트 지지운동에 개입한 것으로 알려져 세상을 떠들썩하게 만들었다.

디지털 경제의 특징은 그것이 인간의 삶 전 영역과 직결돼 있다는 데 있다. 소비자는 서비스를 이용하기 위해 자신의 신상정보 등 인격권의 일부를 제공해야 하고, 제공되는 서비스는 개인의 삶 전반에 영향을 미친다. 따라서 디지털 경제는 단순 경제논리로 바라볼 수 없다. 디지털 경제가 지속적으로 발전하기 위해서는 디지털 서비스가 인간성과 충돌하지 않고 인간의 보편적 복지에 기여한다는 신뢰를 얻는 것이 중요하다.

우선, 인공지능 기술에 대한 신뢰성 확보가 필요하다. 디지털 경제는 궁극적으로 인공지능의 자율학습 능력과 데이터 분석 능력을 적극적으로 활용하는 방향으로 진화할 것이다. 이미 AI를 통한 자동화된 의사결정(autonomous decision)이 직원의 채용 및 평가, 개인의 신용평가 등에 적용되기 시작하면서 불투명한 알고리즘과 데이터 편향성으로 인한 피해 우려가 커지고 있다. 이에 EU는 자동화된 의사결정에 대한 사업자의 활용 고지의무, 이용자의 이용 거부 및 설명 요구권, 이의제기권을 인정했고, 일부 국제협정에서도 유사한 규정이 도입됐다.

우리나라도 2020년 12월 과학기술정보통신부가 관련 학계·기업·시민단체의 자문을 거쳐 '사람이 중심이 되는 인공지능 윤리 기준'을 발표했다. 그러나 이제 구속력 없는 윤리 기준만으로는 부족하다. 적어도 개인의 삶에 직접 영향을 미칠 수 있는 AI의 개발 및 활용에 대해서는 피해를 본 개인을 보호할 법률적 장치 마련이 필요하다.

네트워크 효과로 '승자독식' 발생

온라인 플랫폼 시장의 건전한 발전을 도모할 합리적인 규칙도 필요하다. 현재 디지털 경제는 온라인 플랫폼이 주도하고 있다. 디지털 경제에서 창출되는 미래가치의 60~70%를 온라인 플랫폼이 차지할 것으로 예상하고 있다. 문제는 온라인 플랫폼 시장이 소수의 거대 플랫폼 기업들에 의해 과점되고 있다는 점이다. 온라인 플랫폼 시장에서는 소위 네트워크 효과 등으로 승자독식 현상이 쉽게 일어날 수 있기 때문이다.

이런 상황에서 온라인 플랫폼 시장이 공정하게 작동되도록 할 필요가 커졌다. 시장에 대한 과잉규제는 지양하면서 중소사업자들이 공정한 조건으로 플랫폼을 이용할 수 있도록 하고 허위·불법거래 등으로부터 소비자를 보호하는 것이 과제다. EU가 공표한 디지털 시장법안은 적용대상 업체의 기준을 크게 높여 아직 성장하는 중견 플랫폼 기업들에 대한 불필요한 규제는 피하고 있다. 우리 정부도 현재 온라인 플랫폼 공정화법 제정을 추진 중인데, 규제의 대상과 목표에 대한 깊은 성찰이 요구된다.

다음으로, 디지털 경제에 대한 신뢰를 구축하기 위해 개인정보와 프라이버시 보호가 필수적이라는 점을 받아들여야 한다. 디지털 산업의 지속적 발전을 위해서는 오히려 개인정보 보호장치의 실효성을 높여야 한다고 본다.

'개인정보 동의' 만능키 될 수 없어

현재 EU 등 주요국들이 채택하고 있는 개인정보 보호 방식은 기본적으로 정보 주체의 동의나 기타 정당한 법적 근거 없이 개인정보를 수집 처리하거나 국외로 이전하는 것을 금지하는 것이다. 하지만 정보 주체의 '동의'를 만능키처럼 사용하는 방식의 신뢰성에 의문이 제기되고 있다. 실제로 디지털 기술을 모르는 개인들은 자기의 정보가 어떻게 이용되고 처리되는지를 이해하기 어려운 경우가 많다. 디지털 업체가 상세한 개인정보 보호 방침을 알려준다 하더라도 그 정확한 의미를 이해하는 개인은 많지 않다. 이런 정보의 비대칭 상황에서 개인의 동의만 있으면 개인정보는 보호된다고 보는 현행 제도는 재검토가 필요하다. 경제협력개발기구(OECD)에서도 개인정보 수집의 정당한 근거로 동의를 요구하는 현행 방식은 변경되어야 한다고 보고 있다.

국내에서 수집돼 국외로 이전되는 개인정보를 어떻게 보호할 것인지도 큰 문제다. 최근 정부가 발의한 개인정보보호법 개정안에서는 정보 주체의 동의가 없더라도 '개인정보 보호 인증'을 받은 정보수령자나 한국의 개인정보 보호 수준과 '실질적으로 동등한 수준'에 있다고 인정되는 국가로의 개인정보 이전을 허용한다. 중요한 것은 이런 제도의 실효성이다. 정보 주체인 개인에게 실행 가능한 사법적 구제수단을 확보해 주는 것도 중요하다. 유럽사법재판소가 미국의 개인정보 보호가 미흡하다는 이유로 미국에 대한 개인정보 보호 '적정성' 결정을 무효화시킨 오스트리아 활동가 슈렘스(Schrems)

소송 사건은 시사하는 바가 크다. 이 소송은 페이스북을 상대로 한 것이었지만 결국 인터넷을 통해 대량의 데이터를 전송하는 기술 기업에 광범위한 영향을 미치게 됐다.

국가 간 규제 체계와도 조화 이뤄야

다음으로, 상호 조화되지 않는 각국의 디지털 규제체계는 디지털 경제의 지속적 발전에 가장 큰 걸림돌이라는 점에 주목해야 한다. 현재 각국의 디지털 규제체계는 천차만별이다. 이를 통일적으로 규율할 국제규범도 확립돼 있지 않다. 많은 국가가 자국에서 생산된 데이터를 자국 내 서버에 보관하도록 하는 '데이터 현지화'를 요구하고 있다.

게다가 미·중 디커플링이 디지털 시장에서도 심화되고 있다. 주요 7개국(G7) 국가들은 '신뢰에 입각한 데이터의 자유로운 이동'(data free flow with trust)을 주창하고 있지만, 이는 반대로 데이터 거버넌스에 있어서 국가 간에 심각한 상호불신 내지 시각차가 존재함을 인정하는 셈이다.

이런 분열적 상황에서 우리는 오히려 세계무역기구(WTO) 디지털 통상협상 등 국제규범 협상에 적극적으로 참여해 국가 간 디지털 규제체계를 조화시킬 수 있도록 노력해야 한다. 디지털 국제규범에서는 디지털 무역 자유화에 대한 규제의 한계가 핵심 쟁점이 될 것이다. 관련하여 국제규범에서는 소위 '정당한 공공정책목표'(legitimate public policy objective)에 의한 규제는 허용하면서도 무엇이 정당한 공공정책목표인지는 정의하지 않고 있다는 점에 유의해야 한다. 국내적으로 우리가 생각하는 정당한 규제 사유와 규제 형태를 종합적으로 정리하고 이를 바탕으로 국제규범 협상에 임할 필요가 있다.

이와 관련하여 국가적 차원의 총체적인 디지털 전략을 수립하는 것이 중요하다. 정부부처 간 혹은 정책 간 충돌을 조정할 컨트롤타워를 만들 필요도 있다. 디지털 경제의 특성상 정부부처 간 관할이 애매하거나 중첩되는 경우도 많고, 자칫하면 규제의 경쟁으로 치닫기 쉽기 때문이다.

정치 리서치 기업 '케임브리지 아날리티카'는 페이스북 가입자의 정치성향과 개인 신상 데이터를 무단 수집한 것으로 드러나 사회적 물의를 일으켰다. 이 사건으로 인해 개인 정보에 대한 이해와 인식이 높아졌고, 기술 관련 기업들의 데이터 사용에 대해 엄격한 규제를 요청하는 분위기가 생겼다.

07 　BTS 일으켜 세운 건 커넥토그래피였다[7]

―――― **플랫폼 경제가 이끄는 4차 산업혁명**

세계에서 가장 인구가 많은 나라는? 1위 중국(14억 3,700만 명), 2위 인도(13억 6,600만 명)로 답한다면 당신은 구시대의 국경과 영토에 갇힌 '지리의 죄수(prisoner of geography)'일 수 있다. 신시대의 디지털 인구 기준으로는 세상이 달라진다. 2012년 인스타그램(10억 명)을 인수한 페이스북(23억 8,000만 명)은 33억 명의 인구를 보유한 압도적 '1위 국'이다. 최근 한국에서도 폭발적 인기를 누리는 유튜브도 20억 명이 넘는 사용자를 확보하고 있다. 큐존(5억 7,200만 명), 틱톡(5억 명), 시나 웨이보(4억 6,500만 명)는 중국을 기반으로 성장한 플랫폼 기업으로 미국(3억 2,900만 명)보다 더 많은 인구를 보유한 대국이다. 세계 4위 인구 대국인 인도네시아(2억 7,100만 명)조차 인스타

―――――――――

7 [김이재] 중앙일보_BTS 일으켜 세운 건 커넥토그래피였다_20191001.

그램·레딧·트위터·도우반·링크드인·스냅챗 등 신흥 기업에 밀린다. 커넥토그래피 혁명은 영토와 국민에 대한 우리의 오래된 상식을 바꾸고 있다.

'커넥토그래피(Connectography)'란 연결(Connect)과 지리(Geography)를 합성한 신조어다. 『커넥토그래피 혁명』을 쓴 파라그 카나는 미국지리학회 회원으로 미국국가정보위원회에 조언하는 국제관계 전문가다. 그는 21세기 전쟁에서 승리하려면 "지리는 운명이다"로는 부족하고 "연결이 운명이다"라고 주장한다. 21세기는 고속도로·철도·파이프라인 등 에너지와 물품·인재 수송로, 정보·지식과 금융·기술이 광속도로 흘러가는 인터넷·통신망 등 기능적 사회기반시설의 초국적 연결이 중요해졌다. 지리적 환경이 국가와 민족의 흥망, 문명과 역사를 결정했다면 이제는 연결성이 관건이다.

평면적 사고로는 기회 포착 불가능

매켄지 글로벌연구소의 연결지수에 따르면 상품·서비스·금융·사람·데이터 분야의 모든 흐름을 수용하고 전달하는 중심국가로 싱가포르(1위)·네덜란드(2위)·미국(3위)이 꼽힌다. 전체 16위를 차지한 한국은 상품(8위)·서비스(12위) 분야에서는 앞서 있지만, 금융(28위)·데이터(44위)·사람(50위) 분야의 연결성은 낮다. 기술 강국인 중국(7위) 역시 전체 순위는 높지만 다양한 이민자를 받아들이거나 국경을 넘는 여행을 통해 사람의 연결성을 확장하는 능력(82위)은 부족하다. 반면 메카 성지 순례가 연중 계속되고 이민자를 적극 수용하는 사우디아라비아는 사람의 연결성 지수 2위 국가다. 반면 서울은 최상위 글로벌 중심지로 뉴욕·런던·홍콩·도쿄·싱가포르·두바이보다 글로벌 연계성이 많이 떨어진다.

플랫폼 경제(Platform Economy)는 융·복합을 핵심으로 하는 4차 산업혁명 시대에 여러 산업에 걸쳐 꼭 필요한 빅데이터·AI 등 핵심 인프라를 구축하고 생태계를 조성하며 성장한다. 수많은 사람과 물건이 오가는 기차역 플랫폼처럼 외부와 연결성이 높을수록 확장에 유리하다.

[그림 4-8] 소셜 네트워크 플랫폼 사용자 수와 인구 대국 비교

(단위: 명, 2019년 기준)

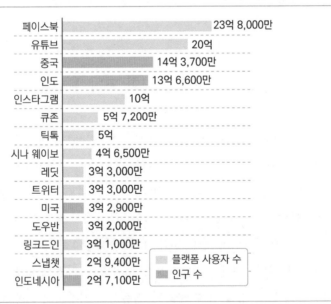

페이스북	23억 8,000만
유튜브	20억
중국	14억 3,700만
인도	13억 6,600만
인스타그램	10억
큐존	5억 7,200만
틱톡	5억
시나 웨이보	4억 6,500만
레딧	3억 3,000만
트위터	3억 3,000만
미국	3억 2,900만
도우반	3억 2,000만
링크드인	3억 1,000만
스냅챗	2억 9,400만
인도네시아	2억 7,100만

■ 플랫폼 사용자 수
■ 인구 수

자료: Hootsuite, We are social, UN 인구통계.

[그림 4-9] 기업 시가 총액 순위

(단위: 달러, 2019년 8월)

순위	기업(분야)	시가총액
1	마이크로소프트(소프트웨어)	1058억
2	애플(전자기술)	959억
3	아마존(전자상거래)	959억
4	알파벳(소프트웨어)	839억
5	페이스북(인터넷)	550억
6	버크셔 해서웨이(투자회사)	496억
7	텐센트(인터넷)	436억
8	알리바바(전자상거래)	431억
9	비자(금융서비스)	389억
10	JP모건 체이스(금융서비스)	366억

기존 질서를 파괴하고 새로운 게임판을 만든 혁신 기업들, 즉 페이스북·아마존·애플·구글 등 시가 총액 5위권 대기업부터 우버·에어비앤비 등 공유경제의 스타 기업들까지 모두 플랫폼을 적극 활용한다. 최근 삼성을 제치고 시가총액 10위권에 진입한 텐센트(7위)·알리바바(8위) 등 중국 기업도 모두 플랫폼에 기반해 빠르게 성장한 기업들이다.

하지만 한국 기업의 플랫폼 경쟁력은 우려스럽다. 글로벌 플랫폼 전쟁터에서 존재감이 거의 없다. 네이버가 개발한 라인은 아시아에서 부상한 최초의 대형 메시지 플랫폼이었지만 미국에서 시작된 왓츠앱, 중국의 위챗에 빠르게 추월당했다. 상대적으로 규모가 작은 국내 시장 중심으로 서비스를 개발하다 보니 공격적으로 영토를 확장하는 글로벌 플랫폼 기업들과 경쟁하기 버거워졌다.

4차 산업혁명, 플랫폼 혁명이 쓰나미처럼 몰려오고 지정학적 위기가 고조될수록 커넥토그래피가 운명을 좌우한다. 글로벌 플랫폼을 확보해 '경쟁력 있는 연결성'을 유지해야 대기업도 생존이 가능한 시대다. 구글·아마존 등 잘 나가는 기업들은 공간정보와 연계된 빅데이터를 활용해 물류비를 절약하고 새로운 시장을 개척하기 위해 지리학자와 지리정보시스템(GIS) 전문가를 우대한다. 기업뿐 아니라 개인과 도시, 국가도 상생할 수 있는 전략적 파트너를 잘 찾고 틈새를 찾는 지리적 상상력이 필수다. 이건희 전 회장의 멘토로 삼성전자의 개혁을 이끌었던 요시카와 료조는 제4차 산업혁명으로 인한 변화를 설명하며 "이제 마케팅은 선진국에서 제3세계로, 틀에 박힌 분석 보고서에서 새로운 시장을 발굴하는 지정학적 제조업으로 진화하고 있다"고 역설했다. 이미 포화상태인 서구 선진국의 안락한 공간에서 벗어나 불편하고 낯선 오지를 계속 탐험해야 하는 이유다.

원천기술과 함께 플랫폼 확장해야

언제나 혁명은 중심이 아닌 변방에서 일어났다. 첨단 기술이 단기간에 사회 전반에 침투하여 급속하게 생활을 바꾸는 현상을 '립프로그(leapfrog) 성장'이라 하는데, 자기 키를 훌쩍 넘어 크게 점프하는 개구리는 결핍된 환경에서 더 많이 나타난다. 실제로 중국에서는 낙후된 경제, 불편한 환경이 정보기술혁명을 적극적으로 추진하는 동력이 됐다. 2000년대 집에 전화가 없는 사람이 많으니 휴대폰에 열광하고, 농촌에 상점이 부족하니 전자상거래가 발달한다. 은행통장이 없는 가난한 계층이 두터운 아프리카·남미 등 제3세계에서 핀테크 등 금융과 결합한 디지털 경제가 급성장한다.

이제 골방에 갇혀 암기에 집중해 시험만 잘 보는 편협한 모범생의 시대는 저물어 간다. 개인이든 기업이든 국가든 고립되면 쇠퇴하고 결국 도태될 수밖에 없다. 4차 산업혁명 시대에 생존하고 번영하려면 신기술 개발과 코딩교육만이 능사가 아니다. 얼마나 다양한 사람들과 연결되고 새로운 기술과 아이디어를 널리 확산시킬 수 있는지가 관건이다. '연결과 융합'으로 세상을 변화시키는 창의적 인재의 지리적 상상력은 학교와 공장·오피스에 갇혀 있지 않다. 4차 산업혁명은 아름다운 휴양지의 카페, 꽉 막히는 도로의 차 안, 누군가의 스마트폰에서 소리 없이 진행 중이다.

커넥토그래피 혁명을 실천한 BTS의 성공 방정식

2012년 12월 17일 유튜브 채널이 개설되고 영상이 올려지며 방탄소년단(BTS)의 신화가 시작됐다. 주요 방송국 무대에 설 기회를 잡기 어려웠던 무명의 신인들에겐 선택의 여지가 별로 없었다.

빌보드 차트를 석권하고 이제는 비틀스를 뛰어넘는 전설적 그룹으로 성장한 BTS는 콘텐츠-네트워크-플랫폼-디바이스가 결합된 완벽한 모바일 생태계를 구축했다. 열정적이며 결속력 강한 팬클럽, 아미(ARMY)는 BTS 제국의 든든한 지원군이다.

'디지털 원어민'으로 불리는 10대 초·중반의 소년· 소녀 중심인 아미와 BTS는 다양한 소셜 네트워크를 통해 활발하게 소통한다. 유튜브에 개설된 방탄 채널을 통해서 BTS는 공식 공연뿐 아니라 안무 연습 장면, 백 스테이지 영상 등을 실시간으로 계속 올려 글로벌 팬들에게 서비스한다. 공식 인스타그램 계정에 매일 수많은 사진을 올리고 페이스북에 소소한 일상을 포스팅하며 BTS 제국을 꾸준히 확장하는 전략이다.

특히 전파 속도가 빠른 트위터는 BTS 제국의 강력한 무기다. BTS를 위한 온라인 투표를 장려하는 해시태그는 순식간에 51억 7,200만 트윗을 만들어내 기네스 세계 신기록에 올랐다. 세계 인구의 70%에 달하는 트윗이 순식간에 이루어진 것이다. 2018년 기준으로 아미를 가장 많이 보유한 나라는 필리핀이고 한국은 2위, 미국은 8위다. 3위에서 6위까지는 인도네시아·베트남·태국·말레이시아 등 동남아 국가가 차지했고, 브라질(7위)·대만(9위)·멕시코(10위)가 뒤를 이었다. BTS의 성공 방정식은 커넥토그래피 혁명의 시대, 한국 정부와 기업이 나아갈 길을 제시해 준다.

08 플랫폼 제국이 세계 장악할 때 한국은 우물 안 논쟁[8]

이재웅 · 최종구 설전이 드러낸 혁신의 현주소

정의선 현대차그룹 수석부회장은 "밀레니얼 세대(1980년대 초~ 2000년대 초 출생)는 자동차를 소유하기보다 공유하는 것을 희망한다"고 말했다. 승차공유는 이렇게 대세가 됐다. 하지만 한국만큼은 예외다. 정부 규제와 이해관계자 반발에 묶여 공유경제의 갈라파고스가 되고 있어서다. 결국 최종구 금융위원장과 이재웅 쏘카 대표가 연일 설전을 벌였다. 이 대표가 먼저 공유경제 혁신을 일으켜야 할 정부가 뒷짐 지고 구경만 한다고 포문을 열었다. 그러자 주무부처인 국토교통부는 쏙 빠지고 최 위원장이 나섰다. "혁신의 빛 반대편에 생긴 그늘을 함께 살피는 것이 혁신에 대한 지원 못지않게 중요하

8 [최길현] 중앙일보_플랫폼 제국이 세계 장악할 때 한국은 우물 안 논쟁_20190 528.

다"고 했다.

우리가 승차공유를 놓고 우물 안에서 다투고, 인터넷전문은행 추가 설립으로 갑론을박하는 사이, 세계는 질주하고 있다. 소수의 거대 플랫폼 기업이 마치 제국처럼 다른 나라의 문화와 삶의 방식뿐만 아니라 산업 지형까지 바꾸고 있다. 'GAFA 제국'(구글, 애플, 페이스북, 아마존), 'BAT 제국'(바이두, 알리바바, 텐센트) 얘기다. 이들 플랫폼 기업의 위력은 갈수록 커지고 있다. 뉴욕증시 상장에 성공한 우버는 플랫폼 기업의 시장 지배력을 상징한다. 창업 10년 만에 플랫폼을 통해 키운 시장가치가 697억 달러(83조 원)에 달한다. 이는 미국 자동차회사 제너럴 모터스(GM)의 시가총액보다 많고, 104년 된 독일 BMW의 시가총액(55조 원)을 훨씬 앞선다.

자동차를 한 대도 생산하거나 소유하지 않아도 이런 평가를 받는 우버처럼 플랫폼 서비스가 전 산업에서 빠르게 확산하고 있다. 우버와 경쟁하는 리프트는 물론 위워크를 비롯한 수많은 공유경제 기업들이 우후죽순으로 등장한다. 이미 플랫폼 비즈니스로 세계 시가총액 상위 10개 기업에 오른 기업이 GAFA와 알리바바·텐센트 등 6개에 달한다. 알리바바·텐센트 외에도 아시아에서도 바이두·라쿠텐(일본)·카카오·쿠팡(한국)처럼 10년 전에는 '듣보잡'이었던 플랫폼 기업들이 디지털 경제를 이끌고 있다. 전문가들은 2040년에는 S&P500 기업 중 순이익의 절반이 플랫폼 기업에서 나올 것으로 예측한다.

[그림 4-10] 가파른 주가 상승률 보이는 플랫폼 기업

※2008년=100기준

자료: 애플리코.

[그림 4-11] S&P500의 플랫폼 기업 수와 순이익 창출 비율

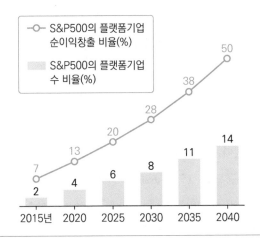

자료: 애플리코.

월스트리트저널(WSJ)과 다우존스 벤처소스가 공동 발표한 글로벌 유니콘 클럽(기업가치가 10억 달러 이상 스타트업)의 상위 10개 중 7개가 플랫폼 기업이다. 아시아에선 36개 중 31개로 플랫폼 기업의 점유율이 압도적이다. 세계 전자상거래 시장 규모를 보면 더 확연해진다. 미 시장조사기관 이마케터(eMarketer)에 따르면 전 세계 소매 부문의 이커머스 시장 규모는 2021년 4조 8,780억 달러(약 5600조 원)에 이를 것으로 추산된다. 이 중 중국의 시장점유율은 2021년 54.5%를 차지할 만큼 비약적으로 발전할 것으로 전망된다. 한국의 이커머스 거래액도 2015년 54조 원에서 2018년에는 100조 원으로 배가량 급신장하고 있다.

플랫폼 기업의 성장 동력은 스마트폰이다. 세계 인구의 절반인 36억 명이 하루에 최소 2시간 스마트폰을 이용한다. 구글의 일인당 평균 검색 횟수는 하루 3~4회에 달한다. 현재 페이스북 가입자는 23억 명, 유튜브 가입자는 18억 명이다. 이런 플랫폼은 잠도 들지 않는다. 지구촌 이용자들이 24시간 네트워크로 몰려드는 선순환의 생태계가 구축되면서 글로벌 차원의 기업으로 급성장하게 된다. 이것이 플랫폼의 매력인 네트워크 효과다.

플랫폼 네트워크의 효과를 잘 알고 있는 페이스북 창업자 마크 저커버그는 2014년 메신저 앱 왓츠앱(WhatsApp)을 190억 달러(약 20조 원)에 인수했다. 인수 당시 종업원 55명, 매출액 1020만 달러(110억 원)에 적자 규모는 1억 3,800만 달러(1,500억 원)에 달했다. 이런 적자기업을 마크 저커버그가 천문학적 돈을 들여 인수한 까닭은 왓츠앱의 성장 가능성때문이었다. 당시 왓츠앱의 이용자 수는 4억

5,000만 명이었으나 지금은 15억 명에 달한다. 결과적으로 저커버그는 규모의 경제와 네트워크 효과를 결합한 승자독식의 거대한 플랫폼 기업을 일구어냈다. 애플과 구글 역시 무수한 소비자와 개발자를 연결해 지금까지 없는 거대한 네트워크를 구축했다.

이러한 시대적 흐름에 따라 미·중 기업은 모든 역량을 플랫폼 구축에 집중하고 있다. 전통적 제조업도 빠르게 플랫폼 체제로 전환하고 있다. 플랫폼의 세계로 이동하지 않으면 치열한 경쟁에서 살아남을 수 없기 때문이다. 미국은 혁신적 아이디어를 지닌 창업가를 지원하는 생태계가 플랫폼 강국의 원동력이 되고 있다. GAFA는 생각하고(구글), 느끼며(페이스북), 소비하고(아마존), 본능에 따르는(애플) 플랫폼을 완비하고 있다.

중국은 국가 주도하에 규제 없이 사업을 허용하는 정책을 취해 BAT라는 세계적 플랫폼 기업을 만들어냈다. 어디를 가도 대부분의 결제는 스마트폰을 이용한 QR코드 체제에서는 미국보다 앞서 나가고 있다. 앞으로도 인공지능(AI)·딥러닝을 활용한 플랫폼 영역을 계속 확대해 나간다는 계획이다. 일본은 제4차 산업혁명의 원활한 진전을 위해서 규제 개선과 데이터 활용을 핵심정책 과제로 선정해 플랫폼 전략에 많은 공을 들이고 있다. 손정의가 이끄는 소프트뱅크와 1,000억 달러 규모의 소프트뱅크 비전 펀드(SVF)를 통해 세계 곳곳의 플랫폼 기업에 천문학적인 투자를 해오고 있다. 도요타와 자동차 부품업체 덴소 등 민간제조업은 플랫폼 기업으로의 변신을 꾀하며 우버 등 플랫폼 기업투자에 적극적으로 나서고 있다. 대졸 취업률이 98%일 정도로 제2차 세계대전 이후 가장 긴 경기 확장기를 맞이하는 배경이다.

플랫폼의 본질은 초연결 사회다. 이는 제4차 산업혁명의 핵심과 맞닿아 있다. 거대 플랫폼 기업 GAFA와 우버가 세계시장에서 성장할 수 있었던 것은 기능과 기술이 뛰어났기 때문이 아니라 플랫폼이라는 새로운 시장을 창출하고 새로운 가치의 근원을 활용했기 때문이다. 디지털 정보 기술 덕분에 고객가치 창조의 원천이 바뀌고 있는 만큼 한국 정부는 이를 유인하는 플랫폼 생태계를 만들어야 한다. 그러려면 플랫폼의 모든 참여자가 제약을 받지 않고 가치를 창출할 수 있도록 규제 완화와 함께 투자재원 확대 같은 과감한 도전이 필요하다. 그렇지 않으면 0과 1로 이루어진 디지털 세계에서는 조금만 방심하면 경쟁에서 금방 밀려날 수밖에 없다.

플랫폼 비즈니스 '웨이고 블루' 아직도 걸음마

한국은 이렇다 할 세계적 플랫폼 기업을 키워내지 못하고 있다. 정보기술(IT)의 발달에다 뛰어난 인적자원과 기술적 역량에도 불구하고 규제에 가로막혀 혁신의 기회를 창출하지 못해서다. 국내 규제 때문에 역으로 외국으로 옮겨가는 행태까지 나타나고 있다. 플랫폼 기업에 과감히 투자할 벤처캐피털 규모도 미약하다. 쿠팡·배달의민족 같은 국내 유망 플랫폼 기업도 자본력을 앞세운 외국기업의 투자에 힘입어 겨우 버티고 있다.

한국에서도 플랫폼 비즈니스가 없는 것은 아니다. 2019년 3월

20일 시작된 플랫폼 택시 서비스 '웨이고 블루'가 대표적이다. 하지만 우버가 보여주는 네트워크(연결) 효과는 거의 발생하지 않고 있다. 네트워크 효과가 극대화하려면 우선 연결된 참여자 수가 많아야한다. 그래야 거래 비용을 줄여 가격을 낮추게 된다. 웨이고 블루는 차량 대수가 적고 호출비 3,000원을 추가 부담한다. 기대만큼 소비자 잉여를 증가시키지 못하는 이유다.

연결만으로 가치가 만들어지는 것은 아니다. 연결로 가치를 높이려면 먼저 어떻게 해야 더 많은 사용자를 끌어들이고 오래 머물러 있게 하는가에 역점을 둬야 한다. 그렇게 되면 나중에 사용자가 몰려드는 상호 가치교환이 가능하게 해져 폭발적으로 시장가치를 창출할 수 있다. 수익은 저절로 따라오게 된다. 나아가 오픈소스 방식을 통해 끝없이 서비스의 수준을 높이는 콘텐트의 질적 관리가 필요하다. 성공한 플랫폼 기업들의 공통된 전략이다. 무엇보다 기술 변화에 맞춰 신속하게 규제 완화가 이뤄져야 한다. 그래야 미·중처럼 선순환의 플랫폼 생태계가 조성된다.

09 기관투자가 본격 참여가
비트코인 6만 달러 이끌었다[9]

──────── 암호화폐 급등 배경과 전망

　암호화폐 가격이 급등하고 있다. 잠잠하던 암호화폐 가격의 상승 계기는 미국 연방준비제도(Fed)가 만들어줬다. 2020년 3월 17일 양적완화 정책을 재개하면서다. 2020년 3월 17일 4,945달러였던 비트코인 가격은 2020년 10월부터 본격적으로 오르더니 2021년 들어 거침없이 치솟고 있다.

　상승 배경은 여러 가지가 꼽힌다. 우선 수요 측면에서 ▶미국의 양적 완화 정책 재개에 따라 급증하는 유동성 팽창 ▶탈중앙화금융(DeFi, 디파이) 열풍 ▶기관투자가의 진입 본격화 ▶자산가격 급등기에 나타나는 오버슈팅(과매수) 현상이 대표적이다. 공급 측면에서는

──────────────
9　[오정근] 중앙일보_기관투자가 본격 참여가 비트코인 6만 달러 이끌었다_20210316.

비트코인 반감기를 꼽을 수 있다. 이 밖에 중국인민은행이 디지털 위안화를 시험 사용하는 등 각국 중앙은행의 디지털 통화(CBDC) 등장도 제도적인 측면에서 일조하고 있다.

미 Fed는 전후 최장의 호황기를 기록해 오던 미 경제가 코로나19로 인해 급격히 둔화하기 시작하자 2020년 3월 양적완화 및 제로금리 정책을 재개했다. 연방 기금금리를 제로 수준으로 낮추고 본원통화를 3조 달러에서 5조 달러 수준으로 대폭 늘렸다. 그 결과 달러 가치가 하락하자 투자자들은 새로운 안전자산으로 암호화폐에 대한 투자를 늘렸다.

또 2020년 하반기 불어닥친 탈중앙화 금융 바람으로 디파이 열풍이 암호화폐 가격 급등의 큰 배경이 됐다. 디파이란 주로 암호화폐를 담보로 걸고 일정 금액을 대출받거나, 혹은 암호화폐를 담보로 다른 암호화폐를 대출받는 방식으로 작동되는 암호화폐 금융이다. 중앙화된 기존의 금융중개회사 없이 거래를 중개하는 플랫폼만 있으면 암호화폐의 예치와 대출이 가능해 탈중앙화 분산금융이라고도 한다.

2020년 하반기는 디파이 열풍의 해라고 해도 과언이 아닐 정도로 크게 발전했다. 디파이 상품 예치총액이 12월 24일 기준 134억 달러(약 15조 원)로 2020년 6월의 12억 달러보다 10배 이상 증가했다. 이러한 분산금융은 대출자와 대부자 간의 스마트계약에 의해 이루어지므로 스마트계약에 최적화된 이더리움의 가격이 특히 급등했다.

기관투자가의 암호화폐 시장 진입이 본격화하면서 암호화폐 시장의 기반을 탄탄하게 해주고 있다. 시카고상품거래소(CME)에서 2017년 거래를 시작한 비트코인 선물상품이 2019년에는 뉴욕증권거래소(NYSE) 모회사인 인터콘티넨털 익스체인지(ICE)의 자회사 백트(Bakkt)에서도 출시해 서비스되고 있다. 페이팔(PayPal)도 2021년부터 비트코인·이더리움·라이트코인·비트코인캐시를 거래에 사용하겠다고 발표했다. 미국에서는 페이스북·JP모건이 암호화폐 발행을 발표하고, 일본에서는 미쓰비시UFG·미즈호은행·SBI홀딩스 등이 엔화와 연동된 스테블코인 발행을 선언했다.

한국에서도 기관들 줄줄이 참여

한국에서도 삼성전자의 스마트폰 갤럭시10에 암호화폐 전자지갑을 내장했고, 국민은행·신한은행도 디지털 자산 수탁회사에 지분투자를 결정하는 등 국내외를 불문하고 기관투자가의 암호화폐 시장 진입이 본격화되고 있다. 이는 2017년 암호화폐 급등기가 주로 개인투자자들의 군집 행동 결과였던 것인데 비해 이번에는 글로벌 기관투자가들이 속속 암호화폐 시장에 합류함으로써 시장의 기반을 다져주고 있다는 점에서 주목된다. 이렇게 되면 과거 2018년 같은 폭락장은 쉽게 일어나지 않는 등 시장의 안정성이 훨씬 강화되고 있다고 할 수 있다.

공급 측면에서 비트코인의 반감기도 큰 변수다. 반감기란 비트코인 채굴자에게 제공하는 비트코인의 수가 일정 기간, 대략 4년마다 반씩 줄어드는 것을 말한다. 비트코인은 처음 설계할 때부터 과도한 공급으로 가치가 하락하는 것을 방지하기 위해 전체 공급량을

[그림 4-12] 비트코인 가격 추이

(단위: 달러)

2021년 3월 15일
오전 7시30분 기준(현지시간)
5만 7,886

2020년 3월 15일
5,342

자료: 코인베이스.

2040년까지 2100만 개 채굴로 제한했다. 처음으로 2009년 1월 채굴 당 50비트코인을 공급했으나 2012년 11월 25비트코인, 2016년 7월 12.5비트코인, 2020년 5월 6.25비트코인씩 공급되도록 설계돼 있다. 2020년 5월 반감기가 지나가면서 공급 측면에서 가격 상승요인이 있었다. 이러한 배경으로 가격이 급등하자 투자자들의 과매수, 즉 오버슈팅 현상도 가세했다.

중앙은행의 디지털 통화 발행이 본격화된 것도 암호화폐 산업 활성화를 촉발하면서 암호화폐 가격 상승에 일조하고 있다. 중앙은행 디지털 통화란 중앙은행이 발행하는 전자적 형태의 화폐를 말한다. 발행 주체가 민간참여자가 채굴하는 암호화폐와 달리 중앙은행이다. 암호화폐는 주로 특정한 목적을 위해 사용되고, 중앙은행 디지털 통화는 법정화폐로 사용된다는 점도 다르다.

국제결제은행(BIS) 보고서에 따르면 전 세계 80% 내외의 중앙은행이 연구나 시범준비, 시범운용에 참여 중인 것으로 조사되고 있다. 가장 활발한 중앙은행이 중국인민은행이다. 중국인민은행은 시범운영을 마치고 2021년 2월 7~8일 베이징 시민 5만 명을 대상으로 1명당 200위안(약 3만 4,000원)씩 총 1,000만 위안을 시민들의 전자지갑에 나눠주는 에어드롭 행사를 진행했다. 중국은 2022년 초 동계올림픽에 상용화한다는 목표로 박차를 가하고 있다. 바야흐로 디지털 통화의 각축전이 시작된 셈이다.

비트코인 ETF 상품도 거래 시작

이러한 배경에 힘입어 급등하던 비트코인 가격이 2021년 1월 9일 4만 519달러를 정점으로 반락했다. 이는 4만 달러라는 심리적 저항선에 도달하자 경계매물이 출하된 데 따른 것으로 보인다. 그러나 3만 달러까지 하락하자 3월 들어 본격적으로 반등하기 시작해 3월 13일(현지시간) 처음으로 6만 달러를 돌파했다. 지금은 다시 6만 달러에서 위아래로 등락을 거듭하고 있다. 이 반등과정에서 가장 큰 영향을 미친 것이 테슬라의 최고경영자(CEO) 일론 머스크다. 머스크는 앞으로 테슬러의 전기차를 비트코인으로 거래하겠다고 발표해 암호화폐 가격 반등에 불을 붙였다.

이어서 마스터카드와 트위터도 동참을 선언했다. 투자도 줄을 이었다. 월가에서 22억 5,000만 달러의 자산을 운용 중인 밀러벨류 펀드는 그레이스케일 비트코인 트러스트(GBTC)에 투자하고, 모건스탠리는 산하 투자기업인 카운터포인트글로벌을 통해 비트코인 투자 여부를 검토 중이라고 발표했다. 뉴욕 멜론은행은 비트코인을 거래할 계획이라고 가세했다.

트위터 CEO 잭 도시는 300억 원에 해당하는 비트코인 500개를 'Btrust'라고 이름 붙인 펀드에 기부하기로 했다고 발표했다. 이 펀드는 아프리카·인도에서 비트코인과 관련된 개발사업을 지원하는 데 활용할 것이라고 밝혔다. 캐나다 금융당국은 세계 최초로 비트코인의 상장지수펀드(ETF) 출시를 승인해 토론토증권거래소(TSE)에서 거래가 시작되었다.

───── 미 금리 인상이 최대 변수

전망은 어떨까. 기관투자가들의 대거 참여와 암호화폐 대량 보유자인 '고래'들의 비트코인 보유 재개, 탈중앙화 금융(DeFi) 열풍 지속 등 수요기반이 탄탄해 과거와 같은 급락은 없을 것으로 보인다. 미 Fed의 양적 완화 지속 기간 중 추가 상승 가능성도 조심스럽게 예상된다.

그러나 4만 달러 도달 후 하락으로 반전했던 것처럼 심리적 저항선에서 일시적 반락 가능성이 있다는 점도 유의해야 한다. 변곡점을 예상해 볼 수 있는 중요한 변수가 미국의 통화정책과 그에 따른 달러 가치 변동이므로 하반기 이후에는 미국 금리와 유동성 동향에 유의해야 한다.

미국의 통화정책은 완전고용과 인플레이션율 2%를 목표로 하고 있다. Fed는 2020년 12월과 2021년 1월 기준금리를 논의하는 회의에서 실업률이 4% 수준에 이르고, 인플레이션율이 2%로 상승한 후 상당 기간 완만하게 2%를 상회하는 궤도에 도달할 때까지 완화적 통화정책 기조를 유지하겠다고 밝힌 바 있다. 2020년 12월 Fed의 경제전망을 보면 2021년에는 실업률 5%, 물가상승률 1.8%, 2022년에는 실업률 4.2%, 물가상승률 1.9%, 2023년에는 실업률 4%와 물가상승률 2.0%로 전망한다.

그러나 최근 들어 경기 조기 회복 전망과 원자재 가격 상승 등으로 미 국채금리가 급등하면서 시장에서는 조기 금리 인상 전망이 나오고 있다. 2021년 3, 6, 9월에 있을 Fed의 미국 경제전망과 통화정책 방향을 주시해야 한다. 시장은 언제 돌변할지 모른다.

10 기득권에 좌절한 젊은 층 몰리며 가격 급등[10]

비트코인의 새로운 경제 문법

#1. 2017년 가을, 미국 시애틀 지사로 발령받은 남편을 따라가는 제자가 인사하러 왔다. 초등학교 다니는 아이를 돌본다고 직장 대신 보육을 선택한 제자는 비트코인 이야기를 꺼냈다. 비트코인을 외계 혹성처럼, 나와는 상관없는 세계에서 벌어지는 일로 치부하던 터에 제자가 들려준 비트코인 생활은 일상을 살아가는 소시민의 재무일기였다. 비트코인 시세 확인으로 하루를 시작한다는 제자는 비트코인은 거스를 수 없는 대세라고 단언했다. 그 주변의 선배, 친구 모두 비트코인 안 하는 사람 없다는 것이 대세의 증거였다. 확연한 대세 바깥에 머물러 있는 스승이 딱한 듯, 제자는 비트코인 계좌 개설하는 방법을 친절히 알려주고 헤어졌다.

---

10 [최병일] 중앙일보_기득권에 좌절한 젊은층 몰리며 가격 급등_20210126.

#2. 그로부터 몇달 후, 비트코인은 경제학계의 토론주제로 등극하게 된다. 2018년 2월 춘천 강원대에서 개최된 경제학 공동 학술대회는 '가상화폐'를 주제로 내걸었다. 비트코인 광풍을 튤립 씨앗의 가격이 집 한 채보다 더 높았던 네덜란드의 튤립 버블(bubble)쯤으로 치부하는 회의론과 미래 화폐로서의 비트코인의 무궁무진한 가능성을 역설하는 장밋빛 전망이 팽팽히 맞서 겨울의 한파를 녹일 지경이었다.

#3. 또 다른 제자의 얘기도 있다. 2018년 농염한 봄 공기가 가득한 저녁. 그해 봄 대학원에 진학한 제자가 모임에 가장 늦게 나타났다. 회사 일로 눈코 뜰 새 없이 바쁘다는 것이 그 이유였다. 주경야독(晝耕夜讀) 아닌 주독야경의 경지에 있는 그 제자에게 '耕'의 정체는 바로 가상화폐였다. 한반도 평화체제를 더 공부해 보겠다고 대학원 갔던 제자는 가상화폐의 신세계에 텀벙 빠져버렸다. 대학원에서 새로 만난 동기·선배들이 가상화폐 하는 것 보고 "바로 이거다"라는 번쩍임이 왔단다. 대학원 강의시간 외에는 온전히 가상화폐 스타트업에만 매달린다고 했다. 새벽 4시가 정상적인 퇴근 시간이라고 했다. 비트코인 이외에 '알트(Alternative coin)'로 불리는 무수한 가상화폐가 등장했다. 제자는 알트를 세상으로 내보내려고 하얗게 밤을 지새우고 있었다. 자기 주변에 가상화폐에 '영끌'한 사람들로 바글바글한다고 했다. 그날도 저녁 모임 후 다시 회사 들어간다며 서둘러 자리를 떠났다.

기존 경제학으로는 설명 못 해

2020년 12월 비트코인은 급등을 거듭하면서 최고 가격을 갱신했다. 2021년 들어 1월에는 4만 달러라는 일찍이 상상하지 못했던 가격을 돌파했다. 하지만, 4만 2,000달러로 고점을 찍은 뒤 10여 일 만에 3만 달러 아래로 무려 30%가량 급전직하했고, 다시 회복세를 보이다가 또다시 하락하며 급등락의 혼조세를 보인다.

비트코인은 롤러코스터쯤은 비교되지도 않을 만큼 극도의 변동성을 보인다. 하루 10%대의 급락·급등은 다반사다. 비트코인 가격이 2016년부터 최고점에 도달했던 1년여 기간 동안 30% 이상 급등락이 무려 6번 있었다. 이쯤 되면 그 변동 폭은 치명적이다. 비트코인의 극도의 변동성은 노벨경제학상 수상자인 예일대 로버트 실러 교수의 '비합리적인 과열(irrational exuberance)'만으로는 정당화하기 어려운 그 바깥에 있다.

비트코인으로 일확천금을 벌었다는 진위를 파악할 수 없는 소문은 세상에 널리 퍼져있다. 영국의 어떤 기술자가 비트코인이 든 자신의 드라이브를 실수로 버려서 3,000억 원을 공중에 날려버렸다는 이야기는 소설처럼 황당하지만, 비트코인을 더욱 신비롭게 만들기에 충분하다. 비트코인의 가격은 매일 천당과 지옥을 오가지만, 아직 시작에 불과하다는 낙관론과 거품이 걷히는 시작일 뿐이라는 비관론이 선명한 흑백처럼 대비되고 있다. 세상은 왜 비트코인과 치명적인 애증 관계에 빠졌을까?

세상에서 거래되는 모든 것들의 가격 분석에 지존의 지위를 자

부하는 경제학은 비트코인의 가격변동에 대해 어떤 설명을 내놓을
수 있을까? 주가는 주어진 정보를 바탕으로 시장참여자들이 그 상품
에 대한 가치를 반영한다는 기본명제는 비트코인에도 그대로 적용된
다. 의문은 꼬리를 문다. 도대체 얼마나 새롭고 획기적인 정보들이,
그것도 하루 사이에 유입되길래, 하루 10%의 변동 폭을 설명할 수
있을까? 한두 번은 그럴 수 있을지 모르지만, 수시로 이런 일이 일어
날 수 있을까? 그래서, 정보의 문제가 아닌 시장참여자들의 행태의
문제라는 자연스러운 추론에 도달한다.

행동경제학이 던지는 단서는 '포모(FOMO, Fear of Missing Out)
증후군'이다. 다들 비트코인으로 돈을 버는데 나만 빠진 것이 아닌가
하는 불안감이 이른바 '개미'들까지 비트코인으로 몰려가게 한다는
것이다. 이 역시 불완전하긴 마찬가지다. FOMO는 관망하고 주저하
고 있던 개미들을 시장으로 내모는 것을 설명할 뿐이다. 다수의 사
람이 초기에 비트코인으로 몰려들어 임계질량(critical mass)을 형성하
게 되는 상황을 설명하진 못한다. 임계질량이 만들어지면, '대세'를
형성하게 되는 것이다. FOMO는 그 이후에 벌어진다. 기존 경제이
론의 틀을 넘는 접근이 필요한 이유다.

───── 롤러코스터 장세에도 청년들 몰려

가격이 폭락했던 동안에도 비트코인 같은 가상화폐를 만들어내
려는 청년들의 창업 열기는 수그러들지 않았다. 그들에게 비트코인

은 기득권에 대한 도전이다. 비트코인을 가능케 하는 블록체인 (blockchain)은 탈중앙·탈권위·탈감시를 지향한다. 미국의 무차별적 개인정보 수집 실태를 공개한 스노든(Snowden)의 폭로, 곳곳에 설치된 감시카메라, 완벽을 더해가는 안면 인식 기술, 권력과 기술의 협공 속에 침해되는 사생활의 위기 속에서 청년세대는 익명성을 갈망한다. 가상화폐 창업 열기는 그 몸부림의 현장이다.

[그림 4-13] 비트코인 가격 추이

(단위: 원)

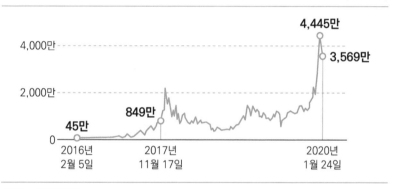

자료: 코인베이스.

롤러코스터보다 아찔한 등락 장세에도 비트코인 시장에는 더 많은 청년이 몰려들고 있다. 그들에게 비트코인은 기득권에 대한 분노와 반항이다. 세계화의 혜택을 고스란히 가져가 기득권으로 군림한 기성세대에 비해, 청년세대는 직장에서 열심히 일하는 것만으로는 안락한 삶을 보장할 수 있는 부를 축적할 수 없음에 절망한다.

일자리 자체도 불안정하기 짝이 없다. 평생직장·정년보장이란 단어는 박물관의 기록 마냥 낯설다. 쓰레기 매립지에 묻은 수천억 원어치 비트코인을 파게 해 달라는 영국 기술자의 호소에서 좌절하고 있던 청년세대는 일확천금의 통로를 발견한다. 누구나 도전할 기회의 창. 출신 배경에 따라 정해지는 출발선이 아닌 세상. 비트코인의 마법이 청년세대를 매혹하는 이유다.

비트코인이 쓰고 있는 문법은 디지털 기술혁명이 압도하는 21세기 초라는 역사적 공간에서 벌어지고 있는 기득권과 신세대 간의 대격돌이다. 기득권이 순순히 양보한 역사는 없었다. 새로운 것이 늘 득세한 것만도 아니었다. 지금처럼 기득권이 비트코인을 투기적인 상품으로 대하는 한, 비트코인의 미래는 알 수 없는 안개 속으로의 비행을 각오해야 한다.

그 누구도 비트코인 창시자 나카모토 사토시 본 적 없어

비트코인은 나카모토 사토시의 2008년 논문(Bitcoin: A Peer-to-Peer Electronics Cash System)에서 시작됐다. 2009년, 이 논문에 기반을 둔 최초의 가상화폐인 비트코인이 탄생했다. 여기까지는 기록된 역사다.

지금까지 그 누구도 나카모토 사토시를 본 사람은 없다. 실명확인은 물론, 실존하는 인물인지조차 베일에 가려있다. 나카모토 사토시란 이름은 누구도 본 적이 없는 스코틀랜드 네스 호의 괴물처럼,

혁명을 꿈꾸었던 볼셰비키처럼 세상을 떠돌고 있는 유령이다. 신비주의 베일 속에 비트코인 이야기는 더 열광적인 전파력을 가지고 있다.

권력을 가진 정부가 화폐 발권을 독점하는 세상이 아닌 다른 세상을 꿈꾸는 가상화폐. 어떤 국가권력기관도 세금을 추징할 수 없는 자신만의 화폐를 꿈꾸는 자에게는 얼마나 멋진 신세계인가. 극심한 인플레로 돈 가치가 떨어지기라도 한다면 시민들에게는 대단한 위로가 아닐 수 없다. 비트코인을 가능케 하는 기반기술인 블록체인은 불특정 다수가 거래기록을 공유하고 보관한다. 소중한 거래기록을 정부의 공인 장부에만 남긴다는 것은, 국가권력에 보안을 맡겨 둠을 의미한다. 어둠의 세력에 의한 해킹 가능성은 물론이고, 강제력을 가진 정부에 휘둘릴 가능성은 상존한다. 할 수만 있다면, 그 치명적 위험성을 사전에 차단하고 싶다. 비트코인은 경제민주화의 실험장이다.

11 상용화 앞둔 DCEP, 알리페이·위챗페이 넘는다[11]

중국 디지털 통화가 가져올 변화

세계적으로 디지털 화폐 개발이 가속화되고 있다. 주요국에서는 이를 중앙은행의 법정 디지털 통화(CBDC, Central Bank Digital Currency) 라고 부른다. 중국에서는 이를 DCEP(Digital Currency Electronic Payment)라고 한다. 명칭은 다르지만 의미는 같다. 중국 중앙은행이 시중에 유통되는 현금을 디지털화하기 위해 내놓은 디지털 형식의 전자결제용 위안화다. 어렵게 생각할 것 없이 DCEP는 한마디로 '디지털 위안화'라고 보면 된다. 현금을 대체하는 디지털 버전의 통화 다. 따라서 현금이 쓰이던 모든 상황에서 DCEP를 사용할 수 있다.

앞으로 디지털 위안화가 현금 화폐만 대체할지 은행에 예치된 통화까지 확대될지에 따라 금융산업에 미치는 영향이 크게 달라진

---

11 [안유화] 중앙일보_상용화 앞둔 DCEP, 알리페이·위챗페이 넘는다_20210223.

다. 통화는 민간이 보유한 M0부터 일반예금을 포함한 M1, 정기예금을 포함한 M2 및 전체 유동성을 포함하는 M3까지 범위가 다양하다. 앞으로 디지털 위안화의 범위를 확대한다는 의미는 디지털 위안화에도 이자를 지불할 수 있다는 의미다. 지갑 속에 들어 있는 현금은 아무리 시간이 지나도 이자가 붙지 않는다.

디지털 위안화와 알리페이·위챗페이 등은 직접적인 경쟁 관계가 없다. 알리페이와 위챗페이의 핵심 경쟁력은 막대한 사용자를 확보하고 있다는 것이며, 여기에 DCEP 기능도 나중에 탑재될 것이다. 중국의 중앙은행인 중국 인민은행은 알리페이·위챗페이를 통해 일반인에게 DCEP를 분배할 수도 있고, 자체의 지갑 앱을 개발해 직접 분배할 수도 있다. 이론적으로 볼 때 중앙은행의 자체 지갑 앱은 알리페이·위챗페이 같은 제3자 지불결제 기관과 경쟁하는 관계가 될 수 있다. 그러나 중국 인민은행이 상업은행 및 제3자 지불결제 기관을 통해 DCEP 분배를 진행하겠다는 취지를 보면 기존 전자결제 앱 비즈니스의 대체를 원하지 않음을 알 수 있다.

어떤 사람들은 디지털 화폐 보급이 쓸데없는 짓이라고 생각할 수 있다. 현재의 알리페이와 사용 편의가 크게 다르지 않아 보이기 때문이다. 하지만 디지털 위안화의 속성은 법정통화이고, 발행기관이 중앙은행이라는 점에서 알리페이 같은 전자지불 수단이 대체할 수 없는 특징을 갖고 있다.

첫째, 디지털 위안화는 국가가 직접 배포한다. 중앙은행이 발행하므로 지폐와 효력이 같다. 그 가치는 국가가 보증하고 안심할 수 있다. 알리페이 같은 전자결제 계좌에 있는 자금은 파산위험이 있다.

최근 몇 년 동안 끊임없이 파산 사건이 터졌던 개인 간 금융(P2P) 플랫폼에 투자된 자금과 본질에서 크게 다르지 않다. 모두 제3자 전자결제 기관의 계좌에 존재하기 때문에 언제 없어질지 모른다.

둘째, 디지털 위안화는 법적 강제성을 갖고 있다. 예를 들면 디지털 위안화로 월세를 지불하려고 할 때 집주인이 "나는 DCEP를 사용하지 않는다"면서 거절하면 안 된다. 알리페이 같은 지불결제 수단은 법적 강제성이 없기 때문에 안 받는다고 하면 방법이 없는 것과는 대조적이다.

마지막으로 디지털 위안화는 악의적 공격을 막을 수 있기 때문에 그 어떠한 네트워크 통로를 통해서도 거래가 변조되는 것을 염려할 필요가 없다. 이렇게 되면 여러 가지 상황의 통로를 마음대로 개설할 수 있고 다른 국가에서의 결제도 허용할 수 있다. 따라서 디지털 위안화는 현금 위안화 유통비용을 줄일 수 있다. 예를 들어 아프리카 국가에서도 DCEP 지갑을 만들어 사람들에게 줄 수 있다. 위안화의 국제화를 촉진하는 셈이다.

손바닥 보듯 통화 흐름 통제 가능

개인의 삶에도 큰 변화가 예상된다. 일단 지갑이 필요 없게 된다. 굳이 카드나 증서를 넣는 용도로 사용하려고 하면 어쩔 수 없지만, 디지털 위안화가 일상화되면 현금을 사용해야 하는 많은 장소에도 굳이 현금을 갖고 갈 필요가 없다.

사실 개인보다 국가 차원에서 더 큰 편의가 많다. 예를 들면 디지털 위안화의 결제 정보는 개인은 물론 시중은행조차 조사할 수 없지만, 중앙은행은 통화의 흐름을 통제할 수 있다. 부정부패 척결, 돈세탁 방지, 또는 이 같은 거래 자료를 입수해 후속 경제전략을 마련하는 효과까지 편익이 적지 않다. 지금처럼 코로나19 전염병 등이 유행하게 되면 일반 국민이 종이 화폐를 사용하지 않기에 효과적으로 전염병 전파도 막을 수 있고, 코로나로 인한 경제 충격 극복을 위한 통화발행이나 재난지원금도 추가 비용이 없어 신속하게 진행할 수 있다.

디지털 위안화는 현금처럼 은행에서 계좌를 개설할 필요가 없다. 보내고 받고 확인할 수 있는 DCEP 지갑 앱만 설치하면 된다. 이로 인해 많은 상황에서 입출금에 대한 장벽이 사라진다. 외국은 물론이고, 해외 웹 사이트, 해외 거래소 등 현재 알리페이·위챗페이가 적용되지 않는 지역에서도 DCEP 지갑으로 위안화 결제에 대한 접근이 쉽게 된다.

디지털 위안화가 일반 대중에 미치는 영향에 대해 지나치게 흥분하거나 걱정할 필요가 없다. 결국 기술은 기술이고 도구는 아무것도 바꾸지 않을 것이다. 주로 누가 사용하고 어떤 도구로 활용하는지에 따라 달라진다. 디지털 위안화는 법정 통화의 또 다른 형태일 뿐, 운영 체계와 발행 방식은 지폐와 유사하며 기존의 경제운영 체계를 뛰어넘지도 않기 때문이다. 더욱이 중국 인민은행은 현재 소규모 테스트를 거쳐 시범 운영 중이다. 후속 작업은 꾸준하고 질서 있게 진행되어야 하므로 단기간에 급격한 변화가 오지도 않는다.

거래 투명해 경제활동 제약할 듯

중국 인민은행은 기존 중앙은행처럼 디지털 위안화 발행을 감독하는 데 그친다. 시범 운영에 배포된 디지털 위안화라는 새로운 도구를 제공할 뿐이다. 이 도구는 모든 기업·조직 및 개인이 현금처럼 사용할 수 있다. 각 업계 종사자들은 중국 인민은행에서 제공하는 새로운 화폐 도구를 잘 활용해 비즈니스 혁신, 기술 혁신 및 역량 혁신에 나설 수 있다. 디지털 위안화 이용자들은 나아가 고객 관리 역량을 지속해서 향상할 필요가 있으며, 고객에게 더 나은 디지털 서비스 경험을 제공할 수 있을 것으로 기대된다.

디지털 위안화 상용화가 중국 글로벌 가상자산 시장에 미치는 영향은 어떻게 될까. 디지털 위안화 거래 전반에 대해 중앙은행은 모든 정보를 확보하고 있기 때문에 금융의 투명성을 높이는 역할을 한다. 그러나 너무 맑은 강에는 물고기가 살 수 없듯이 너무 투명하면 경제활동의 확대가 제한을 받을 수 있다. 지하금융 양성화를 위해 언젠가 인민은행법에서 종이 화폐의 법적 발행 규정을 폐지할지도 모른다.

그 결과 디지털 위안화가 완전히 현금을 대체하게 되면 불법자금은 그 이전에 해외로 자금을 빼돌리려고 할 수 있다. 특히 익명성을 위해 현금으로만 결제하던 자금은 거의 역외로 나갈 가능성이 크다. 이는 최근 비트코인 가격이 많이 오르는 배경 원인으로 꼽히기도 한다. 비트코인은 새해에 들어서면서 5만 달러라는 역사적 신(新)고점을 갈아치웠다. 앞으로 세계 각국에서 현금을 디지털 화폐로 대체하게 되면 전 세계 불법자금과 불투명한 자금은 가상자산으로 옮겨갈 가능성이 크다.

[그림 4-14] 모바일 지갑 사용 인구

(단위: %)

자료: 파이낸셜타임스, 볼룸버그.

중국 5개 도시에서 디지털 위안화 시범 발행

중국은 2020년 4월 저장성 쑤저우에서 중앙은행인 중국 인민은행을 통해 디지털 위안화 DCEP를 공무원들에게 교통비 지급 형태로 시범 사용했다. 2020년 10월 12일에는 광둥성 선전에서 민간인 5만 명을 상대로 1,000만 위안 DCEP를 추첨으로 배분했다. 1인당

200위안(3만 4,000원)씩 나눠주고 3,389개 상점에서 사용하게 했다. 당첨자들은 1주일 동안 2,289개 상점에서 모두 880만 위안을 썼다. 거래 건수는 4만 7,573건에 달했다.

또 2020년 12월 5일 소주에서 추첨형태로 2,000만 위안을 민간인 10만 명에게 시범 발행해 1만여 상점에서 사용하게 했다. 특히 이번 시험 사용에는 중국 2위 전자상거래 업체인 징둥도 참여해 오프라인은 물론 온라인 쇼핑도 가능해졌다. 이런 식으로 선전·쑤저우·슝안·청두에서 시범 운용을 거쳤다. 최근 춘절을 앞두고선 베이징에서도 추첨을 통해 5만 명에게 200위안씩 총 1,000만 위안을 나눠주며 디지털 위안화 홍보에 나섰다.

12 카카오뱅크에 내준
금융 주도권 되찾아올 카드[12]

금융권에 부는 메타버스 광풍

2021년 들어 금융권의 메타버스 바람이 거세다. 특히 은행 등 금융회사 수장이 직접 전략회의, 타운홀 미팅, 금융상품 마케팅에 나서고 있다. 코로나19로 인한 또 다른 비대면 강화로만 보기엔 광풍 수준이다.

변화에 보수적이던 금융권이 메타버스에 왜 이렇게 열심일까. 첫째, 메타버스가 인터넷에 이어 산업의 유통구조를 통째로 바꿀 수 있는 차세대 리더라는 점을 꼽을 수 있다. 구글·마이크로소프트·페이스북 등 내로라하는 글로벌 IT기업들이 메타버스 기술개발과 인프라 구축에 뛰어들고 있으며, 페이스북은 아예 회사명까지 메타로 바꿨다. 지급 결제라는 채널을 통해 전 산업과 연결된 금융으로선 각

───────────

12 [정유신] 중앙일보_카카오뱅크에 내준 금융 주도권 되찾아올 카드_20211221.

산업의 유통구조 변화에 민감할 수밖에 없다.

둘째, 핀테크·빅테크에 뺏긴 2차원(2D) 금융플랫폼 주도권 경험도 작용한 것으로 보인다. 그동안 기존 금융권은 핀테크 혁신으로 금융이 빠르게 디지털화되던 초기에, 대체로 부정적·소극적이었고, 그 결과 주도권을 뺏겼다는 반성이다. 이에 따라 3차원(3D) 금융플랫폼인 메타버스시대엔 '퍼스트 무버 효과'를 선점하겠다는 생각이 깔렸다.

셋째, 미래 고객 확보도 중요 요인이다. 카카오뱅크의 상장 주가가 기존 은행주가보다 월등히 높은 이유 중에는 미래 고객인 MZ 세대 확보도 중요 요인으로 포함되어 있다. 따라서 MZ 세대들이 특히 메타버스에 열광하고 있는 점을 고려하면, 금융권이 메타버스에 올라타는 건 당연하다. 미래 고객 유치 및 기업가치 제고를 위한 전략적 행동이기 때문이다.

아직은 상담·금융교육·마케팅에 그쳐

현재 국내 금융권 메타버스의 현주소는 어딘가. 결론부터 말하면 아직 초기 단계다. KB국민은행의 가상지점 'KB금융타운', 신한은행의 '신한 쏠(SOL) 베이스볼 파크', 하나은행의 '하나 글로벌캠퍼스' 등 다양한 메타 가상공간이 오픈되고 있지만, 상담·금융교육·마케팅 중심일 뿐, 계좌개설·대출·운용 등 구체적 업무는 이뤄지지 않고 있다. 또 대부분 외부의 메타버스 플랫폼을 활용하고 있는 점에서도 기술적으로 한계가 있다. 그러나 금융권이 본격적으로 메타버스 조직을 만들어 뛰어든 지 1년여 남짓인 걸 고려하면, 속도감은 상당하다.

신한은행 같은 금융회사는 자체 모바일 앱 '신한 쏠'을 통해 중장기적으로 자체 메타버스 플랫폼을 구축하겠다는 계획을 발표했고, KB국민은행은 미국의 메타버스 게임플랫폼 로블록스를 활용한 가상 금융체험관 구상을, NH농협은행은 금융과 게임이 융합된 'NH독도버스', IBK은행은 추억의 싸이월드와 'IBK도토리은행'을 준비 중이다.

제2·제3 금융권도 메타버스 활용에 속도를 내고 있다. 특히 카드업계가 빨라 신한카드의 경우 14세 이하를 위한 '제페토 선불카드'를 출시했으며, 다소 늦게 시동을 건 보험과 증권업계도 직원 교육과 상담, 메타버스 주식 종목 및 펀드개발에 주력하고 있다.

해외는 어떤가. HSBC·ING 등 글로벌 은행들이 메타버스 기술로 오프라인과 온라인을 연계(OMO: Online Merged with Offline)한 디지털 복합점포를 선보이는 등 우리나라보다 진일보하고 있다. 또

업무 활용에서도 미국의 캐피털 원(Capital One)의 경우 증강현실(AR) 기반의 자동차 대출 앱을 개발했다. 앱으로 자동차를 찍어 보내면 해당 차량에 필요한 대출 정보를 제공한다든지, 씨티은행의 홀로그래픽 워크스테이션이 트레이더들에게 AR 안경을 제공, 원격협업과 의사소통을 돕는 등 활용도가 돋보인다. 하지만 글로벌 금융사도 메타버스 플랫폼 내에서의 계좌개설·대출 등은 막혀 있다는 점에선 우리나라와 별반 차이가 없다.

1~2년 후 복합금융 업무 본격화할 듯

그러면 왜 국내외 금융사 모두 금융거래의 기본인 계좌 개설을 못 하고 있나. 전문가들은 기술 부족으로 개방형(Open) 메타버스 플랫폼이 아직 마련되지 않은 점을 주요인으로 꼽는다. 현재 국내외에서 주로 쓰는 제페토·로블록스 등의 메타버스 플랫폼은 폐쇄형(Closed)으로 본래 게임·엔터테인먼트용이다. 따라서 본인확인 및 인증시스템이 금융만큼 갖춰져 있지 않고, 또 폐쇄형이라 외부로부터의 본인 확인을 연동할 수도 없다. 하지만, 외부와 연동 가능한 개방형 메타버스 플랫폼도 마이크로소프트·구글·페이스북 등 글로벌 IT기업들의 개발 경쟁으로 1~2년 후엔 출현될 전망이라고 한다. 그렇게 되면 그 후로는 지금까지의 고객 마케팅 차원을 벗어나 메타버스 플랫폼 내에서의 금융업무 활용이 급물살을 탈 가능성이 높다.

이처럼 금융의 메타버스 플랫폼 활용이 본격화되면 금융 산업

[그림 4-15] 메타버스 관련 시장 규모

(단위: 달러)

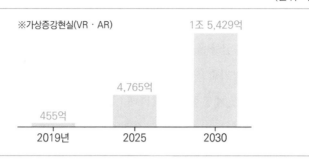

※가상증강현실(VR · AR)

자료: PWC, SK증권.

에는 어떤 파급효과를 예상해볼 수 있나. 첫째, 가상지점과 함께 OMO 복합점포 활용이 활발해질 전망이다. 메타버스는 가상과 현실을 잇는 기술적 장점이 있다. 따라서 스마트폰의 한계인 온·오프라인의 괴리감을 극복하고 현실과 가상의 연결로 고객 체험을 강화하는 새로운 복합금융을 제공할 수 있다. 해외에서처럼 오프라인에 온 고객에 대한 온라인 교육 및 상담, AR 앱 또는 기기로 얻은 담보자산 정보를 대출 또는 보험에 활용하는 것 등이 단적인 사례다. 둘째, 외부와의 연동이 가능해지면 메타버스 플랫폼의 금융 밸류 체인이 본격 창출될 것으로 보인다. 예컨대 금융사 고유의 아바타를 이용하는 통합인증방식, 가상지점에서 가상의 하이패스 단말기로 결제하는 가상결제, 고객의 자산 흐름을 실재감 있게 분석, 제공하는 AR형 통합자산관리 등이 가능할 전망이다.

MZ 세대의 메타버스 열광에 올라타야

셋째, 3D 금융플랫폼 전환에 따른 금융과 비금융의 융합이 가속화될 것이다. 금융플랫폼의 핵심은 빅데이터와 융합이다. 소비자 빅데이터에 핵심기술을 작동시키면 다양한 수요의 융합서비스를 적시에 맞춤형으로 제공할 수 있는데, 통신·유통회사 등 비금융 빅데이터가 늘어나므로 비금융과의 융합서비스도 그만큼 빠르게 확대될 수 있다.

특히 소비자들이 강한 흥미를 느끼거나 생활에 필수적인 분야일수록 금융과의 융합 효과가 크고 따라서 이를 통한 고객 확보 경쟁도 치열해질 것으로 예상한다. 예를 들면 신한은행이 게임업체 넥슨과, KB국민은행이 통신업체 KT와 제휴하고 있는데, 향후엔 소비자 니즈가 강한 이커머스(e-commerce), 의료 헬스·부동산·교육서비스와의 융합서비스 제공도 증가할 전망이다.

넷째, MZ 세대 확보 및 로얄티(고객 충성도) 제고를 위한 경쟁이 본격화될 것이다. MZ 세대는 고객 유지만 잘하면 더 좋은 제품으로 매출을 늘릴 수 있는 업 셀링(up-selling) 전략의 주 고객층이다. 따라서 MZ 세대가 열광하는 게임, 대체 불가능한 토큰(NFT) 등과 연결·제휴하는 금융서비스가 확대되고, MZ고객을 대신할 아바타금융도 예상된다.

금융권의 메타버스 생태계 만들어야

금융권에서 메타버스는 빅테크에 이어 또 다른 충격이다. 하지만 위기가 기회다. 금융회사 강점과 메타버스 변화를 결합하면 금융권 중심의 메타버스 생태계를 못 만들 이유도 없다. 우선 메타버스가 대세일수록 금융회사의 자체 경쟁력 제고가 중요하다. 외부 플랫폼에 맡겨선 금융권의 미래경쟁력을 담보할 수 없다. 따라서 현시점에선 메타버스 플랫폼의 핵심기술을 제공할 수 있는 메타테크(Meta-tech)업체를 집중적으로 탐색, 제휴·인수합병(M&A)하는 게 중요하다. 요즘처럼 기술변화가 빠를 때는 자체개발만으론 어림없다. 구글의 경우 알파고든 유튜브든 다 M&A했다.

또 금융·비금융의 융합이 가속화될 때, 고객 마케팅의 핵심인 채널 접점을 확장해야 한다. 그 기회의 창은 결제다. 문제는 은행·카드의 결제기능이 핀테크·빅테크 또는 유통사 페이(Pay)보다 나을 게 없다는 점이다. 따라서 게임체인저가 될 수 있는 메타결제 업체의 발굴, 금융권이 우위를 점하는 비금융분야와의 제휴 전략이 필요하다. 대표적인 예는 부동산이다. 부동산의 디지털화, 즉 프롭테크(Prop-tech)의 핵심은 공간기술로, 메타버스의 AR·VR 기술과 사실상 같다. 따라서 대출이라는 전가의 보도를 가진 은행의 경우 프롭테크와의 제휴로 메타버스 경쟁력을 확보할 수 있다.

최근 떠오른 NFT의 활용도 중요하다. NFT는 저작권과 소유권 분리로 시장 확장성도 커졌다. 금융권의 강점인 대출과 투자를 활용, 실물자산(부동산·미술품) NFT에 방점을 두면 좋은 전략이 될 것이다.

CHAPTER

05

일자리와 고용

01 현 정부가 만든 일자리, 박근혜 정부보다 40만 개 적어[1]

일자리 통계의 정치학

매달 미국뿐 아니라 전 세계 주요 주식시장은 미국의 실업률, 실업급여 청구 실직자 수 등 일자리 관련 통계의 발표를 주목한다. 내수 위주의 미국경제에서 소비자 구매력의 증감에 따라 미국뿐 아니라 전 세계 경제상황이 영향을 받기 때문이다. 1주일에 1시간 이상 일하면 취업자로 간주하고, 구직활동을 포기하면 (비경제활동인구로 분류되면서) 실업자로 간주하지 않는다. 이같이 일자리 지표로서 실업률이 가지는 현실적 한계에도 불구하고 미국의 실업률 통계는 신뢰를 받고 있다.

미국 실업률은 변동성이 높다. 2020년 5월 14.7%까지 올라갔던

---

1 [박영범] 중앙일보_현 정부가 만든 일자리, 박근혜 정부보다 40만 개 적어_20210727.

미국 실업률은 2021년 5월 6.1%까지 내려갔다. 그러나 실업률 통계와 관련해 조사를 주관하는 미국 노동부의 신뢰성 내지 자의성에 대한 논란은 없다. 일관된 기준을 사용하고 있기 때문이다.

경제협력개발기구(OECD) 국가 중 제일 낮은 편이고 1997년 외환위기 이후 3~4%를 유지하고 있는 한국의 실업률은 고용 상황을 알려주는 대표적인 지표로서 신뢰받지 못하고 있다. 구조적인 한계를 보완하기 위해 정부는 보조지표의 하나로 확장실업률도 같이 발표하고 있다. 코로나 팬데믹으로 고용 상황이 아주 나빴던 2020년에도 실업률은 4%로서 전년 대비 0.2%포인트 증가했을 뿐이고, 확장실업률은 13.6%로 전년 대비 1.8%포인트 높아졌다.

국제통화기금(IMF)은 실업률이 노동시장 현실을 반영하지 못하고 구조적인 한계를 노정하고 있는 대표적인 나라로 한국을 들고 있다. IMF는 정규직을 원하나 선택의 여지가 없어 시간제 등을 하고 있거나 경력 단절 이후 취업을 원하는 여성, 취업준비생 등이 실업자로 포함되지 않는 것 등을 지적했다. IMF는 실업률이 높으면 물가 상승률이 낮다는 필립스 곡선 이론이 한국에 적용되지 않는다는 것도 근거로 제시했다. 고용 보조지표로서 통계청이 발표하는 확장실업률은 12%대 내외이지만 이 또한 생산성 격차 등을 고려하면 더 높을 것으로 IMF는 추정했다.

문재인 정부에 들어서 일자리 통계에 대한 불신은 더욱 커졌다. 취업자 수가 넉 달 연속 늘어난 2021년 6월 고용동향 결과를 발표하면서 정부는 자축하는 분위기였으나 여론의 반응은 우호적이지 않다. 재정 일자리가 상당히 많았고 기저효과, 거리두기 완화 등을 고려하면 (코로나 충격의 영향이 없었던) 2019년 상황에서 나아진 것이 없었다. 청년 취업자가 21만 명 늘어났으나 주로 인턴 및 아르바이트 일자리였고 2019년과 비교하면 소폭으로 늘어났다. 40대 일자리도 증가세로 돌아섰으나 재정 일자리의 영향이 컸다. 제조업 취업자는 여전히 줄었고 종업원 있는 자영업자는 31년 만에 최저였다.

[그림 5-1] 전체 취업자 증감

(단위: 명)

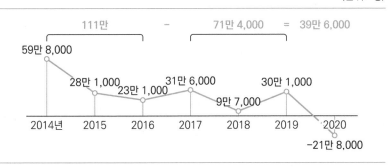

일자리 통계에 대한 불신이 더욱 커진 것은 정부가 자초한 측면이 크다. 정부 정책 기조에 불리한 조사결과는 왜곡되게 해석하고, 조사 결과가 정부가 추진하고 있는 정책에 우호적이면 조사 대상이나 방법의 차이에 대한 설명 없이 조사의 결과치가 자주 발표된다.

조사방식 바꾸면서 시계열 비교 단절

코로나19 사태로 더욱 늘어난 2020년은 예외로 하고, 비정규직의 숫자가 역대 최대로 늘어나 '비정규직 고용 참사'가 확인된 2019년 비정규직 실태조사 결과를 두고 통계청은 조사방식을 바꾸었기 때문에 과거와 시계열 비교를 할 수 없다고 했다. 2018년 새로운 일자리가 10만 명 미만으로 늘어난 고용 참사가 확인된 이후 2019년 초 업무계획에도 없었던 조사방식 변경을 관련 외부 위원회의 개최도 없이 단행했다. 시계열 비교가 끊어진 것은 2004년 관련 통계 작성 이후 처음이었다.

정부는 고용노동부가 주관하는 일부 비정규직이 조사대상에서 제외되는 사업체 조사결과에서 기간제 근로자가 급격히 늘어나지 않았다는 것을 근거로 비정규직 고용 참사에도 불구하고 "정부가 (고용시장이 개선되고 있다고 한) 기존 분석이 그대로 유효하다"고 밝혔다.

2021년 5월 '2020년 고용형태별 근로실태조사' 결과에 근거해 정부는 문재인 정부 들어서 "노동시장 격차가 줄어들고 있다"고 평가했다. 조사결과에 따르면 저임금 근로자 비중이 2017년 22.3%에서 2020년 16.0%로 줄어들었기 때문이다. 그러나 고용형태별 근로실태조사에는 실업자가 포함되지 않는다. 2020년 실업자는 1998년 외환위기 이후 가장 많았다.

일자리 양과 질에서 모두 실패

고용상황을 정확히 판단하고 정책을 수립하고 집행하기 위해서는 실업률, 취업자 수, 고용률 등 여러 지표를 종합적으로 고려해야 한다.

[그림 5-2] 연령대별 취업자 증감

(단위: 명)

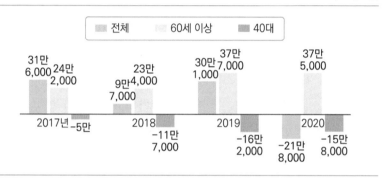

자료: 통계청, OECD.

[그림 5-3] 파트타임 취업자 비중

(단위: %)

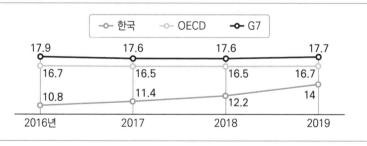

자료: 통계청, OECD.

인구구조 변화 등으로 15세 이상 인구 변화 대비 취업자 변화의 상대적 크기에 의해 좌우되고 일자리 질의 변화를 반영하지 못하는 고용률, 노동시장의 결과치인 일자리 숫자에 집착해서는 제대로 된 고용정책이 나올 수 없다. 일자리 정부를 지향했지만, 일자리의 양뿐 아니라 질의 제고에도 실패한 문재인 정부 사례가 입증하고 있다.

재정 일자리가 급증했음에도 불구하고 2017년부터 2019년까지 만들어진 일자리 수는 박근혜 정부 2014년부터 2016년까지보다 40만 개 작다. 60대 이상 일자리를 제외하면 2018년과 2019년에는 일자리가 줄어들었다. 반면에 40대 일자리는 2019년까지 33만 개 없어졌다. 제조업 일자리 비중은 줄어들었으나 공공서비스 일자리 비중이 늘었다. 17시간 이하 초단시간, 18~35시간 단시간 취업자 비중이 각각 1.6%포인트, 1.8%포인트 높아졌다. OECD 국가 및 G7 국가는 평균적으로 임시직, 파트타임 근로자의 비중이 큰 변화가 없으나 한국은 높아졌다.

노인 일자리 위주로 정부가 직접 일자리를 만드는 '관제 일자리'로 고용률은 높아졌지만, 비정규직은 늘어나는 결과를 가져왔다. 2019년 비정규직 숫자가 90만 명 가까이 늘어났는데, 비정규직 취업자 4명 중 1명은 60세 이상 고령자였다. 하루 2~3시간 일을 하는 월급 30만 원 미만의 초단기 일자리가 70%를 차지하는 정부의 노인 일자리는 2019년에 10만 개 이상 늘어났다. 조사방식 변경으로 비정규직 숫자가 늘어났다는 정부 주장을 그대로 인정하면 재정 일자리를 늘려서 최소 20%에서 최대 27%의 비정규직 일자리를 더 만들어낸 것이다.

경제의 허리 40대 일자리 감소 심각

문재인 정부 출범 이후 일자리가 잘 늘어나고 있지 않지만, 일자리의 질도 나빠지고 있다. 신종 코로나바이러스 감염증(코로나19) 영향이 큰 2020년을 예외로 하고, 늘어난 취업자 중 60대 이상이 차지하는 비중이 2017년 76.6%, 2018년 241.2%, 2019년 125.2%였다. 2018년과 2019년에는 60대 이상 일자리를 제외하면 취업자가 줄어들었다. 40대 일자리는 2017년 5만 명, 2018년 11만 7,000명, 2019년 16만 2,000명 줄었다.

제조업 취업자 비중은 2016년 17.4%에서 2019년과 2020년에 16.3%로 줄었다. 공공부문 연관 일자리가 많은 사업·개인·공공서비스의 비중은 2016년 36.1%에서 37.4%(2019년)와 38%(2020년)로 증가했다. 주당 취업시간 17시간 이하인 근로자 비중은 2016년 4.8%에서 2019년 6.7%, 2020년 7.1%로 늘었다. 18시간 이상 35시간 이하인 근로자 비중도 2016년 12.2%에서 2019년 13.2%, 2020년 15.1%로 상승했다.

2017년 이후 고용의 질이 나빠진 것이 국제비교 통계에서도 확인된다. 종속취업자(dependent employment) 중 임시직의 비중이 한국은 2016년 21.9%에서 2019년 24.4%로 2.5%포인트 증가했다. OECD 국가 평균은 같은 기간 12.0%에서 11.8%로 오히려 줄었다. G7 국가 평균도 8.9%에서 8.8%로 약간 줄었다.

총 취업자 중 파트타임 비중도 한국은 2016년 10.8%에서 2019년 14.0%로 눈에 띄게 늘어났다. 같은 기간 OECD 국가 평균은

16.7%로 변화가 없고, G7 국가 평균은 17.9%에서 17.7%로 약간 줄었다. G7 국가 중 파트타임 비중이 늘어난 국가는 일본이 유일한데, 대학생 취업률 100%라는 노동시장 상황을 반영하고 있다.

02 비정규직 제로 정책이
비정규직 무더기로 양산했다[2]

───── 비정규직 해법의 경제학

1997년 발생한 외환위기 이후 본격화한 비정규직 문제는 사회
적 관심과 여러 대책에도 불구하고 해결의 실마리가 보이지 않고 있
다. 통계청 최근 조사에 따르면 2019년 8월 현재 비정규직 근로자는
748만 명이다. 노사정이 합의한 기준에 따라 통계청이 비정규직 실
태를 조사하기 시작한 2003년 8월 462만 명보다 300만 명 가깝게
늘어났다. 같은 기간 전체 임금 근로자에서 차지하는 비중도 32.6%
에서 36.4%로 3.8%포인트 증가했다.

근속 기간과 근로시간이 짧고 주로 중소기업에 근무하는 비정
규직의 처우는 정규직보다 열악하다. 2019년 8월 기준으로 월평균

───────────

2 [박영범] 중앙일보_비정규직 제로 정책이 비정규직 무더기로 양산했다_20200
303.

임금은 173만 원이다. 317만 원을 받는 정규직보다 144만 원 적고, 정규직 대비 54.6%에 머문다. 비정규직 인원도 늘어났지만, 정규직 대비 임금도 오히려 낮아졌다. 고용보험 등 사회보험 가입률은 50% 미만이다.

지난 10여 년의 경험에 의하면 비정규직의 고용 안정 및 처우 개선을 목적으로 시행한 법 제정과 규제 방식으로는 이 문제를 해결할 수 없다. 지금까지 성과를 보면 왜 그런지 알 수 있다. 국회에서 비정규직 차별을 금지하고 기간제 근로자의 계속 사용 기간과 파견 근로자의 파견 기간을 2년으로 제한한 '비정규직 3법'이 통과된 것은 2006년 말이었다. 법 시행 2년이 경과한 시점에서 보면 비정규직은 2007년 3월 580만 명에서 2009년 3월 540만 명으로 약간 줄었으나 2011년을 기점으로 다시 증가하기 시작했다.

비정규직법은 노동시장의 이중구조를 오히려 고착화한 측면이 있다. 기간제 근로자 중 일부는 정규직 혹은 새로 생겨난 직군인 무기(無期)계약직으로 전환됐지만, 많은 기간제 근로자는 반복적으로 2년마다 직장을 바꿔야 하는 처지에 내몰렸다. 2007년에서 2019년까지 비정규직 근속 기간은 3개월 늘어난 반면에 정규직은 2년 늘어났다. 연공급 위주의 노동시장 구조에서 짧은 근속 기간은 낮은 임금을 의미한다.

더 큰 문제는 '비정규직 제로'를 공약을 내세웠던 문재인 정부 출범 이후 비정규직이 오히려 급증했다는 사실이다. 통계청 조사에 따르면 비정규직은 2017년 8월 658만 명에서 2019년 8월 748만 명으로 90여 만 명 늘어났다.

비정규직 제로 정책은 완전 실패

2019년 8월 조사결과 발표 당시 정부는 비정규직 급증에 대해 구차한 변명을 내놓았다. 그러나 실체는 따로 있다. 경제가 좋지 않은 상황에서 정부의 노동존중 정책으로 해고가 더욱 어려워지면서 사업주가 정규직보다는 필요 인력을 비정규직으로 충원했다는 현실이다. 삼성·LG 등 대기업은 정부 정책에 협조하는 모습을 보이기도 했다. 하지만 비정규직의 급증은 공공부문이 선도해 민간부문 비정규직의 정규직화를 촉진하겠다는 정책 의도의 실패를 의미한다.

[그림 5-4] 급증한 비정규직 수

(단위: 명)

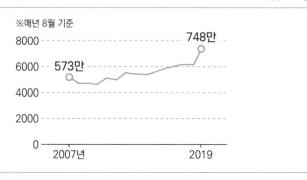

자료: 통계청.

취임 후 3년 안에 20만 명을 정규직화하겠다고 선언한 공공부문의 비정규직 대책도 제대로 이행되지 못했다. 2019년 초 전환 대책의 마지막 단계인 민간위탁 부분은 기관 자율에 맡기는 것으로 방침을 변경하면서 비정규직 제로 정책은 처음부터 무리한 정책이라는 사실이 입증됐다.

현 정부는 특정 시점에서의 비정규직을 정규직화하는 준비 없이 획일화된 비정규직의 정규직화를 추진하면서 공공기관의 노사 갈등뿐만 아니라 공공기관 내부에 노노 갈등을 유발했다. 앞으로도 상당한 후유증이 예상된다. 대통령이 취임 직후 방문해 비정규직 제로를 선언하며 공공부문 비정규직 제로 정책의 상징이 된 인천공항공사에서도 협력회사의 많은 직원이 (새로 설립된) 인천공항공사 자회사의 정규직으로 전환되면서 지금(2020년 3월)도 노사 및 노노 갈등이 진행 중이다. 또 많은 공공기관이 정규직 전환 대상 직원의 선발과 관련해 발생한 불공정 논란으로 혼란을 겪고 있다.

비정규직은 기업이 작을수록 비중이 높다. 300인 이상 대기업에선 5.6%에 불과하지만, 5~299인 규모에선 67.3%에 달한다. 이런 수치는 무엇을 시사할까. 시장의 힘으로 민간부문에 좋은 일자리가 많아질 때 비정규직 문제도 개선될 수 있다는 점을 보여준다. 비정규직 근로자의 90% 이상이 중소기업에서 일하고 있는 현실에서 임금을 비롯한 처우 문제를 대기업 정규직 근로자와 비교해 풀려고 하면 오히려 해결이 어렵게 된다.

정규직 압박할수록 기업 해외로

비정규직 3법의 하나인 파견법으로 자주 법적 다툼의 대상이 되는 대기업 사내하청 기업 근로자의 경우, 같은 현장에서 비슷한 일을 하면서 급여가 적은 것은 불합리하다. 그러나 대기업 1차 협력 업체의 근로자보다 급여가 높은 사내하청 근로자가 시장에서의 독점적 지위와 강력한 노조의 힘을 앞세워 경쟁력을 갉아먹을 정도로 과도한 처우를 쟁취한 대기업 정규직과 비교해 같은 대우를 요구하면 어떻게 될까. 대기업은 국내보다는 해외투자로 눈을 돌리게 되면서 결국 국내의 좋은 일자리는 줄어든다.

비정규직 중 소수에 불과한 대기업과 공공기관의 비정규직, 협력회사의 정규직에 집중해 비정규직 문제를 이슈화하는 노조의 투쟁 방식도 바뀌어야 한다. 지금처럼 하면 기업의 인력 운용이 더욱 경직되면서 취약계층이 대부분인 비정규직의 좋은 일자리 고용 기회가

[그림 5-5] 정규직 대비 비정규직 임금

(단위: 정규직 임금을 1로 본 비율)

자료: 통계청.

축소된다. 비정규직 문제 해결은 기업이 정규직 채용을 기피하고 비정규직에 과도하게 의존하는 노동시장 경직성을 완화하는 데서 출발해야 한다. 정규직, 특히 대기업과 공공부문의 고용안정 및 처우가 적정 수준에서 관리될 때 비로소 기업은 비정규직을 활용하려고 하는 유혹에서 벗어날 수 있다.

불법 파견 논란으로 높은 사회적 갈등 비용을 유발하는 파견제도도 바꿔야 한다. 파견허용 업종을 대폭 확대하거나 네거티브 시스템으로 바꿔 인력 활용의 유연성을 높여야 중소기업 근로자 및 여성·청년, 중·고령 근로자 등 취약계층의 대기업 고용 기회가 확대될 수 있다. 끝으로 어디서 커리어를 시작했는지가 중요하지 않은 능력과 성과에 기반을 둔 열린 노동시장이 구축돼야 한다. 중소기업에서 역량을 쌓은 비정규직이 대기업 정규직으로 옮겨 갈 수 있을 때 비정규직 문제가 더는 문제가 되지 않는다.

───── ## 다양한 노동 형태 인정해야 비정규직 문제 해결

2002년 7월 노사정 합의에 따른 통계청의 비정규직 실태 조사에 따르면, 2019년 8월 현재 비정규직은 임금근로자의 36.4%다.

노동계는 기존의 비정규직 정의에 관한 노사정 합의가 15년 이상 지나서 현실을 반영하지 못한다고 주장한다. 노동계의 주장을 반영해 고용노동부가 조사한 결과에 따르면 2018년 말 기준으로 '플랫폼' 기반 근로자 등 새로운 특수고용직 55만 명을 포함하면 특수고

용직은 221만 명에 달한다. 통계청 추산의 4배 규모다. 노동계 주장대로 특수고용직을 비정규직으로 보면 비정규직 비중은 40%로 올라간다. 또 노동계는 대기업 현장의 협력업체 정규직도 비정규직으로 봐서 비정규직 비중은 최소 45%라고 주장한다.

경제협력개발기구(OECD)는 임시근로자(temporary worker)란 개념을 사용하고 있다. 우리 정부가 제공하는 자료를 이 기준에 맞추면 비정규직은 2019년 8월 현재 임금근로자의 24.4%다. 경영계는 OECD 기준을 더 엄격히 적용해 파견·일일 근로자 등 다른 나라들이 포함하지 않은 근로자를 제외한 15%를 비정규직으로 본다.

비정규직 범위를 넓혀 비정규직 문제 해결을 모색하면 어떻게 될까. 실질적 성과가 없거나 오히려 상황이 악화할 수 있다. 정부는 '위험의 외주화'를 근절한다는 취지에서 공기업 발전회사의 자회사를 세워 민간 협력업체의 안전 관련 직원을 발전회사의 자회사 직원으로 전환했다. 그 결과 중견기업인 협력업체의 운영지원 인력은 대거 일자리를 잃었다.

미국 캘리포니아 주에서는 2020년 1월부터 플랫폼 회사와 계약을 맺고 일하는 프리랜서 보호법이 시행되면서 계약 해지가 속출하자 프리랜서들까지 법의 시행을 정지해 달라는 소송을 제기하고 있다. 비정규직의 범주에 새로운 특수고용직까지 포함하려는 우리에게 시사점이 크다. 다양한 노동 형태를 인정하는 게 문제 해결의 출발점이다.

03 "유연한 해고가 일자리 만든다" 역설, 미국·유럽이 증명[3]

최악의 고용 상황 빠져나올 탈출구는

코로나19로 인한 일자리 충격이 심각하다. 통계청이 발표한 2020년 고용동향을 보면 1년 전보다 21만 8,000명이 줄었다. 외환위기 여파가 몰아쳤던 1998년 이래 22년 만에 최악의 감소 폭이다. 실업자와 비경제활동인구 모두 통계 비교가 가능한 2000년 이후 가장 많다. 일시 휴직자도 두 배 이상 증가해 관련 통계가 작성된 1980년 이후 가장 많이 늘어났다. 강화와 완화를 반복하는 거리 두기의 직격탄을 맞은 숙박·음식업의 타격이 특히 심각하다. 2020년 12월에는 31만 3,000명 줄었다.

경제의 허리인 30·40대 취업자 수가 급감하는 것도 문제다. 세

---

3 [박영범] 중앙일보_"유연한 해고가 일자리 만든다" 역설, 미국·유럽이 증명_20210119.

금 일자리가 대부분인 60대 일자리를 제외하고 전 연령대에서 취업자가 준 것은 1998년 이후 처음이다. 특히 좋은 일자리인 제조업 취업자가 5만 명 이상 감소했다. 3차 팬데믹이 현실화하고 백신 확보가 늦어지면서 4차 팬데믹 가능성이 크지만, 코로나19가 조기에 극복된다고 해도 일자리 상황은 좋아지기 어렵다.

코로나19 발생 이전부터 고용 없는 성장은 계속되고 있었다. 생산이 10억 원 증가할 때 늘어나는 취업자 수를 의미하는 취업유발계수가 2015년 11.4명, 2016년 11.2명, 2017년 10.6명, 2018년 10.1명으로 지속해서 줄어들었다. 최저임금이 2019년에도 큰 폭으로 올랐고, 코로나19로 무인화 속도가 더욱 빨라진 것을 고려하면 취업유발계수는 현재 10명 미만으로 떨어진 것은 확실하다.

일자리의 질을 보면 우려가 더 크다. 정부의 행정통계 분석에 의하면 코로나19가 발생하기 전인 2019년에도 일자리는 50·60대가 주로 하는 공공일자리 사업, 정부의 예산 지원을 받는 보건·사회복지사업에서 대부분 늘어났다. 절반 이상이 비영리 기업에서 늘어났고 대기업 일자리는 10%인 6만 개 증가에 그쳤다.

코로나19 이후 경제 성장세가 회복되어도 유연한 해고 등 노동시장의 유연성 제고 없이는 민간부문에서 일자리가 늘어나기에 한계가 있다는 것은 1980·1990년대 미국과 유럽의 경험을 비교해도 알 수 있다. 1970년대 두 차례의 유류파동으로 망가진 세계 경제는 1980년대 이후 회복세로 돌아섰으나 일자리 창출 성과는 미국이 유럽보다 확연히 우월했다. 미국의 1980년 실업률은 7.2%로 유럽연합(EU)보다 높았으나 1997년에는 4.9%로 오히려 낮아졌다. 경제협력개발기구(OECD) 등에서는 미국이 레이건 정부의 출범을 시작으로 노동시장의 유연성을 제고하는 조치를 적극적으로 시행한 것을 주요 원인의 하나로 보고 있다.

청년고용 상황 OECD 중하위권 추락

2000년대 이후 유럽에서도 해고를 포함한 노동시장을 유연화하는 조치가 많은 나라에서 이루어졌고 청년실업률이 개선되는 효과가 나타났다. 한국경제연구원에 따르면 2009년 우리나라 청년실업률은 OECD 국가에서 견실한 상위권(5위)으로 낮았으나 지금은 중하위권으로 크게 높아졌다. 2009년부터 2019년까지 OECD 국가의 청년실업률은 평균 4%포인트 이상 하락했지만, 한국은 1%포인트 가까이 상승해 37개국 중 20위로 주저앉으면서다. 특히 해고가 허용되는 사업장을 확대하는 등 하르츠 노동개혁을 추진한 독일의 경우 2010년대 초반까지는 우리나라보다 청년실업률이 높았으나 2019년에는 우리나라의 절반 수준으로 떨어졌다. 기업들이 신규 고용에 부담을 느끼지 않아 취업 기회가 많아졌기 때문이다.

코로나19 상황에서도 고용을 늘린 기업들이 있다. 2020년 9월 말 기준으로 4만 3,000명을 고용해 삼성전자·현대자동차와 함께 고용 '빅3'를 차지한 쿠팡이 대표적이다. 쿠팡은 2020년 2월부터 9월까지 국내 500대 기업에서 줄어든 인력의 7배가 넘는 인력을 새로이 채용했다. 그러나 쿠팡은 연말에 여러 기관에서 주는 일자리 창출

대상 기업으로 선정되는 등 사회적으로 인정받기보다는 코로나19 확진자가 생기고, 장시간 야간 노동, 물류센터 직원 처우 문제 등 논란이 끊이지 않고 있다. 비정규직 처우 개선의 상징으로 '쿠팡맨을 괜찮은 일자리로!'라는 주장까지 제기되고 있다. 상당수의 직원을 정규직이 아닌 계약직으로 채용하거나 독립사업자와 계약을 맺는 형태로 사업을 운영하고 있기 때문이다.

해고 어려우니 새 직장 찾기도 어려워

코로나19가 종식되면 지금과 같은 특수를 누릴 수 없는 것이 명확해 쿠팡과 같은 물류·택배업체가 정규직으로 인원을 충당하지 않

[그림 5-6] 법적 해고 비용

(단위: 주 급여)

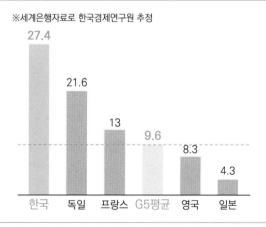

※세계은행자료로 한국경제연구원 추정

한국	독일	프랑스	G5평균	영국	일본
27.4	21.6	13	9.6	8.3	4.3

자료: 세계은행.

는 것을 비난할 수만은 없다. 해고비용이 없는 미국의 아마존은 정규직으로 필요인력을 채우고 있어 우리나라와 대조된다.

보다 유연한 해고가 이루어지기 위해서 대기업과 중소기업, 정규직과 비정규직의 과도한 처우 격차가 좁혀져야 한다. 대기업이나 공공부문의 경우 해고를 하려면 법에 정한 비용 이상을 지불해야 한다. 1998년 정리해고 법이 도입되었지만, 법에 정한 요건을 충족시킨다 할지라도 해고하는 것은 매우 어렵다. 구조조정 요건은 되나 실제적인 시행과정에서 많은 충돌이 있고 사망자가 생기는 등 불행한 일이 발생하기도 한다. 20년 이상 주인을 찾지 못했던 대우조선과 현대중공업의 합병을 저지하기 위해서 노조가 EU 등에 반대 운동을 하는 상황까지 벌어지고 있다.

대기업과 중소기업의 임금 등 처우 격차가 크고 일단 대기업 정규직에서 밀려나면 새로운 좋은 직장을 찾기도 어렵기 때문에 근로

[그림 5-7] 기업이 체감하는 해고 비용

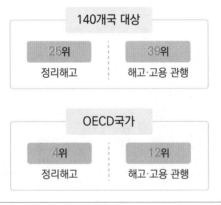

자료: 세계경제포럼.

자 입장에서는 구조조정에 격렬하게 저항할 수밖에 없다. 대기업과 중소기업의 임금 격차가 평균 2,000만 원이 넘고 근속 기간이 길어질수록 그 격차가 커진다. 중소기업 이직자 10명 중 1명만이 대기업에 취업할 수 있다.

대기업체 종사자가 전체 사업체 종사에서 차지하는 비중은 2017년 현재 14.6%, 2003년 대비 5%포인트 이상 하락했다. 해고비용 등에 부담을 느낀 대기업들이 해외로 나가거나 자동화에 투자하기 때문이다.

2020년 정기국회에서 통과된 노조법 개정으로 대기업 노동조합의 힘은 더욱 강해질 것으로 예상한다. 파업 시 대체근로 허용 등 보완 입법을 통해 유연한 해고가 가능한 기업환경이 조성되어야 세금으로 만들어지는 일자리가 아니라 민간 부분에서 진짜 일자리가 많이 생길 수 있다.

'해고 비용' OECD 국가 중 터키 빼고 가장 높아

세계은행의 '기업환경평가 2019' 보고서를 분석한 한국경제연구원에 의하면 우리나라 기업들은 법에 따라서 근로자 1명을 해고하는 데 1주일 급여의 27.4배의 비용을 지불해야 한다. OECD 가입 36개 국가 중 터키 다음으로 높다. 독일·프랑스·영국·일본은 각각 1주일 급여의 21.6배, 13배, 8.3배, 4.3배다. 미국은 해고 비용이 없다. 미국 등 주요 5개국(G5)의 평균 해고비용은 1주일 급여의 9.6배다.

근속연수가 길어질수록 빠르게 증가하는 퇴직금의 부담이 크다. 여당에서 추진하는 1개월 이상 근무자에게도 퇴직금을 지급하는 법안이 현실화된다면 해고 비용은 더 비싸지고 OECD 국가 중 터키를 제치고 1위를 차지할 것이다.

2019년 OECD 고용 보호 지수에 따르면 한국의 정규 근로자 보호 지수는 6점 척도에서 2.31점으로 OECD 평균 2.26점과 비슷했다. 그러나 기업이 경영이 어려워 개별적으로 인원을 정리하거나 구조조정을 할 때 근로자를 보호하는 수준을 나타내는 척도는 4점으로 OECD 평균보다 1점 이상 높았다. 집단해고의 절차(5점) 및 부당해고 판정 시 복직관련(6점) 규제 수준도 높았다.

실제 적용되는 해고 비용은 법에서 조문으로 규정하고 있는 것보다 높다. OECD 지수와 같이 각종 규제를 지수화한 해고 비용에 비해 기업들이 체험하는 해고 비용이 높기 때문이다.

2019년 세계경제포럼(WEF)에 의하면 기업들이 주관적으로 평가하는 한국의 정리해고 비용 순위는 140개국 중 25위, 해고·고용 관행은 39위다. OECD 국가 내에서 정리해고 비용은 36개국 중 4위, 고용·해고 관행은 12위다.

04 대기업·공기업에 혜택 집중…
고용취약층 배려해야[4]

정년연장 추진, 그 안의 함정

　정부가 2021년 9월 30일 '고령자 고용 활성화 대책'을 발표했다. 중소기업은 2022년부터 60세 이상 고령자 1인당 분기당 30만 원씩 최장 2년간 '고령자 고용장려금'을 받을 수 있다. 2020년 2월 문재인 대통령의 고령자 고용연장 검토 지시의 후속 조치다. 그러나 지원 금액이 적어서 채용 효과가 작고, 계약직에도 지원금이 지급돼 단기 일자리만 양산될 가능성이 있다.

　2022년 3월 대통령 선거를 의식해 정부와 여당이 정년연장의 불을 붙이려고 한다는 비판도 있다. 2020년에도 총선 2개월 전에 문재인 대통령이 정년연장 검토를 지시해 총선에서 50·60대와 노조의

---

4 [박영범] 중앙일보_대기업·공기업에 혜택 집중… 고용취약층 배려해야_2021 1019.

표를 얻으려 한다는 논란이 있었다. 또 현대자동차 노동조합이 2021
년 단체교섭에서 정년 64세를 요구해 파문이 컸다.

🏢 현행 60세도 버거운 중소기업 많아
취업난 청년 일자리 더 줄어들 수도
성과 위주로 임금체계 개편 필요
사회보험 확대 등 안전망 보완을

정년연장을 주장하는 논거의 하나는 우리나라는 고령화가 아주
빠르게 진행됐고, 앞으로는 더욱 급속도로 진행될 것이나 고령자들
의 노후 준비는 미흡하다는 것이다. 다 맞는 말이지만, 정년을 늘리
기 전에 선결 과제가 있다.

전체 근로자의 20% 정도만 수혜

2023년 국내 65세 이상 고령 인구가 전체 인구의 20.3%로 증가
하며 한국은 초고령사회에 진입한다. 그런데 우리나라 고령자는 가
난하다. 경제협력개발기구(OECD) 국가 중 실질적인 노동시장 은퇴
연령이 가장 높다. 지난 10년간 지속해서 상승한 55~79세 연령층의
고용률은 2021년 5월 기준으로 56%다. 3명 중 2명은 일하고 싶어
하며, 10명 중 6명은 생활비에 보태기 위해 일하고자 한다. 혼자 사
는 고령자 가구는 전체 고령자 가구의 35%(2020년 기준)이다. 단독

고령자 가구의 절반 이상이 스스로 생활비를 벌지 못한다. 노후를 준비하고 있는 고령자는 3분의 1에 불과하다.

60세 정년제가 2016년부터 2017년까지 단계적으로 시행됐으나 아직도 많은 중소기업에서 작동하지 않고 있다. 법적 정년이 다시 연장된다면 이번에도 혜택을 보는 고령자는 전체 근로자의 20% 미만인 대기업, 공공 부분에 국한될 가능성이 매우 크다.

[그림 5-8] 60세 정년제 도입 이후 55~64세 연령층 이직 추이

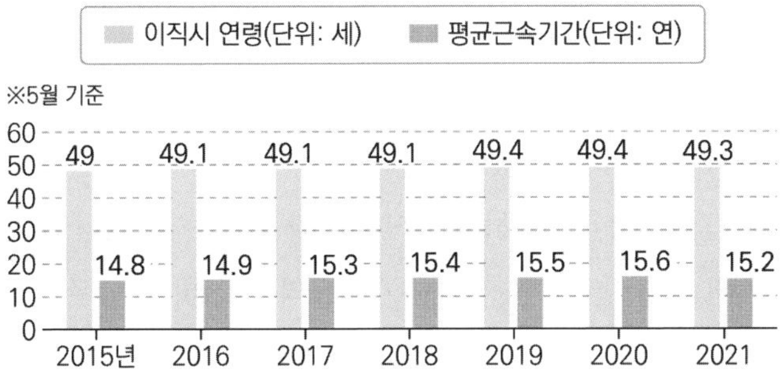

자료: 통계청.

법적 정년이 60세가 된 지 5년이 됐지만, 2021년 5월 기준으로 55~64세 취업 유경험자의 '가장 오래 근무한 일자리'의 평균 근속 기간은 15년을 조금 넘고, 그만둘 당시의 평균 연령은 49.3세에 불과했다. 정년이 늘어나기 전인 2015년도와 비교하면 이직 당시 연령은 0.3년 늘었고, 근속 기간은 조금씩 늘어 2020년 15.6년까지 늘었으나 2021년에는 오히려 0.4년 줄었다.

한국의 주된 임금체계는 호봉제다. 호봉제 임금체계에서는 근속

[그림 5-9] 60세 정년제 도입 이후 55~64세 계층의 이직 사유

(단위: %)

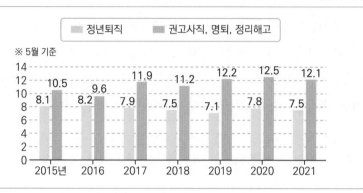

자료: 통계청.

기간이 길어지면 보상이 많아져서 급여보다 조직 기여도가 상대적으로 낮은 중·장년층 근로자들이 조기 퇴직을 하는 원인이 된다. 호봉제가 유지된 채 정년이 연장되면 기업들의 인건비 부담은 더 높아지고, 결과적으로 조기 퇴직 압력이 가중된다.

　　대한상공회의소가 대·중소기업 300개사를 대상으로 조사한 결과를 살펴본다. 정년 60세 의무화로 90% 가까운 기업이 중·장년 인력관리에 어려움을 겪고 있으며, 50% 가까운 기업이 연공서열식 호봉제 임금 체계로 인한 높은 인건비를 인력관리의 가장 어려운 점으로 들었다.

　　정년연장에도 불구하고 55~64세 취업 유경험자의 '가장 오래 근무한 일자리'의 이직 사유로 '정년퇴직'의 비율은 2015~2021년 기간 동안 8.1%에서 7.5%로 줄었고, 오히려 '권고사직·명퇴·정리해고' 비율이 10.5%에서 12.1%로 증가했다.

[그림 5-10] 정년 연장에 따른 중장년 인력관리의 어려움

(단위: %)

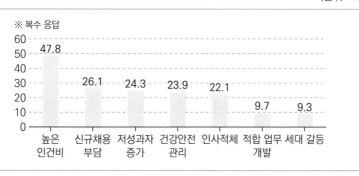

자료: 대한상공회의소.

정부가 2020년 총선을 앞두고 정년연장을 추진하다가 기업이 자발적으로 정년을 연장하는 고용연장(계속 고용제)으로 돌아선 주된 이유는 가뜩이나 어려운 청년 일자리 문제가 더욱 악화할 수 있기 때문이었다.

대기업일수록 청년 고용 줄어

청년과 중·고령 세대 간의 일자리는 보완적일 수도 있으나 현 시점에서는 정년연장이 세대 간 일자리 갈등으로 비화할 수 있다. 한국경제연구원의 설문조사 결과에 따르면 20대 청년 3분의 2 정도가 65세 정년연장 제도가 청년 신규 채용에 부정적일 것으로 보고 있다.

법적으로 정년이 상향 조정되면 기존 근로자의 재직 기간이 길

어져 청년층이 원하는 일자리인 대기업에서 먼저 채용이 줄어든다.

한국개발연구원의 연구 결과에 따르면 민간기업의 경우 60세 정년연장 수혜자가 1명 늘어나면 청년 고용은 0.2명 감소했다. 사업체 규모가 클수록 감소 폭이 컸다. 100인 미만 사업체는 변화가 없고, 100~499인 1.9명, 500~999명 2.6명 줄었다.

60세 정년을 법제화한 박근혜 정부에서 청년층 일자리 피해를 줄이기 위해 지원금을 주면서 공공부문과 금융 산업을 중심으로 임금피크제 도입을 독려했으나 그마저 절반의 성공밖에 거두지 못하였다. 임금피크제로 절감된 인건비로 청년 채용을 장려하였으나 그 효과는 제한적이었다.

법적 정년이 연장된다면 정년연장과 함께 기업이 임금체계를 성과, 직무 위주로 개편하는 것을 의무화해야 한다.

일본에선 45세 정년제 제기돼 파문

완성차 노조의 정년연장 요구도 논란이다. 노조 측은 국민연금 수급 개시 연령이 2033년에는 65세가 되기 때문에 정년이 늘어나야 하고 정년이 연장되면 국민연금의 재정 건전성 제고에도 기여할 수 있다고 주장하고 있지만 실제로는 설득력이 떨어진다. 국민연금이 재정적 위기에 처해 있다는 것은 일부 과장된 측면이 있고, 재정 건전성 제고를 위해 보험료 인상과 함께 수급연령 상향 조정도 검토되고 있기 때문이다.

정년연장과는 별개로 정년연장 혜택에서 상대적으로 소외되는 수많은 고령자도 배려해야 한다. 세금으로 만든 재정 일자리가 아닌 제대로 된 고령자 일자리를 만들어야 한다. 이와 함께 자영업자, 고용 취약 고령자 계층에 대한 사회보험 확대 등의 별도 조치가 이뤄져야 일부에 한정될 정년연장 혜택의 부작용이 완화될 것이다. 궁극적으로는 노동시장 유연성이 확보된다면 미국이나 영국과 같이 정년을 폐지하는 것도 대안이다.

일본에서는 한 유력 경영인이 최근 "45세 정년제로 회사 의존을 낮춰야 한다"고 주장해 파문이 일었다. 100세 시대에 45세에 직장 경력을 일단 정리하도록 하는 것이 근로자·회사·사회에 도움을 준다고 주장했다. 4차 산업혁명 시대에 정년연장을 검토하는 논의에서 나름 경청할 가치가 있는 제안이다.

기업들에 준비 기간과 선택권을 준 일본

정년연장, 또는 정년폐지는 세계적인 현상이다. 국가별 차이가 있으나 여러 나라가 이 방향으로 가고 있다.

독일은 정년을 2029년까지 67세로 올릴 계획이다. 싱가포르는 정년을 65세로 점진적으로 올리겠다고 2019년 발표했다. 일본 기업들은 2021년부터 근로자가 70세가 될 때까지 '취업확보 조치 노력'을 해야 한다. 프랑스(현재 60세), 러시아(여성만 남성과 같이 60세로 상향) 등은 정년연장을 시도했으나 실패하거나 절반만 성공했다. 미국은 1986년, 영국은 2011년에 정년을 폐지했다.

노동시장의 경직성, (우리보다 일찍 시작됐지만) 고령화 진행 추이 등 우리나라와 유사한 일본은 정부와 정치권이 일방적으로 정년연장을 추진하지 않았다. 일본은 현재 인력난으로 폐업하는 기업이 있고, 정년이 70세이거나 정년을 폐지한 기업이 3분의 1(2020년 6월 기준)인 상황에서 기업들이 재직 근로자에게 70세까지 취업기회를 보장하는 노력을 하는 의무를 지게 됐다.

유연하게 접근하고 기업들에 충분한 준비 기간을 준 것도 차이가 난다. 일본은 법적 정년은 60세(2015년에 65세로 상향 조정)로 둔 채 고용확보 조치, 그리고 취업확보 조치 노력을 부과했다. 정년연장 외에 퇴직 후 재계약 고용, 다른 기업에서의 재취업 및 개인 창업 지원, 프리랜서 계약, 사회공헌 활동 지원 등이 취업확보 조치 노력으로 인정된다. 근로자가 원할 때까지 일할 수 있으나 정년이라는 보호막이 없어지는 것을 의미하기도 하는 정년폐지를 선택할 수도 있다.

우리나라는 60세 정년법 제정 이후 대기업은 2년 반, 중소기업은 3년 반의 준비 기간을 마련했다. 일본의 경우 60세 법적 정년에 6년, (70세 '취업확보 조치 노력' 전에 도입된) 65세 '고용확보 조치'에 7년의 준비 기간을 뒀다.

05 49세가 퇴출 1순위, 근속연수 따라 임금 뛰는 호봉제 탓[5]

주된 일자리 평균 퇴직 연령 살펴보니

국내 기업의 임금 구조는 '판도라의 상자'다. 너무 복잡해 손을 댈라치면 노동시장을 뒤흔드는 후폭풍이 몰아친다는 뜻이다. 이런 혼란의 근원은 기본급 비중이 작은 호봉제 임금체계에서 비롯된다. 문제는 이 구조가 노동시장 왜곡의 출발이라는 점이다.

산업은행 미래전략연구소에 따르면 국내 주된 일자리의 은퇴 연령은 평균 49.1세다. 이 같은 '조기 퇴직'은 호봉제 임금체계와 무관치 않다. 조직 기여도는 작은데 근속 연수에 따라 보상이 많아지기 때문에 중·장년 정규직 근로자들이 50세도 되기 전에 퇴직하는 배경이라는 얘기다. 이런 호봉제 임금체계를 가진 사업체는 2016년

---

5 [박영범] 중앙일보_49세가 퇴출 1순위, 근속연수 따라 임금 뛰는 호봉제 탓_2
0190414.

기준으로 60%에 달한다. 특히 임금수준이 높은 금융산업에선 90% 이상의 사업체가 호봉제 임금체계를 갖고 있다.

한국과 유사한 임금체계를 가진 일본에 비해서도 2015년 기준으로 근속 연수 증가에 따른 임금상승 폭이 크다. 입사 1년 차 근로자의 임금을 100으로 했을 때 10년 차 재직자의 임금은 한국 212.3, 일본 165.9다. 근속 연수가 길수록 격차가 더욱 벌어져 30년 이상 근속자의 경우 한국은 328.8, 일본 246.8이다.

금융권이나 대기업·공공부문 퇴직자들은 그나마 희망퇴직을 통해 마련한 자금을 기반으로 퇴직 후 제2의 인생을 꾸려나갈 수 있다. 하지만 그만한 형편이 안 되는 사람들이 더 많다. 사회보장체계가 선진국에 비해 여전히 미흡해서다. 주된 일자리에서 밀려난 많은 중·장년층은 결국 경비직 같은 단순 노무직 일자리를 구할 수밖에 없다. 그 결과 노인의 실질 은퇴 연령은 남자 72.9세, 여자 73.1세(2017년 기준)로 경제협력개발기구(OECD) 회원국 중 가장 높다.

부작용은 여기서 그치지 않는다. 복잡한 임금체계는 정부 정책을 펴는 데도 장애물이다. 2016년 기준으로 최저임금 적용 대상인데도 연봉 6,000만 원을 넘는 근로자가 5만 명에 달했다. 법에 정한 최저임금 산입 범위에 정기상여금·복리후생비가 포함되지 않았기 때문이다.

이같이 최저임금의 급속한 인상에 따른 부정적 효과를 완화하는 취지에서 2018년 5월 정기상여금·복리후생비의 일부를 최저임금에 포함하는 법이 노동계의 참여 없이 국회에서 통과됐다. 그러나 상여금 지급 시기의 변경 등 급여체계 개편과 관련해 노조의 동의가 없으면 무용지물이다. 강성 노조가 있는 대형 사업장에서는 실효성이 크지 않다는 평가가 나오는 이유다.

평균 연봉 9,000만 원이 넘는 현대차의 경우 6,000여 명이 2019년 최저임금에 미달한다. 상여금 지급방식 변경 등에 관한 노사합의가 없다면 연봉 5,000만 원이 넘는 신입 직원까지 최저임금 기준에 미달해 연봉이 자동으로 2019년 최저임금 인상률인 10.9% 올라가면서 다른 직원들의 급여 인상에도 영향을 미치게 된다.

유급 주휴수당을 월급 근로자의 최저임금 시급 산정에 포함하는 법 시행령 개정도 복잡한 임금체계에서 비롯됐다. 특히 시행령 개정 논란으로 그간 잘 알려지지 않았던 법정 주휴수당의 존재가 부각되면서 혼란을 증폭했다. 이런 혼란은 결과적으로 고액 연봉자가 최저임금의 적용 대상이 되는 불합리한 현실을 개선하기 위해 논의가 시작된 최저임금의 산입범위 확대 취지를 무색하게 만들었다. 더구나 정부 지침은 최저임금에 유급 주휴 시간을 포함하지만 법원은 실제 일한 시간만 포함하라는 판단을 내놓아 분쟁의 소지가 여전하다.

혼란은 여기서 그치지 않는다. 법정 주휴수당이 고용주의 부담이 되면서 아예 주휴수당을 줄 필요가 없도록 주당 근로시간을 15시간 미만으로 축소하는 '쪼개기 고용'이 늘어나고 있다. 2018년 주당 근로시간이 17시간 미만인 초단시간 근로자 수는 통계청이 1980년 관련 통계를 집계한 이후 처음으로 150만 명을 넘어섰다.

휴일 및 연장근로 수당의 기준이 되는 통상임금도 복잡한 임금체계 때문에 법적 분쟁의 소지를 제공하기도 한다. 그간 통상임금 산정에 정기적 상여금을 포함하지 않는 것으로 정부지침이 제시돼 노사는 이를 기준으로 노사협의 및 협상을 진행해 왔다.

그러나 2013년 대법원이 "정기상여금도 고정성 · 정기성 · 일률성을 충족한다면 통상임금의 일부로 봐야 한다"면서 기존의 임금 수준이나 임금체계가 노사합의를 존중하는 '신의칙'이 적용돼야 한다고 판결하면서 노사 간 법적 분쟁을 촉발했다.

4차 산업혁명과 함께 글로벌 경쟁이 격화되고, 고령사회로 접어든 현시점에서 이런 연공식 호봉제로는 기업도 근로자도 버틸 수 없다. 그 대안을 찾으려는 노력이 없었던 것은 아니다. 박근혜 정부 때 임금피크제가 추진되고, 성과연봉제도 도입됐지만 모두 뿌리를 내리지 못했다. 더구나 2018년 최저임금법 및 시행령의 개정과 관련된 문재인 정부의 기조를 보면 미래지향적 임금체계 개편이 어려울 수 있다는 우울한 전망을 하게 된다.

무엇보다 2016년부터 정년 60세가 단계적으로 도입되면서 법에 정해진 '임금체계 개편' 논의가 사문화됐다는 것이 문제다. 당초 임금피크제는 한국노총이 참여한 노사정 합의를 기반으로 2017년부터 도입됐다. 그러나 2019년부터 임금피크제 도입 기업에 대한 정부 지원이 사실상 없어지고 임금피크제를 도입한 공공기관 및 금융권에서는 폐지 내지 임금 삭감의 정도를 완화하자는 주장이 노조를 중심으로 제기되고 있다.

더 암담한 것은 결국 이 문제를 풀어야 할 정치권과 정부의 역할 부재다. 더불어민주당은 2018년 최저임금 산입범위 확대와 관련해 노동계가 반발하자 사회적 대화 복귀를 조건으로 통상임금 범위 확대를 약속하면서 임금체계 개편 논의를 더욱 어렵게 만들어 놓았다. 또 정부는 노사정 합의를 통해 임금체계 개편을 하겠다고 하지만 현실성이 떨어진다. 1999년 전교조 합법화 이후 민주노총은 사회적 대화 참여를 거부하거나 참여해도 합의까지 이른 적이 없기 때문이다.

게다가 노동계가 양분돼 있어 산하 사업장 노조들의 이해관계를 조정할 수 있는 노동계의 리더십도 기대하기 어렵다. 2019년 3월 실패로 끝난 탄력 근로제 연장을 둘러싼 경제사회노동위원회의 파행이 이를 여실히 보여주고 있다.

노사정 대화 노력은 지속하되 지금이라도 특정 산업이나 일정 수준 이상의 임금 근로자를 예외로 하는 일본의 근로시간 규제, 특정 산업이나 직종의 근로자를 연장근로수당 지급의 대상에서 제외하는 미국식 대안과 같은 절충점의 도입을 심각하게 고민해야 한다.

후폭풍 계속되는 주휴수당과 최저임금 체계

주휴수당과 최저임금 산입범위 관련 법 개정의 후폭풍은 지금도 계속되고 있다. 주휴수당은 1953년 근로기준법 제정 때부터 있던 것으로 사용자에게 지급의무가 있지만 복잡한 임금체계 등으로 많은 사업주는 물론이고 근로자들도 인지하고 못하고 있었다. 이것이 반영되면 최저임금이 10.9% 이상 오르는 효과가 나타나 고용주의 부담은 늘어난다.

최저임금은 산입범위가 확대되지만 임금체계에 따라 인상 효과가 달라진다. 2018년 월 급여로 기본급이 157만 3,770원, 복리후생비 40만 원을 받고 있던 근로자 A는 복리후생비 일부(27만 7,840원)가 최저임금에 포함돼 최저임금 인상에 따른 임금인상 효과는 없다. 반면에 기본급은 같으나 상여금으로 매달 40만 원을 지급받던 근로자 B는 상여금의 경우 월 최저임금의 25%(43만 6,287원) 이상의 금액만 산입되기 때문에 최저임금 인상으로만 급여가 8.6% 오른다. 사용자는 근로자 B의 임금을 A와 같은 방식으로 변경할 수 있다.

근로자 A도 2019년 임금은 인상될 수 있다. 최저임금은 법으로 강제하는 임금의 최저 수준일 뿐이고 노동시장의 수요공급 논리에 따라 임금이 조정될 것이기 때문이다. 평균 연봉이 높으나 최저임금 수준에 미달하는 근로자가 많은 대형 사업장의 경우 임금체계 변경을 노조가 조건 없이 수용할지는 미지수다. 결국 최저임금 산입범위 확대로 노동시장 양극화는 더욱 심화할 가능성이 커졌다.

06 연공서열식 임금 줄여야
고령자 취업도 늘어[6]

─────── 60세 이후 정년 연장, 성공의 조건

전 세계 화제를 모은 드라마 '오징어 게임'은 승자독식의 피나는 경쟁을 '드라마틱'하게 보여줬다. 기업경영에서 위계적 연공주의는 '승진 아니면 퇴직(up or out)'으로 이어지고 '오징어 게임'과 같이 퇴출당하지 않고 승자가 되려는 내부경쟁과 살아남기 위한 조직정치를 유발한다. 드라마에 등장하는 '유리판 징검다리 건너기'는 앞으로 나가지 못하면 떨어져 죽는 게임이다. 유리 전문가가 게임에 참여하고 있지만, 참가자들은 앞에 가는 사람과 지식을 나누지 않고, 또 나눌 이유도 없다. 다단계 직급과 호봉에 근간한 획일적인 사다리식 인사체계로는 구성원 모두의 최선과 협동도 개인의 행복도 이루기 어렵다.

───────────────

6 [성상현] 중앙일보_연공서열식 임금 줄여야 고령자 취업도 늘어_20211207.

그렇다면 어떤 방식이 바람직한가. '일의 특성과 사람의 역량'을 기준으로 인사(HR)를 하는 것이다. 임금에서는 일의 가치가 중심이 되면 직무급, 사람의 직무수행 역량이 중심이 되면 역량급(능력급)이 된다. 물론 이것들을 혼용해 운영할 수 있다. 이 방식은 나이뿐 아니라 성별·장애·국적 등을 불문하고 누구나 일할 능력과 의지가 있으면 일할 기회가 주어지는 인사 방식이다. 하지만 직무와 능력 중심의 임금체계는 많은 오해를 받아왔다.

> 일률적 호봉제는 생산성 떨어뜨려 노사 갈등, 청년 일자리 감소 초래
> '오징어 게임' 같은 무한경쟁 우려, 직무·능력별 임금 개편 추진해야
> 오랜 준비로 갈등 최소화한 일본, 연금제도 손보며 정년연장 안착

신세대는 연공서열 제도에 반발

정년연장과 계속고용 논의를 피할 수 없는 지금, 이 문제를 진지하게 되돌아봐야 한다. 호봉제로 대표되는 연공급(年功給)의 경우 대기업 정규직 노동자 입장에서 고용안정과 임금수준 유지에 가장 유리한 임금체계로 보인다. 그러나 기업의 생산성과 괴리가 생기고 조직 활력과 경쟁력을 떨어뜨려 결국에는 고용안정성과 임금수준 저하를 초래하는 역선택이 될 위험성이 크다.

구체적으로 근속에 따라 생산성이 오르지 않으면 인건비 부담이 가중되고, 생산성이 높은 그룹과 비교해 임금의 공정성을 상실한

다. 임금 결정에서 시장원리가 작동하지 않으면 비효율 문제가 발생한다. 나아가 미래산업 변화가 요구하는 새로운 직무수행 역량 습득에 대한 유인을 제공하지도 못한다. 신세대는 연공서열적 질서에 대한 저항감이 커 조직력을 약화할 수 있다.

연령과 근속이 높을수록 일을 더 잘하는 경우가 있다면 연공급(호봉제)을 적용하는 것이 합리적이다. 그러나 현실은 다르다. 일에 비해 제대로 보상받지 못하거나, 대우가 능력에 부합하지 않기도 한다. 더구나 저성장·저출산 시대에 현실과 괴리된 제도는 부작용이 더 크다. 공정과 상생을 외치지만 실제로는 '오징어 게임'처럼 암투가 판치는 현실 세계가 펼쳐지는 것이다.

대기업 60%가 호봉급에 의존

지난 2016~2017년 시행된 정년 60세 연장 당시에는 임금체계 변화와 임금의 연공 의존성 완화 등 새로운 체제에 상응하는 준비가 부족해 상당한 부작용을 일으켰다. 임금피크제 도입을 둘러싼 노사 간 갈등 발생, 기업의 생산성 저하, 청년층 일자리 감소 등을 유발했다.

비자발적 조기 퇴직 증가로 본래의 목적인 고령자 고용안정도 제대로 달성하지 못하는 역효과도 있었다. 임금체계 변화의 경우 의무규정이 아닌 노력규정으로 돼 있어 노사갈등의 원인을 제공했고, 300인 이상 대기업의 59.1%에서 '호봉급'이 온존하게 됐다. 직무가치와 직무수행 능력에 기반을 두는 임금체계인 직무급과 직능급은 확산이 더디거나 감소했다.

[그림 5-11] 호봉급 변화 추이(좌), 직무급 직능급 도입 추이(우)

(단위: %)

자료: 고용노동부 사업체노동력조사 부가조사 각 연도.

우리보다 앞서 정년연장과 계속고용을 추진한 일본의 경우 충분한 준비 기간을 두고 임금의 연공성 완화를 위한 제도개선을 먼저 추진하고, 소득 공백이 발생하지 않도록 연금제도 정비를 병행했다. 직무급 도입과 능력에 따른 임금인상률 차등 등 임금체계 자체의 개혁을 통해 임금의 연공성을 사전에 최소화하면서 제도를 도입했다.

입법 과정에서도 장기적 준비와 공감대 형성을 통해 갈등을 예방하고 생산성에 실질적으로 기여하는 고령자 고용 증가 효과를 거둔 것으로 평가되고 있다. 이런 성과에 힘입어 일본은 기존 65세 정년을 2021년 4월부터 70세로 연장하도록 노력해야 하는 새 제도가 시행됐다.

지속적인 교육훈련 병행해야

[그림 5-12] 고령자 계속고용을 위한 변화 방향과 준비 내용

임금체계 개편	• 직무와 능력 중심 임금체계 도입, 임금의 연공성 완화 • 인사관리 전반에 걸쳐 직무와 능력 기반의 변화 확산
다양한 고용형태 선택지 제시	• 기업 규모, 산업, 관행, 문화에 맞게 선택지의 폭을 다양화: 계속고용, 퇴직후 재고용, 이동범위 확대(관계사, 자회사 전직 등) 등 • 고용방식(근무형태) 다양화: 유연근무제, 시간선택제, 요일제 등 • 고령자 커리어 전환 선택지 제시: 적합직무 개발
충분한 준비와 합리적 절차	• 충분한 준비 기간과 사회적 합의 도출 • 기업 규모별 준비 능력 고려 • 고용에서 연금으로의 연착륙을 위해 연금정책과 보조를 취하여 개편
교육훈련과 수급 매칭 기반 구축	• 고령자 대상 직업능력개발 지원체계 확보 • 미래 산업수요에 부응하는 교육훈련 체계 구축(평생교육) • 구인구직정보 제공 활성화 및 미래 인력 수요 예측을 위한 시스템 구축

향후 60세 이상 계속고용 정책을 추진할 때는 정년 60세 연장 당시의 후유증을 파악해 시행착오를 반복하지 않도록 바람직한 변화 방향을 명확히 해야 한다. 관련법 입법 시 직무와 능력(역량)을 중심으로 임금체계 변경이 이뤄지도록 분명한 가이드라인을 제시해야 한다. 고령 세대의 필요에 적합한 다양한 고용형태 선택지를 확대하고, 근무형태 다양화, 고령자 적합직무 개발이 이뤄져야 한다. 또 노사 간 자율성에 기반해 갈등을 최소화하고 사회적 합의를 형성해 기업과 개인이 상생할 수 있도록 진행돼야 할 것이다. 급격한 산업 변화 추이에 대응할 수 있도록 교육훈련을 제공하고 인력수요 변화에 탄력적으로 대응할 수 있는 준비가 필요하다.

계속고용 대상 고령자의 경우 임원이나 부서장 등 책임자의 직책을 맡지 않는 경우에는 직책에 따른 역할이 없이 직무 그 자체의 수행에 초점이 맞춰질 것이므로 직무급제가 가장 적합하다. 직무급 임금체계 도입은 생산성과 괴리된 인건비 부담을 줄여 일자리 확대를 용이하게 하므로 고령자 재고용뿐 아니라 청년고용 확대에도 도움이 될 수 있다. 실제 적용 가능한 임금수준은 직무가치와 산업별 시장임금 수준, 생산성과 기존 임금, 지급능력, 기업 규모, 개인의 역량 등을 고려하여 논의하고 합의점을 찾아야 한다.

임금체계 개편은 생산 가능 연령의 후반부에 이른 인력만의 문제가 아니라 전 연령대의 문제이므로 전체적인 변화의 계기로 삼을 필요가 있다. 60세를 넘긴 고용연장 대상 인력에 대해서는 직무급 체계 도입을 원칙으로 하는 동시에 신규 입사자에 대해서도 직무급을 적용하기 시작할 경우, 장기적으로 전체 인력을 대상으로 직무 중심의 임금체계가 확산될 수 있다.

나아가 직무수행자의 역량과 성과를 포함한 통합적 관점에서 적합한 임금체계를 모색해야 할 것이다. 임금체계 변화는 세대를 아우르는 제도적 기반의 구축이라는 장기적 관점에서 추진해야 한다.

성별 · 나이 차별 없애는 직무 중심 보상

자동차 경주는 결승선을 향한 질주를 요구한다. 경주에서 서로 다른 차종이 경쟁하지 않는다. 트럭과 승용차와 버스가, 또는 배기량이 다른 자동차가 같이 레이싱을 하는 것은 공정하지도 않을 뿐 아니라 재미도 없을 것이다. 스포츠도 종목별 체급을 구분해 경기한다. 그것이 올바른 공정의 원리이다.

인사관리를 직무 중심으로 수행한다는 것은 직무 성격에 따라 그에 적합한 인력을 고용하고 육성하며, 직무수행 기준에 따라 평가하고, 직무 가치에 맞는 임금을 지급한다는 것을 의미한다. 직무의 성격, 즉 종목과 무관하게 단일한 잣대로 비교해 평가하고 보상하는 방식은 형식적으로는 공정해 보일지라도 내용상 불공정하다. 직무별로 같은 것은 같게, 다른 것은 다르게 평가하고 보상하는 방식이 직무 중심 인사의 핵심이다.

직무가치를 중심으로 보상할 경우, 성별과 나이, 개인적 배경과 특성에 따른 차별을 제거하고, 일의 가치와 기여를 중심으로 공정한 보상이 가능하다. 직무를 바꾸지 않으면 직무급은 변하지 않는다. 따라서 현재의 직무와 보상 수준에 만족할 경우 나이와 무관하게 능력과 의지가 있으면 해당 직무에 종사할 수 있다. 기업으로서도 연공에 따른 추가 인건비 부담이 없으므로 고용이 안정될 수 있다.

기업과 사회가 활력이 넘치려면 저마다 자신의 적성과 흥미에 맞는 일을 선택할 기회가 열려 있어야 한다. 진학이나 취업이나 모두 한 줄로 서서 남을 올라타려는 잔혹한 경쟁이 과열되는 것은 각자의 일과 개성이 갖는 다양한 가치를 무시하는 획일성에서 비롯된다. 모두를 죽이는 한 줄 서기 게임에서 벗어나 저마다 행복해지려면 자신이 좋아하는 전공과 일을 개성대로 선택할 수 있어야 한다. 직무 중심 인사가 바로 그 초석이 될 수 있다.

07   한국은 외국인 근로자 없이 버틸 수 없는 나라가 됐다[7]

───────── 노동시장 개방의 경제학

　2021년 3월 서울시등 몇몇 지방자치단체가 외국인 근로자에 대한 코로나19 의무검사 행정명령을 내리자 외국인 사회가 크게 술렁였다. 인종 차별 아니냐는 항의가 잇따랐고, 주요국의 대사관들이 항의하면서 없던 일이 됐다. 한바탕 소동으로 끝났지만, 이를 통해 국내 외국인 노동시장이 얼마나 양극화돼 있는지 그 현실이 명확히 드러났다.

　자국민이 주로 화이트칼라 직종에 종사하는 주한미국상공회의소, 30여 유럽국가 대사들의 항의로 서울시는 서둘러 명령을 권고로 바꾸었다. 많은 전문직 외국인과 외국인투자기업 임직원은 우리나라

───────────────

7 [박영범] 중앙일보_한국은 외국인 근로자 없이 버틸 수 없는 나라가 됐다_2021
0518.

입장에서는 초빙된 인재들이다. 정부가 10여 년 전부터 글로벌 인재 유치를 위해 많은 노력을 했지만 성과는 시원치 않다. 장기체류 외국인은 60% 늘어났으나 전문인력 체류자격자는 2020년 말 4만 3,000명으로 2010년과 대비해 오히려 줄어들었다.

4차 산업혁명 시대에 인공지능(AI) 인재 확보를 위한 국가 간 경쟁이 치열하다. 한국의 AI 전문인력은 전 세계 전문인력의 0.5%에 불과하다. 해외의 AI 전문인력이 국내에 유입되기보다는 국내 인재가 해외로 유출되고 있다.

카이스트 등에서 AI 전문대학원 설립을 추진하면서 교수 요원 확보에 어려움을 겪고 있다. 구글에서 연봉 5억 원을 받던 박사가 국내 대학에 오면 경직적 호봉제로 연봉이 1억 원으로 줄어든다. 해외에서 활동 중인 한국인 글로벌 인재의 국내 유치를 위해서는 주거, 자녀 교육비 등이 해결돼야 한다. 성과 및 역량과 연계된 보상체계가 확립돼야 글로벌 인재를 국내에 유치할 수 있다.

외국인이 농촌 지역·산업단지 떠받쳐

제조업·농업·어업 분야에서 일하는 외국인 근로자들은 명령이 권고로 바뀌어도 코로나19 진단검사를 받을 수밖에 없다. 특히 외국인 일용근로자들 사이에서 확진자가 속출하고 있기 때문이다. 국가인권위원회가 인권침해 소지가 있다고 행정명령 철회를 권고했으나 농촌 지역·산업단지처럼 외국인이 주로 저숙련 직종에 취업해 있는

지자체가 행정명령을 실질적으로 시행할 수 있는 이유다. 대부분 저숙련 인력인 외국인 취업자는 2020년 5월 기준으로 84만 8,000명이다. 내국인 취업자 대비 3% 수준이다. 이들에게 한국에서의 취업은 인생 역전의 기회다. 저숙련 외국인 노동자들은 자국에서 받을 수 있는 급여의 10배 이상을 한국에서 벌 수 있다.

한국인의 일자리를 뺏는다는 노동계 등의 반대에 부딪혀 한국은 1990년대 초반 산업연수생 제도를 이용해 저숙련 외국인력을 중소 제조업 분야 등에 도입하기 시작했다. 실제로는 근로자이나 연수생 대우를 한다는 국내외의 비판으로 산업연수생 제도는 일정 기간 연수 후 근로자로 대우해 주는 제도로 바뀌었다가 폐지됐다. 2004년 산업연수생제도는 비전문인력 체류자격을 주는 고용허가제로 대체돼 지금까지 운영되고 있다.

[그림 5-13] 외국인 취업자 추이

(단위: 명)

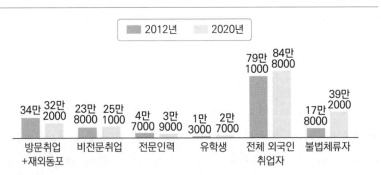

자료: 통계청.

코로나19 발생 이후 노동시장 상황으로 저숙련 외국인력이 내국인 일자리를 뺏기보다는 오히려 외국인력 없이는 버틸 수 없는 부문이 우리 경제에 많다는 것이 외환위기 이후 다시 확인됐다. 2020년 코로나19로 농어촌에 외국인력 유입이 확 줄어들면서 일당이 70~80% 뛰었으나 내국인 대체인력을 구하기가 상당히 어려웠다. 추운 겨울에 비닐하우스에 거주하면서 사망한 외국인 근로자 사례에서 보듯이 장시간 노동 등 열악한 노동 및 주거 환경을 견딜 수 있는 내국인 근로자는 많지 않다. 뿌리 산업 등 중소제조업이나 4개 언어로 작업 안내방송을 해야 하는 건설업도 사정은 마찬가지다.

출산율 0.9… 이민자 적극 받아들여야

2020년 출산율이 0.9 밑으로 떨어지면서 폐쇄적 노동시장을 대외적으로 개방하고 외국으로부터 이민자를 적극적으로 받아들여야 한다는 주장이 제기되고 있으나 갈 길이 멀다.

방문취업이나 해외동포 체류자격으로 들어오는 동포 근로자가 외국인 근로자 중 제일 많다. 국내 상황에 익숙하지 않고 한국어 소통도 제대로 되지 않는 이민 3, 4세대 동포가 대다수다. 이들에 대한 체계적인 체류 지원은 없다. 해외동포가 아닌 저숙련 외국인의 취업 경로인 고용허가제 관리부서는 고용노동부의 고용정책국이 아니라 국제협력관 소속이다.

고용허가제는 사업장 이동을 제한한다는 이유로 노동계와 일부

[그림 5-14] 노동시장 개방의 국제 비교

(단위: %)

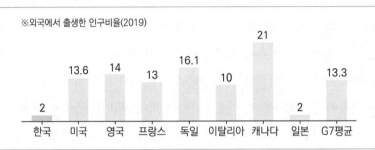

※외국에서 출생한 인구비율(2019)

자료: OECD.

시민단체 및 외국인 근로자는 개선을 요구하고 있다. 동포 외국인에 대해서는 사업장 이동을 자유롭게 허용하고 있다는 것도 개선 요구의 배경이 되고 있다. 하지만 저숙련 외국인력의 사업장 이동을 자유로이 허용하는 나라는 없다. 외국인 근로자들이 자유롭게 사업장을 이동하게 되면 기존 사업장에 임금 인상을 요구하거나 조금이라도 임금을 더 주면 다른 사업장으로 옮기면서 노동시장을 불안하게 만들 소지가 있기 때문이다.

한국에 오면 인생 역전의 기회를 잡을 수 있으나 취업 알선에 따른 수수료를 근로자가 부담하지 않는다. 직업알선에 따른 수수료 부담을 없앤다는 취지에서 민간 알선기관의 소개를 원천적으로 배제했다. 그러면서 사용자들의 근로자 선발권도 제한하고 있다. 이것도 외국인 근로자 정착의 걸림돌이다.

불법체류자가 급속히 늘어나고 있는 것도 문제다. 2020년 말 현재 불법체류자는 39만 명으로, 합법적 취업자의 절반에 가까운 인원이다. 엄격한 체류관리가 필요하나 단속이나 자발적 출국 유도는 한계가 있다. 현재의 외국인력 도입제도만으로는 국내 노동시장의 외국인력에 대한 수요를 감당할 수 없다는 것을 시사하고 있다.

한시적 체류를 전제로 한 현재의 저숙련 외국인력 정책 기조를 완전히 바꿔야 한다. 이민 정책의 관점에서 저숙련 외국인력 활용을 고민해야 한다. 현재와 같이 동포 외국인만 자유로운 사업장 이동을 허용하는 것이 합리적인지도 검토해야 한다. 동포 외국인, 동포가 아닌 외국인, 계절노동 농촌 부분으로 분리해 고용부·법무부·지자체가 제각각 관리하는 틀도 새롭게 정비해야 한다.

2018년 제주도에서의 예멘 난민 수용과 관련된 논란은 우리 사회가 저출산 대책의 하나로 거주 목적의 이민자 도입을 추진하기 위해서는 많은 준비가 필요하다는 것을 시사하고 있다. 무엇보다도 외국 인력을 별개의 집단이 아니라 우리 사회의 일원으로 받아들이는 사회적 인식과 공감대가 확산돼야 한다. 단일민족이라는 폐쇄적 인식을 극복하는 것이 우리 사회 전체가 가지고 있는 숙제다.

한국은 매우 폐쇄적인 노동시장

통계청에 따르면 2020년 5월 15세 이상 133만 상주 외국인 중 취업자는 84만 8,000명이다. 체류자격별로 보면 자격증이나 전문성이 없는 '비전문취업'이 25만 명으로 가장 많고, 재외동포 20만 5,000명, 방문취업 11만 7,000명, 영주 8만 명, 결혼이민 6만 2,000명, 전문인력 3만 9,000명, 유학생 2만 7,000명 순이다. 법무부 출입국·외국인력정책본부에 따르면 대부분 취업활동을 하고 있을 것으로 추정되는 불법체류자는 2020년 말 39만 명으로 전체 체류 외국인의 19.3%다. 한국계 중국인을 포함한 중국인이 40% 이상이다. 불법체류자 70% 이상이 체류허용 기간이 90일 미만인 단기체류자격 외국인이다.

전체 외국인 취업자는 2012년 79만 명에서 약간 증가했다. 비전문취업이 1만 3,000명 늘어났다. 재외동포 자격은 증가한 반면에 재외동포가 취업할 수 있는 다른 체류자격인 방문취업은 줄어서 재외동포와 방문취업을 합해 1만 8,000명 줄었다. 외국인 유학생이 빠른 속도로 늘어나고 있다. 2012년 1만 3,000명에서 2배 이상 증가했다. 불법체류자는 2012년 18만 명에서 100% 이상 증가했고 불법체류율도 7%포인트 높아졌다.

우리나라 노동시장은 국제비교 기준에서 상당히 폐쇄적이다. 취업·가족, 인도적 이유 등 장기이주자 중 취업 관련 이주자 비율은 1%(700명)다. 주요 7개국(G7) 평균은 18.7%다. 최근 들어 노동시장을 적극적으로 개방하고 있는 일본이 57%(6만 6,000명)로 가장 높고 캐나다 30%(9만 6,000명), 프랑스 14%(4만 명)의 순이다. 경제협력개발기구(OECD) 국가는 평균적으로 인구 10명 중 1명 이상이 외국에서 태어났으나 외국에서 출생한 우리나라의 인구비율은 2%로 G7 국가 평균 13.3%와 10%포인트 이상 차이 난다. G7 국가 중 독일이 16.1%로 가장 높고 영국 14%, 미국 13.6% 등이다. 일본은 한국과 같이 2% 인구만이 외국에서 태어났다.

08 재택 유연근무 일상화···
채용 방식, 리더십 달라져야[8]

코로나 이후의 근로 형태

4차 산업혁명이라는 변화의 물결 위에 덮친 코로나19 대유행은 경제의 지각 변동을 가속하고 있다. 특히 일자리의 변화는 일하는 사람들의 삶을 송두리째 바꾸고 있다. 직업을 찾는 구직자나 채용하는 기업 모두 새로운 변화에 대한 준비가 필요하다. 변동의 첫 번째 모습은 일하는 방식의 변화를 상징하는 재택 원격근무와 유연근무제의 확산이다. 두 번째는 일하는 방식의 디지털화가 더 빠르게 진행되면서 일어나는 일자리의 지형도 변화다. 일, 일하는 방식, 일하는 사람, 일하는 시간과 장소가 전면적으로 바뀌고 있다. 이로 인해 전체 노동시장 질서가 바뀌고 기업의 인사체계에 큰 변화가 일어나고

---

8 [성상현] 중앙일보_재택 유연근무 일상화··· 채용 방식, 리더십 달라져야_2021 0420.

있다. 그 변화상은 무엇이고 어떻게 대처해야 하는가?

웹툰을 제작·공급하는 A사 제작팀 사무실에는 PD만 몇 명 출근한다. 작가들은 스토리를 협의하고 기획하는 온라인 화상 미팅에서나 가끔 얼굴을 볼 수 있다. 코로나 대유행 이후에는 심지어 경영지원 업무 담당자도 매일 출근하지 않고 재택근무를 하면서 온라인 프로그램을 통해 일한다.

벤처기업 N사는 적합한 인재를 채용하는 데 늘 어려움을 겪어오다가 아예 발상을 바꿔 미국과 인도 등에서 거주하는 해외 개발자들과 함께 시스템 개발을 하고 있다. 정규직 인력을 채용하거나 외주 개발 대신에, 인터넷 플랫폼을 기반으로 일하는 크라우드 작업자(crowd workers)를 연결해주는 크라우드소싱 플랫폼을 활용하면서 가능해졌다. 과업(task) 단위로 일을 맡기고 비용을 지불하며 작업자는 원격근무로 일한다. 코로나로 인해 취업비자를 발급해도 한국에와서 일하기 어려우므로 결국 사람을 고용하지 않고 시간과 장소에 구애받지 않으면서도 서로 필요한 일만 수행하는 방식을 채택했다.

재택근무 비중 이미 48.8%

이 같은 재택 원격근무 외에 다양한 형태를 가진 유연근무제 역시 확산 추이를 보인다. 하루 8시간, 주 40시간이라는 고정된 틀을 벗어나 탄력적 근로시간제·선택근무제·시차출퇴근제·재량근무제 등 유연한 형태의 근무방식을 활용하는 기업이 늘어나고 있다. 2020

년 맥킨지 보고서에 따르면 미국 내 원격근무 사용 경험자 비율이 코로나19 발발 이전 25% 수준에서 대유행 시작 후 60% 이상으로 급격히 증가했다. 경제협력개발기구(OECD) 연구에 의하면 유럽의 경우 이미 2016년 근로자의 75%가 다양한 형태의 유연근무제를 활용하고 있었다. 네덜란드의 경우 10명 중 9명이 사용한 것으로 조사됐다. 노동자 측의 편의를 위한 유연근무제 역시 확산 추이를 보이고 이에 대한 청구권을 보장하거나 추진하는 국가(호주·네덜란드·영국·독일 등)도 늘어나는 추세다(ILO, 2018).

고용노동부 재택근무 현황조사(2020년 9월)에 따르면 조사대상 기업 중 48.8%가 재택근무를 시행하고 있다. 일·가정양립실태조사에서 유연근무제 중 한 가지 이상 도입 사업장은 응답 기업의 4분의 1 정도로 선진국보다는 아직 낮은 편이지만 향후 이 비율은 늘어날 것으로 전망된다.

재택원격근무와 유연근무제와 같은 방식이 뉴노멀로 빠르게 자리 잡고 있다. 그런데 이런 방식으로 일이 제대로 될까 하는 의구심이 있다. 하지만 여러 연구에 의하면 재택원격근무와 유연근무제로 생산성이 떨어진다는 증거는 없다. 오히려 업무 범위와 내용이 명확하게 분담돼 더 책임감 있게 성과를 내고 경영지원 업무 역시 정확하게 이뤄진다. 시스템을 통해 일하기 때문에 업무지시가 정확하고 업무 수행 결과물도 명확하게 시스템에 남아 있어 평가도 객관적으로 할 수 있다. 넓은 사무실이 필요 없어 임대료와 관리비가 대폭 줄어든다. 직원들도 출퇴근하느라 막히고 붐비는 길에서 고생하지 않고 집에서 가족과 함께 하는 시간이 많아진다.

그러나 새로운 일하는 방식에 장점만 있는 것은 아니다. 새로운 소통과 협업 방식이 요구될 뿐 아니라 복무관리와 근무시간 인정, 일과 가정 사이의 경계의 모호성으로 인한 스트레스, 보이지 않는 사람에 대한 평가와 관리, 조직 분위기 형성과 새로운 스타일의 리더십, 업무상 재해 기준과 책임, 의료·고용·산재·연금 등 필수적인 복지의 제공 책임 등 수많은 과제가 새로 생겨났다.

─── 정착하려면 리더의 역할 중요

원격재택근무는 여러 장점에도 불구하고 대면 환경이라는 전통적인 방식에 대한 도전과제가 존재한다. 따라서 도입 시 부작용과 구성원의 거부감을 고려해 긍정적인 방향으로 해결해나가야 한다. 가령 어떤 직원은 관리자 직책을 맡아 성과책임에 대한 부담감을 갖고 있고, 어떤 직원은 원격근무를 달가워하지 않는 상사로 인해, 또 다른 직원은 가족들의 이해 부족으로 원격근무의 긍정적인 효과를 알면서도 적극적으로 활용하지 않을 수 있다.

때로는 기존의 일하는 방식에 너무 익숙해져 있기 때문에, 때로는 기존 문화의 장점이 무너지는 것을 우려해 기업 내에서 원격근무 활성화를 반기지 않거나 심지어 적극적으로 반대할 수도 있다. 갖가지 저항은 있는 그대로 존중되고 무시되어서는 안 된다. 나아가 인사제도와 조직문화, 직원지원제도, 규정의 정비와 정보기술 기반 구축 등 다양한 각도에서 문제 해결적 접근법을 취해 대응하는 것이 바람직하다.

물리적, 사회적 경계 유지

- 집에 일하는 공간을 별도로 두기
- 가족에게 근무시간에는 업무에만 집중한다는 점을 명확히 사전에 이해시키고 양해 구하기(예: 가족의 요구 거절, 초인종 무시하기 등)

정기적인 휴식시간 갖기

- 컴퓨터에서 떨어져 정기적으로 '두뇌 휴식' 취하기
- 작은 과업을 완료했을 때 잠시 쉬며 스스로를 칭찬하기
- 뇌가 잠시 회복할 수 있는 기회를 제공하기: 창밖 응시하기, 일어나서 스트레칭 하기, 명상하기, 물 마시기 등

고립감을 피할 수 있도록 연결 관계 유지하기

- 장시간 격리는 생산성과 동기를 약화시키므로 인간관계를 유지하기 위한 추가적 노력이 요구됨
- 동료, 고객 및 직장 동료와 정기적인 연락 일정 잡기: 화상 티타임, 회의에서 근황 나누기 등

자료: 재택·원격 근무제 활성화를 위한 정책연구 및 종합 메뉴얼, 고용노동부(2020).

새로운 일하는 방식의 성공적인 정착을 위해 가장 중요한 요소 중 하나는 디지털 시대에 적합한 경쟁력 있는 리더상을 갖추는 것이다. 디지털 시대에 적합한 리더는 보이지 않는 가운데 신뢰를 구축하고 신기술을 도입하고 활용하는 데 주도성을 가져야 한다. 쌍방향 커뮤니케이션과 상호작용을 적극 활용해 일상적인 의사결정에서 부하직원으로부터 아이디어를 요구하고 이를 고려해 결정하는 방식의

포용적인 리더십 스타일을 갖춰야 한다. 조직의 디지털화로 생성되는 가장 일반적인 문제 중 하나인 구성원의 소외와 사회적 유대감 결여 및 성과에 대한 책임감 부족을 최소화해야 한다. 리더는 부하 직원의 자기 계발을 촉진하고 이를 돕기 위해 자원을 제공하며 업무 처리를 돕는 코치로 자리매김할 필요가 있다.

재택원격근무를 하는 직원의 입장에서는 출근과 퇴근의 경계가 불분명하고, 컴퓨터만 켜면 바로 근무에 돌입할 수 있기 때문에 계속해서 업무를 수행하게 되면서 스스로 스트레스 강도를 조절하는 데 실패할 수 있다. 항상 직장에 있다고 느끼고, 돌아갈 휴식 장소를 잃게 되는 것이다. 직원들은 원격근무에서 오는 스트레스를 잘 관리하고 직무탈진을 피하기 위한 수칙을 지키는 것이 필요하다.

─── 디지털 혁신이 일하는 방식 계속 바꿀 것

디지털 기술의 확산으로 일하는 방식의 유연성 확대라는 흐름은 이미 진행돼 왔으며 코로나19 대유행이 기폭제가 됐다. 『특이점이 온다』라는 저서로 유명한 레이 커즈와일은 어떤 기술이 정보기술(IT) 형태로 전환되는 순간 가격·시간·자원 대비 성능·용량이 기하급수적인 궤도를 따라 발전하는 수확 가속의 법칙이 작동된다고 한다.

정보기술의 확산과 가속적 변화는 전 산업에 걸쳐 이뤄지고 있다. 반도체 장비를 생산하는 L사 역시 스마트팩토리 시스템을 도입한 후에 생산현장에 사람이 거의 보이지 않는다. 드론이 택배를 대신하고 자율주행차가 도로를 달릴 뿐 아니라 스마트 창고, 무인 식물생산공장인 스마트 온실, 스마트 양식장 관리와 산림관리 등 제조, 물류, 농수축산업과 임업에 이르기까지 전방위적 디지털 변혁이 이뤄지고 있다.

일은 기술 진보에 따라 새로운 모습으로 끊임없이 변화하며 기업은 새로운 생산방법을 도입하고 시장을 확대하며 사회는 진화한다. 전체적으로 기술은 새로운 기회를 가져다주며 새로운 직업을 창출하는 길을 닦아주고 효과적인 공공서비스를 제공하게 한다고 본다(세계은행 보고서). 기업은 디지털 변혁 덕택에 급성장할 수 있으며 경계를 확장하고 전통적인 생산패턴을 바꾼다.

디지털 플랫폼 기업의 부상은 역사상 유례없는 속도로 기술적 영향을 보다 많은 사람에게 전파하며, 기술은 고용주들이 탐색하는 기술적 역량(skill set)을 변화시키고 있다. 새로운 시대에 맞는 능력은 이제 정형화된 지식과 숙련으로는 부족하다. 비정형적이고 복잡한 문제의 해결능력, 팀워크, 적응력, 학습능력 등이 보다 중요해졌다. 기본적으로 자신의 업무를 디지털화하고 프로그램화하는 데 요구되는 코딩능력이 요구된다. 사람 간 소통에서 언어능력이 중요한 것과 같이 디지털시대에는 기계와 소통할 수 있는 코딩 스킬과 알고리즘적 사고력을 길러야 한다.

09   성과 추구하는 경영자라면
여성인재로 눈 돌려라[9]

——— 인력 다양성과 여성인재 활용

'자기만의 방'과 '돈', 버지니아 울프가 여성과 픽션을 주제로 한 강연에서 여성이 글을 쓰기 위해 필요한 것으로 꼽은 두 가지다. 이 듬해인 1929년에 낸 책 제목도 『자기만의 방』이다. 자신만의 전문적인 일을 하기 위해서는 독립된 물리적·시간적·정신적 공간과 경제력이 있어야 한다는 의미다. 성별을 넘어 당연하지만 한 세기 전에는 이례적인 주장이었다.

21세기에 들어와서도 여성은 '자신만의 공간'에서 '경제력'을 가질 가능성이 남성보다 낮다. 하루 24시간 중 여성이 쓰는 가사노동 시간은 남성보다 길다. 여성의 수입과 경제적 지위 역시 남성과 격차가 크다. 세계경제포럼(WEF)이 2021년 발표한 세계 성 격차 지수

———————————

9   [성상현] 중앙일보_성과 추구하는 경영자라면 여성인재로 눈 돌려라_20210803.

는 68%다. 이 지표는 정치적 권력, 경제적 참여와 기회, 교육기회와 건강 등으로 구성되며, 이 같은 성 격차가 사라지려면 135.6년이 더 소요될 것으로 전망한다.

여성고용 현황은 여성에게 주어진 방의 실상을 보여준다. 전 세계적으로 여성 상급관리자 비율은 2020년에 29%를 보였다(캐털리스트, 2021). 여성관리자의 일은 행정과 같은 지원업무에 주로 분포한다. 최고경영자나 관리자가 되기 위한 필수 코스인 경영관리와 운영, 손익과 관련된 영업·마케팅·연구개발 분야에는 적게 분포하고 있다. 상위 직책으로 갈수록 여성이 적어지는 리더십 파이프라인의 누수 현상도 심각하다. 아시아에서는 인도·한국·일본이 가장 낮은 여성고용 지표를 보인다.

여성 관리자·임원 비율, 모두 한 자릿수

한국의 경우 상장기업 여성 관리자와 임원 비율은 모두 한 자릿수에 그친다. 전망 좋은 고층으로 갈수록 여성의 방은 드물어지는 셈이다. 우리나라는 서구 국가보다 늦었지만 2006년 적극적 고용개선조치 제도를 도입한 이래 여성 관리자 비율이 10%에서 20% 수준으로 2배 향상됐다. 하지만 여성의 사회진출 본격화가 오래되지 않은 점, 연공서열적 인사 관행과 남성중심 기업문화, 여성들의 전공 분포 등을 고려할 때 가시적 개선에는 상당한 시간과 노력이 더 필요하다.

기업은 경제적 이익이 있어야 기민하게 움직인다. 여성에게 보다 많은 기회를 부여하는 데 기업이 적극적으로 나서기 위해서는 여성고용이 기업 성과에 긍정적 영향을 미친다는 증거가 필요하다. 사회경제적 약자에게 기회를 부여하고 평등이라는 가치를 실현하는 것은 우리 사회의 매우 중요 과제이지만, 기업이 더 적극적으로 나서기 위해서는 현실적 동기가 필요하다. 당장 2022년 8월부터 자산 2조 원 이상 상장기업은 특정 성(性)만으로 이사회를 구성할 수 없다. 여성 활용 확대가 기업에 이익이 된다면 기업은 보다 적극적으로 참여할 것이다. 법도 준수하고 기업에도 이익이 되는 일거양득이기 때문이다. 그러나 과연 그러한가?

외국계, 여성인재 뽑아 '코리아 프리미엄'

최근 기업경영이라는 관점에서 이에 대한 답을 찾는 단서가 될 연구가 나왔다. 한국에 진출한 다국적 기업들이 국내기업에서 고용되지 못한 능력 있는 여성 관리자를 적극적으로 고용함으로써 경쟁력을 강화하는 기회로 삼고 있다는 실증연구다. 한국의 남성 선호 문화와 여성차별로 인해 특히 중견 여성 관리자가 노동시장에서 기회를 찾지 못하고 있을 때, 여성을 활용할 수 있는 제도를 더 많이 도입하고 고용함으로써 이익을 얻고 있다는 연구결과가 세계적인 학술지에 보고됐다(Administrative Science Quarterly, 2019). 국내 기업이 남성 위주의 기업경영을 하고 있을 때 노동시장에서 차별받고 있는 여성을 보다 많이 고용해 경영에 활용함으로써 초과이익을 내는 '코리아 프리미엄'을 외자계 기업이 누리고 있다.

여성고용 확대에 대해 성차별 철폐라는 규범으로만 접근할 경우, 기업은 이에 대해 소극적으로 대응하거나 면피성 겉치레만 하고 실제로는 회피하는 방식으로 대응하는 경향이 발생할 수 있다. 대표적인 여성 임원을 앞세워 기업 이미지 홍보에 활용하는, 포장만 여성친화 기업이 되는 것이다. 기업이 진정성을 갖고 여성고용을 확대하기 위해서는 여성고용과 실제 기업성과 간에 긍정적 관계가 존재한다는 것을 확인하는 것이 가장 강력한 현실적 동기가 될 것이다. 이 연구는 그 증거를 보여준다.

데이터 업무 많아 여성의 역할 공간 확대

나아가 살펴봐야 하는 것 중 하나가 산업의 큰 흐름이다. 지금 전개되고 있는 4차 산업혁명기 시대에는 일의 대상이 '데이터'인 경우가 많아진다. 데이터 사이언스와 분석 능력이 주목받는 이유다. 농업혁명·산업혁명·정보혁명을 거치면서 경제활동은 인간의 지적 능력을 보다 많이 활용해 효율성을 높이는 방향으로 전개됐다. 근력보다는 기계장치와 자동화 설비, 로봇의 활용이 많아지고 있다. 평균적으로 남성보다 근력이 약한 여성이 경제활동에서 남성과 대등해질 수 있는 물리적 조건이 개선되고 있는 셈이다.

다음은 시장의 변화다. 고객의 니즈는 갈수록 까다로워지고 시장은 세분되고 있다. 인간의 감정을 읽어내고 정밀한 데이터 분석을 통해 주도면밀하게 시장이 필요로 하는 것을 파악하는 고도의 능력이 요구한다. 이러한 시장의 변화는 여성에게 더 큰 기회가 될 것이다. 예를 들어 건설업은 전통적으로 남성적인 문화와 노동을 요구하는 산업이지만, 최근 고도의 감수성을 요구하는 설계와 디자인에서 여성의 활약이 두드러지고 있다.

─────── '스템' 분야에선 뽑고 싶어도 여성 드물어

한국 여성들의 전반적 고등교육 수준은 이미 남성을 앞질렀지만, 기업이 요구하는 과학·기술·엔지니어링·수학과 같은 소위 스템(STEM) 분야는 여성 전공자가 적다. 이들 분야에 여성 전공자들이 많아야 기업이 '뽑고 싶어도 뽑을 수 없는 상황'이 개선된다. 산업 변화에 맞는 좋은 일자리 기회를 보다 많이 갖기 위해서는 여성의 이공계 진출이 확대돼야 한다.

시장질서의 원칙을 벗어난 효율적 경영은 어렵다. 『차별의 경제학』으로 유명한 게리 베커 교수는 노동시장에서 능력과 관계없는 차별을 하는 기업은 스스로 비싼 비용을 지불하거나 경쟁에서 도태됨으로써 시장이 균형을 이룬다고 했다. 능력과 일할 의욕이 있는데 여성이라는 이유로 기회가 주어지지 않는다면 기업은 인적자본 손실을 본다. 기업의 리더는 고용상 차별을 하지 않는 것이 합리적 선택이다. 성과를 추구하는 경영자라면 여성인재의 고용에 적극적으로 나서야 한다.

[그림 5-16] 여성고용, 통념에 대한 질문과 진실

통념	질문과 진실
많이 채용하고 싶어도 필요한 전공분야 지원자가 적다.	먼저 일자리 기회를 주는 곳은 기업 아닌가? 수요가 지속되면 전공자 공급도 늘어날 것이다.
근무환경이 열악하여 여성이 일하기 힘들다.	열악한 환경은 남성에게도 힘들지 않을까? 근무환경 개선은 남녀 모두 필요하다.
임신, 출산, 육아로 휴직과 퇴사가 많다.	다음 세대는 누가 이어가는가? 저출산으로 일할 사람이 줄면 기업도 힘들어진다.
여성은 야근 등 초과근무를 회피한다.	초과근무의 생산성은 어떤가? 야근은 누구에게나 힘들다.
기존 남성 인력과 어울려 일하기 힘들다.	변해야 할 남성중심 문화는 없는가? 팀워크는 다같이 만드는 것이다.
여성은 감정적이고 예민하다.	그렇지 않은 여성도 있고 그런 남성도 있지 않은가? 성별보다 개인차에 집중하자.
여성은 조직에서 성장하려는 포부가 작다.	여성에게 승진 기회와 리더십을 기를 기회가 충분했는가? 기회가 있어야 포부도 생긴다.

자료: 동국대 경영학과 성상현 교수.

인력 다양성, 페널티인가 보너스인가

다양성은 기업에 페널티가 되기도 하고 보너스가 되기도 한다. 차별 해소와 공정성 확보는 기업이 해야 할 올바르고 가치 있는 활동이라는 규범으로만 접근할 경우 다양성은 기업에 피로감을 불러오는 페널티가 되기 쉽다.

반면, 다양성이 신시장 개척과 신제품 개발, 구성원 간 상호학습, 경제적 이익 등 경영성과를 높이는 데 기여한다고 보고 진정성 있게 다양한 인력을 확보하여 관리할 경우 다양성은 보너스가 될 수 있다(스콧 페이지, 『다양성 보너스』).

성별과 나이·배경 등 다양성으로 인한 인지 방식의 차이는 다양한 관점과 풍부한 아이디어의 원천이다. 다양성은 창의성의 기반이 되고 서로 다른 인적 네트워크와 시장 발굴 기회를 제공한다. 그러나 다양성의 이점은 다양성이 존재한다고 저절로 발휘되지 않는다. 서로 다른 차이로 인한 차별을 방지하고 갈등을 관리하는 체계적인 '다양성 관리'를 통해 상호 존중하고 포용하는 조직문화를 갖춰야 한다. 세계적 기업들이 저마다 '다양성과 포용'을 기치로 내걸고 있는 이유다.

10 기업·노동 고래 싸움이 자영업자 과잉경쟁 촉발했다[10]

누가 자영업의 위기 불렀나

코로나19의 습격으로 자영업이 치명타를 입고 있다. 하지만 코로나19는 이미 궁지에 몰릴 대로 몰린 자영업에 결정타를 날렸을 뿐이라는 사실을 간과하지는 말자. 혹여 코로나19에 가려 자영업을 궁지로 몰아넣은 원천적인 이유가 묻혀버려서는 곤란하다. 자영업을 살리는 해법을 찾기 위해서는 정확한 이유를 먼저 알아야 하기 때문이다. 자영업을 빈사 상태로 몰고 간 진짜 이유는 무엇일까.

그 이유는 요컨대 진보·보수를 불문한 역대 정부의 자영업 홀대 정책에서 비롯된다. 더 쉬운 말로는 '왕따'라고 해도 좋다. 자영업이 어려울 때마다 정치권과 정부에서 자영업을 지원하는 정책들을

---

10 [권순우] 중앙일보_기업·노동 고래 싸움이 자영업자 과잉경쟁 촉발했다_2020 0915.

봇물 터트리듯 내놓았는데 웬 말인가. 하지만 이런 정책들은 다분히 보여주기식 미봉책에 불과할 뿐, 그 뒤에서는 오히려 자영업을 구조적으로 궁핍하게 한 정책들이 일관되게 추진된 게 현실이다.

자영업 왕따의 연원은 멀리 1980년대까지 거슬러 올라간다. 당시 노동환경은 열악했다. 특히 임금 노동자의 노동환경이 심각하게 열악했다. 이런 배경에서 1987년 대통령 직선제를 계기로 시작된 소위 '87년 체제'는 임금 노동자의 노동환경을 획기적으로 개선하는 분수령이 됐다. 30년이 지난 지금 임금 노동자의 노동환경은 괄목상대하게 개선됐다.

그런데 문제가 생겼다. 임금 노동자의 노동환경 개선 과정이 비임금 노동자, 즉 자영업자의 사업환경에는 독이 되는 예기치 않은 부작용이 발생했다. 임금 노동자의 노동환경 개선 과정은 필연적으로 생산요소로서 자본과 노동 중 노동의 사용 비용이 높아지는 것을 의미한다. 높아진 노동비용에 기업은 앞다투어 노동의 사용을 줄이고 대신 자본의 사용을 늘리는 노동 절약적 생산체제 구축으로 대응했다. 노동 절약적 생산은 제조업에서 특히 심하게 나타났다. 1980년대까지만 해도 급증하던 제조업 임금 노동자는 '87년 체제'가 자리 잡은 1990년대 들어 갑자기 감소세로 돌변했다.

경직적 노동시장의 필연적 결과

이후 제조업 고용의 부진은 장기간에 걸쳐 굳어졌다. 그 현상이 얼마나 심했는지 30년이 지난 지금의 제조업 종사자 수가 30년 전 제조업 종사자 수보다 오히려 적을 정도다. 아무리 제조업이 노동의 사용을 줄이는 자본 집약적 발전을 했다 하더라도 그동안 엄청나게 확대된 제조업의 양적 성장을 고려하면 이해하기 어려운 현상이 아닐 수 없다.

[그림 5-17] 국내 제조업 취업자 수 추이

(단위: 명)

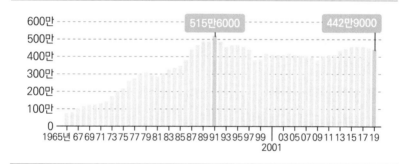

특히 기업 규모가 클수록 노동 절약적 생산은 더욱 심했다. 종업원 250인 이상 대형 기업에서 일하는 종사자 비중이 경제협력개발기구(OECD) 국가 중 거의 꼴찌 수준이다. 제조업과 대기업을 중심으로 임금 노동자는 노동환경 개선을 끊임없이 도모했고 그 과정에서 노동시장은 경직되었으며, 기업은 그것을 명분 삼아 앞다투어 과소 고용과 과잉 노동으로 대응한 결과다.

[그림 5-18] OECD 국가 대기업 종사자 비중

(단위: %)

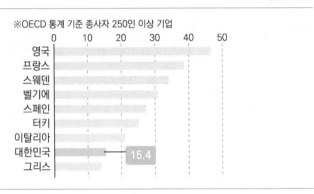

임금 노동자 시장의 과소 고용은 비임금 노동자 즉, 자영업자의 과잉을 의미한다. 그래서 한국의 자영업 종사자 비중은 선진국이라고 할 만한 나라 중에서는 가장 높다. 내수시장은 좁은데 자영업자는 이렇게 많으니 자영업은 원천적으로 과잉 경쟁에 시달릴 수밖에 없다. 결국 임금 노동자와 기업이 자신의 이익을 위해 각자도생하는 사이 그 유탄을 자영업자가 맞은 것이다. 자영업이 처한 이런 어려움에 역대 어느 정부도 근본적 해결책을 고민하지 않았다. 오히려 서민 물가 안정을 명분으로 자영업자가 생산하는 품목이나 서비스 가격 상승을 억제하는 반(反)자영업 정책을 펴기까지 했다.

그러면서 자영업은 가랑비에 옷 젖듯 점점 열악한 처지로 전락해 갔다. 유감스럽게도 정규직 임금 노동자의 권익 향상 시기는 자영업자와 잠재적 자영업자로서 비정규직 임금 노동자 수난의 시기가 돼 버렸다. 그리고 최근 몇 년간의 최저임금 급등은 그 절정의 모습을 보여줬다. 요컨대 자영업은 민주화가 시작된 '87년 체제' 아래서 자영업 과잉 현상이 본격화됐고, 수출주도형 성장과 물가안정이라는 정부 정책에 발목 잡혀 경제성장의 과실을 제대로 분배받지 못했으며, 드디어 최저임금 급등에 결정타를 맞으며 빈사 상태에 빠지고 말았다.

자영업이 살아야 한국경제 살아

이렇게 노동과 자본 간의 고래 싸움에 새우 등 터진 자영업 종사 인구가 1,000만 명을 넘는다. 자영업자와 무급 가족종사자, 자영업에 고용돼 일하는 임금 노동자를 합한 수치다. 전체 취업자의 40%가 일하고 있는 자영업 부문이 빈사 상태니 한국 경제가 좋을 리 없다.

1,300만 정규직 임금 노동자만큼이나 1,000만 자영업 관련 종사자도 중요하다. 그러니 이제는 자영업 차례다. 1960년대 이후 1980년대까지의 30년이 기업 친화적 환경이었고, 1990년대 이후 30년이 임금 노동자 친화적 환경이었다면 이제부터는 자영업 친화적 환경이 조성되어야 한다. 그 시작은 자영업의 등을 터트린 노동과 자본 간 고래 싸움을 개혁하는 데서 비롯돼야 한다. 마침 노동개혁과 기업개혁은 한국경제 전체의 미래를 위해서도 꼭 필요한 것인 만큼 일석이조다. 플랫폼 노동자 등 전에 없던 자영업 종사자들이 크게 늘어나고 있어 환경적으로도 자영업 정책 변화의 적기이기도 하다.

자영업을 살리기 위한 해법으로서 개혁의 과제는 이해관계가 첨예하다. 자칫 진보와 보수의 진영논리에 의해 양쪽에서 모두 배척당할 수 있다. 하지만 자영업은 진보와 보수 어느 진영에도 속해 있지 않은 그저 왕따의 존재일 뿐이다. 그래서 자영업을 살리는 해법에는 진영논리가 비집고 들어와서는 안 된다.

2020년 지금 자영업은 한국경제 소득 양극화의 진원지이자 낮은 생산성의 발원지다. 한국경제의 아킬레스건이다. 자영업의 생산성 향상과 소득 개선 없이는 한국경제는 건강한 선진 경제의 모습을 갖출 수 없다. 자영업이 살아야 한국경제가 살 수 있다. 자영업의 업그레이드 없이는 한국경제의 업그레이드도 없다.

노동 개혁하고 고용행태 바꿔야 일자리 가뭄 해소

노동과 자본의 고래 싸움에 새우 등 터진 것이 자영업 수난의 본질이다. 따라서 자영업 문제를 근본적으로 풀려면 고래 싸움에 개입해야 한다. 즉 노동개혁과 기업개혁이 필요하다.

우선 노동개혁은 정규직 임금 노동자의 이해관계에 경도돼 있는 노동시장 제도를 수정해 자영업 관련 종사자의 이해관계를 반영하는 방향으로 제도 개혁이 이루어져야 한다. 일례로 임금 노동자 일자리 확대에 결함이 있는 경직적인 노동시장 구조나 최저임금 인상 정책 등은 정규직 임금 노동자에게는 유리하지만, 자영업자에게는 불리하다. 경직된 노동시장 구조를 개선하고 생산성에 기반을 둔

임금 결정이 이루어지도록 하는 제도 도입이 자영업을 위한 노동개혁 방향이다.

기업개혁은 '250인 이상 대형 기업 종사자 비중의 OECD 평균 수준 달성'을 목표로 하는 기업정책 개혁이 필요하다. OECD 국가 꼴찌 수준인 이 비중이 OECD 평균 수준만 되어도 대형 기업 일자리가 200만 개 이상 늘어나고 그 과정에서 자영업 종사자 비중은 크게 낮아져 자영업 과잉현상은 해소될 수 있다. 이 목표 달성을 위해서는 기업정책의 중심축을 보호와 규제에서 지원과 경쟁으로 이동시키는 개혁이 필요하다. 여기에 더해 경직된 노동시장을 명분 삼아 경쟁적으로 과소 고용과 과잉 노동으로 대응해온 기업 고용 행태를 개혁하는 일도 병행돼야 한다.

자영업 해법으로서 노동개혁과 기업개혁 과제는 이해 관계자가 첨예하게 대립해 있어 해법의 실타래를 풀기 어렵다. 이를 푸는 과정은 각 세력이 각자의 권리를 주장하는 것에 상응하는 만큼의 사회적 책임 의식을 가지는 것에서 출발해야 한다. 노동계는 정규직 노동자보다 열악한 위치에 있는 자영업자와 비정규직 노동자에 대한 사회적 책임 의식을 가져야 하고, 기업은 고용에 대한 사회적 책임을 의식해야 한다. 자영업자 역시 한국경제 저생산성의 진원지에서 벗어나려고 노력해야 한다. 여기에 더해 정부와 정치권은 정치적 이해관계보다 한국경제의 이익을 앞세우는 국가적 책임 의식을 가져야 한다.

자영업이 살기 위한 문제를 풀어나가는 과정은 한국의 정치·경제·사회가 질적으로 한 단계 더 성숙해 가는 과정에 다름 아니다.

CHAPTER

06

부동산과 주택 공급

01 집 공급해 세입자·집주인·정부 모두 이익 보는 구조[1]

전세가 흔들리면 안 되는 이유

주택 매매시장이 좀 진정되는 듯하더니 전세가가 폭등하고 매물이 없어 많은 사람에게 고통을 주고 있다. 그런데 전세가가 쉴 없이 오르는 것은 이번이 처음이 아니다. 글로벌 금융위기 이후 2009년 2월에서 2018년 3월까지의 110개월 중 105개월간 서울 아파트 전세가 지수가 올랐다. 특히 2015년까지는 매매시장이 침체해 '하우스푸어' 문제가 골칫거리였지만, 전세는 강한 상승세였다.

당시 집값은 계속 하락한다는 전망이 퍼졌다. 집주인들은 미래의 자본이득을 기대하고 당장 들어오는 돈이 없는 것을 견디기 어려웠다. 세입자들 역시 집값이 내려갈 것 같으니 집을 사기보다 전세

---

1 [손재영] 중앙일보_집 공급해 세입자·집주인·정부 모두 이익 보는 구조_2020
   01229.

를 선호했다. 공급이 줄고 수요가 늘었으니 전세가가 오를 수밖에 없었다. 그런 가운데도 월세 매물은 많이 나왔고, 많은 중산층 무주택자에게 집을 사는 것이 불가능한 선택지가 아니었다. 한 특집기사 제목처럼 "누가 집 사나, 전세 살면 되지"였다. 자가든 임차든 자신에게 맞는 대안을 스스로 선택했으므로 전세난이 정치 사회적으로 큰 쟁점이 되지 않았다.

전세가가 오르고 매물이 없다는 점은 같지만, 과거와 현재의 전세난에는 뚜렷한 차이가 있다. 이번 전세난의 특징은 매매가가 떨어지지 않으면서 전세가가 급등하며, 전세뿐 아니라 월세 매물도 줄었다는 점이다. 혹자는 저금리가 전세난의 원인이라고 주장하지만, 10년 전이나 5년 전이나 계속 저금리였는데 왜 지금 갑자기 전세난을 유발했는지 설명할 수 없다. 또 박근혜 정부 때의 금융규제 완화나 공급 감소를 지목하기도 하지만, 문재인 정부가 출범한 지 3년 6개월이 넘는 시점에서 전 정부를 탓하기는 낯 뜨겁다. 현재의 어려움은 전적으로 이 정부의 책임이다. 주택공급을 등한시한 것도 문제지만, 더 큰 문제는 반시장적인 정책을 쏟아내 주택시장 생태계를 심하게 교란했다는 점이다.

현 정부 주택시장 생태계 교란해

주택시장은 지역별·유형별·규모별·가격대별 하위시장들로 나뉘지만, 이 하위시장들이 전후좌우로 연결되는 복잡한 그물망이다.

소비자들은 주택시장 여기저기를 탐색하고, 자가·전세·월세 등 점유형태도 달리하면서 각자의 능력과 필요에 맞는 보금자리를 꾸린다. 여기에 임대주택 공급자나 주택 개발사업자들의 활동이 또 다른 변수들로 개재된다. 이 복잡한 그물망이 약 2,000만 호의 주택과 거의 같은 수의 가구가 서로 짝을 찾아가는 주택 생태계이다. 시장에 가해지는 외부 충격들은 주택 생태계를 흔들어 기존의 균형을 깨뜨린다. 생태계를 크게 흔들어 놓으면, 그 파장과 반작용이 중첩되므로 언제 새로운 균형에 도달할지, 그 과정에서 어떤 일이 벌어질지, 새로운 균형이 어떤 모습일지를 예측하기는 쉽지 않다. 이런 점에서 주택시장 생태계가 자연 생태계와 유사하다.

이런 주택시장 특성을 무시한 결과 정부의 주택대책들이 두더지 잡기가 되어 버렸다. 분양가 상한제를 하니까 로또판이 벌어지고, 재건축 규제를 강화하니 신축 아파트 가격이 한없이 오른다. 주택대출을 막으니 현금 부자만 이익을 보고, 비싼 집 팔라고 세금을 올린 결과 살지도 팔지도 못하는 고령 은퇴자들이 눈물을 흘린다. 주택임대차 시장에서는 세입자들이 계약갱신청구권을 행사함에 따라 매물이 출회되지 않고, 집주인들은 4년 치 전세를 미리 올리거나 아예 임대시장을 떠난다. 다주택자는 너무 오르는 세금을 내기 위해 임대료를 올려야 한다.

전세난은 전세 시장만의 문제가 아니다. 임대사업자에 대한 규제는 물론, 다주택자에 대한 중과세, 고가주택에 대한 금융제한, 재건축 규제가 모두 서로 영향을 주고받는다. 계약갱신청구권이 전셋집의 공급과 수요를 같은 수만큼 줄이므로 시장에 미치는 영향이 없다는 주장은 이 점에서 틀렸다. 임대인과 임차인이 새로운 제도에 적응하고 시장의 혼란이 가라앉기까지 몇 년이 걸릴 수 있으며, 새로운 균형이 과거와 같을 수 없다. 예컨대, 7·10 대책의 여파로 연말까지 최대 50만 개의 임대주택 등록이 말소된다. 그중 상당수는 임대시장에서 퇴장할 것이다.

정책 되돌리지 않으려 무리수 거듭

전세가가 한없이 오를 수 없지만, 그렇다고 전세난 이전으로 돌아갈 수는 없다. 오른 가격이 유지되고, 월세 계약의 비중이 높아지면서 세입자들의 주거비 부담이 커질 것이다. 2015년 기준 한국의 가처분소득 대비 주거비 지출 비중은 15%로 경제협력개발기구(OECD) 평균 20%보다 낮다. 그 이유 중 하나가 전세제도의 존재이다. 실제로, 한국개발연구원(KDI) 송인호 박사가 2010년 기준으로 주택 점유형태별 중위소득 대비 주거비 지출 비중을 연구한 결과, 전세가 6%로 가장 낮았고 자가가 9.4%, 월세가 16.3%로 가장 높았다. 전세와 월세 부담 차이가 무려 10%포인트에 달한다.

다른 나라에 없는 우리 전세제도는 세입자·집주인·정부 모두에게 좋은 제도였다. 세입자는 월세 부담 없이 집을 빌려 썼고, 집주인은 적은 돈으로 집을 사서 시세차익을 누릴 수 있었다. 정부는 수백만호의 임대주택을 공급하는 수고를 덜었다. 그러나 '빵'과 '주택'이 다른 줄 몰랐던 우격다짐 주택정책들의 여파로 전세의 수명이 단

[그림 6-1] 서울 강북 아파트의 매매가 대비 전세가 비율

(단위: %, 전년 대비)

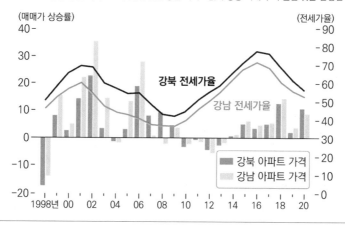

※이 비율이 항상 강남 아파트보다 높은 것은 강남 아파트값의 상승 기대가 더 높은 것을 반영한다.

자료: KB국민은행.

축되고 있다. 집주인들은 세금을 내기 위해 월세로 전환하면서 임대료를 대폭 올리거나 아예 주택임대에서 손을 뗄 것이다. 세입자들은 부담스러운 월세를 매달 내게 되고, 정부는 민간임대 주택이 줄어드는 만큼 예산과 금융지원을 늘려야 한다.

한번 내놓은 정책을 되돌리지 않으려고 더 큰 무리수를 두곤 하는 정부의 성향으로 볼 때, 신임 국토교통부 장관이 임대차법 개정에 앞장서길 기대하기 어렵다. 설사 임대차법을 크게 수정한다고 해도 훼손된 주택시장 생태계가 금방 회복되기 어렵다는 게 더 큰 고민이다. 11·19 전세대책이 나왔지만, 정부의 공급 호수는 민간에서 사라지는 물량에 비해 코끼리 비스킷일 뿐이다. 결국 전세난이 심화될 가능성이 크다. 전세가가 오를 뿐 아니라 전세제도 자체가 퇴출

당하면서, 이제는 세입자·집주인·정부 모두 월세 세상을 염두에 두고 의사결정을 해야 할 때가 왔다.

조선 시대로 거슬러 올라가는 전세의 경제학

전세는 우리나라만의 독특한 부동산 임대차 제도로 조선 시대 말기에 돈을 빌려준 사람이 채권확보를 위해 채무자의 주택을 점유하던 관습에서 발전된 것이라 한다. 다른 나라에서 전세제도를 찾을 수 없는 이유는 우리나라만의 독특한 조건이 아니고서는 전세의 경제적 합리성이 낮기 때문일 것이다.

전세제도의 첫 번째 조건은, 주택금융의 낮은 발전 단계다. 만약 금융기관들이 주택담보 대출을 쉽게 해 준다면, 집주인이 굳이 전세를 통해 목돈을 조달할 필요가 없다. 공식 금융기관의 문턱이 높아서 주택 소유자가 자금을 조달하기 어려울 때 전세가 효용을 갖는다.

두 번째 조건은, 꾸준한 주택가격 상승이다. 전세 보증금을 활용한 이자 등의 소득이 월세를 대신하는 집주인의 수입이다. 그런데 보증금이 집값의 50%라고 가정하면, 집을 팔고 그 돈으로 이자를 받는 것이 전세 놓는 것 보다 두 배 이득이다. 집주인이 일견 손해 보는 듯한 거래를 하는 이유는 집값이 오를 때 거둘 수 있는 시세차익 때문이다.

만약 집값이 오르지 않을 것이 확실하다면 전세가가 매매가보다 높아질 것을 예상할 수 있다. 세입자는 보증금의 기회비용만 포기할 뿐이지만, 자가 거주자는 매매가의 기회비용에 덧붙여 감가상각·세금 등을 모두 부담하기 때문이다. 양자의 주거비 부담이 같아지는 균형에 도달하려면 전세가가 매매가보다 높은 수준에서 정해져야 한다. 그렇지 않으면 누구나 전세를 들려고 하고, 전세가가 계속 오르게 된다.

실제 주택시장에서 거의 언제나 매매가가 전세가보다 높게 형성되는 이유는 집값이 오를 것이란 기대가 있기 때문이다. 서울 강북 아파트의 매매가 대비 전세가 비율(전세가율)이 항상 강남 아파트보다 높은 것은 강남 아파트값의 상승 기대가 더 높은 것을 반영한다. 또 글로벌 금융위기 이후 2015년까지 전세가율이 높아진 것은 집값이 오르기 힘들 것이란 당시의 전망을 반영한다. 그때 서울 강북의 전세가율이 거의 80%에 육박하자 전세시대가 저물었다는 진단이 많이 나왔지만, 다시 집값이 오르면서 전세가율이 내렸다.

현재 전세가가 급등하면서 전세가율이 다시 높아질 전망이지만, 이는 시장의 논리가 아니라 정책 실패의 탓이라 해야 할 것이다.

02 저금리와 과도한 대출 규제가 집값 상승 도화선 됐다[2]

───── 가계 대차대조표로 본 부동산 시장

온 나라가 부동산 문제로 시끄럽다. 도대체 얼마나 오른 걸까. KB 주택가격 동향 자료에 나타난 전국과 서울 아파트 매매가격 지수의 시계열 추이를 보자. 1998년을 100으로 설정했다. 이를 역대 정부별로 수치화할 수도 있다. 연평균 아파트 가격 상승률이 가장 높았던 시기는 김대중 정부 시절이다. 그다음이 노무현 정부, 그리고 현 문재인 정부다. 이명박 정부 때는 전국 아파트 가격은 소폭 상승했지만 서울과 강남의 아파트 가격은 오히려 하락했다. 박근혜 정부 시절은 2%를 조금 상회하는 수준으로 지역과 관계없이 균등한 상승률을 보였다.

───────────────

2 [안동현] 중앙일보_저금리와 과도한 대출 규제가 집값 상승 도화선 됐다_2020 0908.

과거와 비교해 이번 정부 들어 가장 눈에 띄는 차이는 전국 아파트 가격 상승률 대비 서울이나 강남 아파트 가격 상승률이 역대 어느 정부보다 높다는 점이다. 전국 아파트 가격은 2.4% 오르는 동안 서울 아파트 가격은 연 8.3% 상승해 3.49배 더 올랐다. 과거 아파트 가격이 가장 많이 상승했던 김대중 정부나 노무현 정부에서는 이 수치가 각각 1.45배와 1.59배에 그쳤다. 가격 상승이 수도권에 집중되면서 지역적 편차가 커졌다는 의미다.

그러면 부동산 가격이 왜 이렇게 폭등했을까. 부동산 대책이 부족했는가? 그렇지 않다. 그동안 나온 부동산 대책만 23차례였다. 석 달에 두 번꼴로 나온 셈이다.

정책은 크게 네 방향으로 진행되었다. 첫째는 조정대상 지역이나 투기지역, 투기과열지구로 지정해 전매 제한 및 분양가 상한제를 적용했다. 이와 함께 주택담보대출비율(LTV)·총부채상환비율(DTI)·총부채원리금상환비율(DSR) 규제를 통한 대출억제 대책이 8번이나 거듭됐다.

둘째는 양도세나 종부세 등 세제를 강화한 대책이 9번에 달했다. 여기에 공시가격 대폭 상향 조정으로 과표기준 자체가 상향된 것을 고려해야 한다.

셋째는 주택 공급 확대였는데 횟수로는 8번이지만 청년이나 신혼 주거용을 포함해 공급량이 중복으로 발표된 부분이 있고 이 중 적지 않은 분량이 공공 임대 아파트다. 최근 들어 3기 신도시 정책과 2020년 8월 4일 공급대책을 통해 본격적으로 공급을 늘리겠다고 했지만 뒤늦은 감이 있다. 여기에다 임대차보호법도 있었다.

금리 낮으면 돈 빌려 집 사는 게 유리

이렇게 강력한 대책에도 불구하고 부동산 가격이 폭등한 가장 큰 이유는 저성장으로 인해 이자율이 낮아진 점이다. 김대중 정부 이후 우리나라 성장률은 추세적으로 하락해 왔고 이에 따라 금리 역시 점진적으로 하향 조정돼 왔다. 금리가 낮아지면 가계의 대차대조표에는 두 가지 효과가 생긴다. 자금의 출처를 보여주는 대변의 부채와 자본 쪽에는 차입에 따른 조달비용이 하락해 차입이 용이해진다. 그러나 자산의 운용을 나타내는 차변의 예금이나 채권은 수익률 저하로 위험자산 쪽으로 옮겨가게 된다. 대표적인 위험자산은 부동산과 주식인데 우리나라는 주식의 위험 프리미엄이 장기적으로도 +값을 보이지 않기 때문에 대부분 부동산으로 옮겨가게 된다. 위험 프리미엄, 즉 이자율 대비 주택가격의 기대수익률이 양의 값을 갖는 한 차입을 통해 부동산을 매입하는 것이 합리적이다.

이 문제를 더 깊숙이 살펴보자. 먼저 자금의 조달을 나타내는 대변 항목에서 정부가 LTV·DTI·DSR 등 주택 담보부 대출을 제어하면 부동산 가격이 잡힐 것으로 예상하지만, 여기에는 커다란 구멍이 있다. 우리나라에는 전세라는 독특한 부동산 금융이 존재하기 때문이다.

2017년 거듭 LTV 낮춘 게 결정적 패착

⟨표 6-1⟩ 역대 정부 아파트 가격상승률 및 주요 경제지표

(단위: %)

	아파트 가격 상승률			연평균 아파트 가격 상승률			연평균 경제 성장률	연평균 물가 상승률	평균 정책 금리
	전국	서울	강남	전국	서울	강남			
김대중	42.5	66.1	84.3	7.3	10.7	13.0	7.07	2.76	4.62
노무현	32.8	55.7	65.9	5.8	9.3	10.7	5.04	2.91	4.00
이명박	15.2	-4.5	-6.9	2.9	-0.9	-1.4	3.03	3.16	1.92
박근혜	9.9	10.5	11.9	2.3	2.5	2.8	3.13	1.25	1.92
문재인	7.7	28.5	30.6	2.4	8.3	8.8	0.93	0.58	1.38

※ 연평균 경제성장률: 분기별 실질GDP성장률 데이터 활용. 대통령 취임년도 2분기부터 퇴임년도 1분기까지의 값을 이용해 산출
※ 그 외 월별 데이터 활용. 대통령 취임년월부터 퇴임년월까지의 값을 이용해 산출
※ 정책금리 평균: 월별 정책금리단순평균

전세가와 아파트 가격의 차이는 갭 투자자 입장에서 일종의 '그림자 LTV(Shadow Loan to Value)' 비율이 된다. 10억 원 짜리 아파트를 차입을 통해 구매하는 경우를 가상해 보자. LTV 규제가 50%라면 (추가로 DTI나 DSR 규제를 만족할 경우) 은행으로부터 주택 담보부 대출을 5억 원까지 차입할 수 있다. 반면에 전세가가 6억이면 전세를 통해 자기자본 4억 원으로 주택을 살 수 있다. 이 경우 그림자 LTV 비율은 60%고 은행 차입을 통한 LTV 비율은 50%가 되는 셈으로 정부의 LTV 규제가 무력화된다.

KB 주택가격 동향이 전세가를 집계한 2011년 6월부터 2019년

9월까지 서울과 전국의 전세를 통한 LTV 비율을 보면 알 수 있다. 서울의 경우 이 비율은 50% 미만에서 시작해 2012년 중반부터 2015년까지 급격히 상승하기 시작한다. 이 시기는 가격의 추가 하락에 대한 우려로 주택을 사기보다는 전세를 선호했고 더군다나 이자율이 하락하면서 전세가가 상승하던 시기였다. 이 그림자 LTV 비율은 2016년 중반 75% 가까이 치솟는다. 당시에는 LTV 상한선이 70%였다. 그런데 2017년 6·19대책 및 8·2대책을 통해 조정대상 지역이나 투기과열지구의 경우 이 비율을 60%나 40%로 낮췄다.

[그림 6-2] 아파트 매매 대비 전세 가격비율

(단위: %, 아파트 100 대비)

자료: 안동현 교수.

바로 이 부분이 갭 투자를 불러온 중대한 패착이었다. LTV 상한선을 그림자 LTV 아래로 낮추면서 오히려 전세를 통한 자금조달을 부추기게 된 것이다. 은행을 통해 차입할 경우 매입 후 실거주하는 사람이나 세를 놓는 사람이 공존하게 된다. 즉 실수요와 투기 및 '패닉바잉' 수요가 섞여 있다. 반면에 전세를 통해 매입할 경우 애초에 매입자는 실거주할 수 없다. 따라서 전세를 통한 구매는 가격 상승 기대감이나 우려로 인한 성격의 수요일 수밖에 없다. 은행을 통한 차입을 제한해 전세 매입 쪽을 부추기면서 이미 투기가 성행하고 있는 조정대상 지역이나 투기과열지구에 오히려 투기적 성격의 수요를 더 부채질한 꼴이 된 것이다. 전형적인 '규제의 역설'이다.

> LTV 시세 중 대출금액이 차지하는 비율을 나타내는 담보인정비율 (Loan to Value Ratio). LTV 규제는 이 LTV 비율의 상한선을 규제하는 비율로 원래는 은행의 건전성을 규제하기 위해 도입되었다.
> 예를 들어 LTV 상한선을 70%로 설정할 경우 담보물인 주택가격이 30% 이상 하락하지 않는다면 원금 상환에 문제가 발생하지 않는다. 그러나 최근에는 주택 담보부대출의 총량규제 측면에서 활용되면서 상한선을 낮춰 신규대출을 억제한다. 현재 상한선은 비규제지역은 70%, 조정대상 지역은 9억 원 이하 50%, 9억 원 초과 30%, 투기과열지구의 경우 9억 원 이하 40%, 9억 원 초과 20%, 15억 원 초과는 대출이 불가능하다.

'맏아들' 제치고 '부동산'이 확실한 노후대비가 된 현실

이번엔 가계의 대차대조표 차변 항목 쪽을 보자. 현재 고령화로 60세 이상 인구가 21.6%에 이른다. 이들 중 대부분이 은퇴자들인데 이들이 국민연금이나 개인연금 등을 수령해 생계를 유지하는 것은 불가능하다.

대부분 그동안 벌어놓은 재산으로 노후 생활을 영위해야 한다. 순자산의 분포는 연령대가 높아질수록 넓어질 수밖에 없다. 일생의 소득이 누적된 결과이기 때문이다. 그렇다 보니 극빈층도 많지만, 상대적으로 부유층도 많을 수밖에 없다.

그런데 이자율이 하락하면서 10억 원을 예금해도 이자가 한 달에 100만 원이 채 안 된다. 이러니 부유층도 위험을 감수하고 자영업에 뛰어들든지 아니면 추가로 부동산을 매입해 임대수익을 추구할 수밖에 없다. 여당 소속의 한 시장이 주택을 9채 소유한 것이 밝혀지자 "노후를 대비하기 위해"라고 실토한 것이 현실이다. 공적연금이 제 기능을 못 하는 작금의 현실에서 노후 대비는 과거의 '맏아들'이 아니라 이제 '부동산'이 된 것이다. 이러한 수요는 대출을 억제한다고 잠재우기 쉽지 않다.

이렇게 가계의 대차대조표 양쪽을 분석해 보면 부동산 금융 규제가 왜 효과가 제한적이었는지 파악할 수 있다. 초저금리 시대에 대응해 주택 담보부 대출을 제약하는 '거시건전성 규제(macro-prudential regulation)' 정책이 많이 피력되었으나 이에는 분명한 한계가 있고 심지어는 오히려 투기를 조장할 수도 있다는 뼈아픈 교훈을 남긴 것이다.

03 강남 규제, 특목고 폐지, 저금리가 서울 집값 올렸다[3]

────── **부동산 대책, 무엇이 문제였고 어떻게 풀 것인가**

최근 우리 경제의 가장 큰 화두는 부동산이다. 서울 강남 주택 가격을 기준으로 보면 2015년 저점에서 상승하기 시작해 2017년 현 정부 출범 시점을 전후로 2006년의 전 고점을 돌파했다. 이후 가파 르게 상승해 현재 2015년 대비 약 40% 정도 오른 상태다.

경제학에서 버블에 대한 입장은 명확하다. 버블 자체가 문제가 아니라 버블이 터진 후 뒤이은 경기침체나 금융위기 등 피해가 우려 의 핵심이다. 특히 최근 미국 프린스턴대 브러너마이어 교수와 독일 막스프랑크연구소 슈나벨 교수는 지난 400년간 발생한 모든 버블에 대한 분석을 토대로 시사점을 제시했다. 버블에 대한 대책은 크게

───────────

3 [안동현] 중앙일보_강남 규제, 특목고 폐지, 저금리가 서울 집값 올렸다_2020 0108.

버블을 인위적으로 터트리는 정책인 '프리킹(pricking, 찌르기)'과 시장에서 자연적으로 터지게 놔둔 후 이를 수습하는 정책인 '클리닝(cleaning, 뒷수습)'으로 분류된다. 프리킹은 버블을 확신할 수 있고 초기 상태이거나 터지면 그 피해가 국소적이며 규모가 크지 않을 때 효과적이다. 반면 클리닝은 버블에 대한 확신이 없거나 이미 개입하기에는 너무 늦은 경우에 해당하며 만약 그 피해가 전방위적이고 규모가 크다면 연착륙 유도를 통해 피해를 최소화하고 뒷수습을 하는 정책을 말한다.

프리킹도 과거에는 거시건전성 규제 하나만 강조됐지만, 금융위기 이후에는 통화정책이 새로운 대안으로 부상하고 있다. 거시건전성 규제는 버블이 발생한 자산시장만 겨냥할 수 있다는 장점이 있지만, 시의성에 문제가 있고 특히 범위가 한정되다 보니 규제의 틈새를 활용하는 풍선 효과가 발생할 수 있다. 이에 따라 최근에는 대체로 두 가지 정책 혼합이 효과적인 처방으로 고려되고 있다.

이러한 연구결과를 기초로 지금까지의 부동산 대책의 특성을 진단해보고 그 시사점을 찾아보도록 하자.

강남 죌수록 풍선 효과 커져

첫째, 기존 부동산 대책은 주로 거시건전성 규제와 세제정책으로 이루어졌다. 특히 이런 규제는 특정 지역이나 특정 가격대를 겨냥하고 있다. 우리 경제에서 부(富)의 양극화는 주로 부동산 가격 상승에 기인한다. 그렇다 보니 부동산 대책의 목표가 다른 나라와 달리 버블이 터진 후 경제적 파장과 함께 부의 양극화 해소라는 두 가지로 설정되면서 과세정책이 핵심으로 자리 잡고 있다.

둘째, 이렇게 특정 지역, 특정 가격대의 주택가격을 중심으로 정책이 집중되다 보니 효율성이 떨어질 수밖에 없다. 기존 거시건전성 규제의 가장 큰 약점은 얼마든지 규제를 빠져나갈 수 있다는 점이다. 이런 약점은 타깃을 좁히면 좁힐수록 더 크게 나타난다. 더불어 '피드백' 효과까지 더해져 이런 문제는 더 심화된다. 예를 들어 강남 아파트만 겨냥해 규제를 가하면 다른 지역으로 주택 수요가 이전되고 이렇게 타 지역 주택가격이 오르면 강남 아파트와의 가격 차가 줄어들게 돼 다시 강남 아파트에 대한 수요가 증가하는 악순환이 이어진다.

셋째, 거시건전성 규제는 대출 규제를 중심으로 하고 있다. 문제는 '전세'라는 한국 고유의 그림자 금융으로 규제 효과가 반감된다는 점이다. 특히 강남 같은 실수요 선호 지역은 가격 대비 전세가가 상대적으로 높은 편이다. 전세가가 높다는 것은 투자자 입장에서는 자금조달 비용이 낮아지는 것과 같다. 따라서 주택 수요를 인위적으로 누르면 전세가가 상승해 오히려 투기를 용이하게 하는 왜곡이 발생한다.

넷째, 투기심리를 잠재우려면 시장의 기대를 꺾어야 하는데 이런 면에서 허점을 노출했다. 예를 들어 특목고나 자사고 폐지는 강남권 수요에 불을 지르는 정책이다. 부처 간 조율을 통해 이러한 정책은 집값이 안정된 이후에 도입했어야 했다. 이와 함께 장관 청문

회나 고위공직자 재산공개에서 나타난 다주택 소유, 그리고 전 청와대 대변인의 상가주택 매입을 보면서 정책 신뢰도가 땅에 떨어졌다.

다섯째, 한국은행 역시 통화정책에 있어 부동산 가격에 대해, 최소 수동적 대응이라도 고민해야 한다. 부동산 가격이 이렇게 폭등한 데는 2015년 이후 지속한 저금리 정책 역시 한 가지 원인이다. 특히 2017년 중반 경제 상황이 그나마 좋았고 강남 부동산 가격이 서울·전국을 앞지르는 골든크로스를 보였을 때 과감하게 금리를 올렸더라면 하는 아쉬움이 있다. 또 한국 주식의 장단기 수익률이 모두 음(-)의 값을 보이기 때문에 금리가 하락하면 부동산으로 수요가 몰릴 수밖에 없다. 즉 가계의 대차대조표에서 자산항목이나 부채항목 모두 금리가 하락하면 부동산 수요를 증폭시키는 기재가 된다.

집값 갑자기 떨어뜨리면 위험

그렇다면 향후 바람직한 부동산 대책은 무엇일까. 현재는 이미 가격이 과도하게 상승했기 때문에 단기간에 터트리는 것은 위험하다. 결국 연착륙을 유도할 수밖에 없는데, 과도하지 않은 범위에서 현재 명목가격 이하로 안정시키고 인플레이션의 누적을 통해 실질가격을 점진적으로 하향시키는 것이 그나마 취할 수 있는 옵션이다. 주택가격은 2010년에서 2015년 사이에 완만하게 하락했다. 당시 정부의 공급확대 정책도 한 몫 거들었지만 결국 시장 메커니즘에 의해 가격이 정상화된 것이다. 이 세상에 터지지 않는 버블은 없다. 따라

서 너무 조급해하지 말고 보다 장기적인 안목에서 접근해야 하며 그
런 측면에서 공급 확대도 필요하다.

[그림 6-3] 집값 상승에 결정적 영향 미치는 저금리

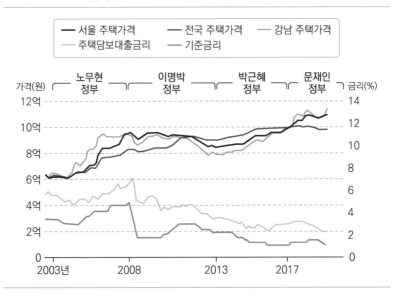

더불어 규제의 목표를 부동산 가격 안정으로 단일화해야 한다.
부의 양극화 해소란 또 다른 목표를 병행하다 보니 정책에 혼선이
있고 효과가 떨어진다. 2010년부터 2015년 사이의 가격 흐름을 보면
가격 하락기에 강남권의 가격 하락이 훨씬 두드러졌다. 즉, 강남권
주택의 부동산경기에 대한 베타(민감도)는 1이 넘는다. 따라서 부동
산 가격을 잡으면 부의 양극화 문제는 자동으로 해소된다. 그러니
규제를 너무 특정 지역이나 특정 가격대에 맞추기보다는 전방위적인
정책으로 전환해야 한다. 한국은행 역시 이제 부동산 가격 안정화에

보다 적극적인 역할을 검토할 때가 되었다.

마지막으로 정책을 찔끔찔끔 내놓는 것보다는 일거에 투기심리를 꺾을 수 있도록 정책을 집중해야 한다. 이미 시장에서는 18번의 정책으로 내성도 생겼고 정책에 대한 신뢰도도 상실한 상태다. 이러니 정책당국자가 아무리 시장 안정을 유도하는 발언을 내놓아도 효과가 떨어지는 것이다.

튤립 버블부터 서브프라임까지… 400년간 얻은 5대 교훈

버블과 금융위기에 대해 깊은 연구를 해 온 브러너마이어와 슈나벨은 '버블과 중앙은행: 역사적 관점(Bubbles and Central Banks: Historical Perspectives)' 논문을 2016년 발표했다. 이 논문에서는 1636년 네덜란드의 튤립 버블부터 최근의 서브프라임 위기까지 지난 400년간 발생한 25건의 버블에 대해 발생 원인, 정책대응, 위기 유무 및 강도에 대해 정밀한 정성적 분석을 했다. 특히 거시건전성 규제와 통화정책의 상대적 장단점을 비교했다. 이들의 연구 결과는 5대 시사점을 제시했다.

첫째, 통화정책이 버블에 사전적으로 개입하지 않고 사후적으로 뒤처리하는 경우 대부분 비용이 더 크다. 둘째, 거시건전성 규제나 통화정책 모두 버블의 대응 방법으로 위기를 축소하는 데 부분적으로 효과적이다. 셋째, 그러나 거시건전성 규제는 풍선 효과 같은 '규제 아비트라지'에 취약하므로 너무 범위를 협소하게 가져가면 효과가 떨어진다. 넷째, 버블의 자금조달이 주로 부채로 이루어졌고, 특히 상업은행이 자금조달의 원천일 때 위기 가능성이 더 높다. 다섯째, 버블 처방이 너무 늦게 집행되면 효과가 떨어지고 부작용이 크다.

04 세계에서 유일한 전세, 산업화 촉진의 비밀병기였다[4]

───── 대한민국의 놀라운 발명품

금수저 물고 태어난 일부 국민을 제외하고는 평생 전셋집 한 번 살아 보지 않은 사람이 있을까? 지금도 전체 임대 가구의 90%인 700만 가구가 보증금을 내고 전세에 살거나 보증금에 월세까지 내는 준전세에 살고 있다. 물론 자기 집이 있으면서 전세 사는 '부자 세입자'도 있지만, 평생 전세 사는 설움 속에 전셋집과 준전셋집 이사를 전전하다가 생을 마치는 '서민 세입자'도 많다.

그런데 최근 집값이 급등하면서, 집값 급등의 이유 중 하나로 우리 서민과 중산층의 애환이 담긴 전세도 비난의 표적이 되고 있다. 갭 투자를 이용한 투기를 집값 과열의 주범으로 보는 사람들은

─────────────────

4 [김세직] 중앙일보_세계에서 유일한 전세, 산업화 촉진의 비밀병기였다_20210 413.

심지어 갭 투자를 가능하게 한 전세제도를 소멸시키는 것이 집값 상승을 막기 위한 방책이라고 착각까지 할 수 있다.

전세란 무엇인가? 전세는 사실 우리 민족의 놀라운 창의적 발명품이다. 필자가 국제통화기금(IMF)에 근무할 때 세계 각국에서 온 동료들에게 전세에 관해 이야기해주고, 너희 나라도 이런 제도가 있느냐고 물어보면 하나같이 돌아오는 대답은 '없다'였다.

한국에서만 발달한 제도인 만큼 외국 경제학자들에게 전세제도를 설명해주면 그들은 처음에는 잘 이해하지 못한다. 1억 원을 주고 전셋집에 들어가 살다가 나올 때 다시 1억 원을 받는다고 하면 '공짜네!'라는 반응이 돌아온다. 집을 사용했는데 공짜라면 말이 안 된다며 의아해한다.

외국 경제학자들도 금방 이해 못 하는 이 제도는 사실 1960년대 이후 우리 경제성장의 견인차 역할을 한 비밀 병기와 같다. 도대체 이 전세의 비밀스러운 본질이 무엇이기에 경제성장을 견인할 수 있었던 것일까?

금융으로 풀어낸 전세제도의 비밀

이를 밝히기 위해 필자가 국제결제은행(BIS)의 신현송 박사와 쓴 논문에 따르면, 전세는 단순한 주택임대가 아니라 주택임대와 금융의 교묘한 교차 거래다. 집주인이 집을 빌려주는 반대급부로 세입자가 전세금을 집주인에게 빌려주는 계약이다. 한쪽은 집을 빌려주는 대신 돈을 빌려 받고, 다른 한쪽은 돈을 빌려주는 대신 집을 빌리는 것이다.

주택임대와 금융이 이렇게 교차 거래되면 경제에 효율성이 엄청나게 증가한다. 필자가 화폐금융론 수업에서 늘 강조하지만, 돈을 빌린 사람은 빌린 돈을 떼먹는 게 최적화된 행동이다. 그런데 빌린 사람이 돈 떼먹을 걸 알면 누구도 돈을 빌려주지 않는다. 그 결과 돈을 서로 빌리고 빌려주면 모두의 효용이 증가하는데도, 금융거래가 발생하지 않는 딜레마 상황에 부닥칠 수 있다.

그래서 돈 떼먹는 것을 방지하기 위해 수많은 금융제도가 생겨났는데 대표적인 것이 은행이다. 돈을 떼먹지 못하게 돈 빌려준 사람이 온종일 쫓아다니며 돈을 빌려 간 사람을 감시할 수도 없다. 그래서 모니터링을 대신해주는 기관이 등장했으니 그것이 은행이다. 은행도 모니터링을 위해서는 많은 비용이 들기 때문에, 비용 회수를 위해서는 대출금리를 예금금리보다 높게 부과할 수밖에 없다. 은행의 모니터링 비용이 실제로 매우 많이 들어서, 그에 따른 예대금리차가 개발도상국의 경우 평균 8%포인트나 된다.

그런데 전세제도는 이렇게 비용이 많이 드는 은행을 끼지 않고도 마술처럼 금융거래의 딜레마를 해결해버린다. 전세의 경우 돈을 빌려 간 집주인이 돈을 갚지 않으면, 세입자는 그냥 그 집을 깔고 앉아서 살아버리면 된다. 반대로 만기가 됐는데도 세입자가 안 나가면 집주인은 전세금을 그냥 가지면 된다. 이렇게 보증 장치가 교차하고 있기 때문에 돈 떼먹기가 불가능에 가깝다.

더해서, 집주인은 집을 빌려줬으니 집세를 받아야 한다. 세입자

[그림 6-4] 임대가구 중 전세 비중

(단위: %)

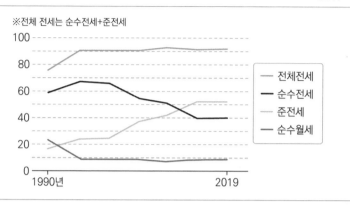

자료: 김세직 서울대 교수.

는 돈을 빌려줬으니 이자를 받아야 한다. 월세제도 아래에서 집세를 안 내는 세입자에게 집세를 받기가 쉽지 않다. 누군가에게 큰돈을 빌려주고 이자를 제때 꼬박꼬박 받는 것도 쉬운 일이 아니다.

전세제도는 집세와 이자가 자동으로 서로 상계되도록 만들어 놓음으로써 실제로 현금이 오갈 필요도 없게 만들었다. 그 결과 놀랍게도 집세 못 받을 위험과 이자 못 받을 위험이 동시에 사라진다. 아무 모니터링을 안 해도 세입자는 매달 자기가 내야 할 집세만큼의 이자를 자동으로 받게 되는 것이다. 똑같이 집주인은 매달 자기가 내야 할 이자만큼의 집세를 자동으로 받게 되는 것이다. 모니터링 비용을 전혀 들이지 않고도 이자와 집세를 받는 것이다. 결국 전세는 모니터링 비용을 0으로 만들어주는 기가 막힌 제도가 된다.

이러한 특성 때문에 전세를 통해 돈을 빌린 집주인은 은행을 통해 빌리는 것보다 훨씬 싸게 돈을 빌리고, 빌려주는 세입자는 은행에 예금하는 것보다 훨씬 비싸게 돈을 빌려주는 셈이 된다. 따라서 빌리는 사람 입장에서는 더 낮은 이자율로 빌리기에 투자를 더 늘리게 되고, 빌려주는 사람 입장에서는 더 높은 이자율로 빌려주기에 저축을 더 늘리게 된다.

금융 효율성 증진 효과를 통해, 전세제도는 자본 축적을 촉진함으로써 경제성장률을 상당 기간 증가시킬 수 있게 해주었다. 더해서 전세는 많은 서민과 중산층의 주거비용을 줄여주어 이들이 보다 많이 저축하여 내 집 마련을 위한 사다리로 이용할 수 있게 도와주었다. 경제발전 초기에는 농촌 인구가 생산성이 높은 도시로의 대량 이주가 필요한데, 전세제도는 도시 주택 문제의 해결에도 커다란 도움을 줌으로써 원활한 산업화에 크게 기여했다.

전세, 집 없는 사람의 복지 수단

이렇게 놀라운 장점을 갖춘 전세가 최근 집값 급등과 투기의 원인으로 오해를 받고 있다. 전세제도 자체는 부동산 투기의 원인이 전혀 될 수가 없다. 투기는 저금리 정책 등으로 돈이 많이 풀리거나 주택공급이 부족할 때 사람들이 집값 상승을 예상하게 되고, 그 결과 시세 차익을 노리고 집을 사기 때문에 발생하는 것이다. 따라서 부동산 투기는 전세제도가 존재하느냐 여부와 관계가 없다. 만약 갭 투자가 문제라고 생각하면 전세제도를 건드릴 것이 아니라, 갭 투자를 통한 투기를 유발한 근본적 원인을 해결하는 것이 정도이다.

지금도 전세는 자기 집 없는 서민들과 중산층의 주거비 부담을 줄여주는 복지 수단이다. 전세를 통해 주거비용이 줄어든 만큼 늘어난 저축이 생산적인 경로로 투하되기에 성장을 촉진하는 성장 수단이기도 하다. 혹시라도 전세에 대한 몰이해로 인해 전세제도라는 귀중한 국가적 자산을 인위적으로 손상하는 교각살우의 정책은 없어야 할 것이다.

전세제도 생명력 끈질겨

우리나라의 전세는 두 가지 형태가 있다. 하나는 순수전세이고, 다른 하나는 준전세이다. 순수전세는 세입자가 입주 시 보증금만 내고 월세를 전혀 내지 않는 형태다. 준전세는 입주 시 상당한 액수의 보증금을 내고 이에 더해 월세도 낸다.

우리나라 고유의 준전세는 미국 등에서 이루어지는 일반적인 월세제도와 전혀 달라, 몇 년 치 월세에 해당하는 큰돈을 집주인에게 빌려준다. 이러한 금융적 성격 때문에 김세직·신현송(2011) 논문에서는 'quasi-jeonse'라고 표현하고, 언론 등에는 처음에 '반전세'라고 번역했다. 김세직·고제헌(2018) 논문의 최근 계산에 따르면, 이러한 형태의 전세는 세입자가 내는 보증금이 순수전세일 때 내는 보증금의 30~40%에 그쳤다. 따라서 필자가 지금은 반전세보다는 준전세로 표현한다.

순수전세와 준전세를 더한 이러한 '광의의 전세'가 곧 사라질 것인가? 2000년대 이후 순수전세의 비중이 줄어드는 현상이 나타나자, 일부 전문가들은 전세가 곧 소멸할 것이라는 성급한 진단까지 내놓았다.

그러나 전세가 가진 커다란 순기능들을 고려해 보면 광의의 전세가 쉽게 소멸할 것이라고 예상하는 것은 적절하지 않다. 2010년에서 2015년 사이에 순수전세가 줄어들었지만 그만큼 준전세가 증가해, 세입가구 중 전세와 준전세를 합친 광의의 전세가구 비율은 1995년 이래 20년간 유지되던 90%에서 거의 변하지 않았다. 이 비율은 2015년 이후 2019년까지도 그대로 유지되고 있다. 이 기간에 순수전세 비율이 오히려 준전세 비율이 감소한 만큼 증가했다. 전세제도가 얼마나 생명력이 강한지를 나타내준다.

물론 향후 금융 발달, 전세금의 투자처 부재, 경제성장 둔화 등에 따라 전세의 장점이 줄어들면 광의의 전세 비중이 서서히 줄어들 수도 있다. 그러나 일시적 정책 충격 등에 의해 1~2년 내에 광의의 전세가 급격히 소멸할 가능성은 아직은 매우 낮아 보인다.

05 공짜로 집 줬던 소련의 실패, 공공주택의 필연적 결말[5]

——— 공공주택은 왜 실패하는가

　요즘 부동산 정책을 보면 안타까움이 앞선다. 왜냐하면 사실상 실패가 예정된 정책을 펼치고 있기 때문이다. 현재의 부동산 정책은 주택공급을 최대한 공공의 영역에 맡기는 정책으로 요약될 수 있다. 소유보다는 임대를, 시장보다는 공공의 영역에서 부동산 문제의 해결책을 찾는 이러한 접근은 사실 역사적으로 볼 때 전혀 새로운 것이 아니었다. 이미 수많은 선례가 존재하고 있기 때문이다. 옛 소비에트 연방의 부동산 정책이 대표적 사례다. 사적 소유가 금지된 소련에서 부동산은 국가가 공급하고 분배하는 대표적인 공공재였다. 그렇다면 소련에서 부동산, 특히 주택시장은 정말 공정하고 평등하

---

5 [구자정] 중앙일보_공짜로 집 줬던 소련의 실패, 공공주택의 필연적 결말_2021 0511.

며 정의로웠을까?

그 답은 단연코 노(NO)에 가깝다. 외견상 소련의 부동산 정책은 유토피아처럼 보인다. 사적 소유 금지로 부동산을 통한 이윤 추구 자체가 원천봉쇄됐고 주택 또한 사실상 무료로 공급됐기 때문이다. 물론 그 이상과 현실은 매우 달랐다. 이 시절을 경험한 러시아인들의 한결같은 기억은 '만성적인 부족'과 '고질화된 부패' 이 두 가지로 요약될 수 있다. 2차 세계대전 후 인민의 생활 수준 향상에 역점을 둔 소련 정부가 가장 큰 노력을 기울인 분야는 주택문제였고, 체제의 특성상 모든 주택은 공공주택이었다. 특히 흐루시초프와 브레즈네프 시절 대량으로 공급된 '흐루시초프카'와 '브레즈네프카'가 이러한 공공주택의 대표 사례다.

조악한 품질과 보수비용 각오해야

우선 조악한 품질과 내구성이 문제였다. 아파트 건설을 위해 수립된 다수의 소련판 'LH'들이 민간건설회사가 하듯 거주자의 편익을 고려할 이유는 없었기 때문이다. 모두가 같은 디자인과 자재로 천편일률적으로 지어진 이 주택들은 결국 좁은 주거공간, 승강기의 부재, 부족한 공유시설, 높은 보수비용 등의 문제에 시달렸다. 문제가 특히 심각했던 것은 속도전으로 대량 건설된 '흐루시초프카'였다. 공공주택 건설이 인민의 주거난 해결과 생활 수준 향상에 어느 정도 역할을 했던 것 또한 사실이다. 수십 가구가 부엌과 화장실을 공유하는 공동아파트 '코뮤날카'에 살던 스탈린 시대와 비교할 때, 최소 집으로서의 구색을 갖춘 이런 공공주택은 분명 장족의 발전이었다. 하지만 이러한 공적 공급은 소련의 만성적인 주택 부족 현상을 근본적으로 해결하지 못했다. 수요와 공급 간 불일치라는 공공 계획경제의 근본적 한계가 바로 그 원인이었다.

소련의 공공주택에 만연했던 부패가 등장한 것은 바로 이 지점에서다. 소련은 당 소속이든, 정부 소속이든 재화의 분배권을 쥔 공공기관의 '공무원(러시아어로 노멘클라투라·Nomenklatura)'이 항상 갑질을 하는 사회였다. 이 갑질이 바로 부정부패의 온상이었다. 재화의 분배가 철저히 '공공'을 통해 이뤄지던 사회에서 주택을 빨리 얻거나 더 좋은 입지의 주택을 얻는 방법은 그 재화의 분배권을 쥔 공무원에게 뇌물을 주는 것 외에는 없었다. 아니면 그 공무원의 가족, 친인척이든가. 또는 해당인과 친해지거나.

그 시절 소련에는 중국의 관시(關系)와 유사한 '블라트(Blat)'가 있었다. 공무원 '갑'과의 비공식 인간관계는 그 '갑'이 당 소속이든, 정부 산하 공기업 소속이든 당장 살림집을 구해야 하는 신혼부부 '을'과 더 큰 집이 필요한 기혼 부부 '병'에게는 생존을 위해 필수적인 사회적 자산이었다. 웃돈을 주거나 공무원과의 친분을 쌓는 것이 일부가 아니라, 사회구성원 전원이 가담하는 비공식적 관행이 된 순간, 부정부패는 척결해야 할 적폐가 아니라 적응해야 할 시스템 그 자체가 되었다.

유학 시절 필자의 스승은 소련에서 태어나고 자랐으나 냉전기 미국으로 망명을 선택한 유대계 러시아인이었다. 스승이 시종일관

회고하는 브레즈네프 시대 소련이 부정부패로 만연한 사회였던 것도 바로 이러한 이유에서였다. 공공성을 극단적으로 추구하던 소련의 주택정책은 이처럼 문제를 해결하는 것이 아니라 부정부패와 불평등을 제도화시키며 새롭고 더 큰 문제를 더해 버렸다. 훗날 소련 해체로 이어지게 될 체제의 위기는 이미 주택문제에서도 그 징후가 나타나고 있었다.

공급권 독점하면 부패 불가피해져

요즘 LH(한국토지주택공사) 사태가 화두다. 수많은 당 소속, 정부 소속 'LH'와 공무원들이 존재했던 소련의 경험에서 알 수 있는 것은, LH와 같은 공공기관 기반 공공주택 정책은 항상 부패에 취약하다는 교훈이다. 스탈린 시대 소련에서 테러와 숙청이 횡행했던 것 역시 재화의 통제권과 공급권을 독점하는 경우 필연적으로 부패할 수밖에 없는 공공기관의 속성에 따른 것이었다. 시장이 부재한 공공 기반 사회주의 경제에서는 폭력과 강제력의 행사 없이 그런 기관이 정상적으로 작동하고 공무원들이 공공선을 추구하도록 만들 수 없었기 때문이다. 한국으로 비유하면 스탈린 시대 공공기관 종사자들은 부동산 투기를 할 수 없었다. 바로 총살됐기 때문이다. 물론 테러와 숙청은 결코 지속 가능한 방법이 될 수 없었다. 이런 강제력 행사가 사라진 스탈린 사후 소련의 공공기관이 부정부패의 온상이 되고 부패가 '시스쩨마(체제)'의 일부가 된 것은, 공공선을 극단적으로 추구하던 사회주의적 공공 지향 경제의 필연적 말로였다.

[그림 6-5] 대책 거듭할수록 치솟은 서울 아파트 가격

(단위: 만원)

자료: 경제정의실천시민연합.

이런 맥락에서 보면 LH 사태에서 목격되는 현실은 공공기관 근무자의 개인적 자질의 문제가 아니다. 오히려 이들을 필연적으로 정보 취득과 권한 행사에서 '갑'의 위치로 만드는 공기업의 속성 그 자체가 문제가 된다. 사실 걱정스러운 것은 LH 사태가 아니다. 여전히 "공적 공급을 통한 주택문제 해결"이라는 실현 불가능한 발상을 버리지 못하고 공공 공급의 영역에서 해결책을 찾으려는 정책 자체가 문제이기 때문이다. 옛 소련의 경험이 보여주는 것은 '게임의 심판'이 자신의 역할을 넘어 '게임의 당사자'가 되면 항상 만성적인 부족과 고질화된 부패라는 결과만이 초래됐다는 사실이다. 역사적으로

모두가 평등한 유토피아를 만들려는 시도는 항상 부패와 더 큰 불평등으로 점철된 디스토피아가 됐다. 유토피아의 의미는 '존재하지 않는 곳'이다. 고로 유토피아를 만들겠다는 정책은 처음부터 존재할 수 없는 곳에 가겠다는 몽상과 다름없다. 25번의 부동산 대책에도 불구하고 주택 가격이 폭등하고 공공기관에 부패가 구조화된 이유가 바로 여기에 있는 것이 아닐까.

소련판 관시 '블라트' 있어야 주택 배정 빨라

소련판 관시인 블라트는 시장을 대신해 재화의 분배를 결정하는 일종의 '보이지 않는 손'으로 작용했다. 전성기이자 안정기인 브레즈네프 시대조차도 재화의 부족이 만성화된 소련에서 블라트는 공공주택 문제에서만 존재한 현상이 아니었음은 물론이다. 소련에서는 모든 것이 '공공재'였기 때문이다. 블라트는 생필품 구매에서 국영탁아소 배정, 취직, 대학 입시, 소련 공산당 입당에 이르기까지 사회·정치·경제·문화의 모든 분야를 망라한 영역에 스며든 하나의 시스템이었다.

블라트의 문제점이 가장 심각했던 영역은 경제 분야였다. 바로 시장의 부재와 공공기반 사회주의 계획경제의 근본적 한계 때문이다. 블라트가 작용한 재화는 주택만이 아니라 비누·치약과 같은 생필품에서 발레 공연의 특석 입장권에 이르기까지 거의 모든 물품을 포괄했다. 소련 인민들은 어떤 물건이 절실히 필요할 때 그 물품의 가격이 얼마인지가 아니라, 그 물건의 분배권을 쥔 사람이 누구인지를 먼저 찾았다. 중요한 것은 그 재화의 액면가가 아니라, 그 재화의 통제권을 가진 공기업은 어디며, 분배를 담당한 공무원이 누구인가였기 때문이다. 인허가권을 쥔 당원 또는 공무원과 분배권을 쥔 공기업 종사자가 서로의 특권을 거래하는 일종의 시장은 소련에서 흔한 풍경이었다. 예컨대 소련의 국민차인 '쥐굴리' 승용차 출고를 담당한 공무원과 '브레즈네프카' 아파트 입주를 담당한 공무원은 빠른 차량 출고와 빠른 주택 입주를 거래할 수 있었다.

이처럼 소련의 사회주의 경제를 지배하던 것은 자본주의 경제에 친숙한 수요와 공급 곡선이 아니라, '수요와 블라트' 곡선이었다. 비공식적 인간관계를 바탕으로 하는 소련의 블라트 기반 경제는 확실히 '사람이 먼저'인 세계였을 것이다. 하지만 그 세계는 결코 정의롭지도 공정하지도 평등하지도 않았다.

06 　땜질 그만두고 과감한 인센티브로 지방 분산 유도해야[6]

───────　부동산 시장 근본 처방은

　　한국은 2020년 1인당 국민소득이 3만 644달러에 달해 세계 23위를 기록했다. 하지만 한국은 의·식생활과 더불어 인간의 3대 기본생활의 하나인 주(住)생활에서 아직도 안정을 이루지 못하고 있다. 세계 10위권 경제 규모로, 사실상 선진국 대열에 들어선 국가로서 매우 낯부끄러운 일이다.

　　주생활이 왜 불안한지 보자. 2020년 1인당 경상 국민소득은 3.8% 감소했고 소비자물가는 0.5% 상승에 그쳤다. 이에 비해 2020년 말 공동주택 매매가격과 전셋값은 각각 전년동기 대비 16.2%와 12.0% 상승을 기록했다. 2019년 말 한국의 주택소유율은 56.3%에

───────────────

6　[박재윤] 중앙일보_땜질 그만두고 과감한 인센티브로 지방 분산 유도해야_20210323.

그치고 있다. 결국 나머지 43.7%의 무주택 가구는 집값 폭등에 시달리고 있다.

서울 무주택 가구 51.4%로 전국 최고

한국의 무주택 가구 비율이 이렇게 높은 것은 주택공급이 부족해서가 아니다. 2019년 말 주택보급률(일반 가구수 대비 주택수의 비율)은 104.8%에 달한다. 주택공급에 오히려 여유가 있다. 그런데도 2019년 말 전체 가구의 15.6%가 2주택 이상을 보유한 다주택자들이고 전체 가구의 43.7%가 무주택자들이다. 결국 주택시장이 강력한 공급자 시장을 형성해 다주택자들이 주택가격의 상승을 주도하고 있는 형국이다.

이 같은 주생활 실태를 지역별로 보면, 서울은 2019년 말 주택소유율(전체 가구중 자기 집을 소유하고 있는 가구의 비율)이 48.6%로 전국에서 가장 낮다. 2019년 말 공동주택 매매가격의 전년동기 대비 상승률은 18.4%로 전국 평균의 16.2%보다 높다. 서울은 전국 평균(43.7%)보다 훨씬 더 많은 51.4%의 가구가 무주택 가구로 남아 있다. 다른 지역보다 훨씬 더 큰 폭의 집값 폭등에 시달리고 있다는 의미다.

주택보급률은 어떤가. 서울은 2019년 말 96.0%를 기록하며 전국에서 유일하게 주택공급이 부족한 곳이다. 여기에다 전국 평균(15.6%)보다 낮은 전체 가구의 13.4%가 2주택 이상을 보유한 다주택자들이다. 전국의 43.7%보다 높은 전체 가구의 51.4%가 무주택 가구다. 주택시장이 전국의 다른 지역들보다 더 심하게 공급자 시장을 형성해 다주택자들이 주택가격의 상승을 주도하고 있다.

──── 서울 가구밀도, 전국 평균의 31.7배

여기서 주목해야 할 점은 서울의 주택공급 부족이 주택의 절대적인 공급 부족 때문이 아니라 인구과밀로 인한 주택 수요 초과 때문이라는 사실이다. 2019년 말 현재 서울의 가구밀도는 km³당 6,438가구로, 전국 평균(203가구)의 31.7배에 이르고 있다.

따라서 서울의 주택공급 부족 문제는 결코 주택공급을 늘려서 해결하고자 해서는 안 된다. 과밀해 있는 인구를 전국적으로 분산시켜야 문제를 해결할 수 있다. 시간이 걸리는 일이다. 그러나 단기적 성과를 노려서 장기적으로 문제를 더 악화시키는 우를 범해서는 곤란하다. 역세권 개발 등의 비상수단으로 주택공급을 다소 늘려 봐야 근본적인 해결책이 안 된다. 주택 부족 문제를 온전하게 해결하지는 못하면서 서울의 인구과밀을 더욱 촉진해 중장기적으로는 주택문제를 더욱 악화시킬 우려가 크다.

서울의 주택난 해결의 기본 방향은 서울을 행정수도(정치 및 사법 포함)로 남기고 현재 서울이 겸하고 있는 경제수도의 기능을 전국적으로 분산시키는 것으로 설정해야 한다. 행정수도로 남는 서울 이외에 인천경제수도(서울·인천·경기), 대전경제수도(대전·세종·충북·

[그림 6-6] 서울 집중에서 전국 7개 지역으로 경제수도 분산해야

[단위: 가구밀도(가구수, km^2), 주택보급률(%), 주택소유율(%)]

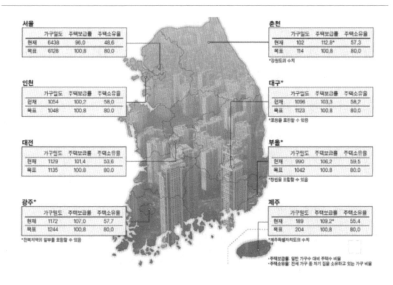

충남), 광주경제수도(광주·전북·전남), 제주경제수도(제주), 부·울 경제수도(부산·울산·경남), 대구경제수도(대구·경북), 그리고 춘천경제수도(강원) 등 7개의 경제수도가 전국에 걸쳐서 자리 잡도록 국가균형 발전을 도모해 나가자는 뜻이다.

주택 공급 확대로는 해결 못 해

경제수도의 지역 분산은 어떻게 실현할 수 있을까. 첫째, 현재 중앙정부가 행사하고 있는 경제행정권을 지역 정부(수도권은 당분간 제외)로 대폭 이양해야 한다. 중앙정부는 지역 정부가 경제행정권을 부적절하게 행사할 때만 시정 조처를 하면 된다. 그 이외에는 모든 경제 행정의 의사결정과 집행이 지역 정부의 차원에서 이루어지도록 조정할 필요가 있다. 이는 수도권에 몰려 있는 기업의 지역 이전 촉진에도 매우 중요한 역할을 할 수 있다.

둘째, 지방세가 대폭 강화돼야 한다. 지역 정부가 기업을 대대적으로 유치하게 되면, 지역의 생활환경 및 교육환경을 대폭 개선할 수 있도록 지역 정부의 조세수입이 함께 증대돼야 한다. 소득세와 법인세를 비롯해 주요 조세수입을 중앙정부와 지역 정부가 적절한 비율로 공유하는 방안 등이 면밀히 검토될 필요가 있다.

셋째, 서울·인천·경기를 제외한 전국 각 지역에서 주택 관련 조세 우대가 이뤄져야 한다. 주택에 대한 조세는 다주택 소유에 대한 취득세와 보유세를 누진적으로 강화하면서 비수도권 지역에서는 1주택 소유에 대한 취득세와 보유세를 수도권 지역에 비해 크게 경감해 주는 방안을 함께 검토해볼 수 있다. 양도세의 경우에는 모든 지역에서 세율을 낮게 유지함으로써 주택의 매도를 용이하게 해주어야 할 것이다.

지방 교육·투자 환경 개선해야

넷째, 수도권 이외의 각 지역에서의 초·중·고 교육의 질을 대폭 높여야 한다. 이를 위해서는 서울·인천·경기를 제외한 모든 지역의 초·중·고 교사들에게 기본 급여의 10%에 해당하는 지역근무특별수당을 지급하는 방안도 검토해볼 만하다. 이렇게 함으로써 우수한 교사들이 경쟁적으로 지역근무에 나서는 인센티브를 제공해야한다. 아울러 서울·인천·경기를 제외한 전국 각 지역에서 방과 후 교육시설을 사립학원에 무료 제공하는 방안도 큰 의미가 있다. 이렇게 되면 사립학원이 한층 저렴한 수강료로 다양한 학습을 제공하는 계기가 만들어질 수 있다.

다섯째, 비수도권 지역에 장기할부 주택금융 제도가 조속히 도입, 정착돼야 한다. 예컨대 정기적인 소득이 있는 무주택자가 비수도권 지역에서 시가 4억 원의 아파트를 사고자 하는 경우, 1,600만 원을 일시불로 지급하고 나머지 3억 8,400만 원에 대해서는 연 3%의 금리로 50년간 매월 112만 원씩 원리금을 균등분할상환하게 하면, 많은 무주택자가 주택을 살 수 있게 될 것이다.

비수도권 지역에 이 같은 장기할부 주택금융 제도를 도입·정착시킨다면, 비수도권 지역의 주택소유율이 획기적으로 상승하고 서울지역의 무주택자를 지방의 경제수도로 유인하는 결정적 계기가 만들어질 수 있다. 최소한의 일시불과 장기간의 원리금 상환을 감당할 수 있는 무주택자가 장기할부 주택금융을 손쉽게 이용할 수 있도록 제도화된다면 긍정적인 효과가 크다. 일시불과 원리금 상황을 부담할 능력이 없기 때문에 공공임대 주택에 의존해야 하는 가구와 주택

소유가 필요 없는 가구를 제외한 80% 정도의 가구가 주택을 소유할 수 있는 환경이 만들어지기 때문이다.

장기할부 주택금융은 주택이라는 자산의 보유를 동반하기 때문에 가계의 건전성에는 별문제를 일으키지 않는다. 금융기관도 주택을 담보로 확보하기 때문에 안전성에 아무런 문제가 없으며, 기존의 가계대출(전세자금 대출 포함)을 최대한 회수하고 필요에 따라서는 통화를 충분히 공급해 재원을 마련해야 할 것이다. 물론 목돈이 생기면 언제든 조기에 상환해 불필요한 이자 지출을 줄여야 한다.

국토부·서울시 차원서 해결 못 해

서울의 km²당 가구 밀도를 현재 6,438가구에서 6,128가구로 낮추면, 즉 서울로부터 19만 가구만 전국 7개 경제수도로 분산되면, 주택공급을 조금도 늘리지 않고도 전국의 주택난을 해결할 수 있다. 지역 균형 발전은 한국경제 전반의 건전한 발전을 위해서도 반드시 실현돼야 할 과제다. 이를 위해서는 지방의 기업투자 인센티브를 과감하게 강화해 주거 매력을 지금보다 몇 배 높게 만들어야 한다.

요컨대 한국의 주생활 안정, 특히 서울의 주택난 해결은 국토교통부나 서울특별시의 차원에서 해결할 수 있는 과제가 아니다. 단편적인 주택건설이나 땜질식의 주택거래 규제 등을 통해 근시안적으로 접근해서는 안 된다. 경제수도의 분산과 장기할부 주택금융 제도의 정착 등 범정부 차원에서 중장기적 안목을 가지고 접근해 나가야 할 것이다.

CHAPTER

07

금리와 주식, 자산시장

01 물가안정보다 고용안정 힘 실어…
금융발작 경계해야[1]

미국 테이퍼링 개시

미국 중앙은행인 연방준비제도(Fed·연준)가 정책금리의 목표 범위를 0~0.25%로 유지하면서 테이퍼링(자산매입 축소)을 시작한다. 2021년 11월 4일 연방공개시장위원회(FOMC)의 발표문을 통해서다. 연준은 2021년 11월과 12월에 매달 150억 달러씩 자산매입 규모를 축소한다. 2022년의 축소 속도는 경제 전망 변화에 달려 있다고 말했다. 현재의 속도를 따른다면 2022년 6월 테이퍼링이 끝나고 그 이후에는 금리 인상이 본격적으로 논의될 것으로 보인다. 이 대목에서 지난 2년 연준의 통화정책을 되돌아보자.

2019년 말 코로나19 바이러스의 출현 직후, 아무도 그 위기의

---

1 [김진일] 중앙일보_물가안정보다 고용안정 힘 실어… 금융발작 경계해야_2021 11116.

파장을 짐작하지 못했다. 2020년 1월 국제통화기금(IMF)은 2020년 세계 경제가 3.3% 성장할 것이라고 예상했다. 2월에도 위기는 본격화되지 않았다. 개인적으로 열흘간 아르헨티나와 베네수엘라를 방문하면서 중앙은행의 역할에 관한 다큐멘터리를 촬영할 수 있었다. 많은 대학이 개강을 3월 2일에서 16일로 미뤘는데, 그 당시만 해도 2주일 시간만 벌면 대면 강의가 가능할 것으로 예상했다. 그런데 2020년 3월 16일 연준은 1~1.25%였던 정책금리의 목표 범위를 단숨에 제로금리(0~0.25%)로 내렸다.

> 코로나19로 풀어놓은 돈줄 죄기
> 노동시장 양극화 대응에 초점
> 빈곤층 포용과 빈부 격차에 관심
> 고용 회복에 상당한 시간 걸릴 것

예상하지 못했던 이 금리 인하는 미 현지시각으로 일요일 오후 5시 진행됐다. 무엇이 Fed로 하여금 주말 저녁 긴급하게 금리를 내리도록 했을까. 더구나 이틀만 기다리면 FOMC 회의가 예정돼 있었다. 이렇듯 누구도 예상하지 못한 속도로 진행된 코로나19의 창궐은 2020년 6월 IMF가 세계 경제성장률 예측치를 −5.2%로 낮추게 했다.

금융완화 출구 더욱 가까워져

전대미문의 코로나19 위기에, 그나마 불행 중 다행은 인류의 대응이 예상보다 더 신속했다는 점이다. 무엇보다 의료계의 헌신과 방역과 백신 등 전방위적인 노력 덕분이었다. 경제정책 측면에서도 재정정책과 통화정책의 대규모의 확장적 정책이 전개됐다. 이러한 노력의 덕택으로 2020년 경제성장률은 −3.3%를 기록했다. 2020년 1월 예상했던 3.3%에 비하면 코로나19 위기가 얼마나 심각한지 알 수 있는 처참한 숫자이지만, 6월에 예상했던 −5.2%보다는 그나마 나아진 결과였다.

비전통적 통화정책이라고 불리는 확장적 통화정책이 진행되던 2020년 8월 말, 연준은 통화정책 체계 개편을 단행했다. 연준의 정책을 논의하는 잭슨홀 심포지엄에서 제롬 파월 연준 의장은 평균 인플레이션 목표제(Average Inflation Targeting)를 발표했다. 이를 통해 인플레이션이 목표치인 2%를 넘더라도, 상당 기간 완만하게 2%를 상회하는 궤도에 도달하도록 통화정책을 유지한다는 의지를 표명했다.

최근 소비자물가 상승률이 6%를 넘을 정도로 높은 인플레이션이 계속되는 와중에, 인플레이션이 일시적인지 아닌지에 관한 논쟁이 진행되는 것도 평균 인플레이션 목표제가 어떠한 방식으로 신축적으로 운영되는지와 관련이 깊다. 2021년 11월부터 진행되는 테이퍼링과 2022년에 이뤄질 금리 인상의 시기와 횟수가 이러한 신축성의 정도를 결정할 것이다.

연준이 미 의회에서 부여받은 책무는 물가안정과 최대고용(또는 완전고용)이다. 2020년 잭슨홀에서 발표된 새로운 통화정책 체계는 물가안정 책무보다 최대고용 책무로 무게중심을 옮겼다. 코로나19 이전부터 시행된 연구를 통해 연준은 강한 노동시장의 효과가 저소득층 및 중산층 지역사회에서 긍정적으로 나타난다고 강조했는데, 2020년 잭슨홀에서는 완전고용 책무를 '광범위하고 포용적인 목표'로 설정했다.

경제정책의 포용성은 코로나19 위기 이후 노동시장의 양극화로 인해 더욱 중요해졌다. 2021년 11월 FOMC 기자간담회에서도 이와 관련된 질문이 제기됐고, 특히 파월 의장은 팬데믹 이후 노동참여율의 변화를 면밀히 관찰하고 있다고 언급했다. 우리나라에서 최근 '구직을 포기한 비경제활동인구'의 증가하고 있는 점도 유사한 맥락에서 이해할 필요가 있다.

고용 상황이 금리 인상 주요 변수

2021년 이른 여름 코로나19 바이러스가 잠시나마 잦아들면서 2021년 8월 말 잭슨홀 심포지엄이 대면과 화상회의를 혼합하는 방식으로 사흘 동안 열릴 계획이라고 알려졌지만, 코로나 충격 여파로 결국 완전 화상 방식으로 하루만 열렸다. 이 회의의 제목은 '불균형 경제에서의 거시경제정책'이었다. 제목에서도 팬데믹으로 인해 심해지는 양극화에 어떻게 포용적으로 대응해야 하는지에 관한 고민이 드러났다. 역시 발표된 논문의 면면을 보면 연준이 테이퍼링과 금리 인상 국면에서 어떤 고민을 하는지 들여다볼 수 있다. 우선은 최대 고용이라는 책무에 대한 고민이다. 코로나19라는 큰 충격 이후에 고용이 회복되는 데에는 상당한 시간이 소요될 것이기 때문에, 연준의 최대고용 목표와 관련해 이전에 가장 중요시하던 실업률뿐만 아니라 광범위한 노동시장 지표를 고려하게 됐다.

[그림 7-1] 테이퍼링과 금리 인상 예고한 Fed

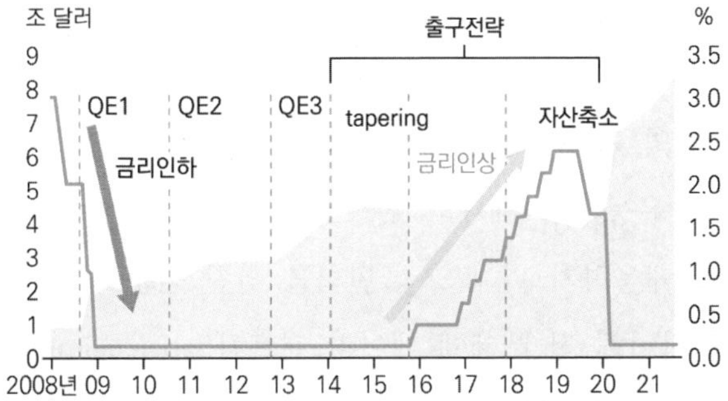

자료: 한국은행, Fed.

　　이번 기자간담회에서 파월 의장에게 노동참여율에 관한 질문이 나온 것도, 이러한 고려가 금리 인상 시기와 밀접한 관련이 있기 때문이다. 다른 주제로는, 저금리의 원인이 그간 잘 알려진 고령화와 성장 둔화 이외에도 소득 불평등의 심화일 수도 있다는 논문이 발표됐다. 팬데믹 이후 시행된 통화정책과 재정정책의 조합에서 중앙은행의 독립성이 훼손되지 않도록 유의해야 한다는 내용의 논문도 있었다.

달러 유동성이 세계 금융시장 지배

이번 FOMC 발표문에서 2021년 11월과 12월의 테이퍼링 액수만 정하고 이후 매입 규모 감소 폭을 경제 전망 변화를 고려해 결정할 것이라고 조정의 여지를 남겨둔 것도, 지난 2년 연준이 경험하고 고민한 내용과 무관하지 않다. 더구나 테이퍼링 이후에 다가올 금리 인상의 시기와 폭에 관해서는 연준의 소통과 시장의 예상 사이에 상당한 괴리가 있는 것이 국제금융시장의 현실이다. 우리나라를 비롯한 세계 여러 나라가 연준의 통화정책에 관심을 갖는 이유는 미국 달러가 세계의 기축통화이기 때문이다.

달러의 유동성이 세계의 유동성을 지배한다는 사실은 글로벌 금융위기에 대응하기 위해 양적 완화를 펼친 연준이 2013년 테이퍼링 계획과 관련해 전 세계에 테이퍼 탠트럼(taper tantrum)이라는 금융발작을 일으켰던 경험에서 잘 알고 있다. 2021년과 2022년 상반기의 테이퍼링, 그리고 그 이후의 연준 금리 인상의 와중에서 의도치 않은 피해를 보지 않기 위한 노력이 필요하다.

양적 완화, 그리고 테이퍼링

전통적으로 통화정책은 정책금리를 인상하거나 인하하면서 운영됐다. 그런데 2008년 글로벌 금융위기가 발발하면서 여러 선진국의 중앙은행들이 정책금리를 인하했음에도 금융시장 회복이나 경기

부양 효과 등 의도했던 목표를 달성하지 못했다. 여러 차례에 걸친 금리 인하는 정책금리가 제로에 도달했고 중앙은행의 정책 여력이 제한됐다. 이에 여러 중앙은행이 정책수단 확보를 위한 다양한 대응책을 마련하였는데 이를 비전통적 통화정책(Unconventional Monetary Policy)이라고 부른다.

미 연준은 코로나19 위기 이후에 정책금리를 제로까지 내린 이후 비전통적 통화정책을 펼쳤고, 이중 가장 대표적인 정책이 양적 완화(Quantitative Easing·QE)이다. 양적 완화란 정책금리의 추가 인하가 힘들 때, 중앙은행이 국채 등 유가증권 매입을 통해 시중에 유동성을 공급함으로써 금융시장의 기능을 회복시키고 장기금리의 하락을 유도하는 정책이다. 악화하는 거시경제 상황에 대응하기 위해 중앙은행은 국공채 등 안전자산을 매입하면서 대차대조표 규모를 확대하고, 이를 통해 안전자산의 가격 증가와 장단기 금리차 축소 효과를 끌어낸다.

양적 완화를 통해 소기의 목적을 달성한 이후에는 중앙은행이 출구전략(exit strategy)을 시행하는데 그 첫 번째 단계가 테이퍼링(tapering)이다. 테이퍼링이란 양적 완화 때 시행하던 자산매입을 완전히 멈추기 전에 매입 속도를 점차 낮추는 과정을 말한다. 즉 통화정책을 긴축적으로 가져간다고 하기보다는, 덜 완화적인 통화정책을 펼친다고 하는 것이 맞겠다. 이러한 테이퍼링이 끝나고 나서 금리 인상이 시작되며 궁극적으로는 중앙은행의 자산이 축소되면서 전통적인 통화정책의 영역으로 되돌아간다.

02 인플레이션 압력 커지면서 금리 인상 불가피해져[2]

금리 인상에 더 다가선 Fed

세계 경제의 기축통화인 미국 달러화의 '수량과 가격'에 압도적 영향력을 행사하는 미 연방준비제도(Fed, 연준)가 정책금리(기준금리)의 목표 범위를 0~0.25%로 유지했다. 2021년 6월 17일 열린 연방공개시장위원회(FOMC)를 통해서다. 시장의 관심은 통화정책 결정문과 함께 발표된 '경제전망요약'(SEP, Summary of Economic Projections)을 향했고, 이번 경제전망은 2021년 3월에 비해 예상보다 많이 변한 것으로 나타났다. 이 소식은 전 세계 금융시장에 즉각적으로 영향을 미쳤다.

어떤 변화가 이런 반응을 불러왔을까. 2007년부터 발표된 SEP에는 거시경제의 가장 중요한 변수인 성장률과 실업률, 인플레이션

---

2 [김진일] 중앙일보_인플레이션 압력 커지면서 금리 인상 불가피해져_20210629.

율 전망이 포함된다. 2012년부터는 FOMC가 정하는 정책금리가 여기에 추가됐다. 특히 FOMC 참가자 전원(현재는 18명)의 개인별 정책금리 전망이 별도의 점도표(dot plot)로 발표된다.

앤드류 레빈 교수와의 새벽 인터뷰

2021년 6월 17일 오전 예정된 TV 인터뷰 준비를 위해 이날 오전 3시 FOMC 발표와 30분 후에 열리는 제롬 파월 Fed 의장의 기자간담회를 빼놓지 않고 지켜봤다. 발표문과 더불어 공개된 SEP의 점도표에서 정책금리 인상이 내후년인 2023년에 일어날 것이라는 소식은 원화에 대한 미 달러 환율을 10원 이상 올릴 정도로 금융시장에 충격을 가져왔다. 물론 파월 의장이 기자간담회를 열면서 금융시장의 충격이 상당 부분 완화됐으나 이후에도 여진은 계속되고 있다.

인터뷰 중 하나는 방송의 대부분을 영어로 송출하는 공영방송이었다. 인터뷰에서 미 다트머스대의 앤드류 레빈(Andrew Levin) 교수와 함께 출연했다. Fed 근무 당시 레빈 교수는 가장 교류가 많았던 이코노미스트 중의 한 명이자 직장 상사였다. 레빈 교수는 1992년부터 20년간 Fed에서 근무했다. 특히 2010~2012년 벤 버냉키 의장과 재닛 옐런 부의장을 위한 특별보좌관 임무를 수행했다. 그의 홈페이지에는 특별보좌관의 역할이 '통화정책 전략과 소통'에 관한 일이라고 나온다. 그는 점도표를 기획하는 데도 많은 시간을 할애했다.

'경제전망요약(SEP)'에 시장 관심 집중

미국에서 박사학위를 마치고 1996년 Fed에 취직할 때 처음 만난 이래로 레빈 교수에게 많은 것을 배웠다. 이날 인터뷰에서도 미국의 인플레이션에 대한 그의 시각을 엿볼 수 있었다. 몇 달 전부터 인플레이션의 심각성을 역설한 그는 "3개월 전에 내가 주장했던 바를 연준이 이제 좇아오고 있다"며 자신감을 피력했다. 그는 다트머스대로 이직한 이후 한국은행 등 여러 중앙은행의 자문활동을 했고, 다른 국내 기관과도 교류를 이어오고 있다.

FOMC 회의는 1년에 8번 열린다. 분기마다 두 번 열리는 셈이다. 매 분기의 후반부에 만나는 모임에서는 통화정책 결정문과 함께 SEP를 발표한다. 근래에는 FOMC 모임이 항상 이틀간 열리고 있지만, 과거에는 분기 전반의 모임에서는 하루에 모든 토론과 결정을 마무리했고 분기 후반에 만나는 모임만 1박 2일 열렸다. 그 이유 중의 하나는 SEP에 관한 추가적인 일처리였다. 이런 이유로 분기 전반부 모임을 '작은 미팅', 후반부 모임을 '큰 미팅'이라고 부르는 관행이 생겼다. FOMC의 중요한 결정은 대부분 큰 미팅에서 결정되곤 했다.

2007년 SEP 도입 당시 Fed 의장이었던 벤 버냉키 박사가 FOMC 참가자들의 경제전망을 취합해서 금융시장과 소통하고자 하는 시도를 할 때 그가 받은 반응은 그리 호의적이지만은 않았다. 당시 필자를 포함한 Fed 이코노미스트들은 추가적 업무 부담을 달가워하지 않았을 뿐만 아니라, 언론과 시장에서도 소통이 가져다줄 편익에 비해 혹시라도 혼란이 크지 않을까 걱정했다.

10여 년이 지나서 되돌아보면 2000년대 중반, 금융위기가 닥치기 이전에 대부분의 경제학자와 금융시장은 낙관론에 취해 있었다. 그러므로 경제학자와 시장 참여자 모두 새로운 시도의 필요성을 느끼지 못하고 있었다고 '자백'할 수밖에 없다. 2007년 버냉키 의장의 실험이 성공적이었는지 실패작인지는 역사가 평가하겠지만, 이 판단에서 가장 중요한 답안지 중의 하나는 틀림없이 2021년의 미국 통화정책이 될 것이다.

점도표 통해 드러나는 금리 전망

2021년 6월에는 (1명의 연준 이사가 공석인 관계로) FOMC 참가자 18명의 전망치가 SEP에 반영됐다. 언론에서 '6월의 전망이 좋아졌다 혹은 나빠졌다'고 하는 것은 대부분 이 전망치들의 중앙값, 즉 18개의 전망치를 크기 순으로 배치했을 때 9번째와 10번째의 평균을 기준으로 삼는다. 예를 들어, 3월 FOMC 당시에 2021년의 성장률에 대한 전망치(중앙값)가 6.5%였는데 2021년 6월에는 이보다 0.5%포인트 오른 7.0%로 상승했다. 이 변화는 지난 석 달 동안의 방역·백신·경제활동의 긍정적인 변화를 반영한다. 2021년 개인소비지출가격(PCE) 인플레이션은 3월의 2.4%보다 올라갈 것이라고 누구나 예상했지만 1.0%포인트나 오른 3.4%의 전망치는 금융시장을 놀라게 하기에 충분했다.

금융시장이 더 큰 관심을 갖는 변수인 정책금리는 점도표라는

[그림 7-2] 2021~2023년 말 적정 정책금리 평가 수준

그림에 표시된 각 점은 3월(위 패널)과 6월(아래 패널)의 FOMC 참가자 18명이 제출한 '적절한 정책금리'의 수준이다. 정책그림의 기준 시점은 2021년과 2022년 그리고 2023년 연말이여, 금리목표가 범위로 설정되는 경우에는 범위의 중앙값에 점이 위치한다.

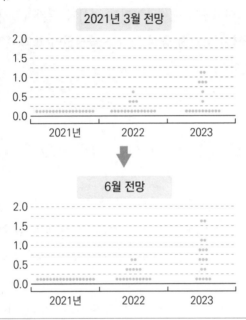

이름으로 2012년부터 전망치가 공표되기 시작했다. 경기와 물가는 기본적으로 시장에서 결정되는데 반해, 정책금리는 Fed가 직접 목표 수준을 결정하고 이 수준에서 유지할 수 있기 때문이다. 현재와 미래의 정책금리는 금융시장의 자산 가격에 직접적인 영향을 미친다는 점에서 시장의 많은 관심을 받는다.

2021년 연말, 정책금리 수준은 18명 모두 현재의 제로금리를 유지한다고 전망했다. 2022년의 정책금리 수준을 전망하면서, 3월에는

3명이 한 번, 1명이 두 번 인상할 것이라고 전망했는데, 그 숫자가 각각 5명과 2명으로 증가했다. 2022년의 정책금리 인상을 전망하는 인원이 3월에 비해 늘어나기는 했지만 2022년 정책금리의 중앙값은 여전히 제로금리다. 이에 반해 2023년 연말의 정책금리 전망은 2022년 전망에 비해 더 많이 상승했다. 참가자 중 2명은 심지어 앞으로 2년간 6번의 금리 인상을 전망했다. 2023년 정책금리의 중앙값은 2번의 인상을 의미했고, 이 소식이 미국과 한국의 금융시장에 충격을 줬다.

Fed의 고민과 한국경제의 앞날

지난 20여 년간 종종 그래왔듯이 Fed의 통화정책은 이번에도 국내 금융시장에 영향을 미쳤다. 더구나 FOMC 회의 이후 여러 연준 정책당국자의 엇갈리는 발언은 앞으로 미국 통화정책의 방향성 파악을 더 어렵게 만들고 있다. FOMC 이틀 후 세인트루이스 지역연준 총재는 인플레이션이 예상을 상회했으므로 2023년까지 기다리지 말고 2022년에 정책금리 인상을 시작해야 한다고 밝혀, 금융자산 가격이 폭락하는 단초를 제공했다. 반면에 같은 날 미니애폴리스 지역연준 총재는 인플레이션은 일시적일 것이므로 기대 인플레이션이 낮은 수준에 머무르는 한 2023년에도 정책금리를 현재의 제로금리로 유지함으로써 미국인에게 충분한 일자리를 제공해야 한다고 주장했다.

Fed가 갖는 인플레이션과 경기에 관한 고민은 한국은행에도 똑

같이 적용된다. 특히 이번 경제위기는 코로나19로 초래된 (경제에는 외생적인) 방역의 위기이며 이는 세계 모든 나라에 동일하기 때문이다. 더구나 한국은 소규모 개방경제로서 자금의 국제이동에 민감하고, 저금리와 관련된 대규모의 가계부채는 통화정책에 추가적인 제약을 제공한다. 한국은행의 이러한 고민은 2021년 6월 24일 이주열 총재가 연내 금리 인상을 공식화한 '물가안정목표 운영상황 점검' 기자간담회 문답에서 잘 나타난다.

당분간 코로나19의 추이와 한·미 중앙은행의 움직임에 금융시장은 여러 번 출렁일 공산이 크다. 2021년 7월 중순에 한국은행 금융통화위원회가 열리고, 하순에는 FOMC가 예정돼 있다. 더 중요한 이벤트로는 무더운 여름의 끄트머리인 8월 26일 오전 금통위 발표가 예정돼 있고, 이날 저녁에는 파월 의장의 잭슨홀(Jackson Hole) 컨퍼런스 개막연설이 있다. 이날이 되면 두 나라 통화정책 긴축과정의 시간표가 지금보다는 훨씬 더 명확해질 것으로 기대한다. 2021년 잭슨홀 컨퍼런스는 대면과 온라인 혼합으로 열린다고 한다. 2021년에도 온라인으로 참관해야겠다.

03   빛으로 쌓은 자산 버블,
더 방치할 수 없었다[3]

────── **한국은행, 왜 금리 인상 카드 빼들었나**

최근 한국은행이 상반기 금융안정보고서를 발표했다. 이 보고서
에서 특히 주목할 점은 두 가지 상반된 지표다. 첫째, 전반적인 금융
시스템 상황을 보여주는 금융안정지수는 2020년 4월 위기 단계 진
입 이후 지속해서 개선돼 지금은 매우 안정돼 있다. 둘째, 반면 금융
불균형이 심화하면서 전반적인 금융시스템의 취약성을 나타내는 금
융취약성 지수는 2017년 이후 상승추세를 그리다 최근에는 2008년
금융위기 수준의 80%까지 치솟았다. 두 지표를 종합하면 현재 금융
시스템은 겉으로는 안정적으로 보이지만 내부에서는 압력이 증가하
고 있는 '폭풍 전야의 고요함' 정도라고 볼 수 있다.

급기야 2021년 6월 11일 한은 창립 기념사에서 이주열 총재는

───────────────

3 [안동현] 중앙일보_빛으로 쌓은 자산 버블, 더 방치할 수 없었다_20210706.

[그림 7-3] 금융안정지수 및 금융취약지수 비교

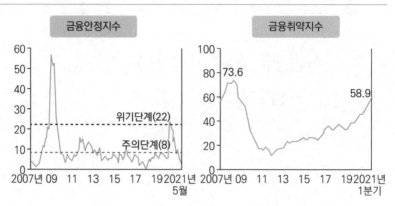

※금융안정 관련 실물 및 금융 부문의 20개 월별 지표를 표준화하여 산출한 종합지수(0~100).
　주의 및 위기 단계 임계치는 'noise-to-signal ratio' 방식에 따라 각각 8과 22로 설정.
　2021년 4월 및 5월은 잠정치

자료: 한국은행 2021년 6월 '금융안정보고서'.

금융 불균형이 누적되고 있다고 경고하면서 "통화정책을 여기에 유의해서 조정할 필요성이 날로 커지고 있다"고 강조했다. 그러면서 "기준 금리를 한두 번 올린다고 해도 통화정책은 완화적"이라는 입장을 밝혔다.

　한은이 언급한 금융 불균형(fiscal imbalance)은 레버리지(차입)가 과도한 상태에서 자산가격이 급등하는 현상을 지칭한다. 한마디로 빚으로 쌓아 올린 자산가격 버블이라고 볼 수 있는 것인데, 신용수량가설이 주장하는 금융위기 가능성과 일맥상통한다. 이러한 금융 불균형의 증가를 더 이상 방관할 수 없다고 판단한 한은이 마침내 금리 인상 카드를 빼든 것이다.

　우리나라 민간부채 비율은 금융위기 직후인 2010년까지만 해도

[그림 7-4] 주요국 GDP 대비 민간부채 비율 추이

(단위: %)

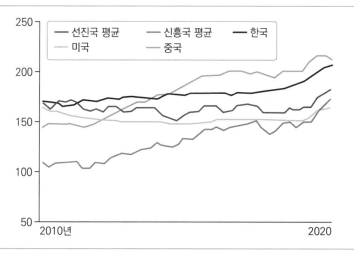

자료: 국제결제은행(BIS).

선진국 평균과 비슷했다. 이후 미국을 비롯한 선진국은 디레버리징 (부채 축소)을 통해 코로나 발발 전까지 민간부채를 하향 안정화시켜 왔다. 반면에 신흥국, 특히 중국의 민간부채 비율은 2011년 하반기 부터 2016년 초까지 급증한 후 안정적인 행태를 보였다. 우리나라의 경우는 2017년까지는 민간부채비율이 미세하게 증가하다 주택가격 이 본격적으로 오르기 시작한 2018년 이후 급등하는 모습을 보여 선 진국이나 다른 신흥국과는 다른 추이를 보여주고 있다.

2020년 말 기준으로 우리나라 민간부채 비율은 214.9%로 이 비 율을 보고하는 43개국 중 13위로 높은 수준이다. 민간부채 중 가계 부채는 103.8%, 기업부채는 111.1%로 엇비슷한 수준인데 43개국 중 가계부채 비율은 7위, 기업부채 비율은 17위에 해당한다. 가계부채

의 경우 금융기관을 거치지 않은 개인 간 대출인 전세나 월세 보증금은 제외된 수치다. 전세 및 월세 보증금의 경우 정확한 추산이 어렵지만 대체로 GDP의 40% 선으로 추정되는데 이것까지 합산할 경우 가계부채 비율이 가장 높은 스위스보다 더 높아지게 된다. 기업부채의 경우 총량도 총량이지만 양극화 현상이 더 심각한 문제라고 볼 수 있다. 영업이익이 이자비용에도 못 미치는 한계기업의 비중이 무려 40%에 달한다. 한마디로 정부뿐 아니라 가계나 기업 등 모두 경제구성원들이 빚에 짓눌려 있다.

이러한 부채 중 상당 부분이 부동산·주식·가상화폐 등으로 흘러가 자산가격에 심각한 거품을 만들어냈다. 특히 아파트 가격은 지난 4년간 거의 두 배 폭등하면서 벼락 거지를 양산하고 패닉 바잉을 불러일으켰다. 부동산을 추격 매수할 수 없는 청년층은 주식이나 가상화폐에 영끌 투자하면서 거의 모든 자산에 거품이 끼기 시작했다. 가장 변동성이 크고 거품의 정도가 큰 가상화폐부터 거품이 터지기 시작했지만, 주식·부동산은 아직도 고공행진 중이다.

모든 위기에서 필요조건은 어떤 형태로든 과도하게 누적된 부채다. 그리고 그렇게 빚으로 자산가격에 거품이 형성된다면 대내외 충격에 취약할 수밖에 없다. 금융취약지수가 나타내는 것이 바로 이런 취약성이다. 경제 주체들의 일부라도 위기감을 느낀다면 금융중개 기능의 일부가 약화하면서 금융안정지수 역시 조금은 악화되었어야 정상이다. 그런데 금융안정지수는 반대로 하향 안정화되고 있다. 위기가 차츰 다가오는데 아무런 위기의식이 없다는 얘기다.

그래서 현 상황이 더 위험해 보인다. 참고로 최근 미국은 인플레이션이 고공행진을 보이는 가운데 JP모건을 비롯한 일부 월가의 주요 투자자들이 현금 확보에 나섰다. 인플레이션 상황에서 현금 확보라니 선뜻 이해되지 않을 수 있지만, 인플레이션과 자산가격 버블이 동시에 진행되는 만큼 버블이 터졌을 때 저가 매수를 하기 위한 선제적 움직임이다. 지금 국내 금융시장엔 이런 위기의식이 너무 결여돼 있는 것으로 보인다.

각국 중앙은행, 자산 버블에 적극 대응

한은이 금리 인상 카드를 선제적으로 꺼낸 것은 바로 이런 상황인식 때문으로 보인다. 한은의 이번 대응은 어쩌면 한은 역사에 한 획을 긋는 인식의 변화가 될 수도 있다. 일반적으로 통화정책은 '보편성의 원칙'에 입각해 펼친다. '보편성'과 동치는 '무차별성'이다. 경제 전반에 영향을 미친다. 그래서 중앙은행은 물가안정이나 고용안정과 같이 경제 전반에 걸친 거시 지표를 목표로 설정하고 특정 시장이나 산업에 대한 개입은 자제한다. 결국 통화정책을 '무딘 칼(blunt knife)'로 표현하는 것이고, 이 같은 보편성의 원칙은 통화정책의 전통이자 정통으로 굳혀졌다.

이러한 전통적 견해는 2008년 금융위기를 계기로 중대한 도전을 맞게 되고 수정된다. 미국의 연방준비제도(Fed)를 비롯해 유럽중앙은행, 일본은행 등 주요 중앙은행들이 국채를 매입하는 양적 완화와 함께 특정 시장 또는 산업에 직접 유동성을 지원하는 '질적 완화'

를 병용하면서 이러한 원칙이 깨졌다.

'보편성의 원칙' 수정은 다른 한편으론 통화정책이 자산가격 버블에 대응할 통로를 열었다고 볼 수 있다. 자산가격 거품에 대해서는 통화정책이 아니라 거시건전성 규제로 대응하는 것이 효과적이라는 견해가 주류였다. 자산시장에 버블이 형성될 경우, 통화 긴축 시점을 오판할 경우, 거품뿐 아니라 실물경제까지 훼손될 위험성이 있기 때문이다. 따라서 종양 부위만 도려내는 거시건전성 규제(macro-prudential regulation)가 더 효과적이라는 것이 일반론적인 견해였다. 거시건전성 규제는 '거시'라는 단어가 들어가 있지만, 정책은 '미시적'으로 해당 금융시장과 금융기관에 대한 규제를 통해 시스템 위험을 방지할 수 있다는 논리다. 그런데 1990년대 이후 모든 위기는 거의 예외 없이 금융부문에서 촉발됐다. 공교롭게도 이 시기는 거시건전성 규제의 총본산인 국제결제은행(BIS)이 본격적으로 활동하기 시작한 시기다. 은행에 대한 자기자본규제부터 온갖 거시건전성 규제를 내놓았지만, 금융위기는 오히려 더 빈번해졌다.

결국 거시건전성 규제의 효과에 의문이 제기되기 시작했다. 그런 만큼 무딘 칼이지만, 효과가 훨씬 강력한 통화정책이 자산가격 버블에 보다 적극적으로 대응해야 한다는 목소리가 높아진 이유다. 물론 아직도 전통적 통화론자들은 '물가안정은 통화정책', '자산가격 버블은 거시건전성 규제'라는 이분법적 견해를 견지하고 버블에 관한 한 통화정책은 버블이 터질 경우 '대걸레로 뒤치다꺼리(mopping)'를 하는 것으로 역할을 제한하고 있다.

한은도 자산가격 버블 파이터 자임한 듯

반면에 최근 이러한 소극적 통화정책으로는 2008년 금융위기와 같은 위기를 사전에 방지하는 데 한계가 있는 만큼 보다 적극적인 대응을 요구하는 목소리 역시 만만치 않다. 버블이 터질 경우 금융위기를 통해 결국은 경기침체가 초래되니 '물가안정'이란 중앙은행 고유의 목표와 상치되지 않는다는 것이다.

이러한 논란에 대한 정답은 있을 수 없다. 궁극적으로 중앙은행이 판단할 문제다. 과도한 해석일 수도 있으나 그런 면에서 이번에 한은이 금융 불균형에 우려를 표하면서 연내 금리 인상을 시사한 점은 향후 한은이 인플레이션 파이터뿐 아니라 자산가격 버블 파이터로도 나서겠다는 점을 부분적으로나마 시사했다고 보인다. 그런 점에서 최근 한은과 이주열 총재의 입장 표명은 한은 역사에 하나의 중대한 변화로 기록될 것 같다.

신용수량가설(The Quantity Theory of Credit)

기존의 화폐 수량가설을 수정한 것으로 양적 완화를 주창한 리하르트 베르너(Richard Werner) 사우스햄프턴대 교수가 주장했다. 중앙은행이 통화량을 증가시키면 두 가지 형태의 거래가 증가하게 된다. 한 가지는 명목 GDP를 증가시키는 거래(GDP 거래)로 실질성장률을 높이든지 물가상승을 동반한다. 두 번째는 명목 GDP에 영향을 미치지 않는 거래(비GDP 거래)로 자산가격의 상승만 가져온다. 만약 비GDP 거래에 투입된 통화량 증가율이 GDP 거래에 투입된 통화량 증가율보다 높을 경우 자산가격 거품이 형성되고 향후 금융위기를 초래할 수 있다.

04 비트코인 제도권 편입 후, 점차 주가와 동조화[4]

━━━━━ **비트코인은 어떻게 될까**

비트코인은 금융위기가 한참이던 2008년 10월 '사카시 나카모토'라는 익명의 개발자가 발표한 후 다음 해 1월 소스 코드를 공개하면서 본격적으로 출범했다. 그는 부패한 정부와 이에 조종받는 중앙은행의 독점적 발권력, 그리고 탐욕스러운 월가에 대항해 탈중앙화된 무정부주의 수단으로 비트코인을 창시했다고 주장했다.

이렇게 비트코인은 민간 주도의 신뢰 기반 화폐를 표방하면서 출범했다. 1971년 달러화의 금태환 정지로 금본위제가 붕괴한 후 모든 국가가 발행하는 법정 화폐(fiat money)는 라틴어 'fiat'(명령)가 의미하듯 실물자산과의 태환성이 없이 오로지 국가의 권위를 바탕으로 가치가 부여된 신뢰 기반 화폐다. 따라서 법정화폐나 비트코인이나

━━━━━━━━

4 [안동호] 중앙일보_비트코인 제도권 편입 후, 점차 주가와 동조화_20220125.

사용자의 신뢰에 기반한 가치를 지닌다는 측면에서는 큰 차이가 없는 만큼 결국 어떤 화폐를 더 신뢰하는지 일종의 경쟁을 해보자는 대담한 시도였다. 그러나 비트코인이 화폐의 지위를 인정받을 가능성은 제로에 가깝다. 각국 중앙정부가 화폐주조 독점권과 이에 따른 통화정책에 대한 도전을 용인할 리 없기 때문이다.

> 중화폐도 재화도 아니나 희소성 커
> 선물펀드 상장되며 자생력 생겨
> 주가 변동의 선행지수화 경향
> 향후 미국 금융정책에 관심 쏠려

그렇다고 자산으로 보기도 애매하다. 비트코인은 그 자체가 소비를 통해 효용을 제공하지도 않으니 일반 재화로 볼 수 없고 이자나 배당을 제공하지 않으니 자본자산으로도 간주할 수 없다. 굳이 따지면 금과 같은 귀금속과 유사하다. 금은 약 10~12%의 산업 수요가 있지만 이를 제외하면 모두 귀금속 수요다. 그런데 희소성 외에 사람들이 왜 금에 가치를 부여하는 것인지 딱히 꼬집어 설명하기 힘들다. 그 색깔이나 광채, 비산화성 등 이유를 들 수 있지만 딱히 설득력이 있지는 않다. 비트코인은 공급량이 사전적으로 정해진 만큼 희소성의 조건은 만족한다.

현물 상장지수 포함 여부 촉각

문제는 사람들이 가치를 부여해야 할 이유가 없다는 점에서는 비트코인은 금보다 더 취약하다. 이에 대해서는 여러 이유가 제시되고 있다. 노벨상 수상자인 로버트 실러 교수가 신작『내러티브 경제학』에서 얘기한 것처럼 '미래 참여'라는 내러티브가 가치를 부여했다는 주장이나, 미래 지급결제 수단으로 채택할 가능성에 대한 복권적 성격을 가지고 있다는 등 여러 이유가 제시됐지만, 아직 딱히 정답이라 부르기 힘들다. 다만 그 이유가 무엇이든 가치의 씨앗이 뿌려지면 케인스의 '뷰티 콘테스트' 논리에서 보듯 가치는 자생력을 가지기 마련이다. 따라서 그 결말이 튤립 버블처럼 붕괴할지 금과 같이 가치가 지속할지는 판단하기 어려웠던 것이 사실이다.

그러나 최근 비트코인의 가치를 인정하는 일련의 전환점이 구축됐다. 2017년 시카고상품거래소(CME)에 비트코인 선물이 상장된 이후 2021년 2월 캐나다, 그리고 10월 비트코인 선물 ETF(상장지수펀드)가 상장됐다. 12월 현물 ETF 상장은 증권거래위원회(SEC)에 의해 좌초됐으나 상장은 시간 문제로 간주하고 있다. 제도권에 유입되면서 순치(domestication)와 교화(institutionalization)가 시작한 것이다. 이러한 순치 과정에서 최근 비트코인의 특성이 발현되기 시작했다.

주가 떨어질 때 더 크게 떨어져

2015년부터 2019년까지 주별 자료를 통해 달러 인덱스 수익률과 S&P500 수익률이 비트코인의 수익률에 어떤 영향을 주는지 보여주고 있다. 비트코인 가격은 달러 인덱스나 주가와는 어떤 일정한 관련성도 보여주지 못하고 있다. 야생마처럼 혼자 날뛰는 모습이다. 반면 비트코인이 점차 제도권에 편입된 2020년부터 2021년까지의 관계에서는 어느 정도 일정한 관계가 관찰된다.

전체적으로 주가가 오른다고 해서 비트코인 가격이 상승하는 것은 아니지만, 주가가 하락할 때는 비트코인 가격 역시 하락하는 성향을 보였다. 그리고 그런 동반 하락 성향은 달러가 강세를 보일 때 더 강한 모습을 보여주고 있다. 정리하면 평온한 시장 상황에서 비트코인은 주가와는 관련 없이 독립적으로 움직이지만 시장에 충격이 올 경우 전형적인 위험자산으로 주식보다 훨씬 더 큰 하락폭을 보여 준 것이다.

달러 대안화폐 될 조짐은 없어

따라서 현재 비트코인 가격의 움직임은 일정 부분 자신의 특성을 보여준다고 할 수 있다. 비트코인이 제도권에 편입되면서 기관투자자들이 투자에 나서면서 주식과의 동조화 현상이 나타난 것이다. 그런데 상승장에서는 상관성이 매우 떨어지고 민감도도 낮지만 하락장에서는 상관성이 높아지고 민감도가 증폭하는 비대칭이 관찰됐다.

그리고 달러를 대체하기 위해 제시된 대안화폐로서의 성격은 딱히 나타나지 않았다.

달러를 대체한다면 달러가치와 비트코인의 가치는 강력한 역의 관계를 보여줘야 한다. 그런데 이러한 추세는 주가 급락 시에만 관찰됐다. 주가가 급락하면 안전자산인 달러 가치가 급등하는 만큼 주가가 떨어질 때 나타나는 달러 가치와 비트코인 가치의 역관계는 비트코인이 대안화폐 성질을 보여주었다기보다는 극(極) 위험자산으로서의 성격을 보여준 것으로 해석해야 한다.

이러한 극 위험자산으로서의 성격은 시장에 조정이나 위기가 닥칠 때 먼저 가격이 조정을 받는다는 측면에서도 관찰된다. 바람이 불기 전에 누워버리는 풀처럼…. 일반적으로 시장에 조정이나 위기가 닥칠 경우 신흥국 주가가 먼저 조정을 받고 이후 미국과 같은 선진국 주가가 조정을 받는다. 기관투자자의 경우 위험을 감지해 주식 포지션을 줄일 경우 가장 위험한 신흥국 주식부터 먼저 매도하기 때문에 이런 현상이 나타난다.

─────── 비트코인 하락 때 달러는 상승

비트코인은 어떨까? 2015년부터 2019년까지 비트코인은 달러나 주가와 어떤 관련성도 보이지 않았다. 그러나 2020년 이후를 보면 전혀 다른 양상이 펼쳐진다. 달러와 비트코인의 주간 수익률은 같은 기간에서 상관계수가 −0.198로 유의미한 음의 값을 보여주고 있다.

동일 기간에서는 서로 반대 방향으로 움직인다는 것이다. 그런데 그 다음 주의 달러 수익률 역시 −0.135의 상관성을 보여주고 있다. 즉, 비트코인 가격이 하락할 때 같은 주뿐 아니라 다음 주에도 달러 가치는 상승하는 모습을 보여준 것이다.

〈표 7-1〉 비트코인과 달러 인덱스 및 S&P500 간 상관관계

비트코인 주간 수익률 (t=0)

	2015년~2019년		2020년~2021년	
	달러 인덱스	S&P500	달러 인덱스	S&P500
1주 전 수익률 (t=-1)	0.055	0.067	0.117	-0.005
같은 주 수익률 (t=0)	-0.044	0.06	-0.198	0.237
1주 후 수익률 (t=+1)	0.035	0.07	-0.135	0.305

시장에 충격이 있을 때 외환시장에 선행해 비트코인이 충격을 반영하는 걸 보여준다. 주가의 경우 이러한 현상은 더 짙어진다. 동일한 기간 비트코인과 주가는 수익률의 상관계수가 0.237로 높은 모습을 보였다. 그런데 그다음 주 주가와의 상관계수는 0.305로 더 높아진다. 즉 비트코인 가격이 주가에 선행해 움직인다는 것을 의미한다. 전형적인 극 위험자산의 특성이다.

물론 아직 비트코인의 순치 과정이 끝나지 않은 만큼 현재의 특성이 지속한다고 속단할 수는 없다. 그러나 최근 비트코인 가격의 움직임은 순치 과정에서 어떤 특성이 발현되는지에 대해 관찰할 기

회를 주고 있다. 비트코인이 화폐냐 자산이냐의 논쟁은 현재 시점에서는 큰 의미가 없다. 미국이나 중국을 포함해 어느 나라에서도 중앙은행 고유의 화폐주조권을 양보할 수 없기 때문이다.

이에 대해 중국은 아예 가상화폐의 거래를 원천 봉쇄하는 방식으로 대처한 반면 미국은 대안화폐가 아닌 자산으로서 진화하도록 제도권 편입을 통해 순치시킨 것이다. 구소련의 과학자 벨라예프(Belayev)의 실험에 따르면 여우를 개처럼 순치시키는 데 4세대가 걸렸다고 한다. 비트코인의 경우 이제 순치 과정은 시작 단계지만 미국이 어떻게 순치시키고자 하는지 어느 정도 방향성은 관찰됐다고 보인다.

1. 케인스의 뷰티 콘테스트

케인스가 주가가 형성되는지를 설명하기 위해 만든 이론이다. 미인 대회에서 수상자를 알아맞히면 보상을 준다고 하자. 그럴 경우 자신이 가장 미인이라고 판단하는 후보자를 선택하는 것이 아니라 가장 많은 사람이 미인이라고 판단할 후보자를 선택하는 것이 합리적이다. 따라서 가장 많은 사람이 미인이라고 판단할 후보자를 선택해야 한다. 이런 식으로 무한 상승 작용이 일어나 수상자가 결정되게 된다. 주가 역시 개인의 내재가치 평가가 중요한 것이 아니라 대중의 가치 평가에 대한 대중의 평가에 의해 결정된다는 점을 주장했다.

2. 상관계수

상관계수는 두 변수의 상관관계를 나타내는 수치다. 수치가 가지는 값의 범위는 -1에서 1사이다. 이 수치가 양(음)의 값을 가지면 서로 정(역)방향으로 움직임을 의미한다. 그리고 절댓값이 클수록 그러한 방향성의 강도가 강하다는 점을 의미한다.

05 수출·성장률·기업이익·고객예탁금 정점 찍고 주춤[5]

<hr />

한국 증시 왜 상승 탄력 잃었나

1월 중반까지만 해도 빠르게 치솟던 주가가 그 이후 정체했다. 지난해 3월의 주가 바닥 이후 올해 1월 초반까지 종합주가지수 상승률은 126%로 세계 최고였다. 주가 상승률이 높으면 통상 향후 주가 전망을 낙관한다. 1월 당시에도 완급은 있겠지만 주가 상승이 이어질 것으로 기대했다. 그러나 1월 중반 이후 종합주가지수는 정체했고, 주식시장을 이끌던 주요 종목들의 주가도 15~25%가량 하락했다.

돌이켜 보면 1980년 이후 주식투자를 할 만했던 시기는 1985년 하반기~1989년 1분기의 3저(低) 호황 기간과 세계적 골디락스 (Goldilocks, 경기가 활달한 가운데 물가 안정) 기간인 2003~2007년 정도였다. 물론 해당 기간 이외에서도 화려한 주가 상승이 있었다. 그

<hr />

5 [신성호] 중앙일보_수출·성장률·기업이익·고객예탁금 정점 찍고 주춤_20210907.

러나 당시의 주가 급등은 대체로 직전 폭락에 따른 반사적인 것에 불과했다. 제자리로의 회귀를 미화한 것에 불과하다.

고진감래(苦盡甘來) 격인 장기주식투자 결과도 여의치 않았다. 실제로 2000년대, 2010년대 각 10년간 연평균 주식수익률은 5.1%, 2.7%(배당금 제외)에 불과했다. 적립식 투자의 성과도 신통치 않았는데, 적립 기간이 길어도 수익률은 대수롭지 않았다. 30년간 매월 일정 금액을 주식에 투자했을 때, 2021년 현재 성과는 연율 2.9%에 불과했다.

낮은 장기투자 성과는 우리의 경기확장 기간이 짧기 때문인데, 1970년 이후 우리 경기는 무려 12번이나 순환했다. 그 과정에서 평균 33.7개월간 경기확장, 평균 20.3개월간 경기수축을 경험했다. 동일 기간 중 미국의 경기확장 기간 74.1개월(7회 평균) 및 경기수축 기간 12개월(6회 평균)과 대비된다. 상대적으로 경기확장 기간은 짧고, 경기수축 기간은 길다 보니 주식성과가 낮았다.

추세적 상승 어려워진 징후 뚜렷

올해 주가 흐름이 기대에 못 미치자 일각에서는 한국 증시 특유의 짧은 경기순환과 낮은 장기투자 성과의 재현을 우려한다. 사실 현재의 주식시장 상황은 어디를 봐도 호재를 찾기 어렵다. 주가의 추세상승이 멈추거나 하락 전환할 때의 징후가 발생했기 때문이다. 2000년 이후 최근 21년 동안 증시가 정점을 찍고 주가가 상당한 하락을 보인 것은 여덟 번 있었다. 여기서 눈여겨볼 것은 경제 성장률, 상장사 기업이익, 고객예탁금, 주가행태(주가의 기술적 추이), 종목선정 기준 등 5대 핵심 지표다. 과거 패턴을 보면 이들 다섯 가지 변수가 부정적으로 바뀐 데 따라 주가가 하락 전환 또는 정체했다.

당시 성장률 정점은 주가 정점보다 빠르면 6개월 앞섰다. 늦으면 2개월 후행했는데, 대체로 성장률 정점은 주가 정점을 선행했다. 상장사 이익 정점은 주가 정점보다 빠르면 1개월 선행했다. 늦으면 2개월 후행했는데, 대체로 이익과 주가 추이는 동행했다. 요컨대, 성장률이 낮아지면 기업 이익이 악화하고 뒤이어 고객예탁금도 줄면서 주가도 내려가는 패턴이다. 부연하면 2000년 이후 주가는 이익 규모보다 이익 증감 방향에 따라 등락했는데, 이익 규모가 커도 이익이 줄거나 정체하면 주가도 하락·정체했다. 고객예탁금은 통상 주가 정점 이전부터 정체하거나 감소했다. 물론 성장률은 올해 4%, 내년 3%로 회복세가 전망(한국은행)되고 있지만, 최근 2~3년간 연평균 1%대에 그쳤던 데 따른 기저효과에 불과하다. 성장률 상승에 별 의미를 두기 어렵다는 의미다.

〈표 7-2〉 주가가 정점일 때의 현상 보이는 최근 증시

	주가정점 현상	2021년 상황
성장률	성장률정점 전후에서 주가정점 형성	올해 1분기가 성장률정점
상장사 이익	이익정점 내외에서 주가정점 형성	●이익정점은 올해 1분기 ●수출둔화로 2022년 이익의 정체·감소 우려
고객예탁금	주가정점부터 정체·감소	1월부터 정체
주가행태	상승추세에서 이탈	4월에 상승추세에서 이탈
종목선정	짧은 순환매매	1분기부터 짧은 순환매매

자료: 신성호 전 IBK투자증권 대표이사.

이같이 세 변수(성장률, 기업 실적, 고객예탁금)가 힘을 잃음에 따라 종합주가지수의 기술적 추이도 그간의 상승 추세에서 이탈하곤 했다. 또 주가 정점 내외에서는 투자할 만한 종목을 찾기 어렵다. 대다수 종목이 이미 크게 상승했기 때문이다. 이런 흐름에 따라 증시는 주가 정점을 전후해서 활력을 조금씩 잃는 양상을 보인다. 그런데 올해 성장률 정점과 상장사 이익 정점은 1분기였을 듯싶다. 특히 2분기 상장사 순이익(주요 160사 기준)이 1분기 대비 20.5%나 줄었다. 또 금융데이터를 제공하는 에프앤가이드에 따르면 3분기 이익은 2분기보다 다소 적을 것으로 추정된다. 고객예탁금은 1월 중순부터 정체했고, 이미 지난 4월 말 주가의 기술적 추이는 지난해 3월 이후 형성된 상승추세에서 이탈했다. 또 1월 이후에는 주가가 일시적이나마 오르는 기간도 짧아지고 있다. 결국 5대 핵심변수 모두 부담스러운 징후가 발생했다. 상황이 여의치 않아도 주가가 크게 하락하지

않는 것은 여건이 상당히 악화할 때까지 버티기 때문이다.

당장의 상황이 여의치 않기에 향후 주식시장 여건이 중요해졌는데, 이 역시 긍정적 상황을 찾아보기 어렵다. 현재의 주식시장 여건이 상당 기간 주가를 유지하겠지만, 추세적 상승으로 이끌기는 버거워 보이기 때문이다. 상당 기간 주가의 현상 유지는 이익의 계절성에 기인하는데, 분기기준 이익 규모는 대체로 4분기가 가장 적다. 2000~2020년 중 분기기준 4분기 이익이 가장 낮은 횟수는 17번에 달했다. 즉, 올해 4분기보다 내년 1분기 이익이 클 듯한데, 이런 이익 방향에 힘입어 내년 1분기까지 주가는 그런대로 버틸 것 같다.

[그림 7-5] 수출이 지속적으로 늘 때 추세적으로 상승했던 주가

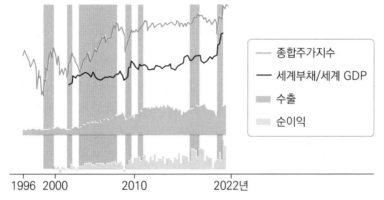

——	종합주가지수
——	세계부채/세계 GDP
▨	수출
▨	순이익

1996 2000   2010   2022년

그러나 수출 환경이 여의치 않아지면서 주가의 추세적 상승을 저해할 것으로 보인다. [그림 7-5]에서 보듯 수출이 활달할 때 기업이익이 증가했고, 기업이익 증가에 따라 주가가 상승했다. 예컨대

앞서 거론한 2003~2007년의 골디락스 기간 중 꾸준한 수출증가가 기업이익을 장기간 증가시켰다. 이에 힘입어 당시 종합주가지수가 512에서 2085까지 올랐다.

그러나 올해 수출 신장세는 이미 누그러졌다. 월별 수출금액 추이는 수출증가율과 달리 지난해 12월 이후 주춤해졌다. 앞으로도 이런 추세가 이어질 듯하다. 우리 수출은 미국이 큰 대외적자를 용인하거나, 세계적 부채 급증(세계 경제가 부채로 소비와 복지를 늘릴 때) 기간에 늘었는데, 두 부분 모두 여의치 않아졌기 때문이다.

우선 미국은 트럼프에 이어 바이든도 '아메리카 퍼스트'를 주장한다. 다른 국가도 자국 우선주의에 대해 비슷한 입장이어서 우리의 수출입지가 여유롭지 않다. 또 빨랐던 세계적 부채증가 속도도 꺾일 듯하다. 국제결제은행(BIS)의 주요 44개국 기준으로 볼 때 '세계 GDP(국내총생산) 대비 세계 부채'가 2020년에 무려 44.7% 포인트나 늘었기 때문이다. 한 해에 부채가 GDP의 절반가량 늘었는데, 그간 부채의 빠른 증가는 통상 1년을 넘지 않았다. 그러나 2021년에도 부채가 엄청나게 늘어난 것으로 추정되는데, 연이어지는 부채증가는 감내하기 어렵다. 그래서 향후 각국은 부채 증가를 통제할 것 같다. 우리 물건을 살 곳의 형편이 어려워진다는 의미다.

투자자, 방어적 관점 필요한 시점

이 같은 상황을 고려하면 우리 수출의 지속적 증가 가능성은 불투명하다. 부연하면 코로나 이후 늘어난 수출의 상당 부분은 특수(特需)라 여겨진다. 특히 세계 경제가 평이했던 2012~2019년 중 우리의 연평균 수출증가율이 '0'%인 점을 고려하면 2020~2021년에 늘어난 수출은 특수 성격이 짙다. 오래전에 수출의 활력이 떨어졌다고 볼 때 코로나 이후의 수출증가 기대치를 낮춰 잡아야 한다. 이는 곧 지속적 이익증가 가능성이 엷음을 뜻한다. 이익이 꾸준히 증가하지 않으면 주가는 추세적 상승을 이루기 어렵다. 주가는 이익증감 방향을 중시하기 때문이다. 결국 증시를 둘러싼 상황을 종합하면 현재 국내 증시는 2012~2016년 같은 장기정체 국면에 진입하기 직전 상황을 연상시키고 있다.

그야말로 이제는 방어적 관점에서 증시를 바라봐야 할 때가 됐다. 여하튼 지난해 3월 이후 주가가 크게 상승했기 때문인데, 특히 온갖 명목의 테마 덕에 이익대비 주가가 지나치게 높아진 종목은 주의해야 하겠다. 이런 부류는 이익이 조금이라도 줄면 곧바로 폭락한다. 더구나 유동성 장세가 막을 내리면서 낮은 금리가 주가를 상승시킬 것이란 기대는 접어야 한다. 낮은 금리는 이익증가 기간에는 이익증가율 이상으로 주가 상승을 증폭시키지만, 기업이 이익을 내지 못하면 더는 주가 방향에 힘을 쓰지 못한다. 오직 이익만이 주가 등락 방향을 결정한다.

06   "이번엔 괜찮다" 방심하면
퍼펙트 스톰 못 막아[6]

또다시 부채위기 닥쳐오나

최근 경제부처 수장들이 일제히 부채위기의 가능성을 경고하고 나섰다. 홍남기 경제부총리는 위기의 신호인 회색 코뿔소의 등장을 언급했고, 고승범 금융위원장은 가계대출 총량규제를 강화하고 있다. 정은보 금융감독원장 또한 미국 금리 인상과 인플레이션, 그리고 중국 경기침체가 함께 오는 퍼펙트 스톰의 가능성을 우려하면서 리스크 점검 태스크포스(TF)를 가동하고 있다. 과거의 경험을 보면 경제전문가들이 위기를 먼저 전망하고 정부는 국민의 불안 심리를 안정시키기 위해 위기 가능성을 부인하는 것이 일반적이었다.

그러나 이번에는 정부가 먼저 부채위기의 가능성을 경고하고 있다는 점에서 사태의 심각성이 크다고 할 수 있다. 실제로 중국 최

---

6 [김정식] 중앙일보_"이번엔 괜찮다" 방심하면 퍼펙트 스톰 못 막아_20211012.

대 기업인 헝다 그룹이 과도한 부채로 부실징후를 보이면서 세계 금융시장의 혼란이 우려되고 있다. 글로벌 금융위기의 경고등이 켜지고 있는가. 그렇다면 한국경제는 어떻게 대응해야 하는가.

> 정부가 먼저 부채위기 가능성 경고
> 헝다그룹, 금융위기 촉발할지 촉각
> 대부분 경제위기, 부채 때문에 터져
> 일자리 늘려 가계부채 악화 막아야

경제위기를 연구한 하버드 대학의 카르멘 라인하트와 케네스 로고프 교수는 저서 『이번엔 다르다』(원제: This time is different)에서 대부분의 경제위기는 부채위기 때문이라고 말한다. 이들은 충분히 위기에 대비했기 때문에 "이번엔 괜찮다"하고 방심해서는 안 된다고 경고하고 있다.

저금리 여파로 주가·집값 너무 올라

퍼펙트 스톰은 올 것인가. 그리고 한국경제는 과연 부채위기를 겪을 가능성이 있는가. 한국을 비롯한 대부분의 신흥시장국은 미국의 금리 인상 시기에 위기를 경험했던 사실에서 위기의 가능성은 크다고 할 수 있다. 미국은 항상 글로벌 경제보다 미국 국내 경제를 우선해 금리정책을 수행하며 단기간에 큰 폭으로 금리를 높였기 때문이다. 또한 최근 한국의 부동산 및 주가 버블과 가계부채의 증가세를 고려해도 가능성은 크다.

코로나 사태로 경제 성장률은 0%대를 기록하고 있는데도 불구하고 저금리와 과잉유동성으로 최근 4년간 주택가격은 2배 이상 상승했고, 종합주가지수(KOSPI) 또한 최근 1년 동안 60% 가까이 급등했다. 코로나 사태 이후 한국의 가계부채의 증가율은 8%로 그 전의 4%에 비해 2배 높아졌으며 가계신용 잔액 또한 1,800조 원으로 4년 전보다 30%나 증가했다. 이러한 자산가격 버블과 과도하게 늘어난 가계부채는 금리가 높아지거나 경기침체가 심화할 경우 버블붕괴와 부실화로 금융위기를 초래할 수 있다.

미국은 현재 원유가격 상승과 글로벌공급망 붕괴로 인한 부품가격 인상으로 인플레이션이 급속히 높아지고 있다. 2020년 1.2%였던 인플레이션은 최근 5.4%로 높아졌으며 미국 연방준비제도(Fed)는 물가를 안정시키기 위해 자산매입 축소, 즉 테이퍼링(tapering)과 내

[그림 7-6] 종합주가지수(KOSPI) 추이

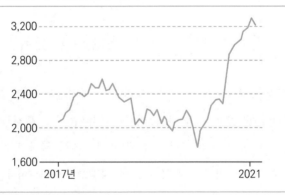

자료: 한국은행, 경제통계시스템.

년 말로 예상되었던 금리 인상을 앞당길 것을 시사하고 있다. 여기에 미국 의회에서 진행되고 있는 부채한도 협상으로 과거와 같은 재정지출 확대정책을 사용하기는 어려워지고 있다. 미·중 무역분쟁에 이어 중국의 전력난과 부동산 버블붕괴로 중국경제에 대한 불확실성도 금융시장의 불안감을 증폭시키는 요인이다. 퍼펙트 스톰, 대외적 다중 충격이 몰려오고 있다.

인플레까지 꿈틀대며 부채위기 증폭

한국의 국내 여건 또한 어려워지고 있다. 먼저 최근 2년 동안 0.5% 수준에 머물러 있던 인플레이션이 2021년 2%를 넘어설 것으로 전망되면서 한국은행은 공격적으로 금리 인상을 추진하고 있다. 여기에 2022년 이후 미국이 금리를 큰 폭으로 높일 경우 한국 또한 자본유출을 피하기 위해 추가로 금리를 인상하지 않을 수 없다.

헬렌 레이(Helene Rey) 런던경영대학원 교수는 국제 자본시장에는 위험을 회피하기 위해 선진국과 신흥시장국 사이를 이동하는 글로벌 금융 사이클(GFC)이 존재하며 미국 금리 인상은 신흥시장국에서 선진국으로 자본유출을 발생시킨다고 주장한다. 미국의 테이퍼링과 금리 인상이 전망되는 지금 한국경제는 글로벌 금융 사이클 속으로 들어가면서 자본유출과 주가 등 자산가격 버블붕괴로 부채위기에 노출될 것이 우려된다.

퍼펙트 스톰으로 인한 부채위기에서 벗어날 수 있는 방안은 무

[그림 7-7] 한국의 기준금리 추이

(단위: 연 %)

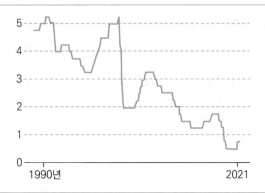

자료: 한국은행, 경제통계시스템.

엇일까. 헬렌 레이 교수는 금융회사의 건전성을 높이는 금융감독을
통해서 신흥시장국은 위기를 피할 수 있다고 조언한다. 또한 카르멘
라인하트 교수는 국제통화를 가진 일본과 미국과 같은 선진국은 국
가부채가 국내총생산(GDP)의 100%를 넘어도 국가 신뢰도에 큰 문
제가 없지만, 국제통화를 가지지 않은 신흥시장국은 선진국과 다른
기준을 적용해야 한다고 강조한다. 그 사례로 멕시코는 1982년 국가
부채가 GDP에서 차지하는 비중이 42% 수준에서 위기가 발생했으
며 아르헨티나는 2001년 50%를 약간 상회하는 수준에서 부도가 발
생했다고 지적한다.

주택 문제는 교통인프라 통해 풀어야

이렇게 보면 부채위기를 극복할 수 있는 해법은 먼저 거시건전성 금융감독을 강화하는 동시에 단기간에 급속하게 금리를 높이거나 과도한 가계대출 회수를 경계할 필요가 있다. 최근 연구기관에서는 한국의 정책금리 적정수준을 3.5~4%로 추정하고 있다. 그러나 미국의 2008년 서브 프라임 사태와 1990년대 초 일본의 부동산 버블붕괴 경험을 보면 1~2년 사이에 금리를 3~4%포인트 높일 경우 부동산 버블이 붕괴되면서 부채위기가 오는 경우가 많았다. 가계부채를 줄이기 위한 급속한 금리 인상은 주가와 부동산 버블을 붕괴시켜 금융부실을 초래할 수 있다는 점에서 경계할 필요가 있다.

가계부채가 늘어나는 원인을 제거할 필요가 있으며 이를 위해서는 일자리를 만들어 생계형 가계부채 증가를 막는 것이 중요하다. 포스트 코로나 시대에 일자리는 더욱 줄어들 것이 우려된다. 비대면 거래와 혁신으로 서비스 일자리가 크게 줄어들고 있으며 중국의 추격으로 주력산업의 경쟁력이 약화하면서 제조업 일자리 또한 감소하고 있기 때문이다. 정책당국은 중국의 추격에 대응해 산업경쟁력을 제고시킬 수 있는 신산업정책을 수립해야 한다. 기술개발과 신산업에 대한 전문인력 양성을 적극적으로 지원하는 신산업정책으로 산업경쟁력을 높일 때 일자리가 늘어나면서 가계부채 위기에서 벗어날 수 있다.

주택 관련 가계부채를 줄이기 위해서는 징벌적 조세정책에 의한 주택 수요억제책보다 수도권에서 서울로 진입하는 교통인프라를

[그림 7-8] 서울지역 아파트 실거래 추이

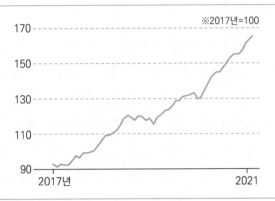

자료: 한국은행, 경제통계시스템.

구축해 서울의 주택 수요를 분산시켜야 한다. 올바른 부동산 정책이 시행돼 주택가격 상승의 원인을 제거할 때 주택가격과 전셋값이 안정되면서 가계부채 또한 그 증가세를 낮출 수 있기 때문이다.

재정 건전성 악화 막아야 부채위기도 대응

재정 건전성을 높여 금융부실과 경기침체에 대응할 수 있는 정책수단을 확보하는 것도 중요하다. 재정 건전성이 악화하여 재정지출을 늘릴 수 없는 경우 정책수단이 제약되면서 위기극복은 어려워지게 된다. 하버드대 케네디 스쿨의 제프리 프랑켈(Jeffrey Frankel) 교수는 한국이 남미와 달리 1997년 외환위기를 빨리 극복했던 배경을 당시 한국의 재정 건전성이 양호했던 데에서 찾고 있다.

그러나 최근 우리는 선심성 재정지출로 대표되는 경제적 포퓰리즘으로 재정적자와 국가부채가 크게 늘고 있다. 재정적자는 코로나 사태 이전에는 GDP의 3% 이내에서 관리되었으나 최근에는 6%를 넘어서고 있다. 국가채무가 GDP에서 차지하는 비중 또한 2025년에는 국제기구에서 위험 수준으로 경고하는 60%에 근접할 것이 전망된다. 이러한 비중은 앞으로 경제적 포퓰리즘이 늘어나면서 더욱 빠르게 악화할 것이 우려된다. 한국경제가 부채위기를 피하기 위해서는 정치논리에 의해서 재정정책이 영향을 받는 것을 최소화하고 재정준칙을 강화해 재정 건전성을 확보할 필요가 있다.

한국경제는 코로나 사태에도 불구하고 경상수지 흑자와 미국과의 600억 달러 통화스와프로 국가 신뢰도를 높게 유지하고 있다. 그러나 미국이 금리를 높이고 중국 경제의 불확실성이 커지는 퍼펙트스톰이 올 경우 위기를 겪을 수 있다. 다가오는 퍼펙트 스톰에 대응하기 위해서는 산업경쟁력을 확보하고 2022년 3월 대통령 선거를 앞두고 정치논리에 의해 경제가 흔들리지 않도록 해야 한다. 1997년 외환위기도 그랬지만 대부분의 위기는 선거가 있는 해에 발생했다는 사실을 인식할 필요가 있다.

07 과거 경험하지 못한 부채 충격 2~3년 내 올 수 있다[7]

───── **한국 경제에 드리운 부채의 그림자**

글로벌 경제의 고민거리를 3개만 꼽으라면 무엇일까? 현시점에서 ▶저금리 지속에 따른 급격한 부채 증가 ▶미·중 패권전쟁의 원만한 해결 ▶소득 불균형의 해소를 꼽겠다. 이 중에서 미·중 패권전쟁과 소득 불균형 문제는 중장기적인 과제다. 그렇다면 여기서 당장 문제가 되는 것은 부채 이슈다. 지금은 전 세계적으로 역사상 부채 규모가 가장 크고, 증가 속도가 가장 빠르며, 가장 광범위하게 진행되고 있다. 경우에 따라서는 세계 경제가 지금보다 더 큰 위기에 빠질 가능성도 있다.

지난 50년을 돌아보면 세 차례 부채 급증 후, 반드시 금융위기

───────────────
7 [김영익] 중앙일보_과거 경험하지 못한 부채 충격 2~3년 내 올 수 있다_2020 1103.

나 심각한 경기침체가 왔다. 1970~1989년 남미 국가에서 정부 부채가 증가한 뒤 위기가 발생했다. 1990~2001년에는 동남아 국가의 기업 부채 위기가 발생했고, 이 위기는 러시아와 터키까지 확산됐다. 2002~2009년에도 부채가 급증하면서 결국 미국을 중심으로 글로벌 경제가 심각한 금융위기를 겪었다.

지금은 네 번째로 부채가 증가하고 있는 시기다. 2008년 미국에서 시작한 금융위기가 전 세계로 확산되면서 2009년 세계 경제가 1980년 이후 처음으로 마이너스 성장(−0.1%)했다. 이에 따라 각국 정책 당국이 과감한 재정 및 통화 정책으로 경기를 부양했다. 그 이후 2010~2019년 세계 경제가 연평균 3.8% 성장했다. 그러나 이 과정에서 각 경제 주체의 부채가 크게 늘었다. 미국 등 선진국은 정부가 부실해졌다.

국제결제은행(BIS)에 따르면, 2008년 국내총생산(GDP) 대비 정부 부채비율이 76.5%였으나 2019년에는 109.1%로 증가했다. 신흥국의 경우 기업 부채가 급증했다. 같은 기간 신흥국의 GDP 대비 기업 부채 비율이 56.0%에서 100.7%로 증가했다. 특히 중국의 기업 부채 비율은 2008년 93.9%에서 2019년 149.3%로 높아졌다.

가계부채는 안정적이었다. 2008년 GDP 대비 59.9%였던 가계 부채비율이 2019년에는 61.6%로 소폭 증가에 그쳤다. 그러나 한국의 부채비율은 같은 기간 71.0%에서 95.2%로 급증했다.

저금리에도 빚 못 갚는 순간 닥쳐

　과다한 부채 문제로 세계 경제가 진통을 겪어야 할 시기에 코로나19가 전 세계로 퍼졌다. 국제통화기금(IMF)은 2020년 세계 경제가 −4.9% 성장할 것으로 전망했다. 글로벌 경제가 1930년대 대공황 이후 가장 깊은 경기침체를 겪고 있는 셈이다. 이에 따라 각국 정책 당국은 다시 적극적 재정 및 통화 정책으로 대응하고 있다. 특히 미국은 2020년 연방정부 예산의 47.5%에 해당하는 2조 2,343억 달러를 기업 및 가계 지원 등에 사용했다. 연방준비제도(Fed·연준)는 3월 긴급 공개시장위원회(FOMC)를 두 차례 개최해 연방 기금금리를 0.00~0.25%로 인하했고, 3월과 6월 사이에 거의 3조 달러의 돈을 시장에 공급했다. 전 세계가 이렇게 돈을 풀고 있다.

　이 과정에서 각 경제의 부채가 더 늘고 있다. 선진국의 정부 부채가 2019년 말 109.1%에서 올 1분기에는 112.1%로 늘었고, 신흥국의 기업 부채도 같은 기간 100.7%에서 102.1%로 증가했다. 2분기 이후에 각국 정부와 중앙은행이 적극적으로 대응한 만큼 올 연말 각 경제 주체의 부채 비율은 급증했을 가능성이 크다.

　부채는 경제가 성장하는 과정에서 필연적 산물이다. 일반적으로 부채가 증가하기 시작한 초기 단계에서는 부채가 생산적 자원에 투자되면서 GDP가 부채보다 더 빠르게 성장한다. 하지만 부채에 의한 성장의 후반기에는 부채 증가 속도가 소득 창출 속도보다 더 빠르고, 자산 가격까지 상승하면서 차입을 통한 자산 매입 현상이 나타난다. 그다음 단계는 높은 부채 부담과 자산 가격 하락으로 부채 상환이 어려워져 부채 위기가 발생하게 되는 부채 사이클이 나타난다.

[그림 7-9] 2008년 이후 선진국 정부 부채 급증

(단위: %, GDP 대비)

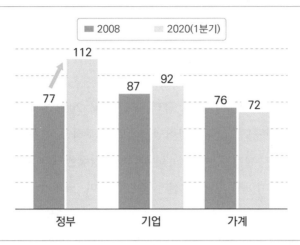

자료: 국제결제은행.

[그림 7-10] 2008년 이후 신흥국 기업 부채 급증

(단위: %, GDP 대비)

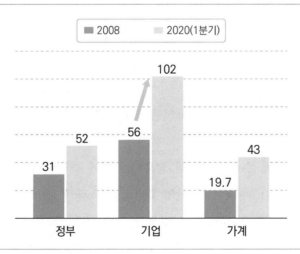

자료: 국제결제은행.

중국 저임금 끝난 것도 불안 요인

과다한 부채가 경제위기를 초래했다는 것은 역사적 사실이다. 세 가지 요인이 발생하면, 이번 부채 증가도 극심한 경기침체나 금융위기를 초래할 수 있다.

첫째, 물가 상승에 따른 금리 인상이다. 2008년 이후 전 세계 중앙은행이 대규모로 돈을 찍어냈음에도 불구하고 현재까지 물가가 안정된 이유는 세계 경제가 능력 이하로 성장했기 때문이다. 예를 들면 2012~2019년 미국의 실제 GDP가 미 의회가 추정한 잠재 GDP보다 평균 1.6% 낮았다. 그만큼 수요가 부족했다는 의미다. 공급 측면에서는 중국이 2001년 세계무역기구(WTO)에 가입한 이후 저임금 등 낮은 생산비용으로 상품을 생산해 세계에 공급해준 것도 물가안정 요인으로 작용했다.

그러나 각국의 과감한 정책 효과로 2022~2023년에는 실제 GDP가 잠재 수준에 접근할 수 있다. 중국의 임금도 오르면서 이전과 같이 세계에 상품을 저렴하게 공급할 수 없게 됐다. 물가가 오르면 시장금리가 먼저 상승하고 각국 중앙은행도 금리를 인상할 수밖에 없을 것이다. 평균물가목표제를 도입하기로 한 미 연준의 인내심에도 한계가 있을 것이다.

둘째, 세계 수요가 충분히 회복되기 전에 기업 구조조정이 먼저 진행될 수 있다. 현재 주요 산업에서 공급 초과 현상이 지속되고 있다. 고용 문제를 고려해 각국 정부가 기업 구조조정을 미루고 있지만, 경제가 어느 정도 회복되면 시장 상황에 맡길 수 있다. 정부 지원으로 간신히 수명을 연장하고 있는 좀비 기업들의 구조조정이 급격하게 진행될 가능성이 크다.

셋째, 자산 가격이 본격적으로 하락할 경우 투자자들의 위험 기피 현상이 나타나면서 금융위기가 올 수 있다. 초저금리와 양적 완화에 따른 풍부한 유동성으로 주식·부동산 등 각종 자산 가격에 거품이 발생하고 있다. 이 거품이 붕괴할 조짐을 보이면, 부채가 많은 국가로부터 자금이 유출되기 시작할 것이다. 기업이나 가계 부채가 높은 신흥시장에서 그런 현상이 먼저 나타날 가능성이 크다.

이번 부채 규모가 그 어느 때보다 크고 증가 속도가 빠른 데다가, 광범위하게 존재하기 때문에 과거에 경험하지 않았던 충격이 글로벌 경제나 금융시장에 올 수 있다. 그 시기가 2~3년 이내일 수도 있다.

갈수록 심각해지는 한국의 부채 상황

'IMF 사태'로 불리는 1997년 외환위기는 한마디로 부실한 기업과 은행을 처리하는 과정이었다. 1980년대 후반 3저(저유가, 저금리, 저달러) 호황으로 한국 경제는 수출이 급증하면서 고성장(1986~88년 연평균 12%)했다. 그러나 기업들이 미래를 낙관적으로 내다보고 투자를 크게 늘렸다. GDP 대비 기업 부채비율이 1988년 63.4%에서 1997년에는 107.2%로 증가했다. 기업 부실이 은행 부실로 이어져 경제위기를 겪었던 셈이다. 그 이후 기업의 구조조정으로 기업 부채

비율이 2005년에는 73.3%까지 낮아졌으나, 2020년 1분기에는 105.1%로 높아져 외환위기 전 수준에 근접해가고 있다.

[그림 7-11] 한국, 기업·가계·정부 순서로 부채 증가

(단위: %, GDP대비, 2020년은 1분기 기준)

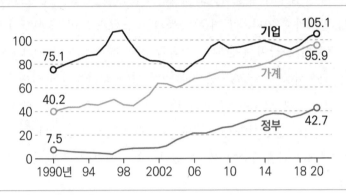

자료: 국제결제은행.

더 큰 문제는 가계와 정부 부채가 지속해서 늘고 있다는 데 있다. 1988년 GDP 대비 32.4%였던 가계 부채비율이 2020년 1분기에는 95.9%까지 급증했다. 가계 부채가 이처럼 늘어난 이유는 일부 가계의 과소비, 국민총생산(GNI)에서 가계 몫의 상대적 축소, 기업 자금 수요 감소에 따른 은행의 가계 대출 증가, 자산 가격 상승에 따른 학습효과에 있다. 여기다가 정부 부채도 늘고 있다. 국회예산정책처는 2020년 GDP 대비 44.5%일 것으로 추정되는 정부 부채 비율이 2022년에는 50%, 2040년에는 100%를 넘어설 것으로 내다보고 있다.

1997년 기업 부실로 경제위기를 겪었으나 건전한 가계와 정부가 있었기에 위기를 극복할 수 있었다. 지금은 기업 부채가 다시 늘

고 있는 가운데 가계와 정부마저 부실해지고 있다. 가계 부채를 은행이나 정부가 떠안고, 정부 부채를 중앙은행이 받아주는 상황까지 가지 말아야 한다. 부채 증가의 가장 근본적 원인이 되는 저금리의 의미도 다시 생각해봐야 한다. 금리에는 미래의 경제성장률과 물가 상승률이 내포돼 있다. 현재 저금리는 갈수록 명목 경제성장률이 더 낮아질 것이라는 의미다. 부채 상환 능력은 더 떨어질 수밖에 없다.

08 전 세계가 금융허브 위해 뛰는데 한국만 멈춰서 있다[8]

　　돈은 국경을 넘어다닌다. 한때 '해가 지지 않는 나라'였던 영국은 지금도 금융에 관해서는 해가 지지 않는 지위를 갖고 있다. 아시아 증시가 문을 닫을 무렵 런던 금융시장이 문을 열고 뉴욕에 바통을 넘겨준다. 글로벌 금융 투자자들로서는 끊김 없이 시장의 흐름을 탈 수 있는 최적의 장소가 바로 런던이다. 글로벌 금융시장이 사실상 24시간 돌아가는 효과를 거둔다. 그러나 2021년 막을 올린 브렉시트(영국의 유럽연합 탈퇴)로 런던의 위상에도 변화의 가능성이 거론되고 있다.

　　유럽연합(EU)은 2022년 중순까지 유로화 표시 자본을 런던에서 모두 철수하라는 방침을 세웠다. 이에 따라 은행과 증권거래소뿐만 아니라 금융인력의 대이동이 진행되고 있다. 런던증권거래소에 상장된 유럽연합 회원국의 주식과 채권의 이동이 불가피해지면서다. 메이리드 맥기네스 유럽집행위원회 금융서비스국장은 "거대한 변화가

8　[김동호] 중앙일보_전 세계가 금융허브 위해 뛰는데 한국만 멈춰서 있다_2021
　0908.

불가피하다"고 로이터 인터뷰에서 밝혔다.

실제로 그런 변화가 일어난다면 지각변동이 아닐 수 없다. 런던의 금융업은 350년이 넘는 역사와 경험을 갖고 있다. 런던은 1666년 9월 2일 시내 중심부 빵 공장에서 시작된 대화재 발생을 계기로 금융시장이 꽃피기 시작했다. 화재에 대비해 보험회사들이 하나둘 모여들어 세계적인 금융허브가 된 곳이 바로 런던 중심부 '시티 오브 런던(시티, the City)'이다. 런던은 시티를 중심으로 동쪽에 카나리 워프, 서쪽에 메이페어까지 금융구역이 퍼지고 있다. 이들 지역은 금융산업이 발달하면서 쇼핑과 명품 거리가 형성되고 금융부터 부동산에 이르는 핵심 기업이 들어서 있다. 특급호텔과 레스토랑이 즐비해 세계에서 가장 임대료가 비싼 상업지역으로 꼽힌다.

시티는 유럽의 금융 슈퍼마켓이다. 5,000개 넘는 글로벌 금융회사가 영국 정부에 떨구어 놓는 세금은 연간 760억 파운드(110조 원)에 달한다. 이 거대한 금융산업을 놓고 영국과 유럽연합 회원국 간 경쟁이 격화하고 있다. 독일 프랑크푸르트와 네덜란드 암스테르담이 강력한 경쟁 도시로 떠오르고 있다. 프랑스도 벌써 2년 전 법인세 인하를 내세워 '파리 금융허브' 청사진을 내놨다. 파이낸셜타임스(FT)는 "이런 도전에 시티도 그 충격을 피해가긴 어려울 것"이라고 했다.

그러나 하루아침에 런던의 장점이 사라지기는 어렵다. 은행을 비롯한 금융회사와 그 고객은 자신의 금융 비즈니스를 한 장소에 모아두기를 선호한다. 한 곳에서 관리해야 투자 및 위험관리의 효율성을 극대화할 수 있다. 그야말로 집약산업이라는 얘기다. 실제로 시티

〈표 7-3〉 국제금융센터지수(2021년 기준)

순위	도시	지수
1	뉴욕	764
2	런던	743
3	상하이	742
4	홍콩	741
5	싱가포르	740
6	베이징	737
7	도쿄	736
8	선전	731
9	프랑크푸르트	727
10	취리히	720
11	벤쿠버	719
12	센프란시스코	718
13	로스엔젤리스	716
14	워싱턴DC	715
15	시카고	714
16	서울	713
17	룩셈부르크	712
18	시드니	711
19	두바이	710
20	제네바	709

자료: 런던시티공사.

에는 재보험부터 청산·결제, 주식공개(IPO)와 채권 거래까지 모든 금융 거래가 이뤄진다. 그 결과 자연스럽게 금융 전문인력이 차고 넘치는 것도 금융허브의 조건이다. 특히 유럽 기업들은 환금성이 가장 높은 시장을 원한다. 국경을 넘나들 때 막힘이 없어야 하고 사회 혼란 같은 불확실성은 금물이다.

홍콩의 금융회사 엑소더스 가능성도 금융허브의 이런 특성을 그대로 보여주고 있다. 사회가 조금이라도 불안하면 금융회사는 바로 보따리를 싼다. 최대 수혜자는 싱가포르로 꼽힌다. FT는 "최근 글로벌 금융회사들이 홍콩을 속속 빠져나오면서 대체지로 싱가포르를 찾고 있다"고 보도했다. "그동안 홍콩을 거점으로 하고 싱가포르에는 인력을 많이 두지 않았던 글로벌 금융회사들이 싱가포르 인력을 크게 늘리고 나섰다"면서다. 일본은 눈독을 들이고 있다. 니혼게이자이(日本經濟)신문은 도쿄 금융허브의 가능성을 진단하면서 오사카·후쿠오카도 후보로 꼽았다.

중국은 크게 개의치 않고 있다. 중국 동부의 상하이와 남부의 선전을 진작부터 홍콩의 대체 시장으로 육성해왔기 때문이다. 상하이 증권시장의 규모는 갈수록 커지고 있다. 4차 산업혁명 바람을 타고 빅 테크 기업들이 속속 중국 증시에 상장하면서다. 금융허브로서 홍콩의 위상이 낮아져도 상하이와 선전을 더 크게 키울 기회가 되는 셈이다. 홍콩을 사회적으로 통제하기도 쉬운 데다 상하이·선전에 상장할 유망한 기업들이 많아 아쉬울 것도 없다.

글로벌 금융회사들도 홍콩을 완전히 떠나지는 않고 있다. 자본에는 국적도, 국경도 없기 때문이다. 돈만 벌 수 있으면 독재국가에도 들어가는 것이 자본의 논리다. 최대한 홍콩에서 버티되 위험 분산을 위해 대체지로서 싱가포르의 비중을 높이고 있다고 보는 게 적절하겠다.

요컨대 금융허브의 관건은 얼마나 돈을 벌 기회가 제공되느냐와 함께 그럴 만한 환경이 갖춰져 있느냐에 달려 있다. 이런 점에서 규제 많은 곳은 결코 금융허브가 될 수 없다. 런던이 결정적으로 글로벌 금융허브로 성장할 수 있었던 것은 1930년대 프랭클린 루스벨트 정부 시절 미국의 금융규제 강화의 영향이 크다. 글래스·스티걸 법안에 따라 미국은 은행의 업무영역을 투자은행과 소매은행으로 분리했다. 친노조 성향의 정책 도입으로 법인세와 소득세도 대폭 강화하면서 은행들이 대거 런던으로 사업 근거지를 옮기고 부유층도 계좌를 트면서 급성장할 수 있었다.

한국이 금융허브에 도전한 것은 벌써 20년이 넘는다. 한국은 2003년 노무현 정부 때부터 '동북아 금융허브 로드맵'을 제시했다. 이명박 정부에서도 서울과 부산을 후보지로 제시하면서 '금융중심지 기본계획'을 수립하고, 다국적 기업을 대상으로 성공 요건에 대한 조사도 벌였다. 그러나 한국은 관심을 끌지 못했다. 싱가포르·홍콩·상하이를 따돌릴 장점이 없었기 때문이다. 이들 경쟁 도시는 일찍이 국제도시의 매력을 갖췄다. 한국은 중국과 일본 사이에서 지정학적 위치가 좋으니 글로벌 금융회사들이 몰려들 것이란 판단은 오산이다. 금융산업의 육성, 법인세 인센티브, 인건비 등 요소비용, 외환 및 금융, 외국인 거주 환경이 모두 강화돼야 한다.

무엇보다 금융은 고부가가치 첨단산업이다. 지금 세계를 돌아보면 금융허브 구축에 나서지 않는 곳이 없다. 케냐는 수도 나이로비를 앞세워 아프리카 금융허브 구축에 열을 올리고 있을 정도다. 노무현 정부 이후 18년째 제자리걸음하고 있는 한국도 이제 행동으로 보여줘야 할 때다.

2003년부터 동북아금융허브 유치에 나선 노무현 대통령이 청와대에서 유치 방안 논의에 앞서 국민의례를 하고 있다. 그로부터 18년이 흘렀지만, 한국은 여전히 금융허브 경쟁력이 취약하다.

금융인프라 분산, 주52시간… 불확실성 높은 한국

서울시는 해외 금융기관 서울 유치를 위해 런던·홍콩·뉴욕·싱가포르 등을 대상으로 줄곧 온라인 설명회를 개최하고 있다. 2020년 12월 15일에는 유럽과 싱가포르 소재 금융회사를 대상으로 설명회를 가졌다. 여기엔 뱅크오브아메리카 싱가포르지사, 글로벌 핀테크 기업 트랜스워프, 글로벌 보험회사 텍셀그룹, 영국 투자 매니저연합회 등 30여 금융회사 임직원 50여 명이 참석했다. 서울시는 글로벌 금융회사 유치를 위해 여의도 서울국제금융센터(One IFC) 16층에 조성 중인 '서울시 국제금융오피스'의 입주조건과 지원정책을 홍보했다. 국내외 금융기관을 유치하기 위한 전용공간이다. 입주기업에는 사무·회의·네트워킹 공간과 함께 최대 5년간 임대료와 관리비의 70% 이상을 지원한다. 법률·투자·컨설팅, 외국인 임직원 지원, 여의도 내 기존 금융사와 네트워킹 등 다양한 프로그램도 마련된다.

앞서 2020년 11월에는 금융감독원과 함께 홍콩 소재 금융기관을 대상으로 온라인 투자설명회를 열었고, 2020년 12월 10일에는 싱가포르 핀테크 페스티벌에 온라인으로 참여해 서울의 핀테크 산업 지원정책을 홍보했다. 서울시는 안전한 도시, 금융허브로서 준비된 도시라는 점을 강조한다.

애를 쓰고 있지만, 현실은 녹록하지 않다. 2020년 12월 파이낸셜타임스는 사기 혐의로 검찰 조사를 받는 사모펀드 라임·옵티머스 사태를 거론하며 한국의 금융감독 체계에 구멍이 뚫렸다는 사실을 전 세계 금융기업에 타전했다. 더구나 한국은 금융 인프라가 서울·세종·부산·전주에 분산돼 있다. 금융회사는 모두 서울에 몰려 있지만, 경제사령탑은 세종시에 있고 금융위원회는 서울 세종로 정부청사에 입주해 있다. 금융감독원은 여의도에 들어섰다. 또 국민연금공단은 전주로 본사를 옮겼다. 2021년 2분기 기금 적립금이 900조 원을 돌파했지만, 골드만삭스·블랙록 등 글로벌 금융 큰손들의 방문이 뜸해지고 펀드매니저조차 구하기 어려워졌다.

더구나 대통령이 금융위원장에게 연체자 200여 만 명의 연체 기록을 없애주는 금융사면을 지시했다. 코로나 사태로 어려움을 겪는 개인이나 사업자가 연체 금액을 다 갚으면 혜택을 주겠다는 것이지만, 금융시장 질서를 왜곡하는 관치금융의 생생한 현장이다. 획일적인 주 52시간제 역시 외국 금융회사의 진출에 걸림돌이 되고 있다. 원화가 비기축통화라는 점도 핸디캡이 되고 있다. 북한 리스크를 빼더라도 금융회사의 가장 큰 적인 불확실성을 모두 갖추고 있다. 서울이 아시아 금융허브가 되기 위한 대수술이 시급하다.

CHAPTER

08

물가와 성장,
경기 순환

01 25년째 저성장 내리막길,
일본처럼 되고 있다[1]

'5년 1%P 하락의 법칙'에 빠진 한국경제

지난 25년간 한국 거시경제 행로를 결정해온 강력한 경제법칙이 있다. 이 법칙은 생명력이 강해 2003년 사스(중증급성호흡기증후군), 2015년 메르스(중동호흡기증후군) 등 전염병 사태와 1997년 외환위기, 2008년 글로벌 금융위기 등 경제위기 발발 이전·이후와 상관없이 한국경제를 주도해 왔다. 이번 신종 코로나바이러스 감염증(코로나19)의 엄청난 충격이 진정된 후에도 이 법칙은 우리 경제의 운명을 규정지을 가능성이 크다.

이 법칙은 바로 '5년 1%포인트 하락의 법칙'이다. 이 법칙은 연간 성장률의 10년 이동평균으로 계산한 한국의 장기성장률이 1990년대 중반 이후 5년마다 1%포인트씩 거의 규칙적으로 추락하고 있

---

1 [김세직] 중앙일보_25년째 저성장 내리막길, 일본처럼 되고 있다_20200428.

다는 것이다. 여기서 장기성장률은 단기적 변동요인에 크게 영향받지 않는 '진짜 성장능력'을 나타내기 때문에, 우리나라의 진짜 성장능력이 계속 추락하고 있다는 것이다.

이 암울한 경제법칙은 정권의 이념성향보다 강력하다. 보수정부·진보정부에 관계없이 정권마다 장기성장률이 1%포인트씩 낮아지고 있기 때문이다. 김영삼 정부의 6%대에서 김대중 정부 때는 5%대로, 노무현 정부 때는 4%대로, 이명박 정부 때는 3%대로 하락했다. 이 법칙에 따라 추정한 장기성장률은 박근혜 정부 때 2%대로 하락했다. 현재 문재인 정부하에서는 1%대로 진입하고 있다. 코로나19 충격의 여파로 1분기에는 아예 마이너스 성장을 했다.

이 경험적 법칙은 정부 경제정책을 무력하게 한다. 역대 정부가 취한 어떤 경기부양책과도 상관없이 작동해 왔다. 지난 30년간 국내총생산(GDP) 대비 29%에 달하는 강력한 투자 부양책을 쓰고, 건설투자도 GDP 대비 14% 이상을 유지했다. 지난 20년간 한국은행도 실질금리 평균이 0.7%에 불과한 저금리 정책을 지속해 왔다. 그러나 이런 정책에 아랑곳하지 않고 장기성장률은 법칙에 따라 5년마다 1%포인트씩 추락해 왔다.

차기 정부에서 0%대 성장 우려

지금 한국 경제는 과연 어디로 가고 있을까. 한국 거시경제의 미래 예측은 당연히 과거 25년간 한국경제를 좌우해온 '5년 1%포인트 하락의 법칙'에서 출발해야 한다. 특히 감속 없는 하락 추세가 워낙 강력했기 때문에, 미끄럼틀처럼 직선형으로 추락하는 추세의 장기성장률은 실질적 성장능력의 추정치가 될 수 있다. 매우 안타깝지만, 이 선형 추세가 유지된다면 차기 정부에서 장기성장률 0%대의 제로성장 시대로 곧 접어들 것으로 예상한다.

경제성장 이론의 관점에서 볼 때, 장기성장률의 0%대 추락이 결코 놀라운 일이 아니다. 전통적인 신고전파 성장이론에 따르면, 기계와 같은 '물적 자본' 축적에만 성장을 의지하는 경제에서는 '수확체감의 법칙'에 따라 물적 자본에 대한 투자수익률이 점점 낮아져 결국 투자가 멈추게 된다. 그 결과 성장이 정지하면서 장기성장률이 0%가 될 수 있다. 특히 1980년대 등장한 내생적 성장이론에 따르면, 근로자에 내재된 지식과 기술을 의미하는 '인적자본' 축적 속도가 점점 줄어들면 0%로의 추락이 감속 없이 선형으로 일어날 수도 있게 된다.

결국 혁명적인 정책변화를 통해 이 법칙을 저지하지 못하면 차기 정부하에서 장기성장률이 0%대로 진입해 실물경제 위기 가능성이 많이 증가할 수 있다. 1990년대 중반 이후 연간 성장률은 단기적 변동요인에 따라 20%의 확률로 추세적 장기성장률보다 1%포인트 이상 낮은 값에서 결정됐다. 따라서 장기성장률이 0%에 진입하면, 연간성장률이 마이너스 1% 이하로 떨어지는 실물 위기가 20% 정도의 확률로 발발할 수 있음을 의미한다.

제로성장 시대에 접어들면 특히 경쟁력을 잃은 한계 산업과 한계 기업, 그리고 부도기업이 급증할 수 있다. 이에 따라 우리 경제의

'좋은 일자리' 창출 능력도 급격히 하락해 청년·중년·노년 일자리 문제가 동시에 악화할 가능성이 높다. 나라 전체의 평균 성장률(0%)에 못 미치는 2,000만~3,000만 명의 국민은 가계소득 감소를 경험하고, 소득 취약계층의 경제적 어려움이 가중돼 소득분배도 악화할 수 있다.

단기부양은 금융위기 초래 위험

물론 고통스러운 제로성장의 도래를 차기 정부가 그다음 정부로 떠넘기고자 강력한 단기부양책을 추진하면 제로성장이 수년간 지연되는 듯한 모습을 보일 수도 있다. 그러나 경기부양에 따라 과도한 투자가 이루어지고 이에 따라 부실투자와 부실채권 누적이 가중되면 금융위기를 불러올 가능성도 커진다. 그 결과 위기가 발생하면서 연간성장률이 급격히 마이너스로 추락하면 0%대 장기성장률의 시기가 급히 도래할 수도 있게 된다.

이 위협적인 법칙이 지난 30년간 한국경제를 주도해왔음에도 역대 정부들이 이 경제법칙을 인지하지 못했거나 국민에게 알리고 이의 극복을 경제정책의 최우선 과제로 삼지 않았다는 것은 미스터리다. 이 법칙에 대한 인식 부재 때문인지 소위 '747 정책'으로 7% 성장률을 선거공약으로 제시한 정부도 있었지만, 이 정부의 장기성장률은 결국 3%대로 전임 정부에 비해 1%포인트 하락했다. 다른 정부들도 공약한 높은 성장률과 상관없이 전임 정부보다 1%포인트 하락한 장기성장률을 성적표로 받은 점에서 동일하다. 경제법칙이 정치공약을 이긴 것이다.

[그림 8-1] 5년 1%P 하락의 법칙

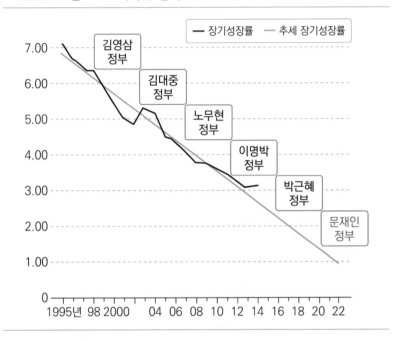

최근 코로나19 사태가 한국경제에 대한 국민의 위기감을 증폭시키고 있지만, 한국경제 위기의 근본적 원인은 이 전염병이 아니라 5년 1%포인트 하락의 법칙에 따른 성장 추락 때문임을 인지해야 한다. 법칙에 따라 추세 장기성장률 추정치가 이미 1% 중반까지 하락했기 때문에 거기에 코로나19 같은 단기적 충격이 더해지면 마이너스 성장률도 쉽게 일어날 수 있는 심각한 상황에 이를 수 있다.

지금이라도 '5년 1%포인트 하락의 법칙' 저지를 국가정책의 지상과제로 삼아야 한다. 이 법칙에 따른 성장 추락의 근본적 원인을 찾아내고 이번 코로나19 사태에서 보여준 것처럼 온 나라와 국민이 필사적인 노력을 기울인다면 이 경험적 법칙을 깨뜨릴 수 있다. 단, 시간이 없다. 경기부양만 하다가 1%포인트 낮은 장기성장률을 차기 정부에 연이어 물려주는 관행을 깨고 이 퇴행의 법칙을 깨뜨리는 정부가 당장 나와주기를 기대한다.

한국은 일본보다 더 규칙적으로 하락

성장률이 계속 추락하지 않고 2~3%대 저성장에서 멈춰 더는 크게 변하지 않고 고착화하는 '저성장 고착화'에 한국경제가 처해 있다는 견해도 제기돼 왔다. 박근혜 정부 중반에서 문재인 정부 초반까지 연간 성장률이 2% 후반~3%에서 횡보한 것이 이 견해를 뒷받침해 주는 듯했다.

그러나 연간 성장률은 인위적 경기부양책을 통해 '진짜 성장능력' 이상으로 높게 보일 수 있는 '겉보기 성장률'임에 유의해야 한다. 실제로 2014년부터 '초이노믹스'란 이름 아래 실시된 주택건설 부양을 포함한 강력한 부양정책이 겉보기 성장률을 진짜 성장능력 이상으로 과도하게 증가시켰을 가능성이 크다. 또 무역수지 흑자가 GDP의 6%를 넘는 예외적 상황이 5~6년간 지속해 연간 성장률을 일시적으로 높여주는 힘으로 작용했다. 결국 인위적 경기부양과 일시적 무역수지 흑자에 따른 착시효과를 제거하면, 한국의 진짜 성장능력은 2% 후반~3%에 고착화하기보다는, 5년 1%포인트 하락의 법칙에 따라 추락해 현재 1%대 중반을 통과하고 있을 가능성이 높다.

과거 고도성장을 경험한 후 50년 이상 성장 추락을 경험한 일본·이탈리아에서도 장기성장률이 2~3%에서 굳어지기보다는 0%대 혹은 마이너스로까지 추락했다. 특히 일본은 1980년대 후반 경기부양으로 4%대 장기성장률에 고착화하는 듯한 모습을 보였지만 버블붕괴 이후 장기성장률이 0%대까지 추락했다. 한국은 법칙에 따라 훨씬 더 규칙적인 성장 추락을 겪어왔기 때문에 장기성장률이 0%까지 하락할 개연성이 이들에 비해 낮지 않다.

요컨대 한국경제가 혁명적 정책변화 없이는 2~3%대 저성장 고착화보다는 0%대로의 성장 추락을 맞을 개연성이 적지 않아 보인다. 따라서 정말 우려되는 것은 '저성장 고착화'가 아니라 '저성장 밑으로의 추락'이다.

02   성장률 0%대 직면, 먹고사는 문제부터 해결해야[2]

이번 대선에 거는 국민의 기대

대통령 선거가 저만치서 다가오고 있다. 대통령 선거에서 우리 국민이 가장 기대하는 것은 무엇일까. 후보들이 지엽말단적인 문제만 갖고 논쟁하기를 원하지는 않을 것이다. 그보다는 국민에게 가장 중요한 '먹고사는 문제'를 획기적으로 해결할 방안이 핵심 이슈가 되고, 선거 과정을 통해 그 해법이 마련되기를 간절히 바랄 것이다.

현재 우리 국민의 먹고사는 문제는 심대한 위협에 처해 있다. 한국경제는 지난 30년간 '5년 1%포인트 하락의 법칙'에 따라 우리 경제의 진짜 실력을 나타내는 장기성장률이 5년에 1%포인트씩 하락해왔다. 그 결과 차기 대통령 임기 중에 0%대 진입을 걱정해야 하는 심각한 상황에 봉착했다.

---

2 [김세직] 중앙일보_성장률 0%대 직면, 먹고사는 문제부터 해결해야_20210831.

장기성장률 5년마다 1%P 하락
좋은 일자리 줄고 소득분배 악화
선거 통해 '혁신의 길' 되찾아야
국민 잠재력 일깨우는 후보 절실

만약 제로성장 시대에 접어들면 연간 성장률이 마이너스가 되는 역성장이 빈번하게 일어나고 마이너스 10%에 이르는 매머드급 위기도 5%의 확률로 닥칠 수 있다. 여러 정권에 걸쳐 이루어진 과도한 경기부양의 누적으로 인해 금융위기에 처할 가능성도 있다. 청년은 물론 중장년을 위한 '좋은 일자리'가 더욱 고갈되고 2700만 근로자의 절반 이상이 매년 소득 감소를 경험하게 되면서 소득분배가 더욱 악화할 가능성도 있다.

이렇게 위협적인 상황이지만 우리에게 아직 희망이 있다. 선거를 통해 현재의 심각한 경제 상황이 공론화되고, 후보들이 그 원인에 대한 정확한 진단과 이에 따른 해법을 경쟁적으로 제시하고 현실화하면 우리에게 희망이 생긴다. 특히 후보들이 성장 추락을 저지할 명확한 방안을 제시해 잠자고 있던 우리 국민의 뛰어난 잠재력을 일깨우면 우리 경제는 다시 한번 힘찬 도약을 기할 수 있다.

다시 안 오는 '성장의 황금시대'

경제학자 입장에서 볼 때 우리 국민의 잠재력은 놀랍고 대단하다. 필자가 '성장의 황금시대'라고 부르는 1960년 초 이후 30년의 기간 동안 한국은 인류 역사상 유례가 없던 8% 이상의 지속적인 장기 성장률을 구가했다. 인구 4,000만~5,000만 규모의 나라가 초고속 성장을 이렇게 장기간 유지한 적이 없다.

필자가 최근에 펴낸 『모방과 창조』에서 강조했듯이, 이런 까닭에 노벨 경제학상을 수상한 로버트 루카스 시카고대 교수는 한국을 전무후무한 농구 수퍼스타 마이클 조던에 비유하기도 했다. 당시 경제학 이론으로는 설명할 수 없는 고도성장을 이룩한 한국을 설명하기 위해 경제학자들은 1980년대 말 내생적 성장이론이라는 새로운 경제학 이론까지 개발하기에 이르렀다.

뛰어난 민족적 잠재력을 끄집어내 30년간의 '기적적 성장'을 지속할 수 있었던 것은 결코 우연이 아니었다. 이 시대 최고의 경제학자로 꼽히는 루카스와 현대 경제성장 이론가들이 발견한 한국 고도성장의 비법은 '인적자본'이다. 우리나라 근로자나 기업가들은 자신의 머릿속에 쌓아 둔 지식이나 기술을 의미하는 인적자본에 부단히 투자해왔다. 그리고 국민의 이러한 투자 잠재력을 효율적으로 끌어낸 '경제체제'에 있었다.

경제체제가 경제성장에 심대한 영향을 미친다는 사실은 너무나 명백해졌다. 특히 국민의 재산권을 보호해주는 자본주의 시장경제 체제가 공산주의 경제체제보다 '경제성장률 경쟁'에서 앞선다는 사실은 1989년 베를린 장벽 붕괴에 이은 동유럽 공산주의 체제 붕괴를 통해 여실히 증명됐다.

자본주의 체제 중에서도 당시 한국은 국민이 새로운 아이디어를 스스로 생각해 내는 인적자본보다는 기존 지식이나 기술을 베끼고 외우는 모방형 인적자본을 빠르게 축적했다. 이 방식을 유도하는 강력한 교육, 조세 및 재정 시스템을 갖추고 있었다. 필자가 '모방형 자본주의 체제'라고 명명한 이 체제는 모방형 인적자본 투자에 대한 막대한 수익률을 보장했다. 이러한 인센티브로 인해 국민이 선진지식과 기술을 놀라운 속도로 열심히 외우고 베끼고, 이를 이용해 기업들이 빠르게 새로운 제품을 만들어 수출하게 되면서 경제가 초고속으로 성장할 수 있었다.

창조적 인적자본 키워내야

그러나 나라의 경제체제가 시대변화를 읽지 못하고 과거의 성공에만 도취해 스스로 혁신하지 못하면 국민적 잠재력도 그 빛을 잃게 된다. 1990년대부터는 우리가 세계 기술 프런티어에 근접하게 됨에 따라 특허로 보호되는 외국 첨단기술을 베껴 쓰기가 더는 어렵게 됐다. 이와 함께 인터넷과 인공지능(AI)의 급속한 발달로 모방형 인적자본의 가치가 급락했다. 이에 따라 개인이든 기업이든 스스로 새로운 것을 생각하고 만들어내는 능력인 '창조형 인적자본'을 키워 새로운 아이디어와 기술을 개발해내지 못하면 살아남기 힘든 시대가 이미 도래했다.

그런데도 그 효능을 다한 모방형 자본주의 체제를 우리는 30년 간 답습했다. 이에 따라 우리 사회에서는 100만 불짜리 아이디어를 생각해냈어도 보호받을 방법이 거의 없고, 어린 학생들은 인터넷에서 클릭 한 번이면 찾을 수 있는 쓸모없는 지식을 밤잠 못 자가며 암기해왔다.

그 결과 5년 1%포인트 하락의 법칙에 따라 30년간 성장률이 추락해 이제 국민의 '먹고사는 문제'에 심각한 위협을 가하고 있다. 이에 따라 우리는 이 무서운 법칙과 그에 따라 다가올 경제위기의 폭풍우를 저지해야 하는 중차대한 시대적 과제에 당면하게 됐다.

다행히 그 해법은 너무나 명확하다. 그 해법은 바로 창조형 인적자본 투자를 촉진하는 '창조형 자본주의 체제'의 구축에 있다. 이체제는 국민이 생각해 낸 창의적 아이디어에 대해 강력한 재산권 보장과 투자 인센티브 시스템을 제공하고 창조적 인적자본을 키우는 효율적 교육 시스템을 갖춘 자본주의 체제다.

한마디로 잠자던 국민의 창의적 잠재력을 끌어내 주는 체제이다. 우리 민족의 뛰어난 창조적 잠재력은 산업화를 촉진하고 서민들과 중산층의 주거 안정에 크게 기여한 창의적 민족 발명품인 전세제도에서도 명확히 드러난다.3

이번 선거에서 국민의 먹고사는 문제가 해결되기 위해, 창조형 자본주의 체제로의 업그레이드를 위한 구체적 방안이 모든 후보에

---

3 중앙일보 [김세직의 이코노믹스] 세계에서 유일한 전세, 산업화 촉진의 비밀 병기였다_20200413.

의해 경쟁적으로 제시되기를 기대한다. 그리하여 어떤 후보가 대통령이 되더라도 우리 국민의 뛰어난 창의적 잠재력이 폭발하는 전환점이 되기를 고대한다. 그 결과 수많은 크고 작은 '한국의 스티브 잡스'가 출현한다면 한국은 한때 전 세계가 놀라워한 '기적적 성장'을 다시 한번 구가할 수 있지 않을까.

정치인은 유토피아를 판매하는 사람

경제학적 관점에서 보면, 정당은 국민에게 이상국가, 즉 '유토피아'를 판매하는 기업으로 생각할 수 있다. 특히 정치인은 나름의 멋진 유토피아를 제시해 국민이 그 유토피아를 구매하고 싶게 만든다. 대통령 선거도 결국 서로 다른 유토피아를 판매하는 후보 간의 경쟁이다.

선거에서 정치인들이 국민에게 선전하는 유토피아의 핵심에는 늘 '경제성장률'이 자리 잡고 있다. 현대적 의미의 유토피아에서는 국민이 행복하기 위해서 소비와 이에 따른 행복의 원천인 소득이 빨리 증가해야 한다. 이런 까닭에 빠른 소득증가, 즉 '빠른 경제성장'은 선후진국을 막론하고 선거에서 정치인들이 국민의 표를 유혹하기 위해 선전하는 마법의 묘약 같은 존재다.

우리나라에서도 경제성장률 공약이 선거에서 종종 일등공신 역할까지 해왔다. 임기 중 장기성장률이 3%에 머무른 어떤 정부는 소위 '747' 공약으로 7%대의 성장률을 달성하겠다는 목표를 제시하여

선거에서 이겼다. 역대 어느 정부나 실제 성장률보다 훨씬 높은 성
장률을 선거 공약으로 내걸었다.

그러나 선거에서 이긴 정부가 얼마나 높은 경제성장률을 약속
했는지와 상관없이, 한국의 장기성장률은 5년 1%포인트 하락의 법
칙에 따라 정권마다 전임 정권보다 1%포인트씩 하락해 왔다. 역대
정부는 선거 중 이 강력한 법칙을 깰 어떤 방안도 제대로 내놓지 못
했다. 그러니 공약과 다른 결과가 나오는 것은 어찌 보면 당연하다.

빠르게 성장해 좋은 일자리가 넘쳐나는 유토피아를 구매하고
싶은 국민은 그간의 경험을 교훈 삼아 이번 선거에서는 물건을 꼼꼼
히 살펴봐야 한다. 무엇보다도 '5년 1%포인트 하락의 법칙을 깨는
기능'이 들어 있는 제품인지를 확인해야 한다. 설명서에 그 기능이
들어 있다면 그 기능이 과연 제대로 작동할지 경제학적 원리에 비추
어 확인해야 한다. 예를 들어 재정과 통화량만 늘리는 방식으로는
혁신 부족과 규제 과잉 때문에 발생한 경기 침체를 절대로 탈피하기
어렵다는 점을 명심해야 한다. 공약을 고를 때 소비자가 주의할 기
본사항이다.

03   국가 경제 주기로 볼 때 지금은 절체절명의 순간[4]

_____
국가의 흥망성쇠와 대한민국의 장래

찰스 킨들버거 미국 MIT대 교수가 1996년 펴낸 『경제강대국 흥망사』(World Economic Primacy: 1500~1990)는 경제 강대국의 흥망성쇠에 관해 유럽국제연구소가 수행했던 연구 프로젝트의 결과물이다. 이 책에서는 국가 경제도 출발·가속·둔화·쇠퇴하는 주기가 있는지를 연구했다. 마치 아놀드 토인비가 인류 문명을 발생·성장·쇠퇴·해체의 주기로 본 것과 유사한 접근이다.

이 연구에서는 국가 경제를 짧게는 50년 주기부터 100년·200년 주기로 설정하고 있다. 포르투갈(1500년대)·네덜란드(1600년대)·영국(산업혁명~1차 대전)·미국(1차 대전 이후)의 주기를 보면 대체로 약 100년마다 세계 경제의 주도 국가가 바뀌었다. 영국만 산업혁명

_____
4   [오정근] 중앙일보_국가 경제 주기로 볼 때 지금은 절체절명의 순간_20201013.

이 태동하기 시작한 1700년대 초부터 1920년경까지 약 200여 년간 세계 경제의 주도권을 차지했던 것으로 분석되고 있다. 이는 주기가 둔화기나 쇠퇴기에 접어들더라도 다시 반등할 수도 있음을 보여주는 사례다.

경제활동별로 보면 교역 확장, 산업 활성화, 금융산업 발달의 순으로 변해 가는 것으로 분석되고 있다. 경제가 발전하려면 수출 등 대외교역이 늘어나고 그에 따라 산업이 활성화한다. 그렇게 되면 이번에는 무역과 산업 활성화를 뒷받침하는 금융산업이 발전한다. 영국이 전형적인 예다. 영국은 1815년 나폴레옹전쟁에서 승리하면서 전쟁의 위험 없이 새로운 기술에 의한 산업 활성화가 다시 반복된 경우다. 금융만 하더라도 1694년 영란은행이 설립될 정도로 다른 나라에 비해 200여 년이 앞섰고 그런 힘이 1~2차대전 때까지 파운드화를 기축통화로 한 팍스 브리태니커 체제를 가능하게 했다.

한 나라의 특정 산업이 새로운 기술에 힘입어 활성화되면 경쟁력이 앞서지만, 곧 후발국들이 따라오기 마련이다. 이 단계에서 새롭게 업그레이드된 기술이나 새로운 산업이 나와야 경쟁력을 유지할 수 있다. 이런 과정에서 기업활동의 활성화에 따른 경제성장과 기술발전에 의한 혁신이 중요한 요소다. 그 예가 바로 200여 년 동안 세계를 제패한 영국이다. 혁신에 실패하면 제도적 동맥경화가 발생하고 결국 경제쇠퇴기가 시작된다. 따라서 국가 경쟁력 유지의 핵심은 경제성장과 기술발전을 통해 혁신을 가져올 수 있도록 기업활동을 활성화하는 제도를 구축하는 것이다.

기업들 경제활동 최대한 보장돼야

경제성장과 기술발전이 중요한 요인이라는 점은 폴 케네디 예일대 교수가 『강대국의 흥망』(1988)에서도 강조하고 있다. 케네디는 국가의 생산자원을 어떻게 효율적으로 활용하는지가 중요하다고 역설했다. 생산자원을 최대한 효율적으로 활용하려면 기업의 경제활동 자유가 최대한 보장되어야 함은 물론이다.

18세기 산업혁명에 이어 1850년대 빅토리아 대호황기를 겪으면서 세계 경제를 제패해 오던 영국도 1800년대 후반기에 급속히 뒤따라 온 미국에 밀려 주춤하다가 1차 대전을 계기로 미국에 선두를 내주게 된다. 이 두 나라에는 공통점이 있다. 우선 개인과 기업의 자유로운 경제활동이 보장된 자유민주주의가 확립되었다는 점이다. 그에 따라 시장경제가 활성화되면서 기업 창업과 새로운 기술이 꽃피면서 세계 경제를 리드하는 국가가 되었다는 점이 닮은꼴이다.

이런 시각에서 국가의 생산자원을 어떻게 효율적으로 활용하는가가 국가의 성공과 실패를 가름한다는 점을 강조하고 있는 또 다른 명저가 대런 애쓰모글루 MIT대 교수와 제임스 로빈슨 하버드대 교수가 공저한 『국가는 왜 실패하는가』(2012)다. 이 명저는 30여 명의 연구진이 15년간 동서고금의 경제사를 연구한 결과를 정리한 위대한 연구업적이다. 국가가 생산자원을 효율적으로 활용하기 위해서는 개인과 기업이 열심히 경제활동을 할 동기가 부여되는 경제활동의 자유, 사유재산권 보장, 법치가 보장되는 제도가 중요한데 이를 '포용적(inclusive) 경제 제도'라고 했다. 저자들은 이와 반대되는 개념으

[그림 8-2] 세계경제 국가별 비중 변동 추이

(단위: %)

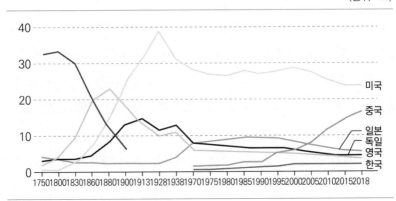

자료: 1750~1938: 세계제조업산출액 비중(폴 케네디, 강대국의 흥망, 1988),
    1970~2018: 불변 GDP 비중(UN Statistics).

로 '착취적(extractive) 경제 제도'를 제시하고 있다.

　　애쓰모글루와 로빈슨은 포용적 경제제도를 이끌어내기 위해서
는 다원적 의사결정이 가능한 민주적인 '포용적 정치제도'가 바탕이
돼야 한다고 주장하고 있다. 국가가 법 질서를 유지할 정도의 통제
가능한 중앙집권화를 이루어야 하고 다원적 의사결정이 반영될 수
있도록 다원화도 이루어져야 한다는 점을 강조하고 있다. 중앙집권
적이면서도 다원화된 포용적 정치제도는 광범위한 사회계층의 권한
강화를 통해 가능하다는 얘기다.

한국경제 번영 60년으로 멈출 위기

그 반대가 되면 지배그룹의 사욕만 추구하고 그 과정에서 국민이 도탄에 빠지는 '착취적 경제제도'가 되고 만다. 권한이 소수에게 집중되면 소수의 이익만을 추구하는 착취적 제도가 구축되면서 경제는 추락한다. 그런데도 소수의 권력집단은 사익을 유지 강화하기 위해 착취적 제도를 더욱 강화하게 되고 그 결과 경제도 착취적 체제로 강화돼 추락하는 악순환에 빠지게 된다는 점을 동서고금 여러 나라의 예를 들어 설명하고 있다.

중국이 개혁개방 이후 성장하고 있지만, 정치제도가 포용적이라고 하기는 어려운 구조여서 경제성장이 계속될 것인지는 확신하기 힘들다는 주장도 하고 있다. 두 교수는 최근 저서 『좁은 회랑』에서 국가가 번영하기 위해서는 국가권력과 시민 자유 간에 공존과 조화가 이루어질 수 있도록 끊임없는 노력이 필요하다는 점을 강조하고 있다.

한국경제는 1962년 경제개발 계획을 추진한 이래로 1991년까지 30년간 연평균 9.6%의 고도성장을 이루어 왔으나 1992년부터 2011년까지 20년간 연평균 5.6%의 중성장기로 둔화한 후 2012년부터는 2%대의 저성장기로 주저앉고 있다. 가장 큰 원인은 기업투자 증가율의 둔화와 생산성 하락이다. 한국경제는 100년 주기는커녕 50~60년 주기로 단축된 데다 성장률 하락 폭이 커서 급속히 쇠퇴할 수 있다는 우려가 제기되는 실정이다. 특히 2010년대로 들어서서는 세계경제에서 차지하는 국내총생산(GDP)의 비중이 정체 상태를 보인다.

[그림 8-3] 세계경제에서 정체된 한국경제 비중

(단위: %, GDP)

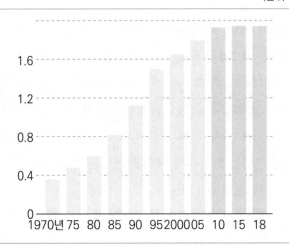

자료: 유엔.

'부자 3대 못 간다'는 한국의 속담이 들어맞는 것은 아닐지 걱정이다. 여기에서 쇠퇴하면 안 된다. 반등해야 한다.

이미 대불황으로 추락하고 있는 한국경제는 풍전등화의 위기다. 기업을 이처럼 옥죄고 심지어 완전히 기반을 파괴하면 둔화하고 있는 한국경제는 쇠퇴의 길로 추락할 것이 분명하다는 점은 동서고금의 세계경제 흥망사가 가르치고 있다. 애쓰모글루와 로빈슨 교수는 자유민주적 포용적 정치제도가 없는 곳에서는 기업활동이 꽃필 수 있는 포용적 경제제도가 유지되기 어렵고, 그 결과는 경제추락과 국가실패뿐이라고 강조하고 있다. 한국경제가 반만년 역사에서 모처럼 반짝하고 이대로 쇠락하고 말 것인지 마지막 순간에 반등할 것인지 절체절명의 순간에 직면해 있다.

경제 쇠락에도 규제 법안 폭증하는 한국

　추락하는 경제는 아랑곳없이 슈퍼 여당이 주도하는 21대 첫 정기국회에서 규제 관련 법안이 폭증하고 있다. 21대 첫 정기국회가 시작된 이후 3개월간 의원들이 발의한 규제 관련 법안은 412건이고 이 중 절반이 넘는 217개가 경제규제 법안으로 꼽혔다. 이 중에서 상법개정안·공정거래법개정안·금융그룹통합감독법제정안이 가장 최악의 법안으로 보인다.

　상법개정안의 핵심은 다중대표소송제도 도입, 감사위원 분리선임, 감사 선임 시 대주주와 특수관계인 합산 3% 이상 의결권 박탈 등이 주요 내용이다. 다중대표소송은 상장회사 지분 1만분의 1을 보유한 주주는 자회사 이사를 상대로 소송을 제기할 수 있는 제도다. 이 경우 모회사의 자회사 경영에 대한 과도한 개입에 따른 경영 활동 위축은 불을 보듯 뻔하다. 감사선임에 대주주의 의결권이 제한되면 펀드나 기관투자가들의 영향력은 더 커져서 대주주의 경영권 방어가 어려워질 가능성이 크다.

　선진국이 도입하고 있는 차등의결권·황금주 등 경영권 방어수단은 도입되지 않고 있는 가운데 이러한 법안들이 도입되면 한국 기업들은 글로벌 헤지펀드의 놀이터로 전락할 공산이 커지고 있다. 공정거래법 전면 개정안에도 공정거래위원회의 전속고발권 폐지, 일감 몰아주기 규제 강화, 지주회사 지분율 요건 강화 등을 담고 있다. 기업에 대한 빈번한 소송으로 기업들은 몸살을 앓게 되고 과도한 일감 몰아주기 규제 강화로 대기업들의 벤처기업 인수가 위축돼 벤처기업 활성화에도 찬물을 끼얹게 될 전망이다.

04 공급 부족이 물가 자극…
슬로플레이션에 그칠 듯[5]

─────── 전 세계 덮친 인플레이션

최근 글로벌 경제에서 가장 큰 화두는 인플레이션이다. 미국의
물가상승률은 2021년 3월 전년 동기 대비 2.6%를 기록한 후 5월부
터 9월까지 5개월 연속 5% 이상 고공행진을 이어갔다. 유럽연합
(EU)의 경우 7월 2.2%를 나타낸 이후 계속 증가해 10월에는 4.1%를
기록했다. 우리나라 역시 10월 3.2%로 9년 9개월 만에 최고치를 찍
었다.

어쩌면 2008년 금융위기 이후 지속된 저물가로 인해 눈앞의 글
로벌 인플레이션은 생경한 풍경이다. 그 원인을 살펴보자. 코로나19
역병은 질병학적으로 치명적이지만 경제적으로도 파괴적이다. 전방

─────────────────
5 [안동현] 중앙일보_공급 부족이 물가 자극… 슬로플레이션에 그칠 듯_20211109.

위적으로 양극화를 재촉하기 때문이다. 백신 접종률 역시 마찬가지다. 선진국 대부분은 접종률이 60%를 넘어섰지만, 저개발국은 20% 언저리다. 그런데 1990년 이후 세계화가 진행되면서 저개발국은 값싼 노동력을 기반으로 글로벌 공급망에서 생산의 주요 기능을 담당해왔고 미국과 유럽 등 선진국은 이렇게 생산된 값싼 제품을 소비해왔다. 그렇다 보니 선진국의 경우 '위드 코로나'로 방역 체계가 전환되면서 소비가 정상화한 반면에 저개발국은 아직도 바이러스와 사투를 벌이면서 생산체계가 불안정한 상태다. 즉 접종률 양극화에 따른 수요와 공급의 회복 속도에 엇박자가 나면서 인플레이션이 발생한 격이다.

> 코로나19로 지구촌 공급망 붕괴
> 물류비용 폭등에 원유값도 올라
> '위드코로나'로 선진국 소비 늘어
> 물가 오르겠지만 과속은 없을 듯

저개발국 생산체계 아직 정상화 안 돼

이를 보다 구체적으로 살펴보면 결국 공급 부진의 주요 원인은 글로벌 공급망의 붕괴다. 세계화가 진행되면서 제조업은 생산체계를 전 세계로 분화시키고 이를 물류로 연결했다. 예를 들면 생산 공정의 ABC에서 A는 베트남, B는 한국, C는 중국이 분담한다. 이런 국

[그림 8-4] 미국 물가지수

(단위: 1982~1984=100)

자료: 세계무역기구.

제적 분화에서 필수 조건은 물류가 원활히 작동해 사슬을 지탱해 주는 것이다. 그런데 어느 한 곳에서 생산이 차질을 빚게 되면 사슬 전체가 무력화된다. 또한 이들을 연결하는 국가 간 물류에서 장애가 생기면 역시 사슬이 멈추게 된다. 값싼 노동력에 의존해 부품 조립을 담당하는 저개발국에서는 방역 취약으로 인해 생산에 차질을 빚을 가능성이 커진다.

　물류 역시 마찬가지다. 미국의 경우 이전부터 우려됐던 물류창고 부족이 문제였다. 특히 트럼프 정부 시절, 외국인 노동자에 대한 강력한 규제로 하역 노동자와 트럭 운전사의 부족, 더불어 코로나 이전보다 10배 정도 폭등한 해상운임으로 인해 전체적으로 배송 지연이 발생하고 물류비는 급증했다. 제조업자 입장에서는 원자재비·인건비·물류비 등 전방위적으로 비용이 상승하게 됐고, 이러한 비용상승을 가격으로 전이시키면서 '비용 인상 인플레이션(cost-push inflation)'이 촉발됐다. 미국에선 소비자물가지수·근원소비자물가지수보다 생산자물가지수가 훨씬 큰 폭으로 증가했다.

재택근무 여파로 내구재 소비 급증

또 다른 요인은 코로나19가 빚은 소비 포트폴리오의 변화다. 내구재 소비가 증폭한 것이다. 재화는 음식료품과 같이 일회성 소비재인 비내구재(non-durable goods)와 가전제품과 같이 일정 기간 사용하는 내구재(durable goods)로 분류된다. 그런데 일반적으로 내구재는 비내구재보다 소득탄력성이 높은 특성을 지니고 있다. 따라서 일반적인 경기침체라면 내구재 소비가 비내구재보다 훨씬 더 추락했어야 한다.

하지만 코로나19 사회적 거리두기에 따라 자택에서 생활하는 시간이 길어지고 출퇴근용 카셰어링과 같은 공유경제 체제가 무너지면서 컴퓨터나 스마트폰, 가전제품과 자동차 수요가 이례적으로 높아지면서 반도체 부족 사태까지 불러왔다. 디지털 전환이 가속화된 것 역시 한몫했다. 즉, 사람들의 공급과 수요의 결이 어긋나게 되면서 내구재 가격이 상승했고, 이렇게 초래된 인플레이션이 위드 코로나로 인해 비내구재까지 번졌다. 미국의 비내구재 소비가 먼저 큰

[그림 8-5] 미국 내구재 · 비내구재 소비 추이

(단위: 십억 달러)

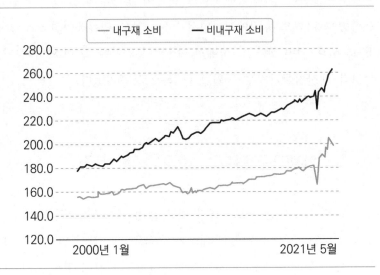

자료: 세계무역기구.

폭으로 반등한 후 이후 내구재 소비가 증가한 것을 볼 수 있다.

장기적 인플레이션 요인도 있다. 원유가 대표적이다. 원유 가격
은 현재 배럴당 80달러를 상회하고 있다. 2014년 이후 최고치다. 이
전에는 원유가가 60달러에서 65달러 사이에 도달하면 셰일가스와
사유(沙油)가 출회해 추가적 가격 상승을 막았다. 그러나 최근 강화
된 글로벌 환경규제나 ESG(환경 · 사회 · 지배구조)와 같은 시장규율 강
화로 인해 이들의 생산 단가가 높아지면서 많은 생산업체가 도산했
고 이로 인해 유가 상승을 막아줄 방패막이 약화하는 구조적 원인으
로 원유 가격이 상승하고 있다.

문제는 공급 측면에서 초래된 인플레이션은 수요 견인 인플레

이션(demand‒pulling inflation)보다 대처하기가 쉽지 않다는 것이다. 수요 견인 인플레이션의 경우 대부분 인플레이션과 경제성장률 간 상관성이 높다. 경기 과열로 인한 인플레이션으로 물가와 경제성장률이란 두 마리 토끼가 같은 방향으로 뛴다. 따라서 수요를 진정시키도록 금리를 인상하거나 재정을 긴축하면 된다.

스태그플레이션과는 거리 멀어

공급 측면에서 초래된 인플레이션은 수요가 원인이 아니기 때문에 인플레이션과 경제성장률 간 상관성이 약하다. 최근 일각에서 스태그플레이션(stagflation), 즉 경기침체 상황에서 인플레이션이 발생하는 최악의 상황에 대해 우려를 표하고 있다. 스태그플레이션은 지난 1978년 제2차 유가 파동으로 초래되어 1980년대 초반까지 전 세계를 그야말로 공포의 도가니에 몰아넣었다. 이 경우 처방이 어렵다. 두 마리 토끼가 다른 방향으로 뛰기 때문에 한 마리를 잡으면 다른 한 마리는 포기해야 한다.

예컨대 인플레이션을 잡기 위해 금리를 높이면 경기침체가 깊어지고, 반대로 금리를 낮춰 경기를 진작시키면 인플레이션이 더 악화한다. 1970년대 말 스태그플레이션 때 당시 연방준비제도(Fed·연준) 의장으로 재작년 작고한 폴 볼커는 경기진작을 포기하고 인플레이션을 잡기 위해 한시적으로 통화정책의 중간목표를 이자율에서 통화량으로 전환해 한때 3개월짜리 국채금리가 20%를 상회하기도 했다. 미 학계에서는 이 기간을 '미 연준의 실험 기간(Fed experimental period)'으로 부른다. 이로 인해 이를 수용한 로널드 레이건 대통령은 '기업 도살자'란 오명까지 뒤집어썼지만 결국 이러한 극약처방을 통해 1983년 인플레이션을 잡는 데 성공했다.

지금 상황은 스태그플레이션과는 아직 거리가 있다. 미국의 경제회복이 인플레이션에 비해 둔한 건 사실이지만 그렇다고 경기후퇴를 걱정할 수준은 아니다. 인플레이션과 경기회복 속도에 차이가 나는 만큼 최근 새롭게 이름이 붙은 '슬로플레이션(slowflation)' 정도로 진단하는 것이 적절하다.

이 경우에도 미 연준이나 한국은행과 같은 중앙은행은 살얼음판 걷듯이 통화정책을 운용할 수밖에 없다. 인플레이션을 잡기 위해 금리 인상이나 테이퍼링 속도가 너무 빠를 경우 경기회복에 찬물을 끼얹을 수 있기 때문이다. 더구나 지금의 수요는 비정상적 수요가 아니다. 이제 겨우 코로나 이전의 추세를 회복했을 뿐인데 부족한 공급을 맞추기 위해 수요를 인위적으로 줄이는 만큼 체감하는 고통이 클 수밖에 없다.

─────── **물류대란 해결, 2년 안에 어려워**

현재의 인플레이션은 통화나 재정정책보다 공급 측면과 글로벌 공급망이라는 근본적 문제가 해결돼야 문제를 풀 수 있다. 이를 위해서는 저개발국의 백신 접종률을 높이고 물류 쪽의 변비 문제가 해결돼야 한다. 저개발국 백신 접종률은 당사자가 해결하는 데는 한계가 있는 만큼 국제 공조가 필수적이다. 이번 주요 20개국(G20) 미팅에서 뭔가 구체적인 결과를 기대했지만 공염불이었다.

더불어 물류 문제는 하역이나 운송 트럭 문제는 조만간 해결이 가능하더라도 해운 쪽의 고질적인 선박 부족 문제가 해결되려면 건조 기간을 고려할 때 적어도 2년 내 해결되기는 쉽지 않아 보인다. 이러한 생산자 비용의 증가는 일정 기간의 시차를 가지고 소비자 가격으로 전이된다. 생산자 물가지수의 고공행진은 현재진행형인 만큼 소비자 물가가 안정되는 데는 시간이 더 소요될 것으로 보인다. 따라서 전체적으로 최소 2022년 상반기까지는 물가가 안정되기는 쉽지 않을 것으로 예상된다.

앞서 말한 바와 같이 슬로우플레이션은 교과서적 대응이 쉽지 않은 만큼 그때그때 상황에 맞춰 대응해야 한다. 즉, 스마트(smart)가 아닌 스트릿 스마트(street smart)한 대응이 필요한 것이다. 이제 미 연준을 비롯한 각국 중앙은행이 진짜 실력을 보여줘야 할 때다.

05 번지수 잘못 짚은 한국식 뉴딜…
시장부터 살려야[6]

대통령의 경제 정책 무엇이 문제인가

일주일 전 노태우 전 대통령이 서거했다. 그는 부분적으로 시행되던 국민연금과 건강보험을 모든 국민에게 전면 시행했다. 복지정책의 근간을 구축했다. 이를 두고 보수 진영은 복지가 자신들의 업적이라고 자랑한다. 진보 진영은 반대 진영의 업적은 무시하고 복지는 자신들의 전유물이라고 선전한다. 노 전 대통령은 토지공개념도 도입했다. 택지소유상한제·토지초과이득세·개발이익환수제 등이다. 모두 위헌 또는 헌법 불합치로 끝나긴 했지만, 이를 두고 보수진영이 사회주의적이라거나 위험한 발상으로 매도했다는 얘기를 들은 기억이 없다.

문재인 정부는 부동산 가격 안정을 위해 분양가 상한제, 보유세

---

6 [이경태] 중앙일보_번지수 잘못 짚은 한국식 뉴딜… 시장부터 살려야_20211102.

와 거래세 증세 등 토지공개념 이념을 확대·강화했다. 진보 정부 4기를 이어가겠다는 이재명 더불어민주당 후보는 부동산 불로소득 근절, 국토보유세, 부동산감독원 등 사실상 토지공개념을 앞세운 부동산정책을 핵심 공약으로 내세우고 있다. 이를 두고 보수 진영은 사유재산 제도의 본질을 훼손하는 불온한 정책이라고 비난하고 있다.

> 루스벨트 뉴딜은 이념 문제 초월
> 같은 정책도 진영 따라 아전인수
> 실용 선택해야 복지·성장 다 잡아
> 보수·진보 모두 현실을 직시해야

보수 진영에 묻는다. 토지공개념의 최초 도입은 잘한 일이고 이를 확대·강화하는 것은 잘못하는 일인가. 그렇다면 그 근거는 무엇인가. 진보 진영에도 묻는다. 토지공개념이 토지의 사유를 부정하고 공유를 긍정하는 인식에 바탕을 두고 있는가. 그렇다면 이건 진짜로 사회주의적 발상이라는 생각을 해 본 적이 있는가.

토지공개념은 수단에 불과

어떤 경우에도 토지공개념은 부동산 가격의 안정을 위한 수단에 불과해야 한다. 부동산 부자들을 미워하고 불로소득을 죄악시하면서 토지공유야말로 정의라는 흑백논리·단순논리로 접근해서는 안 된다. 그렇게 접근하면 가격 안정의 목표는 달성하지 못하고 온갖 부작용만 양산한다. 지난 4년여 문재인 정부의 정책이 그렇지 않았던가.

노태우 정부는 주택가격 급등을 꺾기 위해서 분당과 일산 등 5개 신도시에 200만 호의 물량 공세를 펴서 성공했다. 대규모 택지개발은 또 다른 부동산 투기 붐을 일으킬 우려가 짙었는데 그 대책으로서 토지공개념을 도입하려고 했다고 본다. 공급 확대와 투기수요 억제를 패키지로 동원했다. 부질없는 이념적 접근으로 집값만 올리고 국민 편 가르기를 초래한 문 정부의 부동산정책은 어리석기 그지없다. 보수 진영 역시 시장공급 확대를 근간으로 하되 투기와 불로소득 억제를 위한 공개념적 보완책을 사회주의로 비하하는 색깔론은 버려야 한다.

요즘 한국에서 인기를 끄는 뉴딜은 어떤가. 진보 진영은 루스벨트 대통령을 거듭 소환하고 있다. 디지털 정책에 뉴딜을 붙이고 기후변화 정책을 그린 뉴딜이라고 한다. 코로나 때문에 어려워진 경제를 살리겠다는 의지의 표명이라고 한다. 하지만 디지털 대전환, 지구온난화 대응은 코로나 이전부터 시행됐고 코로나 이후에도 지속해야 할 과제다. 루스벨트의 뉴딜이 사회개혁을 통해 미국의 자본주의를 한 단계 격상시킨 의미를 되살린다면 한국의 디지털 뉴딜, 그린 뉴딜 역시 코로나 위기 극복을 넘어서서 한국경제의 체질을 바꾸는 장기정책으로 추진돼야 한다.

이재명 후보도 뉴딜을 소환했다. 대공황 당시 루스벨트가 지금도 상상하기 어려운 공산주의적·사회주의적 강력한 정책을 폈는데

이를 본받겠다고 말했다. 대공황 당시 미국의 소득세·법인세 최고 세율을 92%까지 올렸고 과감한 복지·실업·일자리·세금 정책을 구사해 2차 대전 이후 50년 호황을 이끌었으니 루스벨트를 존경한다고 했다.

역사에서 일어났던 일들을 해석할 때 좀 더 신중해져야 한다. 자기 생각이 옳다는 정당성을 부여하기 위해서 아전인수 격으로 모자이크식 인용을 해서는 안 된다. 개별 사안을 거론하기에 앞서 앞뒤 사정과 맥락을 먼저 살펴봐야 한다.

[그림 8-6] 서울 아파트 평균 매매가

(단위: 원)

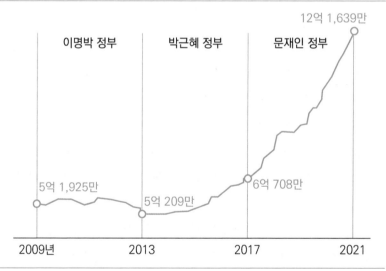

자료: KB국민은행 데이터.

미국 대공황과 한국 상황은 천양지차

무엇보다 대공황 당시의 미국과 현재의 한국은 처한 상황이 하늘과 땅만큼 차이가 난다. 대공황은 이름 그대로 미증유의 충격이었다. 자본주의에 대한 신뢰를 떨어뜨리고 자유의 땅 미국을 공산주의의 유혹 앞에서 흔들리게 했으니 그 대책도 상상할 수 없을 정도로 충격적이어야 했다. 루스벨트는 공산주의자라는 오명을 무릅쓰고라도 자본주의의 구원투수로 나설 수밖에 없었다. 이제는 누구도 그를 공산주의자로 매도하지 않는다. 미국식 사회민주주의자라는 점잖은 말로 비난하는 의견이 있을 뿐이다.

92%의 세율은 대공황 대책이 아니고 전쟁 경제대책이었다. 2차 대전이 발발하고 꽃다운 나이의 젊은이들이 유럽 땅에서 죽어 나가는데 본토의 기업인들은 전시 특수를 누리면서 호강을 하는 것이 말이 되느냐? 세금으로 환수해야 한다는 정치적 여론몰이의 산물이었다.

한국도 지금 코로나로 어렵고 특히 자영업자를 비롯한 서민들의 고통이 가중되고 있다. 그렇다고 해서 공산주의적 정책을 펴야 할 정도로 정부가 나서겠다면 이는 번지수를 완전히 잘못 짚은 것이다. 오히려 날로 사회주의적 색채가 짙어가는 방향성을 바꾸어서 자유시장 경제의 활력을 불어넣을 시점이다.

한국의 기업 자유는 루스벨트 시대에 비해 속박돼 있고 노동시장은 경직돼 있으며 정부는 더 크고 복지지출과 국가부채는 훨씬 더 빠른 속도로 늘어나고 있다. 이 차이를 무시하고 개혁이라는 이름으로 우리 현실과 괴리된 정책을 밀어붙이면 루스벨트가 50년 호황을 가져온 것과는 반대로 한국경제의 50년 침체를 불러올 수 있다.

해답은 결국 좋은 일자리 창출

한국의 보수우파는 진정성을 가지고 서민경제를 걱정해야 한다. 아직도 자유시장 경제의 낙수효과를 전적으로 믿고 있다면 현실 문외한이다. 현재의 고용구조를 고치지 않으면 성장률을 끌어올려도 서민 생활은 개선되기 힘들다.

한국에서 1,000만 명을 훌쩍 넘는 저임금소득자의 대부분은 비정규직과 영세자영업자 등이다. 이들은 대부분 영세한 음식·숙박업 등 서비스업에 종사하고 있다. 한국은 자영업과 영세 상공업체의 고용 비중이 다른 선진국에 비해 유난히 높다. 이는 산업생태계의 허리에 해당하는 중견기업의 위상이 취약하기 때문이다. 영세한 골목 상권을 보호한다고 대기업과 중견기업의 영업을 제한하는 것이 능사가 아니고 대기업과 중견기업의 고용흡수력을 높이고 영세기업의 규모를 키우는 것이 저소득 해소에 효과적이다.

이 후보의 식당허가 총량제는 진단은 맞으나 처방은 틀렸다. 난립한 식당들이 과당경쟁 때문에 저소득의 온상이 되고 있으나 물리적으로 제한하면 허가받지 못하는 서민들은 어디로 가나. 추측건대 기본소득을 비롯한 복지 시혜를 베풀어서 이들을 구제하겠다는 발상으로 보이는데 대통령 후보가 먼저 생각해야 할 것은 식당을 개업하지 않아도 되게끔 좋은 일자리를 많이 만들어 내는 것이다. 좋은 일자리는 루스벨트의 테네시강 유역개발 계획(TVA) 같은 세금 쓰는 사업이 아니고 기업을 장려해서 세금을 거두어 가는 사업에서 나온다.

뉴딜 정책의 처음과 끝은 사회개혁

미국 대공황이 1929년 발생했고 루스벨트 대통령은 1933년 취임했다. 그는 구제(Relief)·회복(Recovery)·개혁(Reform)으로 집약되는 뉴딜 정책을 시행했다.

테네시강 유역 개발계획은 대규모 공공사업을 시행해 일자리를 만들어내는 단기 고용시책의 상징이다. 국가산업부흥법과 농업조정법은 생산과 가격조정을 위한 담합을 인정해 과잉생산과 가격하락을 방지하고 기업·노동자·농민을 보호하려는 것이었는데 위헌 결정으로 무산됐다. 공공지출 재원을 확보하기 위해 법인세와 소득세를 대폭 인상했고 글래스-스티걸법으로 상업은행의 투자업무를 금지하여 또 다른 금융위기를 예방하려고 했다. 또한 노동자들의 단체교섭권과 단체행동권을 제도적으로 보장했다.

개혁의 핵심은 사회개혁이었다. 1944년 1월 연두교서에서 국민에게 고용·식량·주거·교육·보건을 보장해주고 기업에 부당한 독점경쟁 없이 경영하는 자유를 부여한다는 국정 의제를 발표했다. 이 선언은 정치적 자유를 보장한 영국의 권리장전과 비교되면서 경제적 권리를 보장하는 제2의 권리장전으로 불리기도 한다.

뉴딜에 대한 평가는 엇갈린다. 미국이 대공황을 완전히 벗어난 것은 2차 대전 중의 전시 특수와 전후의 보복소비 폭발 덕분이었다. 뉴딜은 대공황의 악화를 막았고 사회개혁을 통해서 국민통합에 기여했다. 미국 경제는 전쟁 후 1974년 제1차 석유파동까지 성장과 분배가 상생하는 황금기를 보냈는데, 루스벨트의 사회개혁이 크게 기여했다.

06 성장의 보수, 평등의 진보 넘어 '제3의 길'로 가야[7]

───── 왜 새로운 경제시스템이 필요한가

1997년 외환위기는 소득분배 악화의 분수령이었다. 실업률이 2.1%에서 7.6%로 치솟았으니 단기적인 충격은 피할 수 없었지만 20여 년이 지난 지금도 어두운 그림자가 지워지지 않고 있다. 비정규직이라는 낯선 이름의 고용이 일반화됐고 조기퇴직이 관행적으로 굳어졌다. 고성장시대의 종언은 저소득 계층의 삶을 더욱 신산하게 만들었다.

───────

7 [이경태] 중앙일보_성장의 보수, 평등의 진보 넘어 '제3의 길'로 가야_20210309.

한국사회의 불평등 자화상

한국의 시장소득 지니계수는 외환위기 이전의 0.24 수준에서 1998년 0.31로 급증했다가 다소 안정됐으나 위기 이전보다는 훨씬 높은 0.3 수준에 머물고 있다. 최저임금의 과도한 인상이 가져온 저임금 일자리의 감소와 코로나 대유행의 피해가 저소득계층에 집중되고 있는 점을 고려하면 최근 3년의 불평등은 더욱 커졌을 것으로 추측된다.

지니계수 등 거시적 불평등지수는 통시적 추이를 관찰하거나 국가 간 비교에 유용하지만, 불평등에 대해 실감 나는 정보를 전달해 주는 데에는 한계가 있다. 지니계수가 올라갔다고 해서 노숙자가 눈에 띄게 늘어난 것도 아니고 없던 판자촌이 생겨난 것도 아니다. 우리는 막연히 "아! 가진 자와 가지지 못한 자들 간의 격차가 벌어지고 있구나"라고 짐작할 뿐이다.

불평등을 현실감 있게 드러내는 신호는 노동시장의 이중구조다. 2020년 12월 현재 취업자 2,652만 명 중에서 임시근로자와 일용근로자는 559만 명이다. 여기에 사내하청근로자, 파견근로자 등을 합치고 상용근로자 중 상당수도 비정규직인 점을 감안하면, 전체 비정규직은 700만 명에 육박한다. 비정규직의 임금은 대기업 정규직의 40% 정도에 불과하고 절반 정도는 사회보험에도 가입하지 못하고 있다. 또 고용원 없는 자영업자 412만 명 중 300만 명 정도를 저소득층으로 본다. 결국 비정규직과 영세 자영업자를 모두 합한 저소득·고용 불안정계층은 1,000만 명에 이른다. 이는 총취업자의 40% 규모다.

이런 상황에서는 파이를 더 키워야 한다는 성장론자들의 주장은 공감을 얻기가 어렵다. 성장의 결과 좋은 일자리도 늘어나겠지만, 비정규직과 영세 자영업이 더 빠르게 늘어난다고 보는 것이 현실적인 인식이다.

보수는 불평등 현상을 망각

물론 성장하지 않으면 저임금 일자리마저도 늘어나지 않을 테니까 성장은 분배의 필요조건이다. 보수는 선성장−후분배 정책을 내걸었는데 고도성장기에는 아랫목의 온기가 윗목으로 퍼져나가는 낙수효과가 작동해 분배 양극화를 어느 정도 예방했다.

그렇다고 해서 보수정부가 평등과 복지를 외면한 것은 아니다. 토지개혁·의무교육 등 사회개혁과 의료보험·산업재해보험·국민연금·고용보험의 복지정책은 보수정부 때 시작됐다. 보수정부가 강제적으로 재벌기업의 주식을 상장시켜서 일반 국민도 주주가 되는 길을 열어 준 기업공개는 성장의 과실을 골고루 나누겠다는 취지였다.

그런데 김대중·노무현·문재인 정부로 이어지는 진보세력이 집권해 평등과 복지를 강하게 내세운 이후로는 보수가 보듬은 평등의 가치가 진보의 전유물로 여겨지게 됐다. 보수는 과거 집권기에 성취했던 평등사회 만들기의 유산을 계승, 발전시키지 않고 도리어 부정하는 퇴행적인 모습마저 보인다. 보수가 진영논리의 함정에 빠진 게 아닌가 싶다. 진보의 획일적 평등과 과잉복지 공세를 반대하다 보니 평등의 가치마저도 경원시하게 됐다는 얘기다. 보수의 퇴행적 행보는 정치적 유불리를 떠나서 불평등에 고통받는 국민을 외면한다는 비판에 직면할 수밖에 없다.

시장경쟁을 백안시하는 진보

진보는 경쟁을 불평등의 원천으로 여기고 기회 닿는 대로 경쟁을 제한하려고 한다. 골목상권 보호를 위한 대형마트 규제, 중소기업 적합 업종 지정, 비정규직의 기계적 정규직화, 최저임금의 과도한 인상이 그 예다. 기업규제 완화에 인색하고 재벌 기업 지배구조의 투명성과 책임성을 강화한다는 명분으로 기업 옥죄기를 강행하는 근저에는 반(反)경쟁 의식이 자리 잡고 있다.

문재인 정부는 태생적으로 평등가치를 추구할 수밖에 없으니 재정은 비대해지고 규제는 늘어만 간다. 그 결과는 효율의 희생과 성장률의 저하다. 복지지출을 급격하게 늘리고 있으나 잘못된 정책 때문에 시장소득과 자산의 불평등이 커지는 속도를 따라가지 못해 불평등이 개선되지 않고 있다.

시장경쟁에 대한 불신은 시장의 고유한 기능인 성장까지도 정부가 가로채려고 한다. 소득주도성장, 공공일자리, 재정투입형 창업촉진과 뉴딜 등에서 그 의지가 읽힌다. 시장 억압적－정부 주도적 성장정책은 역설적으로 성장을 둔화시키고 좋은 일자리 창출을 저해하여 분배마저 악화시킨다. 잘못된 정책이 지금은 코로나에 가려져 있으나 코로나 이후가 되면 성장과 평등의 두 마리 토끼를 모두 놓

[그림 8-7] 지니계수 및 소득 5분위배율 추이

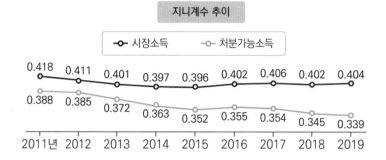

지니계수 추이

시장소득 ── 처분가능소득

소득 5분위배율 추이

※시장소득=근로소득+사업소득+재산소득+사적이전소득-사적이전지출
　처분가능소득=시장소득+공적이전소득-공적이전지출

자료: 통계청.

치는 실상이 적나라하게 드러날 공산이 크다.

　　문재인 대통령은 "기회가 균등하고 과정은 공정하며 결과는 정
의로운 사회를 건설하겠다"고 약속했다. 공평한 기회와 공정한 과정
은 자유경쟁이 성공하기 위한 필수조건이기 때문에 문재인 대통령도
시장주의자인 줄 알았다. 그러나 '정의로운 결과'의 실체는 무엇인
가. 경쟁은 불평등한 결과를 초래할 수밖에 없다는 사실을 부정하고,
정의의 이름 아래 평등한 결과를 만들어내겠다는 것이다.

진보·보수의 좌우 합작이 시대적 요구

성장 일변도의 보수와 평등 집착의 진보 구도는 시대착오적이다. 저성장과 양극화가 뉴노멀이 된 시대의 덫을 벗어나기 위해서는 시장의 혁신능력을 받아들이면서 불평등을 개선할 수 있는 보수와 진보의 좌우합작이 피할 수 없는 과제다. 보수는 시장경제의 가치를 지키면서 평등을 지향하고, 진보는 평등의 가치를 유지하면서 시장의 혁신성을 수용하는 것이다.

좌우합작이 야합에 그치지 않기 위해서는 보수와 진보가 공유할 수 있는 새로운 경제시스템을 고안해 내어야 한다. 그 해답은 한국형 제3의 길, 분배 친화적인 시장경제다. 시장경제의 메커니즘 안에서 최대한의 평등을 실현해 보자는 접근이다.

시장 내 분배의 주체는 기업이다. 기업의 목표를 주주 이익 극대화에서 이해관계자 상생으로 바꾸어 나가야 한다. 종업원·협력업체·소비자·공동체와 함께 번영하겠다는 주주 의지를 정관에 명시해 의무화함으로써 기업문화로 정착시켜야 한다. 이 제안에 대해서 시장 근본주의자들은 사회주의적인 망발이라고 혹평할 것이다. 그런데 사회주의는 국가주의임에 반해 이해관계자 상생은 기업의 자발적 의지에 뿌리박아야 한다는 점에서 전혀 다르다.

자본주의는 지난 200여 년 동안 부단히 진화해 왔다. 고삐 풀린 이윤 욕망을 순치하면서 인간존중과 기업윤리를 창달하고 사회적 책임을 이행하고 있다. 그러나 불행하게도 기업이 스스로 각성하지 못하고 정치권력의 외압에 의해서 타율적으로 순응했을 뿐이다. 이제는 기업이 자율적인 의지로 이해관계자 상생을 실천할 때가 됐다. 다행히도 최근 퍼지고 있는 ESG(환경, 사회적 책임, 지배구조) 경영은 이해관계자 상생 경영이 새로운 기업목표로서 자리 잡을 수 있겠다는 희망을 던져 준다.

거짓 선동의 포퓰리즘 가려내야

경제학은 '불평등을 줄이려는 정책은 성장을 방해하고, 복지는 나태를 낳기 마련'이라고 현실을 인식한다. 그래서 평등정책을 부정하거나 신중한 자세를 견지해왔다. 하지만 정치의 세계에서는 불만을 가진 유권자의 이탈을 막기 위해 고소득자의 세금을 올리고 복지를 늘린다. 결국 평등의 문제는 정치적 해결에 의존하게 된다. 영국에서 '요람에서 무덤까지'로 알려진 복지정책은 2차대전 이후 보수당의 반대를 이겨내고 총선에서 승리한 노동당이 채택했다. 미국에서는 1894년 연방 소득세법이 제정됐으나 대법원의 위헌 판결을 받았고 1913년에 가서야 실행될 수 있었다.

경제학이 기여해야 할 부분은 성장과 평등간의 관계를 이론적·실증적으로 최대한 명확히 규명해 정치적 공론과정이 사실에 바탕을 두게 하는 것이다. 평등 담론을 이념대립과 거짓선동의 포퓰리즘으로부터 해방해야 하는 책무는 경제학자의 역할이 돼야 한다. 평등정책이 효율에 미치는 부정적 영향부터 최소화해야 한다. 본질적으로 대중에 영합할 수밖에 없는 정치적 해결을 지양하고 기업 스스로 이해관계자와 상생하겠다는 분배시스템으로 전환하는 것이 요망된다. 이는 단기적으로 기업이윤 추구에 부정적일 수 있으나 장기적으로는 지속가능한 기업가치의 실현과 부합한다. 정치권력의 외압 소지를 원천적으로 줄이는 길이기도 하다.

07 기업투자 활성화해야 포퓰리즘 끊고 불평등도 줄인다[8]

───── 정치에 갇힌 한국경제

최근 들어 한국경제의 여건은 크게 변화하고 있다. 코로나19로 인해 경기침체는 더욱 심화하고 있으며 저금리로 통화량이 늘어나 부동산 가격이 크게 오르면서 경제적 불평등이 확대되고 있다. 그러나 무엇보다도 중요한 변화는 경제정책 수립에서 정치적 영향력이 높아지고 있다는 사실이다.

실제로 최근 추가경정예산이나 긴급재난지원금, 주식양도소득세 대주주 요건 강화 등에서 경제정책의 주도권을 정책당국보다 정당이나 국회에서 행사하는 경우가 늘어나고 있다. 조세 및 재정정책을 비롯한 대부분의 경제정책과 제도가 국회에서 결정되므로 경제가

───────────────
8 [김정식] 중앙일보_기업투자 활성화해야 포퓰리즘 끊고 불평등도 줄인다_202 01215.

정치에 의해 어느 정도 영향받는 것은 불가피하다. 그러나 지금처럼 정치적 여파가 과도하면 그 부작용을 우려하지 않을 수 없다. 특히 이런 불안 요인이 경제위기의 위험을 높인다는 점에서 정치적 영향력을 줄일 수 있는 대책 마련이 시급하다.

한국경제는 왜 과거와 달리 정치적 영향력이 높아지게 되었을까. 경제정책에 있어 정치적 요인이 중요해진 배경은 국민의 포퓰리즘 수요가 늘어나고 있기 때문이다. 민주주의는 선거에서 득표에 의해 집권하기 때문에 국민의 지지 없이는 정치인들이 포퓰리즘을 공급하기는 어렵다. 국민의 포퓰리즘 수요가 늘어나는 원인은 먼저 경기침체가 심화되면서 실업이 늘어나는 데 있다. 한국경제는 그동안 성장률이 높아 실업이 큰 문제가 되지는 않았다. 그러나 중국의 추격으로 주력산업의 경쟁력이 약해지고 코로나19 사태로 인해 일자리는 크게 줄어들고, 청년실업뿐만 아니라 조기퇴직으로 중년실업까지 늘어나고 있다. 일자리가 줄어들고 실업이 늘어날 경우 복지 수요가 늘어나면서 국민은 강한 정부 개입과 선심성 확대 재정정책을 선호하게 된다.

고령화와 연금 부족도 포퓰리즘 자극

고령화 추세와 더불어 연금체제가 충분히 구축되지 않은 것도 문제다. 대부분의 선진국은 고성장기에 연금과 복지체제를 구축해 놓아 비록 저성장 국면으로 접어들어도 노후소득이 큰 문제가 되지 않는다. 그러나 한국은 연금체제가 충분히 구축되지 않은 상태에서 저성장·고령화 국면으로 들어가고 있다. 노후소득이 부족해져 복지 수요가 급격히 늘어나면서 정치인들의 선심성 재정정책, 즉 포퓰리즘 공급이 구조적으로 늘어나게 되어 있다.

경제적 불평등이 심화되는 것도 요인이다. 한국경제는 1949년 이승만 정부가 농지개혁을 하기 전까지는 부(富)의 불평등이 문제였다. 그러나 농지 소유를 3정보(약 3만m²)로 제한하는 농지개혁으로 부의 불평등은 크게 완화되었고, 그동안은 소득 불평등이 주된 이슈였다. 실제로 정부는 최근까지 소득 불평등을 완화하기 위해 최저임금을 큰 폭으로 인상하는 정책을 사용하기도 했다.

그러나 서울을 비롯한 수도권 주택가격이 크게 오르면서 상황은 달라졌다. 다시 부의 불평등이 급격히 확대된 것이다. 필수재인 주택가격 상승은 앞으로 임금과 생활물가를 인상시키고 수출경쟁력을 약화시키는 등 한국경제에 큰 부담으로 작용할 가능성이 크다. 특히 우리처럼 평등을 선호하는 경향이 강한 국가에서 불평등의 확대는 그 악영향이 더욱 크다는 점에서 우려하지 않을 수 없다.

더구나 중국의 추격과 급속한 고령화로 우리 경제의 성장동력은 점차 약화되고 있다. 이러한 상황에서 경제정책 수립에 있어 정치적 영향력까지 높아질 경우 저성장 추세가 더욱 가속화될 가능성이 크다. 또한 포퓰리즘으로 경제적 불평등도 더욱 심화할 수 있다. 포퓰리즘에 의한 선심성 재정 및 통화정책은 통화량을 늘어나게 하고 인플레이션은 부동산 가격 등 실물가격을 높여 경제적 불평등을 더욱 심화시킨다. 이러한 불평등 심화는 다시 포퓰리즘과 정부개입을 불러오는 악순환 속으로 경제를 들어가게 만든다.

　한국경제가 저성장·양극화의 함정에서 벗어나기 위해서는 경제정책에 대한 정치적 영향력을 낮추어야 한다. 선거에서 이기기 위해 정치논리에 의해 경제정책이 결정되기보다는 경제논리에 의해 결정되도록 해야 한다. 이는 포퓰리즘 수요를 줄이는 방법으로만 가능하다. 기업 투자를 늘려 일자리를 만들고 올바른 주택정책으로 주택가격을 안정시켜 경제적 불평등이 완화돼야 한다. 그래야 포퓰리즘 수요를 줄여 저성장·양극화의 함정에서 벗어나 지속적인 성장을 이룰 수 있다.

경제적 불평등 줄여야 포퓰리즘 억제

　한국경제에서 정치적 영향력을 낮출 수 있는 현실적 해법은 무엇일까. 무엇보다 국민의 포퓰리즘에 대한 수요를 줄여야 한다. 무엇보다 기업 투자를 활성화시켜 실업을 줄여야 한다. 코로나 사태로 이미 많은 재정이 투입돼 재정 적자와 국가 채무가 늘어나면서 정부가 사용할 수 있는 재정정책은 한계에 도달하고 있다. 통화정책 역시 부동산 가격 상승으로 추가적인 금리 인하나 확대 통화정책 사용이 어려워지고 있다.

　사용할 정책수단이 제약된 상황에서 경기를 활성화할 수 있는 해법은 기업 투자에서 찾아야 한다. 기업 투자가 늘어나야 경기가 부양돼 일자리가 만들어질 수 있기 때문이다. 정책당국은 노동자의 권익 보호도 중요하지만, 기업의 투자의욕을 높일 수 있도록 제도를 개선하고 정부 규제를 완화할 필요가 있다.

경제적 불평등 또한 완화해야 한다. 따라잡을 수 있을 정도의 경제적 불평등은 근로의욕을 높일 수 있는 요인이 되지만 지나치게 큰 격차는 근로의욕을 저하해 경제성장을 둔화시킨다. 또한 포퓰리즘 수요를 늘려 정부 개입과 사회주의 경향을 높인다는 점에서 우려하지 않을 수 없다. 남미에서 경제적 불평등이 심화된 국가들은 예외 없이 포퓰리즘과 사회주의 경향을 경험하면서 경제성장이 정체되고 있다.

기업과 학계 모두 불평등 완화에 더 적극적인 관심을 가져야 한다. 기업인들의 모임인 다보스포럼에서는 글로벌 금융위기 이후 양극화 완화가 중요한 과제임을 확인했다. 미국의 재계 역시 코로나 사태로 경제적 불평등이 심화하자 미국 경제의 사회주의 경향을 우려해 환경과 기업의 사회공헌을 강조하고 있다.

수요 억제책으로는 부동산 해결 못 해

주택 가격을 안정시켜 부의 불평등도 완화해야 한다. 이를 위해서는 기존의 수요억제책보다 교통인프라를 갖춘 주택의 공급 확대책을 사용할 필요가 있다. 주택은 상호 대체관계에 있어 서울 주택가격 상승은 다른 지역의 주택가격 상승으로 이어진다.

그동안 정부는 서울 주택가격 상승의 원인이 다주택자의 투기

수요에 있다고 봐서 대출 규제와 양도소득세 및 보유세 중과세 등의 수요억제책을 사용해 왔다. 그러나 실제로 도심 주택에 대한 수요가 늘어나고 가격이 높아지는 원인은 교통이 편리하고 교육·유통 등 인프라가 잘 구축돼 있기 때문이다. 제한된 공간을 가지고 있는 서울 도심지역의 공급 확대만으로는 늘어나는 수요를 충당할 수 없다. 서민들이 사는 변두리와 신도시 지역에 교통·교육 등 생활 인프라를 확충해 서울 주택 수요를 줄이는 수밖에 없다.

——— 다시 애덤 스미스 시대로 돌아가 경제학이 정치 문제 다뤄야

한국경제가 정치적 영향력에서 벗어나기 위해서는 경제학도 바뀌어야 한다. 경제 현상과 정책 분석에서 정치적 요인을 중시해야 한다. 원래 애덤 스미스가 경제학을 만들었을 때 경제학은 정치경제학이었다. 경제 현상은 정치·사회·심리·제도·역사 등에 의해 영향을 받기 때문에 이런 요인들을 고려해 현실 경제문제를 분석했다.

그러나 알프레드 마샬이 등장하면서 경제학은 지금의 경제학으로 바뀌게 되었다. 경제 현상 분석에 수학과 물리학의 방법론이 도입되면서 수학과 통계로 표현하기 힘든 정치·사회·제도 요인은 분석에서 제외시켰다. 경제현상을 오로지 경제적 요인에 의해서만 분석하게 되었던 것이다. 그러나 정치적 요인이 중요해진 지금은 기존의 방법론으로는 현실 경제에 대한 올바른 해법을 제시하기 어렵다.

노벨경제학상을 받은 제임스 뷰캐넌은 이러한 문제점을 비판하고 관료나 정치인의 행동을 경제분석에 포함시키는 정치경제학적 방법론을 통해 정치적 영향력의 부작용을 지적했다. 또한 MIT대의 대런 에쓰모글루 교수는 신흥시장국 경제를 성장시키기 위해서는 제도 개선과 이익집단의 반발을 극복하는 것이 중요한 과제임을 강조한다. 정치적 영향력의 부작용을 분석하고 그 해법을 제시하기 위해서는 경제는 물론 정치·제도적 요인까지 고려해 한국경제를 분석해야 하며 사회과학 내의 학제 간 연구와 융합연구를 활성화시켜야 한다.

08 공정성 확보 못 하면 능력 발휘 못 하고 산업생태계 후퇴[9]

경제학에서 보는 공정과 능력주의 논쟁

공정은 경제에서 친숙한 용어다. 공정경쟁·공정무역·공정거래·공정소비 등 경제활동이 공정해야 한다는 당위성은 오래전부터 강조됐다.

애덤 스미스는 푸줏간 주인의 박애심이 아닌 이기심 때문에 저녁상에서 미식을 즐길 수 있다고 했다. 만약에 푸줏간 주인이 상한 고기를 속여서 판매한다면 저녁상에 둘러앉은 사람들은 배가 불러오는 것이 아니라 아파올 것이다. 이러한 불공정 경쟁은 나의 이익이 남의 이익이 되는 상생적 경제 대신에 나의 이익이 남의 손해가 되는 약탈적 경제를 야기한다. 부모 찬스를 악용해 부정입학을 하면

---

9 [이경태] 중앙일보_공정성 확보 못 하면 능력 발휘 못 하고 산업생태계 후퇴_
20210720.

열심히 공부한 다른 학생이 낙방의 쓴잔을 마시는 것과 같다.

세계무역기구(WTO)의 전신인 '관세와 무역에 관한 일반협정(GATT)' 체제에서 1993년 타결된 우루과이라운드 협상에서 미국을 위시한 선진국들은 공정무역을 내세워서 개도국을 압박했다. 개발도상국의 정부 보조금을 비롯한 광범위한 산업지원이 불공정하기 때문에 시정하지 않으면 상계관세 등의 보복 조치를 취하겠다고 위협했다. 개도국들은 국제경쟁력이 강한 산업이 별로 없는 데다가 시장의 역동성마저 약하기 때문에 정부지원이 불가피하다고 대응했다.

이 상황은 중소기업 지원과 보호가 불공정하다고 항의하는 대기업의 행태와 닮은꼴이다. 대기업이 신생기업의 진입과 성장을 억제하는 것은 기회 평등이라는 공정의 기준을 위반한다. 기업 사다리는 흔들리고 산업생태계는 신진대사가 약해져서 허약한 체질로 후퇴할 것이다.

양극화가 숱한 불공정을 낳고 있는 지금은 공정성의 확보가 경쟁력에서 차지하는 비중이 높아지고 있다. 공정한 경영은 조직원의 충성심과 소속감을 높여서 생산성 향상에 기여한다. 공정은 코끼리도 춤추게 할 것이므로 숱한 불공정에 찌든 청년들을 고무시키는 것은 두말할 나위가 없다.

출발선 동일하게 해도 불공정

이제 공정은 경제뿐만 아니라 사회 전반을 아우르는 유행어가 되었다. 2022년 대선의 예비후보들이 경쟁적으로 공정이 시대정신이라고 강조하면서 표심을 유혹한다. 시대정신은 어떤 시대를 관통하는 하나의 절대적인 정신이고 한 시대가 끝날 때만 알 수 있다고 헤겔이 말했다. 그가 옳다면 예비후보들은 선지자임이 틀림없다.

어느 시대나 불공정은 심각하게 존재했다. 조선의 서얼들은 아무리 재주가 뛰어나도 입신양명의 길이 막혔다. 울분에 찬 일생을 보내다가 피가 뜨거웠던 자들은 모반의 대역죄를 불사하기도 했다.

해방 이후 자유당 시절에는 '백(배경)' 가진 자들의 병역기피와 채용 비리가 국민의 분노를 샀고 이후에는 입시부정과 불법과외, 여성차별, 재벌 탈세와 갑질 등의 불공정이 지탄을 받았다. 그러나 지

[그림 8-8] "계층상승 기회 열려있다" 태도

(단위: %)

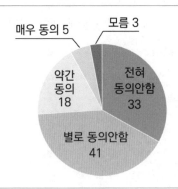

자료: 한국리서치.

금처럼 공정이 시대정신의 위상까지 차지했던 적은 없었다.

오늘의 시대정신이 공정이라면, 이는 곧 한국사회의 불공정이 도를 넘었고 국민 다수가 공정사회를 목말라하고 있다는 징표다. 문재인 대통령은 취임사에서 "기회는 평등하고 과정은 공정하고 결과는 정의로운 사회"라는 명언으로 심금을 울렸다. 그런데 임기를 얼마 남기지 않은 지금 "기회는 독점하고 과정은 반칙이고 결과는 불의의 사회가 되었다"고 할 정도로 불공정한 일들이 연이어 발생하고 있다.

인생 고비마다 불공정 위험 존재

인천공항공사 정규직 전환의 절차문제, 대규모 채용 비리, 스스로 정한 청문회 적격기준을 무시한 장관 임명, 성범죄 때문에 치르는 보궐선거에는 후보를 내지 않겠다는 맹세를 저버린 서울과 부산 시장 선거, 토지주택공사 직원과 청와대 직원의 토지투기, 권력 비리에 대한 검찰수사 지연 등이 쉬지 않고 등장했고 조국사태는 불을 끼얹었다.

불공정은 태어나서 죽을 때까지 우리 곁에 있다. 학교 성적평가, 입시·취직·결혼·승진 등 인생의 고비마다 불공정이 발목을 잡을 수가 있다. 노력의 크기에 상응하는 대가를 받는 것이 공정이다. 열심히 공부한 학생이 우수한 성적표를 받고 원하는 대학에 합격하며, 성실히 근무하면 승진하고 성공하는 사회가 공정한 사회다. 공정은 경쟁의 규칙이 지켜질 때 담보되고 위반자를 경쟁에서 탈락시키는 신상필벌이 요구된다.

그런데 이 소박한 기준을 복잡다단한 현실에서 적용하는 것은 간단하지 않다. 우선 경쟁 자체가 불공정한 것이기 때문에 경쟁을 제한하고 축소하는 것이 공정하다는 견해가 있다. 교육이 그 예다. 한국의 진보좌파는 학교는 경쟁의 무대가 되어서는 안 된다고 주장한다. 성적과 스펙 경쟁은 본인의 노력보다는 부모의 사회경제적 지위가 결과를 좌우하기 때문에 원천적으로 불공정하다는 것이다. 뿐만 아니라 졸업 후 사회에서의 지위까지도 영향을 미치기 때문에 신분상승의 사다리를 무너뜨리고 새로운 계급사회로 인도한다는 것이다.

오직 자신 능력만으로 성공은 불가능

수저 계급론은 마이클 샌델의 저서 『공정하다는 착각』을 통해서 더욱 힘을 얻고 있는 것으로 보인다. 샌델은 성적 경쟁의 승리자들이 오직 자신의 능력으로 성공했다는 자만과 오만에 빠져서 패배자들을 멸시하며, 반면에 패배자들은 자기 일에 대한 자존감을 상실하고 모멸감 속에서 일생을 살아간다는 것이다. 트럼프 전 대통령이 엘리트 계층에 대한 분노를 이용한 포퓰리즘으로 대선 승리를 움켜쥔 데서 알 수 있듯이 능력주의는 미국을 두 쪽으로 갈라놓고 민주주의를 훼손하고 있다는 해석까지 곁들였다.

2020년 서울대·고려대·연세대 입학생의 55%가 소득 상위

20%에 속하는 가정 출신이었다. 출발선이 다른데 경쟁을 공정하게 한다고 해서 결과가 공정해지는 것은 아니라는 반론은 맞다. 그렇다고 해서 경쟁을 백안시하면 공정이 확보되는가? 대학 입학을 추첨제로 하면 공정한가? 출발선이 동일하므로 표면적으로는 공정한 것처럼 보이지만 실질적으로는 불공정하다. 가난한 가정의 노력파 수험생과 부유한 부모 슬하의 게으른 수험생이 똑같이 운에 맡겨지는 처지가 되는 것은 불공정하기 짝이 없다.

학생들은 만세를 부르면서 잃어버린 청춘을 되찾자고 뛰쳐나가겠지만, 그것도 잠시이고 대입준비보다도 더 치열한 취직준비를 강요당할 것이다. 취업도 추첨제로 하면 해결된다고? 이런 주장을 하는 학자와 정치가가 있다면 그 직업부터 추첨제로 하자고 나서는 것이 공정한 태도다.

부모 찬스 막고 기회 확대해야

이준석 국민의힘 대표와 진중권 전 동양대 교수가 능력주의를 놓고 설전을 벌였다. 이 대표는 기회의 평등과 경쟁의 공정성이 확보된 능력주의가 공정하다고 주장했지만, 진 교수는 능력주의가 경쟁만능주의를 낳고 공동체 연대를 훼손하며 약자를 보듬지 않는다고 비판했다.

이 논쟁은 능력주의가 기회의 평등을 포용함으로써 해소된다. 부모 찬스의 소지를 최소화하는 것이다. 만인의 관심사인 교육기회의 문을 넓히기 위해서 장학금제도가 있고 지역균형선발제도도 있다. 이러한 제도를 확대하고 내실화하는 것이 필요하다. 전국 방방곡곡에 있는 가난한 인재들을 찾아내서 학비는 물론이고 생활비도 지원함으로써 알바 걱정 없이 학업에 집중할 수 있게 하는 것이다.

그러나 절대적 기회의 평등은 불가능한 신기루다. 재벌 자녀와 서민 자녀의 기회를 평등하게 할 수 있겠는가? 재벌 해체하고 재산 몰수하면 된다는 단세포적 발상을 할 수는 있겠으나 소탐대실이다. 현실적 대안은 재벌 회장을 CEO 경쟁 시장에서 능력주의에 근거해 선택하는 것이다. 고 이건희 회장의 유가족들이 11조 원의 상속세를 물게 되었는데 경영권 안정을 해치기 때문에 과중하다는 비판이 있지만, 공정사회를 위해서는 상속증여세가 필요하다.

차별은 기회 평등 말살하는 적

능력주의는 정실주의가 낳는 불공정을 시정하는 유효한 장치다. 능력주의를 배제할 것이 아니라 기회의 평등을 진작해서 능력주의가 잘 작동하도록 해야 한다. 절대적인 기회 평등은 불가능하다고 해도 최대한 모든 국민에게 기회가 골고루 열리도록 해야 한다. 학벌·성별·지역 등에 따른 차별은 기회 평등을 말살하는 적이다. 여성할당제에 대한 논란도 빈번한데 여성 차별적인 인습과 관행을 깨는 것이 해결의 정도이며 할당제는 차별이 없어질 때까지 과도기적으로 필요하다.

우리 마음속에 웅크리고 있는 차별의식이 불공정을 낳는다. 대졸은 고졸보다 우월하고, 명문대는 선택받았고, 임대아파트 주민은 패배자이고, 비정규직은 열등하다는 공동체 파괴적 편견과 오만을 버려야 한다. 성공의 절반은 노력이지만 나머지 절반은 부모운, 시대운, 선·후배운이라는 세상 이치 앞에서 겸손해지면 좋겠다.

기회 평등 위에서 공정한 경쟁이 이루어지도록 하는 것이 공정사회로 가는 길이다. 지도층의 솔선수범과 정책적·제도적 확립이 어우러지면 공정이 공허한 구호에 그치지 않고 국민이 체감하는 가치로서 실현될 수 있을 것이다.

09 모방형 대입제도 고쳐야 나라 먹여살릴 인재 쏟아진다[10]

한국서도 빌 게이츠, 스티브 잡스, 마크 저커버그 나오려면

바야흐로 입시의 계절이다. 2020년 12월 3일 수능에 이어 코로나 사태 와중에도 대학별 면접, 논술고사가 줄줄이 이어지고 있다. 대입 준비로 초등학생 시절부터 밤낮없이 고생해 온 청소년들을 생각하면 안쓰러운 마음이 드는 것은 우리 모두의 심정일 것이다. 더욱 안타까운 것은 시험을 위해 그렇게 열심히 반복 암기한 지식 중 절반 이상이 사회에 나가 쓸모없을 가능성이 크다는 사실이다. 더구나 대학입시에 성공한 학생들조차 대학 졸업 후 마땅한 일자리 찾기가 매우 어려워졌다.

---

10 [김세직] 중앙일보_모방형 대입제도 고쳐야 나라 먹여살릴 인재 쏟아진다_20201208.

현대 경제성장이론의 관점에서 보면, 대학 입시는 한 나라의 경제가 고도성장할 수 있을지 아닐지를 좌우하는 결정적 인프라다. 1980년대 말 시카고대 로버트 루카스 교수에 의해 탄생한 내생적 성장이론에 따르면 경제성장의 원동력은 한마디로 인적자본이다. 근로자의 머릿속에 체화된 지식이나 기술인 인적자본이 교육 등을 통해 빠르게 축적되면 경제성장이 빨라지지만, 인적자본 축적이 정체되면 성장이 하락한다는 사실을 루카스 교수와 동료 경제학자들이 이론적으로 증명했다.

그런데 인적자본이 활발히 축적돼 성장이 제대로 이루어질 수 있을지는 대입제도에 크게 의존한다. 우리나라에서 1960년 이후 30년은 선진 지식을 외워서 이용하는 '모방형 인적자본'의 가치가 매우 높아 이에 대한 투자가 최적인 시기였다. 우리나라는 '토너먼트식 모방형 입시', 즉 누가 상대적으로 더 많은 지식을 암기했는지로 학생들을 평가하고 조금이라도 더 다양한 지식을 암기한 학생들을 선발해 일생에 걸친 보상을 해주는 입시제도를 채택했다. 이에 남들보다 하나라도 더 암기하고자 하는 치열한 경쟁이 이루어져, 4시간 자고 공부하면 합격하고 다섯 시간 자면 떨어진다는 '4당 5락'이란 말까지 유행했다. 이렇게 모든 학생이 최대한으로 지식 암기에 시간 투자를 하게 됨에 따라, 나라 전체의 모방형 인적자본 총량이 빠르게 증가하고, 그 결과 고도성장을 달성할 수 있었다.

모방형 입시제도의 폐해 극심

1990년대부터 '모방형 인적자본'의 가치는 급속히 저하되기 시작했다. 여러 산업에 걸쳐 기술이 고도로 발달하면서 특허로 보호받는 선진기술을 모방하는 것이 어려워지게 되었다. 뿐만 아니라, 컴퓨터·인터넷 및 인공지능(AI) 기술의 발달로 굳이 사람들 머릿속에 암기를 통해 지식을 넣어 저장해 둘 필요가 없는 시대가 도래했다. 이런 급격한 시대적 변화에 대응해 새로운 것을 생각하거나 만들어내는 능력인 '창조형 인적자본'으로 성장의 엔진을 교체했어야 했다. 그리고 이를 위해 대학입시제도도 근본적 변혁을 이루었어야 했다.

그러나 내신이건 수능이건 지식 암기 중심의 시대착오적인 모방형 입시체제가 그대로 답습되고 있다. 2013년 수능에는 "북미자유무역협정(NAFTA)과 유럽연합(EU) 중 어느 지역의 국내총생산(GDP)이 큰지"를 묻는 문제가 출제됐다. 모방형 입시가 얼마나 무의미한 지식 암기를 요구하는지의 예시다. 한국교육과정평가원이 발표한 최초 정답은 EU가 더 크다는 것이었지만, 실제 통계에 따르면 2010년 이후 NAFTA의 GDP가 더 커서 논란이 되었던 문제다. 학생들에게는 이 문제를 맞혔는지 틀렸는지로 합격·불합격 여부가 결정되는 너무나 중요한 문제였지만, 정작 당시 필자가 물어본 어떤 경제학자도 알고 있지 않은 지식이었다. 알 필요가 없는 지식이란 얘기다. 그럼에도 현재의 모방형 입시제도는 변별력을 위해 이런 쓸모없는 지식을 머릿속에 가득 채우도록 강요하고 있다.

창조형 인재 얼마든지 객관적 평가 가능

　지금이라도 대학입시를 기존의 모방형 인적자본 측정 위주가 아니라 창의력 평가 위주로 선발하는 '창조형 대학입시제도'로 전환해야 한다. 이제는 대학이 창조형 인적자본을 가장 중요한 선발기준으로 채택해야 한다. 그래야 학생들이 창의적 아이디어를 내는 능력을 초·중·고 시절부터 열심히 키우게 돼, 빌 게이츠·스티브 잡스·마크 저커버그 같은 창의적 인재들이 쏟아져 나올 수 있다.

　이를 위해 창의적인 각계 전문가들의 지혜를 모아 입시에서 창의력 평가 방법을 확립해야 한다. 한 가지 방법은 대학별 면접 혹은 필답고사에서 정답이 없는 '열린 문제'를 제시하고 학생이 얼마나 창의적인 답을 제시했는지로 평가하는 방법이다. 예를 들어, 경제 과목에서는 "일 년 내내 섭씨 30도가 넘는 불나라에서 얼음을 화폐로 사용하는 방법은?", "그동안 세상에 존재하지 않던 창의적인 금융상품을 하나 제시하시오" 같은 문제를 출제하고, 다른 학생들과 얼마나 다른 참신한 답안을 제시했는지로 평가하는 것이다. 학생들이 초·중·고 시절 생각해낸 창의적인 아이디어를 등록하는 '학생 아이디어 등록제' 시스템을 도입하고 대학이 이를 평가자료로 사용하는 방안도 도입할 수 있다. 물론 창조형 대입제도 하에서도 모방형 인적자본을 평가하지만 이를 자격 고사화해 핵심 지식을 알고 있는지 확인하는 수준에서만 평가하고, 평가의 중심은 창의성 평가에 두어야 한다.

　학생이 제시한 답안이나 아이디어의 창의성을 평가할 때 발생할 수 있는 평가의 주관성 문제도 효과적으로 극복할 수 있는 방법

[그림 8-9] 대입에서 중시되어야 할 능력

(단위: %)

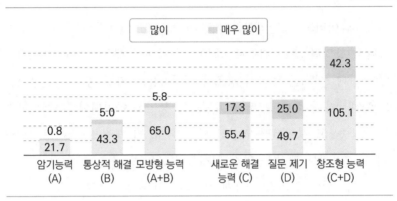

자료: 김세직, 류근관 외 7명(2011)

들이 이미 존재한다. 학생의 창의성을 한 사람이 아니라 여러 사람이 평가하는 상호주관적(intersubjective) 평가와 전문가 평가를 이용하면 객관적인 평가에 이를 수 있다. 물론 상호주관적 평가를 위해서는 많은 평가 전문인력이 필요해 고용 비용도 필요하다.

여기에 필요 재원은 정부가 교육 예산으로 충분히 뒷받침할 수 있다. 정부가 교육예산 73조 원 가운데 1,000분의 1만 지출해도 상호주관적 평가에 필요한 평가인력을 전국 모든 대학에 공급할 수 있다.

대학입시는 초·중·고 교육의 방향타다. 서울대를 포함한 대학들이 나서서 창의력을 가장 중요한 선발기준으로 사용한다고 선언만해도 대한민국 초·중·고 교육은 창조적 인재를 키우는 교육으로 크게 탈바꿈할 수 있다.

사교육 해결하고 교육 불평등까지 해결하는
강력한 해법

창의력을 기준으로 선발하는 대입제도가 확립되면 현재 GDP의 1%가 넘는 연간 21조 원 규모의 사교육 시장이 크게 줄어들 가능성이 크다. 경제학 관점에서 보면, 그동안 사교육이 커지게 된 이유는 기존의 모방형 입시제도로 인해 '규모의 경제'가 성립했기 때문이다. 예를 들어 스타강사가 수능이나 내신에 나올 확률이 높은 문제들을 족집게처럼 찍어서 그 답과 풀이방법을 가르쳐주는 강의 영상을 하나 만들어 놓으면, 이를 수요하는 수많은 학생에게 추가적 비용 없이 복제 판매하여 막대한 수강료 수익을 얻을 수 있었기 때문이다.

그러나 대입에서 열린 문제를 내고 창의성을 기준으로 평가하게 되면 사교육은 더 이상 '규모의 경제'를 향유하기 어렵다. 일단 사교육 선생님이 학생들보다 창의적인 아이디어를 내라는 보장이 없다. 더해서 스타강사가 대입에 나올 열린 문제를 미리 족집게처럼 찍어 창의적 답안을 생각해 냈다고 해도 똑같은 답안을 여러 학생에게 동시에 판매하기가 어렵다. 창의적 아이디어는 기본적으로 남과 달라야 하기 때문에, 평가자들은 서로 비슷한 답안들에 대해서는 창의성을 낮게 평가한다.

결국 대학입시에서 창의적 답안으로 평가받으려면 다른 학생과는 다른 자신만의 독창적 답안이어야 하기 때문에 많은 학생에게 동시에 복제 판매되는 답안은 학생들이 찾지 않게 된다. 창의적인 답안을 판매해도 한 학생에게만 판매할 수밖에 없는 '규모의 비경제'가 발생하여 수익을 기대할 수 없게 된다. 사교육 강사의 입장에서도 더는 학생을 가르치고 있을 이유가 없다. 창의적 아이디어가 있다면 이를 상품화한 자신의 회사를 만들어 훨씬 더 큰 수익을 얻을 수 있을 것이기 때문이다.

요컨대 창조형 입시제도의 도입은 한국 교육의 고질적 문제인 사교육 문제를 근원적으로 해결하고, 교육 불평등 문제까지 해결하는 강력한 해법이다.

CHAPTER

09

연금과 고령화

01   10년간 38%… OECD 국가 중 가장 빠르게 늘었다[1]

─────── 점점 커지는 사회보장 비용

사회보험료 부담이 급격히 증가하고 있다. 이른바 8대 사회보험이 징수한 2020년 보험료 총액은 151조 원에 이른다. 2010년 74조원에서 두 배 늘어난 것으로 국내총생산(GDP)의 7.8%에 달하는 규모다. 이 기간 사회보험료 연평균 증가율은 7.4%로 GDP 증가율 4.3%의 1.7배에 근접한다. 사회보험료 부담 증가가 소득 증가보다 더 빠르게 늘고 있어, 세금과 함께 가처분소득이 경제성장률만큼 증가하지 못하게 하는 요인이 되고 있다.

사회보험료는 원칙적으로 수익자부담 원칙으로 운영된다. 즉, 수급하는 사회보험 급여에 필요한 비용을 징수하는 것이므로 사회보험료를 부담한 만큼 복지 수준이 높아진 것으로 볼 수 있다. 그렇지

───────────────────────

1 [김용하] 중앙일보_10년간 38%… OECD 국가 중 가장 빠르게 늘었다_20211026.

만 이런 사회보험 서비스는 받을 때는 좋지만, 그에 필요한 비용은 부담스럽다. 따라서 사회보험료 부담 증가의 원인과 전망, 그리고 지속가능성 여부를 현시점에서 점검하는 것이 필요하다. 8대 사회보험 중에서도 국민연금·건강보험·장기요양보험·고용보험·산재보험 등 5대 사회보험을 눈여겨봐야 한다. 공무원연금·군인연금·사학연금 등 3대 직역 연금은 정부 지원이 많지만 여기서는 논외로 한다.

저출산·고령화에 부담 계속 증가

문 정부의 보장성 강화도 한몫
국민연금 등 8대 보험 개편 시급
현세대 부담 늘려 파탄 막아야
소득세·사회보험료 10년간 52% 증가

사회보험료는 소득에 일정률을 부과하므로 소득이 증가하면 보험료율이 동일해도 보험료가 늘어난다. 또 제도별 보험료 부담의 합계는 가입자 수 증가에 따라 커지게 된다. 소득과 가입자 수 변동에 따른 요인을 제외하면 보험료의 증가는 보험료율 상승에 따라 늘어나게 되는데 보험료율은 급여율(보장률)의 변화에 따라 등락한다. 따라서 일차적으로 보험료율 변동을 제도별로 살펴보는 것이 중요하다.

5대 사회보험 중 보험료율이 법률에 따라 일정하게 유지되고 있는 것은 국민연금뿐이다. 평균수명 연장 등 보험료율 인상 요인이 더 커졌는데도 소득 대비 9%의 보험료율을 그대로 고수하고 있는 것이 오히려 문제가 되는 경우라고 할 수 있다.

그러나 다른 사회보험은 무서운 속도로 부담이 늘어나고 있다. 더구나 형식상으로는 매년 의결권을 가진 위원회의 심의를 거치지만 결정은 사실상 정부가 한다. 2010년과 비교할 때, 보험료율이 가장 빠르게 인상된 제도는 노인장기요양보험이다. 이 제도는 2010년에는 소득대비 0.35%였으나 2020년에는 0.79%로 급상승했다. 치매·중풍 질환의 발병 소지가 높은 75세 이상 인구 증가와 문재인 정부 들어 보장성을 강화한 여파다.

또 건강보험은 2010년에는 소득대비 5.33%였으나 2020년 6.55%로 22.9% 높아졌다. 노인 인구 증가와 보장성 강화가 주요인이라 할 수 있다. 고용보험은 2010년에는 소득대비 0.9%였으나 2020년에는 1.6%로 77.8% 급상승했다(실업급여계정). 여기에 더해 근로소득세율

[그림 9-1] 5대 사회보험 증가율과 경상GDP 증가율

(단위: %)

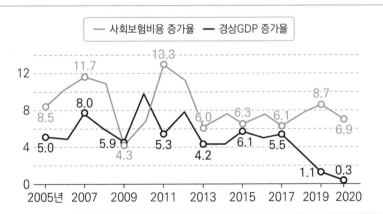

이 점차 상향 조정되면서 월급에서 나가는 근로소득세와 사회보험료가 급증하고 있다. 한국경제연구원이 최근 10년간 300인 이상 기업의 월 평균임금 통계를 분석한 결과, 기업이 지급하는 임금에서 공제되는 근로소득세와 사회보험료는 2010년 92만 원에서 2020년 140만 원으로 52.1% 증가한 것으로 나타났다.

프랑스 · 스웨덴은 부담률 되레 감소

현재의 사회보험료 부담은 선진국과 비교할 때 높은 것은 아니다. 사회보험료 부담의 총합을 GDP로 나눈 비율인 사회보장부담률은 2019년 7.5%로, OECD 평균 8.9%보다 낮다. 여기에 조세부담률을 합한 국민부담률도 경제협력개발기구(OECD) 평균 33.8%에 비해서 6.5%포인트 낮은 27.3% 수준이다.

문제는 사회보장부담률의 증가 속도다. OECD 통계에 따르면, 2009~2019년 10년간 한국의 사회보장부담률 증가율은 37.9%로 가장 빠르다. 다음 순위인 터키(26.5%) · 슬로바키아(21.2%) · 일본(21.1%)보다 훨씬 더 높다. 이 기간 프랑스(-8.4%)와 스웨덴(-13.6%)은 오히려 감소했고, OECD 평균은 2009년 8.7%에서 2019년 9.2% 증가에 머물렀다.

이러한 증가 속도를 유지할 때, 2020년 GDP의 7.8%인 사회보험료 부담이 2040년에는 14.9%, 2060년에는 22.8%까지 높아질 것으로 사회보장위원회는 전망하고 있다. 2060년이 되면 인구 고령화에 직접 영향받는 건강보험은 GDP 대비 2020년 3.9%에서 8.9%로, 노

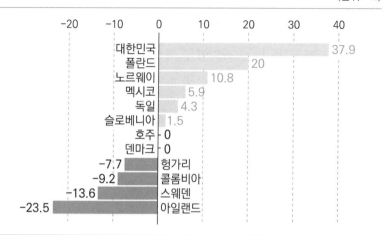

[그림 9-2] 2009~2019년 GDP 대비 사회보험료 부담 비율 증가율

(단위: %)

자료: 김용하 교수.

인장기요양보험은 0.5%에서 2.7%로. 국민연금 등 공적연금은 2.8% 에서 9.9%로 대폭 늘어날 것으로 보인다. 사회보장위원회는 2060년 의 GDP 대비 전체 사회보장지출은 2020년 12.5%에서 27.6%로 증 가할 것으로 예상한다.

2060년 4대 공적연금 기금 고갈

사회보험 비용부담의 증가를 미래 세대가 부담할 수 있을 것인 지가 문제다. 국회 예산정책처의 4대 공적연금 재정전망에 따르면, 2060년이 되면 공무원연금·군인연금·사학연금·국민연금 등 4대

공적연금의 적립기금이 모두 고갈된다. 이렇게 되면, 국민연금 보험료율은 소득대비 현행 9% 수준에서 소득의 31% 수준으로 인상해야 그 시점의 노년 세대에게 연금을 계속해 지급할 수 있다.

공무원연금 등 다른 직역연금 역시 보험료율을 40% 내외 수준으로 인상하거나 이에 상응하는 국고 보전이 있어야 유지된다. 건강보험과 노인장기요양보험도 현재 소득의 8%에 조금 못 미치는 보험료율을 3~4배 수준으로 인상해야 급여 지출을 충당할 수 있다.

향후 사회보험 비용 문제의 근원은 저출산과 장수화에 따른 인구구조의 고령화에 있다. 당장 2021년도 합계출산율은 2020년보다 더 하락해 0.8명 선을 유지하기 어려울 것으로 전망되기 때문에 당분간 인구구조의 획기적인 전환을 기대하는 것은 어렵다. 따라서 8대 사회보험제도의 구조를 인구 고령화 시기에도 지속할 수 있도록 개편하는 것이 불가피하다.

미래 세대 입장에서는 절대적 비용부담 수준도 문제이지만, 보험급여 대비 보험료 부담이 상대적으로 더 크게 되기 때문에 사회보험 가입 유인이 크게 떨어질 수밖에 없다. 세대 간 불공정성의 중심에 4대 공적연금이 있지만, 건강보험과 노인장기요양보험도 크게 다르지 않다. 그렇다고 OECD 평균수준에 못 미치는 것으로 평가되고 있는 사회보험 보장수준을 낮추기는 어렵다. 현시점에서 가능한 대안은 노년 부양비 상승으로 인한 현세대에서 미래 세대로의 사회보험 비용 전가를 최대한 낮추는 것이다.

8대 사회보험, 어떻게 수술할까

사회보험 제도별로 보면, 적립기금이 아직 고갈되지 않은 국민연금과 사학연금은 수급부담 구조의 균형화를 서두르면 재정이 안정될 가능성은 열려 있다. 반면 공무원연금과 군인연금은 이미 적립기금이 소진돼 국고 보전이 이뤄지고 있다. 국민연금과의 형평성을 제고하면서 수지균형 체계로 전환하면 장기적으로 국고 보전의 증가폭을 낮출 수 있을 것으로 판단된다.

건강보험과 노인장기요양보험은 공적연금과 달리 보험료 적립구조가 없기 때문에 세대 간 비용부담의 이전을 사실상 막기 힘들다. 더욱이 의료 및 요양서비스 공급자가 별도로 존재하기 때문에 구조조정이 훨씬 더 복잡하다. 보험료를 부담하는 환자와 서비스를 공급하는 의료기관이 의료비 절감 유인을 높이도록 진료비 지불 보상체계를 개편하는 방안을 검토할 수 있다.

고용보험은 최근에는 보장성 확대와 코로나19로 인한 실업자 증가로 급여지출이 급속히 증가하고 있다. 향후에도 출산 전후 휴가급여와 육아휴직급여 등 모성급여 보장성 확대로 인한 지출 증가와 베이비붐 세대의 대거 은퇴에 따른 실업급여 청구가 늘어날 것으로 예상된다. 지출이 쉽사리 안정되기 어려울 것으로 판단된다.

2022년 보험료율을 소득대비 1.8%로 인상하기로 했지만, 추가 인상도 불가피한 만큼 확대된 보장성의 재검토가 필요하다. 산재보험은 연금급여 수급자 누적으로 급여지출 증가가 둔화하지 않을 것으로 보여 재정운영을 합리화해야 한다.

8대 사회보험의 보험료 부담 증가는 불가피한 측면이 있다. 그러나 대응을 늦추면 제도 자체가 위협받게 된다. 사회보험료 비용부담의 변화는 저출산·고령화에 따른 산물이자 세대 간 공정성 문제와 직결돼 있어 보험료 인상 자체를 마냥 늦출 수도 없다. 현세대뿐만 아니라 미래 세대도 공감할 수 있는 사회보험 비용부담의 적정화 방안에 대해 지혜를 모아야 할 시점이다.

02 고령자들 연금 많이 받을수록
청년에겐 폰지게임 된다[2]

연금개혁 왜 선택 아닌 필수인가

2021년 3월 말 국민연금기금 규모는 892조 원으로 국내총생산(GDP) 대비 45.5%에 이른다. 거대 국민연금 기금이 2057년 고갈된다면 실감 나지 않겠지만, 제4차 국민연금재정 추계위원회의 재정전망 결과에 따르면, 2020~2060년의 재정지출 연평균 증가율은 7.3%에 달한다. 이에 비해 재정수입은 1.6%에 불과하니 기금이 버텨날 수 없다.

이 같은 재정수지 차이는 수급자가 빠르게 증가하는 동안, 연금보험료를 납입하는 가입자 수가 많이 감소하기 때문에 발생한다. 현재 2199만 명인 가입자가 2060년에는 1329만 명으로 39.6% 감소하

---

2 [김용하] 중앙일보_고령자들 연금 많이 받을수록 청년에겐 폰지게임 된다_20210810.

는 반면, 수급자는 547만 명에서 1707만 명으로 212.1%나 급속히 증가한다.

연금 수리적으로 부담·수급 구조가 균형된 제도라면 가입자 수가 감소하든 수급자가 증가하든 상관없이 적립기금이 고갈되지 않는다. 가입자가 감소하면 연금제도의 운용 규모가 축소돼 적립기금의 크기가 작아질 뿐이지 적립기금이 고갈되지는 않는다.

부담·수급이 상등(相等)하도록 돼 있는 민영 연금상품이 현재 국민연금 상황이라면 금융감독 당국으로부터 판매중단, 혹은 미충당 연금채무의 적립이행 조치 등 제재를 피하기 어렵다. 그런데 국민연금은 어떻게 아무런 일 없다는 듯 운영되고 있을까.

유럽 대부분 국가의 공적연금은 부담과 수급의 균형이 아닌 당년도 수입과 지출이 일치하도록 운영된다. 당년도 연금 지급에 필요한 지불준비금 일부를 보유하고 있을 뿐 적립기금 없이 운영되고 있다. 이들 국가의 공적연금은 근로 세대가 노년 세대를 부양하는 세대 간 부양원리에 기초해 매년 노년 세대에 지급해야 할 연금총액을 근로 세대가 나누어서 비용을 분담한다.

이는 인류사회가 전통적으로 해왔던 가족 단위로, 자녀가 부모를 부양하는 것을 국가 단위로 확장한 것이라 볼 수 있다.

세대 간 부담 공평하게 개혁해야

세대 간 부양원리에 기초한 공적연금은 노년 세대의 연금지급에 필요한 비용을 부담했던 근로 세대가 다시 노년 세대가 되면 그들의 자녀 세대인 근로 세대의 비용부담으로 연금을 수급한다. 결과적으로 각 세대의 비용부담총액과 연금수급총액이 균형을 이룬다면 사적연금처럼 부담·수급의 균형원리가 실현된다고 볼 수 있다. 그렇지만 확률적으로 볼 때 부담한 돈과 받는 돈이 일치하기 위해서는 인구의 변동이 없어야 한다. 즉, 근로 세대와 노년 세대의 인구수 비율이 어느 정도 일정해야 한다.

세대 간 부양원리에 기초했던 유럽 대부분 국가에서 1980년대에 공적연금 개혁 바람이 거세게 불었던 것은 평균수명이 늘어남에 따라 노인 인구 비중이 증가했기 때문이다. 노인 인구비율이 연차적으로 높아지면 미래세대로 갈수록 예상 연금액보다 비용부담액이 더 많아지기 때문에 세대 간 공평성이 무너지게 된다. 이것이 심화하면 이른바 폰지게임(ponzy game)처럼 되면서 미래세대는 연금을 못 받을 수도 있게 된다. 따라서 세대 간 불공평한 것을 공평하게 바꾼 것이 유럽 국가들이 추진한 연금개혁의 기본방향이라 할 수 있다.

즉, 근로 세대가 노년 세대를 위해 부담한 금액만큼은 그들이 노년이 되면 동일하게 돌려받을 수 있도록 만들어서 미래세대도 공적연금으로 손해를 보지 않도록 하는 방식으로 세대 간 공평성을 구현했다. 연금개혁은 연금액은 줄이고 연금보험료를 인상하고, 연금수급 개시 연령도 늦추는 방식으로 이뤄지기 때문에 국민의 거센 반대와 갈등이 있었다. 그럼에도 사회적 합의가 어렵사리 도출되었던 것은 선택 가능한 다른 방법이 없었기 때문이다.

1960년생, 낸 것보다 2.8배 더 받아

사적연금이든 공적연금이든 생애 기간 부담한 금액과 수급하는 금액을 동일하게 일치시키는 원리는 크게 다르지 않다. 특정 세대에서의 연금수급 기대금액이 연금보험료 부담액수보다 크면 다른 세대가 그 차액만큼을 손해 볼 수 있다. 이런 점에서 어느 세대라도 가입기간 중 부담하는 연금보험료 부담의 총액 대비 수급 기간에 걸쳐 받는 연금 총액의 배수인 수익비가 1.0배를 유지하는 것이 필요하다. 그런데 우리나라의 국민연금 수익비(평균소득의 남성 기준)는 1960년생이 2.8배, 1970년생은 2.3배이고, 1980년생도 2.1배(연금보험료율 9.0% 유지를 가정) 수준이다. 이른바 저부담·고급여 구조하에서는 장기적으로 재정지출이 재정수입을 초과해서 적립기금이 고갈될 수밖에 없는데, 우리나라 국민연금이 2057년에 고갈되는 원인은

[그림 9-3] 노년 부양비 비교

(단위: %)

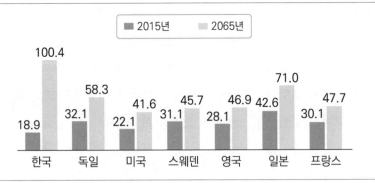

자료: 통계청, 장래인구특별추계, 2017~2067년, 2019. 3.

바로 이 때문이다.

　저부담·고급여 구조로 적립기금이 고갈돼도 근로 인구 대비 노년 인구의 비율인 노년부양비가 일정하다면 국민연금제도는 세대 간 부양원리에 기초해 유지할 수 있다. 그러나 우리나라 노년부양비는 2020년 21.7%에서 2040년 60.1%, 2060년 91.4%로 높아진다. 국민연금 가입자 대비 수급자 비율인 제도 부양비는 더 심각하다. 2020년 19.6%에서 2040년 62.7%, 2060년 116.0%가 되어 가입자 수보다 수급자 수가 더 많아진다. 이렇게 부양비가 높아지는 상황에서는 적립기금 없이 세대 간 부양원리에 기초한 부과방식 연금제도의 운용은 세대 간 불공평성 측면에서 지속 불가능하다.

40년 후 청년은 월급 60% 부담해야

　부과방식 비용률은 적립기금이 없을 때, 노년 세대에 대한 연금 지급 비용을 근로 세대가 부담할 때 필요한 연금보험료율이다. 우리나라 국민연금의 부과방식 비용률은 2020년 현재 5.2%로 현행 국민연금보험료율 9.0%보다 낮지만 2030년에는 9.0%에 이르고, 2040년 14.9%, 2060년 26.8%로 높아질 것으로 제4차 국민연금 재정 추계위원회는 전망하고 있다. 26.8%라는 것도 합계 출산율인 1.38명으로 유지된다는 2017년 통계청 인구 추계 기준이고, 2019년 통계청의 수정 인구 추계(합계 출산율 1.27명)를 가정하면 30%를 넘게 될 것으로 추산된다. 현행 9.0%의 3배가 넘는 30%대의 필요 보험료율은 두 가

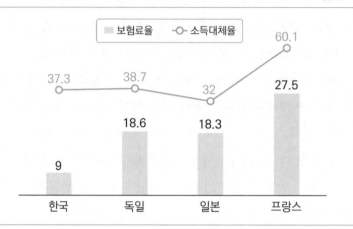

[그림 9-4] 주요국 공적 연금 보험료율과 소득대체율

(단위: %)

자료: OECD, Pension at a Glance 2019.

지 측면에서 국민연금을 더는 지속 가능하기 어렵게 만든다.

첫째, 2060년 당시의 경제적 부담한계 때문이다. 2060년이 되면, 국민건강보험과 노인장기요양보험의 보험료율도 30% 수준을 넘을 전망이다. 이렇게 되면 인구 노령화에 영향을 받는 국민연금 등 3개의 제도의 합계 보험료율은 가입자 소득총액의 60% 내외가 되고, 이는 그 시점의 미래세대로선 사실상 부담이 불가능한 수준이 된다.

둘째, 미래세대는 국민연금 가입으로 큰 손해를 볼 수 있기 때문이다. 즉, 만약 소득에 30% 내외의 국민연금 보험료율이 부과되면 그 시점에서 근로 세대의 경우 수익비가 1.0 이하로 하락하게 된다. 국민연금 소득대체율이 40년 가입 40% 수준으로 2028년에 조정이 끝나면, 이에 대응하는 국민연금의 연금 수리적 균형보험료율은

17.0% 수준이다. 만약 30%의 보험료율을 부과하면 받는 것에 비해서 1.76배의 비용부담을 하게 되므로 국민연금 제도 가입 유인이 전혀 없어진다. 따라서 국민연금 보험료율은 17% 선을 절대 넘어서는 안 되는 마지노선이라 할 수 있다.

2060년 노년부양비가 91.4%가 되는 미래가 예정된 나라에서는 국민연금 적립기금이 고갈되도록 방치해서는 안 된다. 이를 위해서 국민연금을 저부담·고급여의 불균형 구조에서 균형구조로 가능한 조속히 전환하는 것이 연금개혁의 요체다. 국민연금은 생계가 어려운 사람을 도와주는 공공부조 같은 복지제도가 아니라 세대별로 보험료를 부담한 만큼 연금으로 받는 제도(세대 내 소득재분배는 가능)임을 인식하는 것이 중요하다. 정부나 국민연금공단이 국민연금을 재테크의 일종인 노테크로 홍보하는 것은 연금개혁을 어렵게 만드는 요인 중의 하나이다.

폰지 게임(Ponzi Game)

찰스 폰지는 1919년 외국에서 구매한 만국우편연합 국제 반신권(International Reply Coupon: 답신용 우편요금을 첨부한 유가증권)을 미국에서 내다 팔 때의 차익을 이용해 투자자들에게 90일 내 100%의 수익률을 낼 수 있다면서 투자자를 모았다. 당시 제1차 대전 이후 인플레이션으로 이탈리아에서 구매한 국제 반신권을 미국에서 달러로 바꾸면 차액을 얻을 수 있었다. 신규 투자자의 투자금으로 기존 투자자에게 지급해주는 일종의 다단계 사기였다. 이러한 수법으로 1년간 투자자들에게 2,000만 달러의 손해를 입혔다. 노년부양비가 높아지는 시기에는 미래세대로 갈수록 비용부담이 높아지는 공적연금의 세대 간 형평성을 비유할 때 자주 인용된다.

CHAPTER

10

기후환경, 탈원전과 탄소중립

01   중국·인도보다 높은 온실가스 줄여야 통상 장벽 넘어[1]

───────── 점점 조여 오는 '탄소국경세'

2021년 7월 14일 유럽연합(EU)은 탄소국경조정제도(CBAM) 법안을 발표했다. 탄소국경조정제도는 EU가 세계 각국의 상이한 온실가스 배출 규제 정책에 대응하기 위해 제시한 방안이다. 이 제도가 도입되면 높은 규제를 받는 EU 기업들의 경쟁력 저하를 막고, 규제가 적은 국가로 생산설비를 이전하는 것을 막을 수 있다는 것이다. 규제가 느슨한 국가에서 EU로 수출하는 제품에 EU 역내 기업들이 부담하는 탄소 비용만큼 추가비용을 부담시킬 수 있기 때문이다.

EU 발표는 전 세계에 커다란 파문을 일으켰다. EU 제도가 본격 시행되는 2026년부터 막대한 추가비용을 부담하게 될 러시아·중국

─────────────
1 [김두식] 중앙일보_중국·인도보다 높은 온실가스 줄여야 통상 장벽 넘어_20210914.

등이 크게 반발했다. 한국에서도 EU 제도가 또 다른 무역장벽이 될 수 있다는 우려가 제기됐다.

📚 EU · 영국 · 미국 등 도입 · 검토 확산
한국도 지난달 탄소중립법 통과
2030년까지 탄소 35% 이상 감축
기업 · 정부의 적극적인 대처 필요

2021년 8월 31일에는 국내에서도 '탄소중립기본법'(약칭)이 논란 끝에 국회를 통과했다. 2050년 탄소 중립을 달성하기 위해 2030년 온실가스 배출량을 2018년 대비 35% 이상 감축한다는 목표를 설정했다. 온실가스 기준치를 초과하고도 이를 개선하지 않는 기업들에는 과징금이 부과된다. 이 법이 시행되면 앞으로 기업뿐 아니라 정부 · 공공기관과 개인을 포함한 사회 전반에 걸쳐 큰 규제와 변화를 몰고 올 것으로 예상된다.

탄소중립기본법에 대해, 일각에서는 실현 불가능한 목표를 설정해 기업에 무리한 부담을 주고 있다고 비판한다. 다른 일각에서는 오히려 감축 목표치가 EU 등 다른 선진국에 비해 턱없이 부족하다고 지적한다. 이런 시각차에도 불구하고 분명한 사실은 어느 국가도 획기적인 온실가스 감축을 회피할 수 없다는 점이다. 탄소 중립을 실현하기 위한 새로운 국제질서가 형성되면서다.

첫째, 국제사회는 선진국들의 온실가스 감축 노력에 무임승차하려는 국가들을 더는 용인하지 않는 분위기다. 2015년 '파리협정'에 따라 당사국들은 자발적으로 온실가스 감축 목표를 수립하고 온실가스 감축을 위해 공동 대응해 왔다. 그러나 세계 각국이 일사불란하게 공동보조를 취해 온 것은 아니다. 특히 개도국들은 산업화에 먼저 성공하면서 다량의 온실가스를 배출해 온 선진국들이 개도국들보다 더 많은 책임을 져야 한다고 주장했다. 파리협약에서 소위 '차별적 공동책임과 각자의 능력(CBDR-RC)'에 따른 대응 원칙을 규정하고 있는 것도 이 때문이었다.

하지만 지난 수십 년간 개도국들의 탄소배출량도 급증했다. 개도국들이 책임의 차별성을 계속 주장하기 어렵게 됐다. 주요 탄소배출국인 미국과 EU는 1990년대부터 꾸준히 온실가스 배출을 줄여

[그림 10-1] 국가별 온실가스 배출량

(단위: 톤)

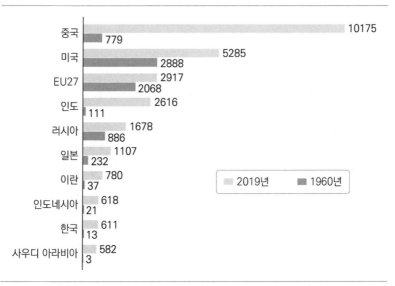

자료: UNTAD, 2021.

왔지만, 중국·인도·러시아 등 거대 개도국들의 탄소배출은 크게 늘었다. 무엇보다 중국은 세계 최대 온실가스 배출국이다. 세계 총배출량의 28%를 차지한다. 얼마 전 선진국 클럽에 공식 가입한 한국의 총배출량은 전 세계 9위 수준이다. 1인당 배출량은 중국이나 인도보다 높다.

여기에 예상보다 심각한 기후변화가 전 세계적 기후 대응을 재촉하고 있다. 대기 중에 축적되는 이산화탄소량은 2021년 3월 현재 사상 최고 수준에 도달했다. 유엔 산하 정부 간 기후변화 협의체인 기후변화에 관한 정부협의체(IPCC)는 2021년 8월, 2021~2040년 사이에 세계 기온이 산업혁명 이전 대비 1.5도 상승할 것으로 예측하는 충격적인 보고서를 발표했다. 이 보고서는 지구온난화 억제를 위해서는 2030년경까지 탄소배출을 2010년 대비 45% 삭감해야 한다고 강조했다.

——— '개도국들 차별 책임' 원칙 불인정

이런 가운데 발표된 EU의 탄소국경조정법안에서는 외국 수출기업들에 탄소 비용을 부과할 때 개도국을 면제하거나 개도국들의 차별적인 책임을 전혀 인정하지 않고 있다. 러시아·중국 등은 EU 법안이 파리 협정상의 차별적 책임 원칙에 반한다고 비난했다. 하지만 차별적 책임을 주장하기에는 기후 변화에 대한 그들의 원인 제공이 너무 크다는 점도 무시하기 어렵다.

둘째, 탄소국경조정제도는 EU만의 제도가 아니라, 세계 무역질서의 재편을 예고한다. 실제 다른 선진국에서도 EU의 예를 따라 탄소국경세를 도입하려는 움직임이 일고 있다.

미국 바이든 대통령은 후보 시절, 외국 수입품에 탄소 비용 부과를 고려하겠다고 밝힌 바 있다. 다만 현재 미 행정부는 주된 탄소배출 부문인 발전산업에 대해 '청정전력 기준'을 적용하는 법안을 통과시키는 데 갖은 노력을 기울이고 있다. 바이든 대통령의 기후특사 존 케리는 2021년 7월, 미국은 우선 중국 등 다른 나라들이 적극적으로 탄소배출 감축 조처를 하도록 집중하고 있고, EU 국경조정제도와 같은 일방적 조치는 이런 노력에 악영향을 끼칠 수 있어 지금 당장은 고려하지 않고 있다고 말했다.

기후대응 '선진국 클럽' 결성될 듯

그렇다고 미국이 탄소국경세 도입을 포기했다고 볼 수는 없다. 2021년 2월 미 무역대표부(USTR)는 의회에 제출한 연례 보고서에서 탄소국경세 도입을 고려하겠다고 밝힌 바 있다. 7월에는 민주당 상원의원인 쿤스와 피터스가 탄소국경세 법안을 제출했다. 이 법안은 2024년부터 미국에 수입되는 특정 물품에 대해 미국 내 환경 비용에 상응하는 국경세를 부과한다는 것이다. 다만 최빈국이나 미국의 규제 수준에 상응하는 탄소규제를 하는 국가에 대해서는 세금을 면제한다. 이 법안이 당장 통과되기는 어렵겠지만, 미국판 탄소국경세의

[그림 10-2] 1인당 온실가스 배출량

(단위: 톤)

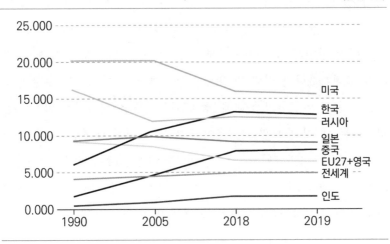

자료: EC Joint Research Centre, 2020.

방향을 제시했다는 의미가 있다.

영국도 탄소국경세 도입을 검토하고 있다. 다만 영국은 먼저 전세계 국가들로부터 탄소 중립에 대한 합의를 끌어내기 위해 노력하고, 그런 합의가 이루어지지 않을 때 탄소 국경세를 실행할 수 있다는 입장이다. 2021년 8월 5일에는 캐나다가 CBAM 도입을 고려하고 있다고 발표했다. 캐나다 정부는 이미 지방정부나 수출입업자 등 국내 이해관계자들과 탄소국경세 도입을 둘러싼 협의를 시작했고, 미국·EU 등과도 공조를 모색하고 있다고 밝혔다. 바야흐로 기후대응을 위한 글로벌 룰을 만들려는 선진국 클럽이 형성되는 조짐이다.

셋째, 탄소국경조정제는 새로운 무역규범으로 자리 잡을 가능성이 크다. EU 제도가 기존 통상법에 위배된다는 주장이 있다. 특히

EU 탄소국경조정제도는 외국의 제품을 생산하는 과정에서 배출된 이산화탄소량에 따라 추가 비용을 부과하는 것이므로, 생산방법 차이에 따라 동일한 물품을 달리 취급하는 것을 금지하는 기존 법리에 반한다고 볼 여지가 있다. 또한 EU 제도가 인간이나 동식물의 생명 또는 건강을 보호하기 위해 필요한 조치, 혹은 '고갈될 수 있는 천연자원의 보존과 관련된 예외적 조치'로 정당화될 수 있는지도 문제가 된다. 탄소국경조정제도가 바로 온실가스를 줄이는 효과를 낼 수 있는지 의문이 제기되고 있기 때문이다.

기후변화가 부른 국제통상 규범 재편

그러나 탄소국경제도는 기후변화 대응이라는 강력한 명분을 갖고 있다. 법기술적 논리로 이런 조치의 확산을 저지하기는 쉽지 않아 보인다. 따라서 무역 확대나 시장 접근 같은 경제적 가치를 중시해온 전통적인 국제 통상규범에 상당 부분 변화가 올 수밖에 없을 것으로 보인다.

현재의 세계무역질서는 1947년 관세·무역에 관한 일반협정 (GATT)에 기초를 두고 있다. 당시에는 기후 위기가 절박한 문제로 인식되지 않았다. 하지만 1947년 이후 오늘날까지 탄소 배출량은 4배 증가했다. 1995년 세계무역기구(WTO) 발족 당시보다도 50% 증가했다. 이런 상황에서 환경을 무역의 종속가치로 취급해 온 세계통상규범의 재편 내지 재해석 필요성이 제기되고 있다.

이처럼 변화하는 국제질서 속에서 우리는 어떤 선택을 해야 할 것인가. 많은 나라들의 탄소국경조치를 도입하는 추세에 대응하여 우리 기업들의 수출 경쟁력을 유지·강화하는 방안을 마련해야 함은 당연하다. 거시적으로는 외국의 기후 조치에 대한 방어적 시각에서 벗어나야 한다. 우리 스스로 기후 변화 대응에 능동적으로 참여하는 것이 오히려 장기적으로 산업 경쟁력을 높이는 길이라는 점을 인식해야 한다.

2050년 탄소 중립 목표를 달성하기 위해 기업이든 개인이든 큰 고통을 감내해야 한다. 당장의 고통을 피하려 한다면 다른 나라들이 그에 상응하는 비용을 청구해 올 것이다.

02 미국이 시동 거니 주가·경제· 산업구조 모두 충격파[2]

기업 경영의 패러다임 시프트 ESG

최근 디지털 전환과 함께 글로벌 시장의 화두가 되는 용어는 단연 ESG(환경, 사회책임, 기업지배구조)다. 시장에선 글로벌 ESG 펀드가 2020년 한 해만 140% 급증(1,500조 원)했다. 우리나라도 2021년 들어 대기업·금융회사 할 것 없이 ESG 위원회 설립을 서두르는 등 ESG에 대한 관심도가 빠르게 높아지는 양상이다.

이처럼 ESG가 급격히 화두가 되는 이유는 뭔가. 첫째, 코로나19 충격을 계기로 ESG로 대표되는 비재무적 요소의 중요성이 급부상하고 있기 때문이다. 코로나19를 통해 환경변화와 같은 비재무적 요인이 기업을 예상하지 못한 위험에 빠뜨릴 수 있다는 공감대를 만

---

2 [정유신] 중앙일보_미국이 시동 거니 주가·경제·산업구조 모두 충격파_2021
0608.

들었다. 따라서 기업의 지속가능성을 담보하기 위해선 재무정보뿐 아니라 ESG와 같은 비재무정보도 중요해졌다.

둘째, 글로벌시장에서 ESG 정보공시 의무화가 강화되는 것도 ESG 관심 제고에 한몫하고 있다. 의무화를 가장 빨리 선언한 유럽은 2018년 근로자 500인 이상의 역내 모든 기업에 대해 ESG 공시를 의무화했다. 여기에는 친환경적 기조를 표방하는 미국 바이든 정부 출범의 영향이 크다. 증권거래위원회(SEC)에 ESG 전담부서를 신설한 데 이어, 상장 기업에 대해 탄소 배출량, 이사회 다양성 등 ESG 공시를 의무화할 움직임도 나오고 있다. 미국이 ESG 공시기준을 만들 경우, 주가는 물론 각국의 금융시장과 경제·산업구조에까지 파장이 클 수 있다.

셋째, 소비자의 기업관 변화도 빼놓을 수 없다. 이제 소비자들은 기업제품 자체뿐 아니라 기업이 환경과 사회에 미치는 영향도 고려하면서 제품을 구매한다. 기업의 제품생산이 지구 온난화, 기후 변화 등 환경에 나쁜 영향을 주는 사례가 많은 데다, 대기업과 플랫폼 독과점으로 양극화 이슈 등도 불거지고 있기 때문이다. 특히 지구환경과 후세대에 관심이 높은 MZ 세대 같은 젊은 층일수록 ESG 관심도가 높다.

세계 3대 평가지수에 대비해야

관건은 ESG 활동을 얼마나 정확하게 측정할 수 있느냐에 모인다. 아직 ESG 투자에 대해 합의된 글로벌 표준이 마련되지 않아서인지, 전 세계적으로 ESG 평가기관만 600개 이상인 데다, 평가 방식과 평가 요소도 상당히 다양하다. 그 결과 한 기업을 놓고도 평가가 '우수'와 '평균 이하'로 격차가 나는 경우도 있어서, 그만큼 평가지표에 대한 이해와 대응이 중요한 셈이다.

현재 글로벌 기관 투자자들이 참고하는 평가지표로는 MSCI(모건스탠리 주가지수)의 ESG 리더스지수, DJSI(다우존스 지속가능 경영지수)의 ESG 지수, FTSE(파이낸셜타임스 주가지수)의 FTSE4Good지수 등 3가지를 꼽는다. MSCI의 ESG 리더스지수는 1999년부터 20년 이상의 ESG 평가 역사를 자랑하는 대표적 지표다. 활용하는 펀드 규모만 1,000억 달러를 돌파해 투자업계에서 막강한 영향력을 행사하고 있다. ESG 평가는 공개된 기업 정보, 정부의 공공 데이터, 매크로 데이터 등을 활용한다. 평가대상 기업도 정보검증 과정에 참여할 수 있는 점이 특징이다. 평가의 객관성과 투명성 제고를 위해 2019년 말부터 2,800여 개 기업에 대한 ESG 평가등급, 유사기업 대비 차이점과 해당 기업에 영향을 주는 ESG 이슈 등을 공개하고 있다.

DJSI는 세계 시가총액 상위기업을 대상으로 한다. 기업의 재무적 성과뿐 아니라 환경 및 사회책임 등 ESG 성과를 종합해서 기업의 지속가능성을 평가하는데, 설문 형태로 평가하는 게 특징이다. FTSE4Good지수는 유럽을 대표하는 ESG 평가지수다. ESG 중 특히 E(환경)를 강조해서 환경오염 관련 기업, 예컨대 석탄·무기·담배 관련 기업을 투자에서 배제하는 특징을 갖는다.

미국이 중국 압박하는 신무기

이렇게 ESG가 새로운 패러다임으로 떠오르면, 이에 따른 시장 변화와 파급효과로는 어떤 것을 예상해볼 수 있나. 첫째, 전방위적인 'ESG 금융'의 출현이다. 아직 ESG 관련 금융상품은 ESG 펀드와 ESG 채권이 중심이다. 글로벌 ESG 채권도 ESG 펀드만큼은 아니지만, 2020년 한 해 전년 대비 58%나 증가한 4,791억 달러(527조 원)가 발행됐다. 특히 구글·스타벅스 등의 ESG 채권(코로나19 피해 중소기업 지원, 대체에너지 프로젝트 등) 발행이 시선을 끌었다. 하지만, 앞으로는 주식·채권 같은 자본시장뿐 아니라 은행의 대출과 카드결제, 보험 등 금융의 모든 분야에서 ESG 상품 출시가 증가할 것으로 보인다. 최근 미국의 '지속가능성 연결 대출', 스웨덴의 친환경 신용카드 '두블랙(Do Black)'에 이어 한국에서도 ESG 상품이 다양화하고 있다.

둘째, 실효성 있는 ESG 평가를 위한 인프라 및 제도 마련도 예상된다. 상장기업의 공시 의무화에 이어 관심을 끄는 것은 'ESG의 기업 재무제표 편입'이다. 현재 국제회계표준 'IFRS'를 제정한 국제회계기준위원회(IASB)가 ESG 회계표준 제정을 추진하고 있는데, 향후 미국의 지속가능 회계기준위원회(SASB)나 유엔 산하의 글로벌리포팅기준(GRI) 등과 주도권 경쟁 가능성이 있다. 표준화에 속도가 붙으면 기업 부담이 커질 전망이다.

셋째, ESG 테크 산업의 급부상도 관심 대상이다. 특히 E(환경)의 문제 해결에는 빅데이터와 인공지능 등 핵심기술과의 융합이 필수적이라는 게 전문가들 평가다. 마이크로소프트의 100% 친환경 에

[그림 10-3] 어떤 ESG 지수 있나

MSCI ESG리더스 지수

- 공개된 기업 정보, 정부 DB, 매크로 데이터 등을 활용해 평가
- 기업은 정보 검증 과정에 참여 가능
- ESG영역별 10개 주제, 35개 핵심 이슈 평가로 AAA-CCC의 7개 등급 산정
- 2019년 말부터, 2,800여 개 기업의 ESG내용공개

DJSI ESG지수

- 설문 형태로 평가하여 공통항목과 산업별 항목으로 구분
- 기업의 경제적 성과, 환경·사회성을 종합 평가하며, 기업의 지속가능성 분석
- 상위 10%의 기업은 DJSI월드 지수, 아시아·태평양지수, 코리아 지수 등에 편입

FTSE4Good지수

- 유럽을 대표하는 ESG 평가지수
- ESG중 특히 환경을 강조, 환경오염 관련 기업을 배제
- 14개 주제, 300개 이상의 지표를 포함
- 평가 항목중 일부라도 기준미달되면 지수편입에서 제외

너지로 가동되는 '해저 데이터센터 프로젝트(Project Natick)'와 구글의 '탄소 제로 프로젝트'가 대표적이다. 향후 인공지능뿐 아니라 블록체인·클라우드컴퓨팅·사물인터넷(IoT) 등 핵심 인프라기술이 ESG와 새로운 융합모델 및 융합산업을 창출할 것으로 기대된다.

넷째, 미국의 대중(對中) 무역 전쟁이 재점화될 가능성이 있다. 중국은 시진핑 주석이 직접 나서 '2060년 탄소 중립 달성' 선언, 전국적 단위의 탄소배출권 거래소 설립, 중국의 표준 ESG 지표인 'CN－ESG' 발표 등 나름 발 빠른 ESG 대응에 나서고 있다. 유럽에 이어 미국 바이든 정부도 ESG 강공에 나서면서 글로벌 주도권 경쟁에서 밀리면 기업투자는 물론 중국의 경제·금융 전반에 타격을 받

을 수 있다고 판단했기 때문이다. 하지만 중국의 탄소배출량은 부동의 1위로 탄소 중립으로 가는 길이 순탄치 않을 거라는 점, ESG 펀드 규모가 미국의 10%로 소규모인 데다, 경제성장 단계와 사회 구조상 미국 대비 S(사회)와 G(기업지배구조)의 평가가 취약할 수밖에 없는 점 등은 부담 요인이다. 시장 일각에선 ESG가 미국이 중국을 압박하는 신무기가 될 가능성이 있다는 얘기도 있다.

ESG 후발주자 한국, 발등에 불 떨어져

ESG가 글로벌 메가트렌드로 자리 잡고 있는 만큼, 우리의 체계적인 대응이 중요해지고 있다. 게다가 우리 기업들의 ESG 등급은 MSCI 평가의 경우 대상기업 98개 중 65.3%가 세계 평균 이하여서 구체적인 대응이 필요하다.

기업들로선 첫째, ESG 관리를 고려한 종합적 경영전략 수립이 시급하다. 매출·이익 등 재무목표뿐 아니라 친환경 원자재 및 소재 기술확보, 신재생에너지 사용, 거버넌스 선진화 등 비재무적 목표와 달성 전략도 함께 짜야 한다.

둘째, 유럽과 미국의 '결' 차이는 있지만, ESG로 인해 기존의 주주 자본주의에서 이해관계자 자본주의 압력이 커지고 있는 것은 틀림없다. 따라서 기업 내외의 다양한 이해관계자(stakeholder)와의 의사소통을 통해 기업의 수익모델 특성에 맞는 핵심 ESG 요소를 파악하고, 그 성과를 적절한 채널을 통해 공시하는 게 중요하다. 또한

SASB·GRI 등 대표적인 ESG 가이드라인과 글로벌 3대 ESG 평가지표의 평가항목을 꼼꼼히 검토하고, 되도록 ESG 공시내용에 대한 제3자 인증을 받을 필요가 있다. 경우에 따라선 전문기관으로부터 ESG 진단을 받는 것도 한 방법이다.

한국에선 ESG가 본격적으로 거론되기 시작한 게 2021년 초부터다. 최근 정부가 공시 의무화 계획을 발표하고 국민연금도 ESG 기준을 발표하고는 있지만, K-ESG 표준안 및 민관 공동 TF팀 마련, 국제 ESG 위원회 참여, 유럽의 ESG 공시 의무화와 탄소 국경세 도입 등에 대해서는 민관의 공동 대응이 시급해졌다.

03   탈원전 이어지고 유가 치솟으면
전기요금 인상 불가피[3]

───── 새 전기요금 체계의 의미와 파장

새 전기요금 체계가 2021년 1월부터 적용되기 시작됐다. 연료비 연동제와 기후환경요금 별도 부과가 새 요금 체계의 특징이다. 1월 전기요금 고지서의 항목별 금액을 보니 kWh당 연료비 조정액이 −3원, 기후환경요금이 5.3원으로 계산된다. 보통 가정에서 월 1,000원가량 전기요금이 준다. 현재 이 정도인 조정액은 개인에게는 별 영향이 없는 금액이다. 그러나 에너지 전환 정책과 현 요금체계가 이대로 지속한다면 몇 년 뒤에는 수십%의 요금 인상이 불가피할 것이고 이로 인한 국가적 부담은 막대할 것이다.

연료비 조정으로 3원이 인하된 것은 2020년 코로나19로 인한

───────────

3 [주한규] 중앙일보_탈원전 이어지고 유가 치솟으면 전기요금 인상 불가피_20210302.

세계 경기 침체가 근본 원인이다. 사람들의 경제활동과 이동이 줄어 유가와 액화천연가스(LNG) 가격이 크게 떨어졌다. 2020년 우리나라 발전량의 26.4%를 차지했던 LNG 발전의 연료 도입가가 재작년보다 25% 싸졌다. LNG 발전원가 중 80% 정도가 연료비임을 고려할 때 25%의 LNG 단가 인하는 한국전력(이하 한전)의 전력구매 단가에 4원 이상 절감 효과를 준다. 정부는 국민의 불만 없이 연료비 연동제를 도입할 시기를 잘 잡았다. 그러나 백신 보급이 확산하면서 코로나가 진정 국면으로 접어들면 LNG 가격이 어떻게 될 것인가?

지난 10년간 우리나라 LNG 도입가격의 평균은 톤당 약 580달러였다. 이 평균치에 대한 상대적인 가격 변화를 보면 2014년은 1.46으로 최대치를 기록했고 2016년에는 0.63으로 최저치를 기록했다. 2년 만에 평균치의 83% 만큼 폭락했다. 그 2년 뒤인 2018년에는 평균치의 28%가 올라 0.91을 기록했다. 또 2년 뒤인 2020년에는 평균치의 21%가 떨어진 0.70 수준이었다. LNG 가격은 이렇게 변동이 심하다. 그 변동을 전기요금에 반영하고자 하는 것은 어쩌면 당연한 선택일지도 모른다.

그러나 우리나라처럼 전력 공급을 한전 한 회사가 독점하는 경우에는 꼭 그렇지가 않다. 한전에는 한수원을 비롯한 6개의 발전 자회사가 있지만, 이들은 상호 경쟁이 가능한 완전히 독립된 회사가 아니다. 한전은 자회사별 발전원가에 적정이윤을 더해 전력을 사준다. 그렇기 때문에 발전원가가 제일 낮은 원전의 운영사인 한국수력원자력이 다른 자회사에 비해 가격 경쟁력을 갖지 못한다. 한편 민간이 운영하는 LNG 발전소는 발전원가가 높더라도 한전은 높은 단가에 LNG 전력을 구매해 공급한다. 전국 전력수요에 따른 발전량 조정을 LNG 발전으로 해야 하기 때문이다.

한전이 발전 자회사와 민간회사로부터 구매한 전력의 단가는 지난 5년 동안 평균치가 kWh당 원자력 62원, 석탄 80원, LNG 110원, 태양광 168원 정도다. 이 중 5년간 원가 변동 폭이 가장 큰 발전원은 LNG다. LNG 발전원가의 큰 변동에 따라 한전의 연평균 전력 구매단가도 지난 5년간 80~90원 사이에서 변했다. 그 평균은 84원이다. 지난 5년간 누진제 조정 이외에 전기요금 체계 변동은 크게 없었기에 전력 판매단가는 110원 선에서 유지됐다. 평균적으로 한전은 84원에 산 전력을 110원 판매했다. 그 차액에서 송배전과 운영에 드는 비용을 뺀 금액이 한전의 수익이 된다.

한전은 유가 올라도 적자 걱정 안 해

그런데 2018년, 2019년같이 탈원전에 따른 대체전력 수요로 LNG 발전량이 증가했고, 연료 단가마저 높았던 해는 평균 전력 구매단가가 90원까지 높아져 한전의 적자가 초래됐다. 이러한 적자 혹은 수익 감소 문제를 쉽게 해결할 수 있는 방법이 연료비 연동제다.

문제는 연료비 연동제하에서 한전은 더는 원전과 같이 원가가 저렴한 발전소를 운영할 당위가 없어진다는 것이다. 발전원가가 높은 LNG 전력의 구매 비중이 늘어나더라도 그 증가 비용을 쉽게 전기 소비자에게 전가할 수 있기 때문이다. 탈원전으로 인해 원자력 발전량은 감소하되 LNG 발전량이 늘어나고 거기에 연료비 연동제까지 추가될 미래에는 전기요금이 급등할 가능성이 매우 높다. 세계 경기 회복에 따라 LNG 가격이 늘 2020년과 같이 싸지는 않을 것이기 때문이다.

석탄발전 감축 비용을 제외한 기후환경 요금은 2021년 kWh당 5원이다. 2020년 한전의 전력 판매량이 약 5,100억kWh임을 고려하면 이는 연 2조 5,500억 원 가량의 재원이 된다. 소위 신재생에너지 공급의무화(RPS) 이행 비용이라 불리는 이 재생에너지 보조금은 아직은 전기요금의 5%도 안 되지만 앞으로 훨씬 더 늘어날 수밖에 없다. 지난 3년간 연평균 35% 이상씩 급격하게 늘어난 태양광 발전량을 수용할 수 있도록 2021년과 2022년에 RPS 의무 이행 비율이 상향 조정됐고 재생에너지 발전량은 계속 늘어나기 때문이다.

해상풍력 발전량은 원전의 9분의 1

최근 전남 신안에서 48조 원 규모의 8.2GW짜리 해상풍력 발전단지 출범식이 열렸다. 그 해상풍력 발전 시설이 성공적으로 운영된다고 하더라도 생애 발전량은 동일 용량 원전의 9분의 1밖에 안 된다. 이는 우리나라 해상풍력의 이용률은 원전의 3분의 1 수준인 30% 정도밖에 안 되고 수명 역시 원전의 3분의 1인 20년 정도에 불과할 것이기 때문이다. 거기에다 단위 용량당 건설비도 원전보다 60% 이상 비싸다.

[그림 10-4] 전력 가격은 원자력이 가장 저렴

(단위: 원/kwh)

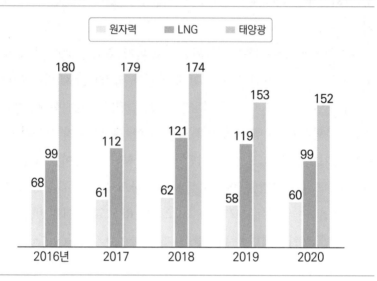

자료: 한국전력.

이 때문에 해상풍력의 발전원가는 원전보다 4배 이상 비싼 kWh당 250원 수준이 될 것이다. 그러면 이 단지에서만 매년 3조 원 정도의 적자가 발생하고 이 적자는 기후환경 부담금 명목으로 전기 요금에 전가된다. 이러한 예측은 풍력 발전량이 바람의 속도의 세제곱에 비례한다는 사실과 바람이 원래 강하지 않은 한반도에서 기후 변화 영향으로 인해 그나마도 해가 갈수록 풍속의 감소 경향이 관측된다는 점에서 신빙성이 있다.

탄소 중립을 달성하기 위해서는 수송과 난방 분야에서 화석에너지를 전력으로 대체해 에너지 사용의 전기화율을 높이고 그 전력은 무탄소 전원으로 공급해야 한다. 재생에너지는 원자력과 더불어 무탄소 전원이지만 재생에너지의 무분별한 확대가 전기요금에 엄청난 부담을 주지 않도록 선별적으로 육성해야 한다. 그렇지 않으면 기후환경 부담금에 대한 국민의 거센 저항에 직면하게 된다. 전기료 부담과 온실가스 배출이 많은 LNG 또한 탄소 중립 실현에 역행하는 선택이다. 연료비 연동제로 LNG 확대의 길을 열어 놨더라도 이는 오래 갈 수 있는 길이 아니다. 원자력 회복이 가야 할 길이다.

[그림 10-5] 독일 주택용 전기요금 구성

(단위: 원/kwh)

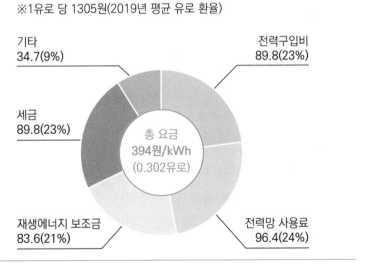

※1유로 당 1305원(2019년 평균 유로 환율)

기타
34.7(9%)

전력구입비
89.8(23%)

세금
89.8(23%)

총 요금
394원/kWh
(0.302유로)

재생에너지 보조금
83.6(21%)

전력망 사용료
96.4(24%)

자료: 클린 에너지 와이어.

독일의 주택용 전기요금, 한국의 3.7배

에너지 전환의 모범국으로 칭송받는 독일은 세계에서 주택용 전기요금이 가장 비싼 국가이다. 2019년 가격과 환율 기준으로 독일의 주택용 전기요금은 kWh당 394원으로서 우리나라 105원의 3.7배가 넘는다. 그 비싼 전기요금 중 재생에너지 보조금이 84원가량 된다. 전력 구매비 90원과 맞먹는다. 재생에너지 확대에 따라 확충돼야만 하는 전력망 비용도 96원 추가된다. 독일처럼 재생에너지 확대를 지향하는 우리의 미래가 이렇게 될 수도 있다.

우리나라 재생에너지 발전 사업자는 1,000kWh 발전량당 1REC(신재생에너지 공급인증서)를 받고 대형 발전회사에 팔아 보조금을 받는다. 그 판매 방식은 20년 장기 고정가격 계약 방식과 시세에 따라 파는 현물시장 거래 방식 중 하나를 선택해야 한다. 지난 4년간 현물 시장에서 REC 가격은 3분의 1 수준까지 하락했다. 이는 태양광 발전이 급격하게 늘어나 REC 공급량은 대폭 확대됐지만 구매수요는 크게 늘지 않았기 때문이다.

REC 가격 하락은 보조금 감소를 의미하기 때문에 태양광 업자들의 반발이 거셌다. 2020년에 정부는 이 반발을 무마하기 위해 장기고정계약 물량을 대폭 늘렸다. 이 덕분에 장기계약 REC 단가는 실질적으로 상승하게 되었다. 태양광 사업자들은 이렇게 높아진 보조금을 20년 동안 받게 되지만, 국민에게는 기후환경요금 명목으로 전기요금 인상 부담으로 되돌아온다. 국민이 이런 상황을 받아들일지 의문이다.

저자 소개

구자정 대전대 혜화리버럴아츠칼리지 역사문화학 전공 교수

권순우 한국자영업연구원 원장

김동원 전 고려대 경제학과 초빙교수

김동호 중앙일보 논설위원

김두식 법무법인 세종 대표변호사 겸 국제통상법센터장

김세직 서울대 경제학과 교수

김영익 서강대 경제학과 겸임교수

김용하 순천향대 IT금융경영학과 교수

김이재 경인교대 사회교육과 교수

김정식 연세대 경제학과 명예교수

김진일 고려대 경제학과 교수

박영범 한성대 경제학과 명예교수

박재윤 서울대 경제학과 명예교수

성상현 동국대 경영학과 교수

손재영 건국대 부동산학과 교수

신성호 전 IBK투자증권 대표이사

안동현 서울대 경제학부 교수

안유화 성균관대 중국대학원 금융학과 교수

오정근 한국금융ICT융합학회장

옥동석 인천대 무역학과 교수

이경태 전 OECD 대사

정유신 서강대 기술경영대학원장

주한규 서울대 원자핵공학과 교수

최길현 단국대 경제학과 겸임교수

최병일 한국고등교육재단 사무총장

혼돈의 시대, 명쾌한 이코노믹스

초판발행	2022년 3월 31일
중판발행	2023년 4월 30일
지은이	박영범 외 24인
펴낸이	안종만·안상준
편 집	김민조
기획/마케팅	오치웅
표지디자인	이영경
제 작	고철민·조영환
펴낸곳	(주) **박영사**
	서울특별시 금천구 가산디지털2로 53, 210호(가산동, 한라시그마밸리)
	등록 1959. 3. 11. 제300-1959-1호(倫)
전 화	02)733-6771
f a x	02)736-4818
e-mail	pys@pybook.co.kr
homepage	www.pybook.co.kr
ISBN	979-11-303-1535-5 93320

정 가   19,500원